U0529588

司法评估论

Evaluation of Judicial Performance

国家社会科学研究基金重大项目"司法评估的理论与方法"（项目批准号：17ZDA129）最终研究成果

张保生 等 著

法律出版社 LAW PRESS·CHINA
北京

图书在版编目（CIP）数据

司法评估论／张保生等著． -- 北京：法律出版社，2024． -- ISBN 978 - 7 - 5197 - 9375 - 3

Ⅰ．D926.04

中国国家版本馆 CIP 数据核字第 20241JB093 号

司法评估论
SIFA PINGGU LUN

张保生　等著

策划编辑　沈小英
责任编辑　毛镜澄
装帧设计　李　瞻

出版发行　法律出版社	开本　710 毫米×1000 毫米　1/16
编辑统筹　法治与经济出版分社	印张　22.75　字数　386 千
责任校对　李慧艳　张翼羽	版本　2024 年 12 月第 1 版
责任印制　吕亚莉	印次　2024 年 12 月第 1 次印刷
经　　销　新华书店	印刷　天津嘉恒印务有限公司

地址:北京市丰台区莲花池西里 7 号(100073)
网址:www.lawpress.com.cn　　　　　　　　　销售电话:010 - 83938349
投稿邮箱:info@lawpress.com.cn　　　　　　　客服电话:010 - 83938350
举报盗版邮箱:jbwq@lawpress.com.cn　　　　 咨询电话:010 - 63939796
版权所有·侵权必究

书号:ISBN 978 - 7 - 5197 - 9375 - 3　　　　　　　　定价:136.00 元

凡购买本社图书,如有印装错误,我社负责退换。电话:010 - 83938349

课题组主要成员

张保生　张　中　施鹏鹏　吴洪淇
褚福民　王晨辰　王殿玺　马国洋

作者简介

张保生　中国政法大学教授、博士生导师,法学博士。中国政法大学证据科学研究院名誉院长、司法文明协同创新中心联席主任,证据科学北京市交叉学科重点学科项目负责人,北京高校高精尖学科建设项目证据科学学科负责人,教育部、外国专家局"高等学校学科创新引智计划"(111 计划)证据科学创新引智基地负责人,"证据科学"课程教育部虚拟教研室带头人,最高人民检察院重罪证据分析研究基地首席专家。

张　中　中国政法大学教授、博士生导师,法学博士,中国人民大学社会学博士后。美国西北大学访问学者。中国政法大学证据科学研究院副院长、教育部新世纪优秀人才、国际证据科学协会理事、《证据科学》副主编。曾挂职最高人民法院任研究室副主任。

施鹏鹏　中国政法大学教授、博士生导师，法学博士。中国政法大学纪检监察学院副院长、最高人民检察院挂职副厅长（2022年）、最高人民法院访修学者（2017年）、《证据科学》编辑。

吴洪淇　北京大学研究员、博士生导师，法学博士。《中外法学》责任编辑、中国刑事诉讼法学研究会常务理事兼副秘书长。

褚福民　中国政法大学证据科学研究院副教授、硕士生导师，法学博士。中国政法大学证据法学研究所所长、党支部书记。

王晨辰　中国政法大学证据科学研究院讲师、硕士生导师，法学博士。

王殿玺　北京体育大学形势与政策教研中心讲师、硕士生导师，法学博士。

马国洋　北京交通大学法学院助理教授，法学博士。

前　言

　　司法评估的目的无疑是推动司法文明或司法进步。司法文明是一个历史概念，何为文明，或不文明，是与某种司法制度和司法文化相比较而言的，因而具有相对性。与前法律社会的血亲复仇相比，神明裁判无疑是一种相对文明的司法裁判方式；而与神明裁判相比，法定证据制度下的口供裁判又是一种历史进步，因为它从过去相信神的力量转而相信人的力量。当然，与历史上的神明裁判和法定证据制度相比，我们要建设的现代司法文明是以理性证据裁判为特征的，它是法治文明的产物。

　　谈到"司法文明"，最易使人产生联想的反义词，大概是"司法愚昧"和"司法野蛮"。陈光中先生在考察人类司法文明发展史时，以是否依赖口供裁判为标志，在人治社会的司法文明与法治社会的司法文明之间划出一条清晰界限。[①] 现今，证据裁判原则虽然在我国立法层面已基本确立，《刑事诉讼法》第55条第1款规定，"……只有被告人供述，没有其他证据的，不能认定被告人有罪和处以刑罚；没有被告人供述，证据确实、充分的，可以认定被告人有罪和处以刑罚"。但在司法实践层面，无论公安、司法机关，还是侦查、监察、检察人员和法官，头脑中"无供不定罪"的司法理念依然根深蒂固，对口供的迷信常常使人将其视为"证据之王"，甚至为避免翻供付出极高代价。[②]

　　我国司法文明发展水平除受上述司法制度的显性影响，还受到大众司法文化的潜在影响。根据中国司法文明指数（China Justice Index，CJI）调查数据，"司法文

[①] 参见张保生：《陈光中司法文明三阶段新论的法治意义》，载《证据科学》2020年第3期。
[②] 参见白冰：《刑事司法中的"翻供恐惧症"及其破解——以被告人阅卷权为切入的分析》，载《理论探索》2020年第4期。

化"一级指标从 2015 年得分 68.5(峰值)逐年下降到 2019 年的 67.4 分。在"司法文化"4 个二级指标中,"公众接受现代刑罚理念的意识及程度"得分最低,只有 62.3 分。① 与"报复性司法""报应刑"观念相比,现代刑罚理念均基于人权保障价值,包含"罪刑法定""恢复性司法""教育刑"因素。中国司法文明指数 2018 年调查数据显示,有高达 62.5% 的受访者对于在公共场所举行公捕、公判大会表示支持,其中 23.7% 还"坚决支持"。相比之下,"强烈反对"者仅有 5.6%。这表明,公众对现代刑罚理念的认识和接受程度较低,处于这种水平的大众司法文化,常常引发因果报应观念裹挟司法的所谓民意,促使司法人员重视有罪证据,忽视无罪证据,甚至酿成冤假错案。② 综上分析,我国司法文明发展水平目前处于口供裁判向证据裁判过渡的转型期,未来若想有一个质的飞跃,就需要认真研究法治国家通行的现代司法规律,探索中国现代司法文明建设的未来路径。

本书是国家社会科学基金重大项目"司法评估的理论与方法"(批准号:17ZDA129)最终研究成果。该重大项目课题组成员对司法评估问题作了长期理论研究和实践探索,自 2011 年承担教育部社会科学发展报告项目"中国证据法治发展报告"以来,目前已出版 9 部年度发展报告(蓝皮书);自 2013 年承担教育部、财政部"2011 计划"司法文明协同创新中心"中国司法文明指数"重大项目以来,已出版 6 部《中国司法文明指数报告》系列年度报告;2016 年承担中央政法委委托项目"司法体制改革评估项目",开发了包括 10 个一级指标、25 个二级指标的员额制与司法责任制改革评估指标体系,完成并提交了 10 个省份 80 家法院、检察院《法官、检察官员额制、司法责任制改革试点第三方评估报告》及 4 个子报告和 1 个数据库。

本书研究过程中,课题组多次举行研讨会。2019 年 5 月,项目首席专家张保生教授与课题组成员张中、施鹏鹏教授,吴洪淇、褚福民副教授赴英国、法国进行司法评估专题学术交流。在爱丁堡大学,课题组听取了布克哈特·谢弗(Burkhard Schafer)教授关于刑事司法评估理论基础的报告,并就司法数据调查与收集、主观感受与客观数据、司法数据解释与分析等问题与其进行了深入研讨。在利物浦大学,

---

① 参见张保生等:《中国司法文明指数报告(2019)》,中国政法大学出版社 2020 年版,第 122 页。
② 参见邓辉、徐光华:《影响性刑事冤假错案的产生、纠错、追责与民意的关联考察——以 22 起影响性刑事冤假错案为主要研究范本》,载《法学杂志》2018 年第 4 期。

课题组听取了斯蒂芬妮·德布勒(Stefanie Doebler)博士关于社会统计、公民态度调查等研究成果的报告,就社会学研究方法和理论基础及中国司法文明指数调研遇到的问题与其进行了交流。在法国埃克斯马赛大学,我们听取了金邦贵教授等关于法国司法改革思想理论基础及最新动向的报告;并赴法国司法部听取了阿里·阿比修(Ali ABICHOU)、克莱蒙·克洛西(Clément CLOCHET)、让·米歇尔·贝尔尼戈(Jean-Michel BERNIGAUD)3位先生对司法官招聘、培训与管理、评估、司法改革动向等方面的介绍。

本书在课题组全体成员集体讨论基础上确定写作提纲,分工撰写,最后由项目首席专家张保生教授统稿完成。具体分工如下:

第一章 司法的性质、规律与可评估性,张保生、马国洋;

第二章 司法评估的理论基础,王殿玺;

第三章 司法评估的性质、要素和功能,褚福民;

第四章 司法评估的方法,吴洪淇;

第五章 司法评估的原则与标准,张中;

第六章 司法评估质量保障之元评估理论,马国洋;

第七章 司法评估的样本:中国司法文明指数,张保生、张中、施鹏鹏、吴洪淇、满运龙、褚福民、樊传明、郑飞;

第八章 中国司法文明发展的轨迹(2015~2019年),张保生、王殿玺;

第九章 国外司法评估实践,施鹏鹏、王晨辰。

提　　要

　　本书的主要内容或篇章结构：第一章司法的性质、规律与可评估性。司法与正义密不可分，其所体现的"校正正义"思想包括：第一，"为不公行为所伤害的人应当启动由法官管理的校正机器的权力"，即"应当有一个无偏私的统治机构来纠正那些可以被纠正的不公"；第二，"法官不考虑受害人和伤害者的特点和社会地位"。这两点揭示了司法之正义本质和理性特征。司法作为社会救济的理性手段，体现的是一种"实践理性"（practical reason）。司法规律是现代司法制度在性质、原则和模式等方面普遍遵循的法则，是人类司法文明的结晶，是司法制度历史发展的实然结果和趋势，也是现代司法制度的应然要求。它们包括被动性、独立性、中立性等关于司法权力规定性的规律，无罪推定、不得强迫自证其罪、质证权等当事人诉讼权利保障方面的规律，证据裁判、正当程序、控辩平等之司法程序方面的规律，及时性、终局性、可错性等司法效力方面的规律，审判中心、法律推理、职业保障等司法主体性方面的规律，以及公开性、接受性、恢复性等司法文化方面的规律。司法规律又可作为司法评估标准，因为它们提供了进行比照的目标和标准，从而可以作为评判司法过程和结果优劣的依据。

　　第二章司法评估的理论基础。第一节社会调查与评估理论，包括实证主义、解释主义、批判主义等范式。社会评估理论是一个跨学科研究领域，涉及教育学、心理学、社会学、管理学等，包括以指标为导向的评估、实验方法主导的评估以及对抗性评估等不同的范式。第二节新公共管理理论，强调效率、结果和服务质量，注重绩效管理、产出控制和以顾客为中心的服务评价。绩效评估作为新公共管理运动的一部分，已成为政府改革运动的管理工具。从这个意义上说，司法评估是一种源于公共权力本质属性的公信力评估，即公众与司法权力机关之间的委托—代理关系。这一关系主要包括公众对公共权力的信任以及公权力对公众的信用。司法权威的构建以信任为核心,代表权威客体对权威主体公正性的某种源于内心的信念,并从这种公正性认同信念中衍生出权威服从。因此,司法公信力的高低反映公众对司法的主观信任程度,奠定了法治的信任基础。《中共中央关于全面推进依法治国若干重大问题的决定》(以下简称党的十八届四中全会《决定》)明确把"保证公正司法,提高司法公信力"作为全面推进依法治国的六大任务之一。

第三章司法评估的性质、要素和功能。第一节论述了司法评估的性质。司法评估是评估主体按照一定标准,通过设计特定指标体系和调查方式获取评估数据,从而对司法制度、司法运作、司法主体、司法文化等领域展开的认知、评价活动。第二节论述了司法评估的要素。司法评估是一项复杂的系统工程,是由评估主体采用特定技术和方法对评估对象进行认知和评价的过程。在这个过程中,尽管不同评估项目在构成元素上存在差别,但从内部结构看,司法评估主要包括评估主体、评估客体以及评估技术手段等要素。从司法评估运作过程来看,需要明确谁(主体)对谁(客体)用何种方法进行评估的问题。第三节论述了司法评估具有展示、评价、指引、管理、监督等基本功能。

第四章司法评估的方法。第一节首先明确了我国司法量化评估是法治价值与本土司法改革共同推动的产物。"量化法治"进路,即将"法治"这一相对抽象的目标具体量化为一些指标,通过问卷调查方式来衡量某一时期的法治发展水平。第二节论述了司法评估内部视角与外部视角相结合的方法论。第三节论述了司法量化评估的隐忧。其优点:一是评估者可通过数据分析快捷掌握某一研究对象的基本状况;二是通过设置背景信息、回归分析等数据分析方法,可探求不同数据之间的相关和因果关系;三是有助于从宏观视角快速勾勒出研究对象的整体样态。其隐忧:一是中国司法实践与法治一般原则之间的兼容、匹配问题;二是定量分析需要较大样本量,成本较高,其标准格式化容易使丰富的研究对象"削足适履";三是调查者脱离被调查者生活与工作情境而对其感受缺乏足够理解。因此,司法量化评估需要以定性方法作为补充,包括定性访谈法、实地观察法和历史文献分析法。

第五章司法评估的原则与标准。第一节论述了司法评估的原则,即公正性和有效性统一,全面评估与重点评估结合,普适性与特殊性兼顾,主观评价与客观数据匹配,内部评估与外部评估互补。第二节司法评估的测量标准,论述了司法评估指标体系是运用定性和定量方法,对司法制度及其运行情况进行主客观评价的一种逻辑结构系统。司法评估指标体系包括主体要素指标、制度要素指标即"文本中的法律"、行为要素指标即"行动中的法律"、环境要素指标以及效果要素指标。第三节司法评估检验标准,一是目标导向标准即以国家法治建设为目标的价值导向;二是规范性标准,包括评价主体的多样性、评估内容的体系性、评估方案的可行性、评估方法的科学性、评估报告实事求是;三是信度和效度标准,信度反映评估结果的可靠程度,以及评估对象在评估前后表现的一致程度。调查问卷信度检验方法包括Cronbach's α 系数检验、同质性检验、折半信度检验、相关性检验。效度检验是用度量方法测出变量的准确程度。效度检验方法包括内容效度检验、准则效度检验、结构效度检验、可接受性标准、实践效果标准,即司法评估对提升司法公信力的实际作用;以及司法评估实质性推动司法进步的情况。

第六章司法评估质量保障之元评估(Meta-evaluation)理论,旨在揭示司法评估本身的科学性。元评估,是指对评估的评估,即对评估的理论反思与超越。它是一种高阶评估,包括次级评估、三级评估等。其内容包括评估目标、评估设计、评估过程和评估结果。代表性元评估标准可简要概括为技术适当、实用且符合成本预算。这3项标准展开为11项细化标准,其中,内部有效性、外部有效性、可靠性和客观性是元评估的4项技术标准,相关性、重要性、范围、可信性、及时性和普遍性是元评估的6项实用标准,最后1项是成本/效益标准。元评估者应对上述11项标准进行综合分析而判断一项评估的优劣。第一节以美国教育评估标准联合委员会(Joint Committee on Standards for Educational Evaluation, JCSEE)2011 年《项目评价标准》(第3版)为例,对元评估标准的应用作了案例分析。第二节论述了司法元评估的标准:(1)司法评估目标的适当性;(2)司法评估方案的可行性;(3)司法评估操作的精确性;(4)司法评估结果的有效性。第三节论述了司法元评估实施的科学性原则、整体性原则、综合性原则;以及司法元评估者的选择与要求,包括品德人格、专业能力和心理素质。司法元评估的方法包括定性分析和量表分析。前者包括等级评定、分析评定和综合评定3种办法;后者是设计一套数量化测评方法,对司法评估各项标准进行评定。司法元评估一般分为四大步骤:目标设计、评估规划、具体实施和结果的产生与使用,又可细分为11个步骤。

第七章以中国司法文明指数为司法评估样本,第一节论述了中国司法文明指数设置情况,指数调查结果在分解表和雷达图中可显示各地司法文明10个一级指标、32个二级指标的强项和弱项,是体现人民群众对司法满意度的一个"指示器",可为各地加强司法文明建设提供一面"镜子"。第二节论述了中国司法文明指数项目情况,该项目由教育部、财政部"高等学校创新能力提升计划"("2011计划")司法文明协同创新中心承担,2014年在全国10个省份试点,第二年扩大到20个省份,2016年在全国31个省、自治区、直辖市全面铺开。司法文明指数调查每年在每个省份发放800份问卷,其中公众卷600份,专业卷200份(法官、检察官、警察各40份,律师80份)。公众卷选择3个人口最多的城市,调查样本中男女各半、至少要涵盖13个职业中的8个职业、年满18周岁且尽量涵盖4个年龄段、尽量涵盖不同的文化程度。数据统计分析方法是10个一级指标赋值各占10%的比重,并将10%的比重均分给相应的二级指标,二级指标的比重又均分给对应的各个题目。专业卷与公众卷的权重为5:5;如有客观指标,则问卷调查得分与客观数据的权重为9:1。第三节论述了《中国司法文明指数报告》在全国31个省、自治区、直辖市年度问卷调查数据统计分析基础上的编制情况,内容包括:(1)31个省、自治区、直辖市一级指标和二级指标得分排名分布,如2020~2021年中国司法文明指数上海市排名第一(73.3分),内蒙古自治区69.2分排名最低。(2)一级指标得分排名分布,如2020~2021年中国司法文明指数10个一级指标平均得分71.1分,其中司法公开最高(76.6分),法律职业化最低(65.6分);有5个一级指标在平均分(71.1分)以上,即司法公开(76.6分)、司法权力(75.2分)、行政司法程序(72.4分)、民事司法程序(72.1分)、刑事司法程序(71.7分),其余5个一级指标在平均分以下。

第八章中国司法文明发展的轨迹(2015~2019年),第一节分析了中国司法文明的结构变迁与区域差异,该指数值从2015年的64.5分到2019年的70.0分,其变化轨迹呈现一种向上的变化趋势,但与"良好"(76分)水平还有差距。从省际维度对区域差异作历时性考察发现:(1)司法文明水平存在省际差异,如上海市5年平均总分排名第一,是5年均值唯一达到70分的省市,而黑龙江省、湖南省和贵州省5年平均得分处在后3名,反差明显。(2)北京市和重庆市两个直辖市以及广东省排名仅处于中间位置,表现司法文明程度与经济发展水平的不同步性,令人深思。(3)我国东部经济发达地区的司法文明指数值高于中部和西部地区。第二节分析了司法文明内在维度的动态变化,首先是一级指标的变动情况:一是当事人诉讼权利、刑事司法程序这两个一级指标5年经历了由低到高再小幅降低的过程;二是行政司法程序、民事司法程序、司法腐败遏制、法律职业化这4个一级指标经历了先升后降再升的过程;三是司法权力、证据制度这两个一级指标发生了先降后升、再降再升的曲折变化;四是司法公开一级指标逐年上升的整体趋势与司法文化一级指标在平稳中有所降低。其次是司法文明二级指标变化的不均衡性:如"法官远离腐败"二级指标的表现在各年度都要优于"警察远离腐败"二级指标。最后是当事人诉讼权利、三大司法程序、司法公开构成了中国司法文明进步的5个强项指标;法律职业化、司法腐败遏制、证据制度、司法文化构成了司法文明的4个弱项指标。第三节分析了不同法律职业群体的主观评价差异,即法官对司法文明水平的主观评价打分最高,检察官次之,警察再次,律师打分最低。第四节展望了司法文明建设的重点与未来方向。

第九章国外司法评估实践。第一节从宏观层面考察了世界各国司法评估受20世纪新公共管理运动影响进行的探索,如英美民事司法改革效果评估、荷兰司法改革评估等。这些司法评估模式可归为3类:程序型模式、管治型模式、管理型模式。第二节从中观层面考察了各国通行的案件质量评估。狭义的案件质量评估是对程序与判决质量的评价;广义的案件质量评估还包括对司法服务绩效及司法用户感受的全面评价。欧洲司法效率委员会(CEPEJ)《提升司法质量目录清单》和美国审判法院绩效评估体系,是第一层次程序与判决质量评估的典型;欧洲以案件数量与未决案件清案率为主要内容的司法服务绩效评估,美国案件处理效率与法庭独立和问责为重点的司法服务绩效评估,是第二层次司法绩效评估的典型;欧洲司法用户满意度评估和美国审判法院公众信任与信心评估,是第三层次司法用户感受评估的典型。第三节从微观方面对司法官考核制度、考核程序进行了评价和比较,欧盟国家大多有正式或非正式的司法官考核制度,但各国也相当重视司法官的独立性。司法官考核制度不得影响司法官独立原则。为确保这一原则,各国从考核主体、考核结果的申诉及信息资料的保密性等方面均有个性化的做法。

目 录

第一章 司法的性质、规律与可评估性 001
  第一节 司法的性质 001
    一、司法概念 001
    二、司法理性 003
    三、司法文明 009
  第二节 司法规律 013
    一、司法制度 013
    二、司法运作 019
    三、司法主体 024
    四、司法文化 026
  第三节 司法的可评估性 028

第二章 司法评估的理论基础 032
  第一节 社会调查与评估理论 032
    一、社会调查评估的哲学范式 032
    二、社会调查理论 037
    三、社会评估理论 042
  第二节 新公共管理理论 047
    一、绩效管理与评估 047
    二、360度绩效评估 052
    三、司法绩效评估 055
  第三节 司法公信力理论 062
    一、司法公信力的内涵 062
    二、司法公信力的构成 068

三、司法公信力评估　　071

第三章　司法评估的性质、要素和功能　　074
　第一节　司法评估的性质　　075
　第二节　司法评估的要素　　079
　　一、司法评估主体　　079
　　二、司法评估客体　　082
　　三、司法评估手段　　091
　第三节　司法评估的功能　　095
　　一、司法评估的基本功能　　095
　　二、司法评估功能的影响因素　　100
　　三、关于司法评估功能的反思　　102

第四章　司法评估的方法　　108
　第一节　从量化法治到司法量化评估　　108
　第二节　司法评估的方法论逻辑　　111
　　一、司法评估的内部视角与外部视角　　111
　　二、司法评估的4个维度　　112
　　三、司法评估方法之主观判断的客观化呈现　　113
　第三节　司法评估定量方法与定性方法　　115
　　一、司法量化评估的隐忧　　115
　　二、司法评估为何需要定性方法　　116
　　三、定性方法在司法评估过程中的应用　　120

第五章　司法评估的原则与标准　　126
　第一节　司法评估的原则　　126
　　一、公正性和有效性统一　　126
　　二、全面评估与重点评估结合　　128

  三、普适性与特殊性兼顾 130

  四、主观评价与客观数据匹配 132

  五、内部评估与外部评估互补 135

 第二节 司法评估的测量标准 136

  一、司法评估标准的量化 136

  二、司法评估指标的设置及其要求 139

  三、司法评估指标体系的结构与功能 141

 第三节 司法评估检验标准 144

  一、目标导向标准 144

  二、规范性标准 146

  三、信度和效度标准 148

  四、可接受性标准 152

  五、实践效果标准 154

第六章 司法评估质量保障之元评估理论 156

 第一节 元评估的基本理论 156

  一、元评估的概念 156

  二、元评估内容和意义 159

  三、元评估标准 161

 第二节 司法元评估的标准 167

  一、司法评估目标的适当性 168

  二、司法评估方案的可行性 169

  三、司法评估操作的精确性 175

  四、司法评估结果的有效性 177

 第三节 司法元评估的实施 179

  一、司法元评估的实施原则 179

  二、司法元评估者的选择与要求 181

  三、司法元评估的方法 182

四、司法元评估的实施过程　　183

第七章　司法评估的样本：中国司法文明指数　　189
　第一节　中国司法文明指数设置　　189
　　一、司法文明的概念和指标　　189
　　二、司法文明指数及其指标体系　　197
　　三、司法文明指数与法治指数的关系　　223
　第二节　中国司法文明指数项目　　225
　　一、项目概述　　225
　　二、项目实施步骤和方法回顾　　226
　　三、2020~2021年项目评估方法　　229
　第三节　中国司法文明指数报告　　232
　　一、31个省、自治区、直辖市得分排名分析　　232
　　二、省级行政区指标得分排名表及分布举例　　236
　　三、一级指标得分排名分布举例　　244

第八章　中国司法文明发展的轨迹（2015~2019年）　　255
　第一节　中国司法文明的结构变迁与区域差异　　255
　第二节　司法文明内在维度的动态变化　　259
　　一、司法文明指数一级测量维度的时序变化　　259
　　二、司法文明指数二级测量维度的时序变化　　261
　　三、中国司法文明5年发展的强项和弱项　　268
　第三节　不同法律职业群体的主观评价差异　　269
　第四节　司法文明建设的重点与未来方向　　271
　　一、全面深化司法改革　　271
　　二、重点加强司法文明弱项指标的建设　　272
　　三、不断完善司法评估机制　　277

第九章　国外司法评估实践　282

第一节　司法改革评估　282
一、典型国家的司法改革　282
二、司法改革评估的 3 种模式　288
三、构建评估体系　291

第二节　案件质量评估　293
一、第一层次：程序与判决质量评估　296
二、第二层次：司法服务绩效评估　317
三、第三层次：司法用户感受评估　320
四、欧美案件质量评估模式比较分析　325

第三节　司法官考核　326
一、司法官考核制度　326
二、司法官考核程序　331
三、司法官考核的评价与比较　333

关键词　336

第一章　司法的性质、规律与可评估性

第一节　司法的性质

一、司法概念

司法,在《现代汉语词典》中被界定为"公安机关、人民检察院和人民法院按照诉讼程序应用法律规范处理案件"。这里,将公检法并列容易给人造成其均为司法机关的混淆之感。相比而言,其对"司法机关"和"司法权"的界定更严谨,前者是"依法行使司法权的国家机关。在我国,司法机关指法院、检察院,在处理刑事案件时参与司法活动的公安机关,以及负有监管职责的监狱"。后者,司法权"在我国指审判权、检察权,有时还包括侦查权"。[1] 显然,司法是司法机关行使司法权的行为,在我国主要是指法院行使审判权和检察院行使检察权的活动。相应地,司法制度,是指"司法机关的组织制度以及司法机关与其他相关机关、组织依法进行或者参与诉讼的活动制度的总称,主要包括审判制度、检察制度、侦查制度以及律师制度"。[2] 虽然我国司法机关仅包括审判机关和检察机关,但诉讼还包括律师辩护活动和侦查机关的侦查活动。狭义司法制度是指司法程序制度即诉讼制度。

在德文语境中,"Justiz"兼有正义和司法之意,是指一个国家中执行法律的权力。司法机关(Justizbehörde),是指负责执行司法权的机关。[3] 德国《基本法》(GG)

---

[1] 中国社会科学院语言研究所词典编辑室编:《现代汉语词典》(第7版),商务印书馆2017年版,第1234页。
[2] 陈光中等:《中国司法制度的基础理论问题研究》,经济科学出版社2010年版,第17页。
[3] Duden, Deutsches Universalwörterbuch, 6. Aufl., Dudenverlag, S.913.

第 92 条规定：司法权托付于法官；由联邦宪法法院、本基本法所规定的各联邦法院及各州法院分别行使。检察机关的性质尚有争议，学界一般认为，检察机关（Staatsanwaltschaft，StA）①系司法机关，作为独立的法律维护者。检察官的任务和职权贯穿刑事诉讼程序始终：具有侦查程序主人、公诉案件起诉人、法庭审判公诉方及生效判决执行者的多重身份；与英美法系不同，德国检察官不属于当事人一方，与被告人不构成对抗关系。② 但在法院判决中，有时认定检察机关属于行政机构；③有时又被认定为司法行政机构的一部分。④

在法文中，"justice"有多重含义：首先是指要求尊重公正及理性的道德原则；⑤其次是指司法，即作出裁判的制度总称，如对两个对立个体之间纠纷的判决，或对个人和国家之间纠纷作出判决。⑥ 司法机关，是指拥有并应用司法职权的机关，具体是指法院和检察院。⑦ 法国 1958 年《宪法》第八编以"司法职权"（autorité judiciaire）替代之前的"司法权"（pouvoir judiciaire）概念。⑧

在英文语境中，"justice"作为名词，兼有司法和正义的含义，即"公正和适当地执行法律"。"judicial"（司法的）是一个与法院有关或者由法院或法官行使的形容词，如司法职权、司法行为。司法机关则专指"由法院组成的政府部门，其职能是通过解释、适用和一般执行法律来确保正义"。⑨

由于"司法"与"正义"这两个概念密不可分，我们对司法概念的考察往往离不

---

① 德国检察院的全称是附属联邦或州法院的检察官办公室，但这并非隶属关系，只是指明检察院的管辖范围与同级别法院相同。
② Roxin, Schünemann, Strafverfahrensrecht, 29. Aufl. 2017, Beck S. 53 – 59.
③ 参见《联邦宪法法院判决选》（BVerfGE）（第 103 卷），第 156 页。
④ 参见《联邦最高法院刑事判决》（BGHSt）（第 24 卷），第 170 页。
⑤ See Gérard Cornu, *Vocabulaire juridique*, 12ᵉ éd., PUF, 2018, p.594.
⑥ See Serge Guinchard, André Varinard, Thierry Debard, *Institutions Juridictionnelles*, 15ᵉ éd., Dalloz, 2019, p.2.
⑦ See Thierry S. Renoux, *L'autorité Judiciaire, Un Service Public?*, Les Cahiers de la Justice, 2017, n° 2, p.331 à 346.
⑧ See Serge Guinchard, André Varinard, Thierry Debard, *Institutions Juridictionnelles*, 15ᵉ éd., Dalloz, 2019, p.2.
⑨ Bryan A. Garner, *Black's Law Dictionary*, Ninth Edition, West Press, 2009, p.1324.

开正义这个概念。亚里士多德最早对"公正"①作了系统论述。他认为,法律体现公正,而公正意味着平等:一类为"分配性公正";另一类为"矫正性公正"。② 前者,是按照一定比例关系对公物的分配。公正就是"平等"或"平分";不公正就是"违法"或"不均"。"矫正性公正",是在人们自愿或非自愿的交往中形成的是非准则。"自愿交往"(如买卖、抵押、借贷、出租等)类似民事法律关系,"非自愿交往"(在暗中进行的,如偷盗、放毒、诱骗、伪证等;通过暴力进行的,如关押、杀害、抢劫、欺凌等)类似于刑事法律关系。这种矫正性公正是由法官按照人人平等原则来纠正不平等,实现新的平等——这就是司法。亚里士多德对司法的论述,使人想到正义的"天平",天平向一端的倾斜与矫正,包含救济思想。但亚里士多德又提出"加倍救济"思想,即报复性公正。也就是说,遭到的报复比施行的打击更多乃公正,即"矫枉过正"。

　　后人从亚里士多德矫正性公正概括出的"校正正义"思想,是对个人复仇和分配正义的否定。波斯纳(Richard A. Posner)将其概括为:第一,"为不公行为所伤害的人应当启动由法官管理的校正机器的权力",即"应当有一个无偏私的统治机构来纠正那些可以被纠正的不公",而不是用个人复仇的手段来纠正不公;第二,"法官不考虑受害人和伤害者的特点和社会地位"。如果 A 对 B 不公,如 A 从 B 那儿拿走了 X,B 就应当能从法官那儿得到救济,法官就从 A 那儿拿回 X 再还给 B。③ 波斯纳所作的这两点概括,深入地揭示了司法的正义本质。换言之,校正正义体现了公正司法的要求。

二、司法理性

　　司法的理性特征是由其作为社会救济之理性手段而决定的。手段是保证目的

---

① 苗力田先生主编的《亚里士多德全集》(10卷中译本),通篇未出现"正义"一词。这大概是因为"公正"比"正义"更加直观,符合古代人素朴的、与生活血肉相联的思维特点。"正义""公正"在现代意义上的通用性,则可从邱仁宗先生的译著《理性的对话——分析哲学的分析》将 J. 罗杰斯的《正义论》译为《公正论》得以印证。参见[英]科恩:《公正论》,邱仁宗译,社会科学文献出版社1998年版,第71页。
② 参见苗力田主编:《亚里士多德全集》(第8卷),中国人民大学出版社1994年版,第98~102、278~280页。
③ 参见[美]波斯纳:《法理学问题》,苏力译,中国政法大学出版社1994年版,第396~397页。

得以实现的现实力量。如果司法救济手段愚昧、野蛮,不仅社会争端难以得到公正、合理的解决,司法的正义性也会荡然无存!当然,司法理性并非决定一个命题真假、一个论点有效与否的"纯粹理性",而是在司法决定过程中所体现出来的"实践理性"。它包括一定行为的正当化论证和最佳手段的选择,具有决策思维的特点,其中起决定作用的因素是经验智慧。① 这使司法活动在人类社会争端解决方法中具有理性与经验相统一的特点。

综上所述,司法是基于"校正正义"思想,对受到不公行为伤害的人和事进行救济。这种救济性司法,其理性特征体现在,它不是用个人复仇的手段来纠正自己遇到的不公,而是依靠无偏私的法院和公正的法官,"来纠正那些可以被纠正的不公"。也就是说,用司法来救济不公行为的受害者,与血腥的私人复仇即"受害者同时作为审判者和执行者"②之间的本质区别在于:受害者与审判者发生了分离,审判者不能审判发生在自己身上的案件,法官也不会考虑受害者和伤害者的特点和社会地位,这就使社会争端的解决方式第一次呈现出理性之光。

当然,理性的司法制度是在人类社会长期发展中逐步建立和完善起来的。按照孟德斯鸠的观点,国与国、个人与个人之间的战争状态,使人与人之间的法律关系建立起来。③ 也就是说,如果没有法律或司法,人类便会在无休止的自相残杀中自取灭亡!在法律关系建立之初,法律治理的第一个阶段是"大众司法",即"是由首领和国王、也许甚至是一个公众集会来进行立法和审理;这是一种没有分别的全盘统治"。④ 这种"大众司法"的审判者不是职业法官,而是如苏格拉底审判那样由数百人组成的陪审团。它没有审议和证明程序,也没有可能上诉。这是庞德所说的"原始法阶段",其特征是:(1)被害人得以补偿的标准不是他的损害,而是因损害而引起的复仇的愿望;(2)审讯方式不是理性的而是机械的;(3)法律的范围极为有限,既无原则也无一般观念;(4)法律主体主要还是血亲集团而非个人。⑤

---

① 参见[美]波斯纳:《法理学问题》,苏力译,中国政法大学出版社1994年版,第91~93页。
② 参见[美]波斯纳:《法理学问题》,苏力译,中国政法大学出版社1994年版,第6~7页。
③ 参见[法]孟德斯鸠:《论法的精神》(上册),张雁深译,商务印书馆1961年版,第4~7页。
④ [美]波斯纳:《法理学问题》,苏力译,中国政法大学出版社1994年版,第7页。
⑤ 参见沈宗灵:《现代西方法理学》,北京大学出版社1992年版,第302页。

在第二个阶段,职业法官在罗马和希腊城邦国家已经出现并参与审判。彼时司法审判活动,采用一种"人的推定"方法。例如,"按照罗马法,一个丈夫在妻子犯奸淫后仍然留她的话,将受到处罚,除非他是出于惧怕诉讼的后果,或是对自己的耻辱满不在乎;这是人的推定。法官就要推定这个丈夫的行为的动机,对一种暧昧不明的思想情况,他却要做出决定"。① 人的推定之随意性,使法官判决充满专断或武断,而不需要提供任何理由。"法官们从来不是共同商议的。每个法官用以下三种方式之一发表意见,就是:'我主张免罪','我主张定罪','我认为案情不明';因为这是人民在裁判或者人们认为这是人民在裁判。"②这种武断和简陋的审判方式,与后来君主国法官互相交换意见、采取少数服从多数的公断方式完全不同。后者,公断审判方式已具备了在公开场合下通过辩论或论证而进行审判的理性形式。

后来,欧洲中世纪司法程序有两个优点和一个缺点。优点是言词审理和公开性。缺点是有罪推定,即"它不是由原告证明罪责,而是被告必须证明其无罪"。"如果受害人没有足够的胆量和力量提出自诉,或作恶者有足够的胆量和朋友,在宣誓保证人的协助下宣誓无罪,罪犯就难以受到惩罚。"③这个缺点通过1532年《加洛林纳刑法典》在德国确立的纠问程序中得以克服。纠问程序的特点是:(1)即使没有被害人或其他人的控告,法院也可以主动追究犯罪。换言之,个人的告诉并不是启动刑事诉讼的必要条件。(2)被告人在诉讼中不是诉讼主体而是诉讼客体,没有诉讼权利,只是被拷问的对象,唯有法院才是诉讼主体。(3)为了对强势的法院进行严格控制,在纠问式诉讼中逐渐引入法定证据制度。④

与西欧中世纪大致同期的我国宋代(960~1279年),相当完备的诉讼制度已建立起来。这表现在:(1)法典撰集。963年宋太祖颁行的《宋建隆详定刑统》(以下简称《宋刑统》),是我国第一部刊版印行法典。(2)审判程序和回避制度。轻罪由县衙审判,重罪将犯人和案卷解送到州。州对死刑外刑事案件有完整管辖权,其"司理院"负责初审,传集人证、核实犯罪事实,由州长官委派与被告无利害关系的官吏"引

---

① [法]孟德斯鸠:《论法的精神》(下册),张雁深译,商务印书馆1961年版,第299~300页。
② [法]孟德斯鸠:《论法的精神》(上册),张雁深译,商务印书馆1961年版,第77页。
③ [德]拉德布鲁赫:《法学导论》,米健译,商务印书馆2013年版,第170页。
④ 参见李心鉴:《刑事诉讼构造论》,中国政法大学出版社1992年版,第84~85页。

所勘囚人面前录问"。① 然后进行检断,由司法参军检出该案可适用的法律条文,以及是否采用意见一起提交长官选择。由"当直司"(由辅佐知州的判官或推官组成)根据审得的事实和检齐的法规,进一步研究案情,或提审人犯,拟就判稿。最后,由知州或知府决定判词,签发判决书。② (3) 司法体制。朝廷设大理寺、刑部、审刑院、中书省等机构,互相监督并处理重大疑难案件的复审。自1080年元丰改制后,天下奏按,必断于大理,详议于刑部,然后上之中书,取决人主。③ (4) 审判监督。录问或复核之官对原审官吏有驳议之责,对"案有当驳之情"而"不能驳正致罪"或"举驳不当"者,要承担刑事责任。在判决发生法律效力后,犯人及其家属可依法逐级进行申诉。申诉案件一经受理,原审法官即成被告,须与申诉人一起接受推勘。④ (5) 证据制度。要求口供与其他证据材料一致,方可定罪量刑,否则要进行"别推"(换另一法官审理)和"移推"(改由另一司法机关审理)。对于翻供,也采取"别推"和"移推"的办法。⑤ (6) 宋慈著《洗冤集录》(1247年),是世界第一部系统的法医学专著。1779年由法国人节译、1855年英译本在香港出版后,现有英、法、荷、德、韩、日、俄7种语言版本,对世界法医学有深远影响。宋代在审判程序、司法制度和司法鉴定等方面对司法文明有重要贡献,但法律只是一种统治工具,司法活动并不完全依据法典。"敕"作为皇帝临时决定,也是司法依据。"两宋敕的效力往往高于律,成为断案的依据。""凡律所不载者,一断于敕",可见,敕已达到足以破律、代律的地步。⑥ 这种"敕""律"并行甚至以"敕"代"律"及一切重大案件最后都要"决之人主",反映了宋代司法制度的人治特点。此外,中国封建官僚体制在行政与司法上高度合一,没有独立的法官职业,州县官吏处理案件只是行使行政职能、治理所辖民众的一种手段。

再回到欧洲纠问程序来看,基于拉德布鲁赫的分析,⑦它有两个优点:一是认识

---

① 《宋会要辑稿·刑法三》。
② 参见赵晓耕:《宋代法制研究》,中国政法大学出版社1994年版,第196~197页。
③ (元)脱脱等撰:《宋史》,中华书局1985年版,第5007页。
④ 参见赵晓耕:《宋代法制研究》,中国政法大学出版社1994年版,第202~204页。
⑤ 参见赵晓耕:《宋代法制研究》,中国政法大学出版社1994年版,第200~202页。
⑥ 参见赵晓耕:《宋代法制研究》,中国政法大学出版社1994年版,第12~13页。
⑦ 参见[德]拉德布鲁赫:《法学导论》,米健译,法律出版社2012年版,第141~146页。

◀◀◀ 第一章 司法的性质、规律与可评估性

到追究犯罪并非受害人的私事,因而允许在没人控告情况下,由法官"依职权"代表国家承担起追究犯罪的职责;二是"用现代符合理性的证据,首先是证人证言,取代了旧时建立在信仰和迷信之上的证据"。如此一来,被告人无罪举证责任也改为法官对被告人的有罪证明责任。纠问程序的上述两个优点,在司法实践中又演变为两个缺点:一是在法官依职权追究犯罪过程中,取消了法庭公开辩论和人民陪审员听取当事人辩论后作出判决等程序,这就将被告人置于不受保护的地位。"控告人如果成为法官,就需要上帝作为律师。"二是纠问程序用一种法定证据制度来"防止法官的错误和专断",使法官沦落为只能按法律规定对证据做机械运算的司法机器,"只会用毫无生命的刑讯记录和证人记录文件作出判决"。这导致刑讯逼供作为正当性定罪方法,几乎统治了欧洲从中世纪后期到18世纪的整个历史时期,直到19世纪初在德国仍有刑讯的残余。因此,"消灭刑讯,意味着同时要抛弃法定证据理论"。当然,纠问程序并不是铁板一块,其间也伴随国家司法权力的逐步分化。例如,法国14世纪中期在刑事诉讼中设立了国王检察官,承担发起公诉职责。[1] 这打破了法官大权独揽诉讼的局面,实现了检察权与审判权的分离。

随着法定证据理论的消亡以及权利意识的不断觉醒,特别是要求国家保护无辜者的呼声不断增强,纠问程序大约从1848年开始向现代刑事程序转变。"现代的刑事程序吸取了纠问程序中国家、官方对犯罪追诉的原则(职权原则),同时又保留了中世纪的无告诉即无法官原则(自诉原则),并将这两者与国家公诉原则相联结,产生了公诉人的职位:检察官。这一职位与相对应的原则是由法国输入德国的。它提出了与纠问程序法定证据原则对立的自由心证原则,也最终导致重新采用中世纪刑事程序的言词审理和公开性。"[2] 关于现代刑事程序的特点,首先,职权主义诉讼模式虽然继承了纠问式诉讼制度,实际上却是大陆法系国家将公正、理性等价值融入现代刑事程序的结果。例如,尽管德国法院在证据收集和出示方面仍占据主导地位,却也积极推动公诉机关和辩护方参与案件调查。[3] 这使当事人在司法活动中发

---

[1] 参见宋远升:《检察官论》,法律出版社2014年版,第4页。
[2] [德]拉德布鲁赫:《法学导论》,米健译,法律出版社2012年版,第144页。
[3] 参见[德]托马斯·魏根特:《德国刑事诉讼程序的改革:趋势和冲突领域》,载陈光中主编:《21世纪域外刑事诉讼立法最新发展》,中国政法大学出版社2004年版,第234~246页。

挥的作用逐渐增强。其次,由于被告人供述的优先地位已被取消,刑讯逼供开始为大部分国家所禁止。特别是随着国际反酷刑运动的兴起,许多思想家对酷刑滥用进行了强烈批判,西方国家在17~18世纪资产阶级革命取得成功之后至19世纪初,都先后立法明文禁止刑讯逼供行为。①

随着全球化浪潮的推进,西方两大法系也出现相互融合的趋势。例如,在德国审前阶段,辩护方逐渐被赋予参与证据收集的权利,控辩双方更注重庭前协商。② 日本、俄罗斯恢复了陪审团制度,韩国建立了观审员制度,英美等国自"9·11"事件后也逐渐吸收一些职权主义因素,加强了对犯罪的侦破和打击力度。③ 一些国家兼采职权主义和当事人主义诉讼模式,呈现混合法系特征。如日本和意大利,一方面,吸收职权主义模式,赋予法官主动调查证据的权力;另一方面,吸收当事人主义诉讼的对抗性模式,注重发挥控辩双方的作用。我国司法制度有大陆法系传统,但自20世纪80年代末期人民法院民事审判方式改革和1996年《刑事诉讼法》修订以来,也积极吸收了普通法系对抗制的因素。

随着人权保障意识不断增强,基于《世界人权宣言》《公民权利和政治权利国际公约》的国际司法机制也逐步形成,刑事司法人权保障国际化趋势不断增强。2002年联合国成立国际刑事法院,可跨越主权国家界域对某些犯罪行为实行自动管辖,体现了国际司法协作趋势。④ 传统上,人们一般认为刑事司法是主权国家权力或国家主权的象征。但随着1950年《欧洲人权公约》诞生,这一传统界限已被超越。⑤ 例如,在德国,不仅宪法对诉讼权利作了规定,《欧洲人权公约》也具有法律效力,该公约在刑事程序方面规定了比"基本法"更详细的基本权利。在英国,为贯彻《欧洲人权公约》而制定的英国1998年《人权法案》,开启了英国刑事诉讼法的"人权革命",不仅明确了国内法和《欧洲人权公约》共同认可的人权条款和内容,而且细化了英国司法机关在人权保护方面的公约义务与法律程序。如第2条规定,英国法院在决定

---

① 参见冯中华:《刑讯逼供略考》,载《人民检察》2010年第13期。
② 参见[德]托马斯·魏根特:《德国刑事诉讼程序的改革:趋势和冲突领域》,载陈光中主编:《21世纪域外刑事诉讼立法最新发展》,中国政法大学出版社2004年版,第234~246页。
③ 参见张保生主编:《证据法学》(第3版),中国政法大学出版社2018年版,第123页。
④ 参见高鸿钧:《法律全球化的理论与实践:挑战与机会》,载《求是学刊》2014年第3期。
⑤ 参见张保生:《证据法的基本权利保障取向》,载《政法论坛》2021年第2期。

涉及公约权利问题时,必须考虑欧洲人权法院的裁决和欧洲人权委员会的决定;第3条、第6条规定,包括法院在内的公共当局实施与公约权利不相一致的行为是违法行为。自此,欧洲各国传统的证据规则和新的法律规定,都要接受"欧洲人权法院"审查,英国法院审理的案件有义务遵守该人权法院广泛的"公正审判"管辖。《欧洲人权公约》第6条第2款规定了无罪推定原则;第3款规定了凡受刑事罪指控者拥有最低限度的权利,其中与证据性权利有关的是"询问不利于他的证人,并在与不利于他的证人具有相同的条件下,让有利于他的证人出庭接受询问"。上述规定使刑事审判和民事审判的制度性分野,在超国家层面得以强调。

三、司法文明

"文明",是指"人类社会进步状态",又与"野蛮"概念相对,是指"人类从野蛮走向开化的进程"。① 随着前法律社会结束,人猿相揖别,"法律无疑是人类最伟大的成就之一,它体现着人类进化的程度。国之法律,或者说法律之国,是一个国家文明程度的真正标志"。②

然而,人类有了法律,并不自然等于文明从此与野蛮相揖别。正如拉德布鲁赫以4个"毫无"淋漓尽致揭露的:"毫无权利的被控人在阴暗的刑讯室里面对毫无恻隐之心的审讯者,毫无能力以其有活力的话触动法官的耳膜;而法官,虽然满腹经纶,却远离人民,只会用毫无生命的刑讯记录和证人记录文件作出判决。"③大概正是看到历史上法定证据制度是一种与证据裁判理性特征不同的野蛮文明,陈光中教授对拉德布鲁赫"神明裁判—法定证据—自由心证"三阶段划分提出:"如不限于欧洲大陆而从世界范围来看,后面两个阶段改称为口供裁判、证据裁判似更符合实际情况。"④

显然,司法文明并非一个静态概念,而是一种动态实践。它意味着"司法进步"

---

① Green L. C. , *Civilized Law and Primitive Peoples* , Osgoode Hall LJ , Vol. 13 , p. 233 (1975).
② [荷兰]斯宾诺莎:《政治论》,谭鑫田等译,广西师范大学出版社2016年版,第24~25页。
③ [德]拉德布鲁赫:《法学导论》,米健译,法律出版社2012年版,第143页。
④ 陈光中:《刑事证据制度改革若干理论与实践问题之探讨——以两院三部〈两个证据规定〉之公布为视角》,载《中国法学》2010年第6期。

(progress of justice),即更先进的司法制度和司法文化对相对落后的司法制度和文化的取代。从这个意义上说,人类社会每一历史时期的司法文明都是那个时期司法进步的结晶,但在历史发展的长河中,相对后一历史时期又是一种落后或过时的文明。例如,人们经常诟病的法定证据主义或口供裁判制度,显然是一种比水审和火审等充满愚昧色彩的神明裁判更人道、更高级的司法文明。神明裁判信奉非理性的偶然性,与塞耶所说的"任何通过法院在理性的天平上衡量证词或其他证据……的判决"相去甚远。① 口供裁判则注重裁判的实质性,为法官预留了一定自由裁量的空间。我国宋代有情理法相结合的断案方法,如胡石壁所言:"殊不知法意、人情,实同一体,徇人情而违法意,不可也;守法意而拂人情,亦不可也。权衡于二者之间,使上不违于法意,下不拂于人情,则通行而无弊矣。"②这种司法裁判方式远超过仅注重形式的宣誓裁判。当然,口供裁判制度中的某种人道是极为有限的。刑讯逼供的"血盆大口"一开,"就使法定证据理论中所有的谨慎成为可归咎于刑事程序立法者的最大轻率"。③

作为一个国家法治文明的指示器,④现代司法文明与人治社会的司法文明相比至少有如下本质区别。第一,司法权威源于法律而非国王。"法治国"与"人治国"的最大区别不是有没有法律(人治国也会有法律),而是"谁是国王?"在"法治国"里,法律是"国王";在"人治国"里,则"国王"是法律。⑤ 古希腊著名思想家柏拉图(公元前427年~公元前347年)在他的《法律篇》中指出,"如果一个国家的法律处于从属的地位,没有权威,我敢说,这个国家一定要覆灭;然而,我们认为一个国家的法律如果在官吏之上,而这些官吏服从法律,这个国家就会获得诸神的保佑和赐福"。人治社会的法律以阶级利益为价值取向,以强制性命令为核心,突出地表现为

---

① See William Twining, *Rethinking Evidence: Exploratory Essays*, Second Edition, Cambridge University Press, 2000, p. 35.
② 《名公书判清明集》,中国社会科学院历史研究所宋辽金元史研究室点校,中华书局1987年版,第311页。
③ [德]拉德布鲁赫:《法学导论》,米健译,法律出版社2012年版,第143页。
④ 参见张文显:《司法文明新的里程碑——2012刑事诉讼法的文明价值》,载《法制与社会发展》2013年第2期。
⑤ 参见胡建淼:《从柯克大法官与詹姆斯一世的争论谈起——让法律成为"国王"而不是国王成为法律》,载《人民法治》2016年第7期。

"王权至上""政法合体",法律在王权面前只具有象征意义。由于法律规则没有权威,一切重大事项最后都要"决之人主",致使司法活动走向两个极端:一方面,是君主专权导致司法机关独立司法的责任义务淡化。"专制君主、神化的领袖等对包括当事者在内的社会一般成员享有绝对权力的第三者如果存在,无论其决定的内容如何当事者都只能无条件地服从。"① 另一方面,王权独裁的控制力有限,又使法官在处理具体问题上拥有无限自由裁量权,所以孟德斯鸠说,"专制国家是无所谓法律的。法官本身就是法律"。② 法官判决具有不确定性和正当化程度低的特点,导致阶级性正义和对特权阶层的保护。相较之下,法治国司法权威源于宪法和法律授权。一方面,"统治者应该以正式公布和被接受的法律,而不是以临时的命令和未定的决议来进行统治……政府所有的一切权力既然是为社会谋幸福,因而不应该是专断和凭一时高兴的,而是应该根据既定的和公布的法律来行使"。③ 另一方面,"法官除了法律就没有别的上司。法官的责任是当法律运用到个别场合时,根据他对法律的诚挚的理解来解释法律"。④

第二,司法运作遵循平等原则而非等级制度。人治社会的专制特征,导致司法运作过程的不平等。例如,我国宋代子称父为"大人",民称官也为"大人"。⑤ 官称百姓为"子民",听讼时也多用家长训导子弟口吻。有人曰"太守之于尔民,犹父兄之于子弟。为父兄者,只欲子弟之无过,为太守者,亦只欲尔民之无犯"。⑥ 在这种等级关系下,"官员们对诉讼的整体认识显示出一种'居高临下'的姿态。我们既无法从中发现官方对于涉讼当事人的尊重和平等的观念,更难看出在纠纷解决过程中有任何的权利和义务的明确分野"。⑦ 这种不平等不仅体现在裁判者与诉讼者的关系上,还体现在被告人的贵贱之分。如上请制度,就是贵族或官员若犯流罪,可减一

---

① [日]棚濑孝雄:《纠纷的解决与审判制度》,王亚新译,中国政法大学出版社1994年版,第14页。
② [法]孟德斯鸠:《论法的精神》(上册),张雁深译,商务印书馆1961年版,第76页。
③ [英]洛克:《政府论》(下篇),叶启芳、瞿菊农译,商务印书馆1964年版,第86页。
④ 《马克思恩格斯全集》(第1卷),人民出版社2016年版,第76页。
⑤ 参见朱瑞熙:《宋代官民的称谓》,载《上海师范大学学报(哲学社会科学版)》1990年第3期。
⑥ (宋)真德秀:《西山先生真文忠公文集(一)》卷四十《潭州谕俗文》,商务印书馆1937年版,第706~707页。
⑦ 龚汝富:《明清讼学研究》,商务印书馆2008年版,第24页。

等处罚;若犯死罪,可不依一般司法程序,而上请皇帝裁决。① 在法治社会,平等原则构成了司法运作的前提。《世界人权宣言》第10条规定:"人人完全平等地有权由一个独立而无偏倚的法庭进行公正的和公开的审讯,以确定他的权利和义务并判定对他提出的任何刑事指控。""这种确认的平等先于司法,是平等创造了司法和构成了司法。"②上文谈到亚里士多德的校正正义思想,"去找法官就是去找公正。因为人们认为,法官就是公正的化身……法官要的就是平等。这就好像一条线段被分成两个不等的部分,法官就要把长线段的超过一半的部分拿掉,把它加到较短的线段上去"。③ 法治优于人治的原因:一是法律具有理性特征;二是法律具有平等性;三是法治具有更高的稳定性和效率性。④

第三,司法价值从追求效率到崇尚公正。在人类司法文明史上,效率曾经是司法官员追求的一个主要目标。在毫无人权保障的专制社会,法官对于理性的法律推理审判方式虽然也会偶尔为之,但往往会因为其缺乏效率而被弃置不用,"大刑伺候"却成为常常被祭起的法宝。由于人治国家刑讯逼供效率高,法官运用法律推理进行审判的动力不足。这种情况在欧洲资产阶级革命成功后才发生了根本改变,其中具有决定性意义的转折点是13世纪英国《大宪章》首次宣告的法治精神,即法律高于国王之上,连国王也不得违反。18世纪美国潘恩指出,在法治国家里,法律是国王,而非国王是法律。19世纪末,英国戴西提出,"法律至上"是法治的主要特征。⑤ 因此,只有在法治国家环境中,才能用宪法和法律确立体现"人权""民主"的诉讼代理制度、辩护制度和律师制度。⑥ 司法活动追寻的首要价值才能从效率变为正义。公正作为司法制度的首要价值,意味着当不同价值发生严重冲突时,其他价值应当让位于公正价值。⑦

---

① 参见何勤华:《中国古代等级法观念的渊源及其流变——兼评西方法的等级观和平等观》,载《法学》1992年第9期。
② [法]皮埃尔·勒鲁:《论平等》,王允道译,商务印书馆1988年版,第22页。
③ [古希腊]亚里士多德:《尼各马可伦理学》,廖申白译注,商务印书馆2003年版,第151~152页。
④ 参见史彤彪:《西方法治思想精义》,黑龙江教育出版社2019年版,第63页。
⑤ 参见胡建淼:《从柯克大法官与詹姆斯一世的争论谈起——让法律成为"国王"而不是国王成为法律》,载《人民法治》2016年第7期。
⑥ 参见程荣斌主编:《中国律师制度原理》,中国人民大学出版社1998年版,第19页。
⑦ 参见张保生主编:《证据法学》(第3版),中国政法大学出版社2018年版,第68页。

第二节 司法规律[①]

所谓司法规律,是指世界各国现代司法制度在性质、原则和模式等方面普遍遵循的法则,是人类司法文明的结晶。它既是司法制度历史发展的实然结果和趋势,也是对现代司法制度的应然要求。因此,我们全面依法治国要遵循的司法规律,并不包括像火审、水审那样神明裁判的陈规陋习,也不包括动辄"大刑伺候"那样口供裁判的野蛮法则。现代司法规律是法治国家必须遵循的现代司法基准,是在法治中国建设背景下实现司法制度现代化的基本原则。正如党的十八届四中全会《决定》所说:"依法治国……是实现国家治理体系和治理能力现代化的必然要求。"这意味着现代司法制度构建,既要告别"王权至上""政法合体""口供裁判"等旧时人治的司法规律,又不能在现代司法制度尚未构建起来时就陷入某些后现代司法议题的羁绊。

从现代世界各国通行的准则来考察,可将司法规律分为五个方面:一是司法权基本属性;二是司法程序;三是司法主体性;四是司法效力;五是司法文化。在这五个方面的司法规律中,公正是司法的总体要求,我们未把公正本身作为司法规律,是因为它作为总体要求渗透在上述五个方面的司法规律之中。

一、司法制度

(一)司法权力

1. 被动性

被动性,是指在司法权行使过程中,司法机关只能根据当事人请求进行,而不能主动启动。法国托克维尔把被动性视为司法权的 3 个重要特征之一,认为司法权自身不是主动的。要想使它行动,就得推动它。向它告发一个犯罪案件,它就惩罚犯罪的人;请它纠正一个非法行为,它就加以纠正;让它审查一项法案,它就予以解释。

[①] 本节主要参考了张保生、樊传明:《司法改革必须尊重司法规律》,载《司法改革内刊》2015 年第 2 期。

但是,它不能自己去追捕罪犯、调查非法行为和纠察事实。① 具体而言,司法权的被动性表现在两个方面:第一,启动的被动性,法院所有司法活动只能在有人提出申请以后才能进行,没有当事人的起诉、上诉或者申诉,法院不会主动受理任何一起案件。② 第二,诉讼请求不得随意变更。法院的审理范围被原告提出的主张所限制,判决不能超出原告所主张的范围,也不能有与原告要求不相对应的内容。③ 司法权被动行使的意义:一是限制司法权力的膨胀,防止其滥用;二是可以帮助司法人员冷静观察案件,避免形成先入之见和特定价值取向,以利于裁判的公正性。④ 司法与立法、执法及其他非诉讼争端解决机制不同,它是社会纠纷解决的最终手段、最后防线,不经当事人的起诉、上诉或者申诉,不能主动运行。历史上,《人民法院第三个五年改革纲要(2009—2013)》将工作重点从审判方式改革转向能动司法、司法为民、调解优先和维稳,"为经济平稳较快发展提供有力司法保障","确保国家安全和社会稳定"。⑤ 这种让司法积极影响国家和社会发展、直接干预社会生活的努力,违背了司法被动性规律,并会使自身陷入许多纠纷而难以贯彻最终解决原则。

2. 独立性

独立性有两种含义,其一,是指司法权独立于立法权和行政权。如孟德斯鸠所说:"如果司法权不同立法权和行政权分立,自由也就不存在了。如果司法权同立法权合二为一,则将对公民的生命和自由施行专断的权力,因为法官就是立法者。如果司法权同行政权合二为一,法官便将握有压迫者的力量。"⑥ 在此含义上,《联合国关于司法机关独立的基本原则》第 1 条规定:"各国应保证司法机关的独立,并将此项原则正式载入其本国的宪法或法律之中。尊重并遵守司法机关的独立,是各国政府机构及其他机构的职责。"其二,我国司法权独立性主要是指依法独立行使审判权

---

① 参见[法]托克维尔:《论美国的民主》(上卷),董果良译,商务印书馆 1991 年版,第 110~111 页。
② 参见陈瑞华:《司法权的性质——以刑事司法为范例的分析》,载《法学研究》2000 年第 5 期。
③ 参见[日]谷口安平:《程序的正义与诉讼》,王亚新、刘荣军译,中国政法大学出版社 1996 年版,第 25 页。
④ 参见王琦:《论司法权的被动性——以民事诉讼为视角》,载《海南大学学报(人文社会科学版)》2007 年第 2 期。
⑤ 参见 2009 年 1 月 8 日最高人民法院发布《二〇〇九年人民法院工作要点》。
⑥ [法]孟德斯鸠:《论法的精神》(上册),张雁深译,商务印书馆 1995 年版,第 155 页。

制度。它有如下特点：①一是我国司法权独立是法院作为整体的独立，而非作为个体法官的独立。法院内部设审委会，对重大案件的处理具有决定权。二是司法权独立的程度并非无限。根据我国《宪法》第3条的规定，审判机关由人民代表大会产生，对它负责，受它监督。独立性之意义在于，"司法的任务是通过其判决确定是非曲直，判决为一种'认识'，不容许在是非真假上用命令插手干预"。② 司法权独立行使要求司法机关及法官在行使审判权时，只服从宪法、法律及内心的良知；法院依照法律独立行使审判权，不受行政机关、社会团体和个人的干涉；党对司法工作的领导、人大对司法工作的监督，都不能对个案进行干预；上级法院不得违反审级制度干预下级法院审判；宣传系统和舆论监督不得妨碍法院独立行使审判权。

3. 中立性

中立性，是指法官居中裁判。《联合国关于司法机关独立的基本原则》第2条规定："司法机关应不偏不倚、以事实为根据并依法律规定来裁决其所受理的案件，而不应有任何约束，也不应为任何直接间接不当影响、怂恿、压力、威胁、或干涉所左右，不论其来自何方或出于何种理由。"中立性对裁判者有两点要求：一是中立于诉讼双方，不偏不倚；这种诉讼结构可用等腰三角形表示，诉讼双方各执一端，审判者居中裁判，与其保持等距离。二是中立于裁决结果，不预设某种偏好。这要求法官不考虑受害人和伤害者的特点和社会地位。法官将仅仅考虑行为的特点，而不考虑行为者的特点。③ 就是说，"不论好人加害于坏人，还是坏人加害于好人，并无区别。法律则一视同仁，所注意的只是造成损害的大小"。④ 司法正义不考虑个人特点、不因人而异，而是就事论事、对事不对人，这是中立性的要求。

（二）当事人诉讼权利

1. 无罪推定

无罪推定是现代刑事法治的一项基本原则和基本人权，也是联合国在刑事司法

---

① 参见陈光中：《比较法视野下的中国特色司法独立原则》，载《比较法研究》2013年第2期。
② ［德］拉德布鲁赫：《法学导论》，米健、朱林译，中国大百科全书出版社1997年版，第101页。
③ 参见［美］波斯纳：《法理学问题》，苏力译，中国政法大学出版社1994年版，第396~397页。
④ 苗力田主编：《亚里士多德全集》（第8卷），中国人民大学出版社1994年版，第101~102页。

领域制定和推行的最低限度标准之一。在刑事诉讼中,无罪推定与证明责任相关联,是一种可反驳的推定。它强调任何人在罪行没有得到证明之前,都应被推定为无罪。《世界人权宣言》第 11 条提出:"凡受刑事控告者,在未经依法公开审判证实有罪之前,应视为无罪,审判时必须予以答辩上所需之一切保障。"联合国《公民权利和政治权利国际公约》第 14 条规定:"凡受刑事控告者,在未依法证实有罪之前,应有权被视为无罪。"意大利刑法学家贝卡里亚在《论犯罪与刑罚》最早公开提出无罪推定思想:"在法官判决之前,一个人是不能被称为罪犯的","只要还不能断定他已经侵犯了给予他公共保护的契约,那么社会就不能取消对他的公共保护"。① 这就是著名的"无罪推定"原则。无罪推定原则也赋予作为弱者的被告人自我防御的武器,即被告人没有证明自己无罪的义务。例如,无罪推定原则否定了被告人证据开示的义务。这解释了长期以来被告人在审判日之前一般不告知控方自己掌握证据的原因。② 我国《刑事诉讼法》第 12 条规定,"未经人民法院依法判决,对任何人都不得确定有罪";第 200 条第 3 款规定,"证据不足,不能认定被告人有罪的,应当作出证据不足、指控的犯罪不能成立的无罪判决"。这些规定体现了无罪推定的精神。

2. 不得自证其罪

"不得自证其罪的权利"(right against self-incrimination)是刑事被告人或证人的一项诉讼权利,该权利旨在保障一个人不被政府方强迫作证,提供可能导致其受到刑事指控的证言。它蕴含沉默权。③ 该权利的完整含义是:不得强迫任何人证实自己有罪或无罪。"在诉讼中,原则上应当由控诉方提供证据来证明其所指控的犯罪事实成立,被告人在诉讼中不承担证明自己无罪的责任,既然如此,被告人也就没有义务在针对其进行的查找证据的活动中予以合作,他可以在诉讼过程中保持沉默,也可以明确表示拒绝陈述,即被告人在诉讼中享有反对强迫自证其罪的特权或者说沉默权,不得强迫被告人陈述与案情有关的事实,不能因为被告人保持沉默或拒绝

---

① [意]切萨雷·贝卡里亚:《论犯罪与刑罚》,黄风译,中国法制出版社 2002 年版,第 35 页。
② 参见[英]詹妮·麦克埃文:《现代证据法与对抗式程序》,蔡巍译,法律出版社 2006 年版,第 23 页。
③ See Bryan A. Garner, *Black's Law Dictionary*, 8th Edition, Thomson West, 2004, p.1324, 1327.

陈述就认定其有罪或得出对其不利的结论。"[1] 许多国家将不得自证其罪作为宪法性权利加以规定。例如，美国《宪法》第五修正案规定，"任何人……不得被强迫在任何刑事诉讼中作为反对他自己的证人"；日本《宪法》第 38 条要求，"不得强制任何人作不利于本人的陈述"。我国《刑事诉讼法》第 52 条规定了"不得强迫任何人证实自己有罪"，这是刑事诉讼人权保障的重要进步。但该规定与"不得自证其罪"还有差距。因为该权利的完整含义是：不得强迫任何人证实自己有罪或无罪。一是"不得强迫任何人证实自己有罪"，即犯罪嫌疑人、被告人没有义务为控诉方的有罪指控向法庭提供任何可能对自己不利的陈述和其他证据，控诉方不得采取任何非人道或有损其人格尊严的方法强迫其作出供述或提供证据；二是不得强迫任何人证实自己无罪，即犯罪嫌疑人、被告人没有证明自己无罪的义务。因此，《刑事诉讼法》第 52 条"不得强迫任何人证实自己有罪"的规定，只在第一个含义上确立了"不得强迫自证其罪"的权利，尚未触及第二个含义"不被强迫自证无罪"的权利，即被告人在刑事诉讼中拥有沉默权。这是中国证据法治未来发展的一个努力方向。

3. 质证权

在庭审过程中，质证是诉讼一方对另一方（或法院依职权收集）证据的质疑，从而是影响事实认定者对案件事实内心确信的证明活动。质证权作为一项重要诉讼权利，是指当事人对不利于自己的证据有进行质问、质疑、辩驳的权利。质证的基本方式是交叉询问和对质。

（1）交叉询问权利

交叉询问是"在审判或听审中，由与传唤证人出庭作证的一方相对立的一方，对该证人进行的询问。交叉询问的目的，是在事实认定者面前通过指出证人先前证词的矛盾或不可能性，对证人的怀疑，以及使证人陷入削弱其证词的承认等各种方式弹劾证人的信誉。允许交叉询问者提出诱导性问题，但传统上只限于直接询问所涵盖的事项以及可信性问题"。[2] 交叉询问是对抗制诉讼的规定性特征之一。"两个世纪以来，普通法的法官和律师一直把交叉盘问的机会视为证言准确性和完整性的

---

[1] 卞建林主编：《刑事诉讼法学》，科学出版社 2008 年版，第 72 页。
[2] Bryan A. Garner, *Black's Law Dictionary*, 8th Edition, Thomson West, 2004, p. 405.

一种基本保障。他们坚持认为,这种机会是一种权利(right),而不仅仅是一种特权(privilege)。"威格莫尔说,"滥用和幼稚总是与交叉盘问联系在一起"并不能掩盖其价值。"至少从某种意义上,它取代了我们在中世纪占统治地位的刑讯制度……不容怀疑的是,它仍然是我们曾经发明的揭示事实真相之最伟大的法律引擎。"我国1996年《刑事诉讼法》吸收英美法系交叉询问制度,第47条规定:"证人证言必须在法庭上经过公诉人、被害人和被告人、辩护人双方讯问、质证,听取各方证人的证言并且经过查实以后,才能作为定案的根据。"该规定中"必须……才能"的语法结构,强调了质证是证人证言被采纳为定案根据的必要条件。2012年最高人民法院《关于适用〈中华人民共和国刑事诉讼法〉的解释》(以下简称《刑事诉讼法解释》,已失效)第63条规定:"证据未经当庭出示、辨认、质证等法庭调查程序查证属实,不得作为定案的根据,但法律和本解释另有规定的除外。"该条于2021年被修订为第71条,在沿袭上述规定的基础上删除了最后一句"但法律和本解释另有规定的除外",这表明所有证据都必须经过当庭出示、辨认、质证等程序查证属实,才能作为定案根据,对此没有例外。2012年《刑事诉讼法》第189条(2018年为第194条)规定,公诉人、当事人和辩护人、诉讼代理人经过审判长许可,都可以询问证人、鉴定人。这体现在辩方对控方证人的发问权上,就是交叉询问的权利。2021年《刑事诉讼法解释》第259条关于询问证人顺序的规定具备了交叉询问的基本形式,但第261条关于任何询问都"不得以诱导方式发问"的规定,混淆了直接询问与交叉询问的区别。诱导性发问是交叉询问的规定性特征,不允许以诱导方式发问,不仅会限制交叉询问,也剥夺了诉讼当事人质证权。

(2)对质权

对质(confrontation)概念可追溯到古罗马时期。无论任何人,在没有与原告进行面对面的对质,并被赋予辩护的机会之前就定他的罪,这不是罗马人的传统。① 有关对质权的法律,最早是1552年英格兰议会规定:如果要定被告人叛国罪必须要有两名合法的原告。如果他们仍活着,应当被带到被告人面前。② 在中文语境中,对质

---

① 参见《圣经·新约全书》,中国基督教协会2000年版,第256页。
② See Anne Rowley, *The Sixth Amendment Right of Defendants to Confront Adverse Witnesses*, American Criminal Law Review, Vol. 26, p. 1547 (1989).

含义也称质对、对证,有当面讯问以辨是非之意。对质包含面对面之意,有针锋相对之意。根据我国台湾地区学者的观点,"所谓'面对面'接触的权利,包括(1)被告得于审判中在场目视证人的权利,及(2)被告有使证人目视自己的权利"。[①] 对质权是刑事被告人的一项基本人权。《公民权利和政治权利国际公约》第 14 条第 3 款明确规定了凡受刑事控告者均享有与证人对质的权利,即"在判定对他提出的任何刑事指控时,人人完全平等地有资格享受以下的最低限度的保证……讯问或业已讯问对他不利的证人,并使对他有利的证人在与对他不利的证人相同的条件下出庭和受讯问"。对质权在很多国家是宪法性权利。美国《宪法》第六修正案规定:"在所有的刑事诉讼当中,被告人有权……与对己不利的证人进行对质……"日本《宪法》第 37 条第 2 款也有类似规定。对质权还是一项国际性人权,如《公民权利和政治权利国际公约》第 14 条第 3 款戊项、《欧洲人权公约》第 6 条第 3 款 d 项、《美洲人权公约》第 8 条,都有关于对质权的规定。在大陆法国家,对质不局限于被告人与证人之间,还扩展到证人与证人之间。例如,德国《刑事诉讼法典》第 58 条第 2 款规定:"证言相互矛盾的几个证人,可以使之互相对质。"法国《刑事诉讼法典》第 338 条规定,"审判长可以随时根据检察长、民事当事人或被告人的要求,责令证人暂时退离审判厅,以便在其他证人作证后,重新传唤上庭陈述或对质"。[②] 我国《刑事诉讼法》第 61 条关于"证人证言必须在法庭上经过……双方质证并且查实以后,才能作为定案的根据"的规定,实质上规定了被告人与证人的对质权。但我国目前还没有建立完善的对质制度,特别是还没有将刑事被告人的对质权上升到基本诉讼权利的高度予以保障,有关规定主要体现在司法解释中,在司法实践中也有一些具体应用的案例。

二、司法运作

(一)司法程序

司法程序,是指"诉讼的常规、有序的运行程序,包括从诉讼开始到诉讼结束期

[①] 王兆鹏:《美国刑事诉讼法》,台北,元照出版有限公司 2004 年版,第 372 页。
[②] 《法国刑事诉讼法典》,余叔通、谢朝华译,中国政法大学出版社 1997 年版,第 129 页。

间所发生的所有行为及事项"。① 刑事、民事和行政三大诉讼程序是司法程序的主要形式,必须遵循证据裁判、正当程序和控辩平等的司法规律。

1. 证据裁判

证据裁判原则要求,事实认定应当依据证据。其意义在于:"首先,证据裁判否定了历史上的神判,是刑事诉讼进步与文明的表现;其次,无证据不得推定其犯罪事实,是无罪推定原则的体现。"②这两点集中体现了证据裁判原则的理性主义传统,强调了证据才是事实认定的根据,因而是法治文明的裁判方式。证据裁判原则根植于自由心证的土壤,它既要求法官适用证据规则,又赋予其自由裁量权,允许其运用"实践理性"的经验智慧,作出是否采纳证据的裁定。遵循证据裁判的司法规律,要摒弃"无供不定罪"的传统司法理念,摆脱法定证据主义束缚,避免陷入口供裁判的野蛮之境。随着法治精神的传播,日本 1876 年《断罪依证律》将《改定律例》中原"凡断罪,依口供结案"修改为"凡断罪,依证据",从而实现了口供裁判向证据裁判的进化。对此,陈光中先生明确将证据裁判视为口供裁判的否定形式,这具有重要法治意义。证据裁判必须贯彻直接言词原则。其直接审理原则,要求法官须自己审理案件,不可将证据调查的工作委托给他人;并且需亲自讯问被告及询问证人。德国《刑事诉讼法典》第 250 条规定:"如果事实的证明基于人的感知,应当在法庭审理中询问此人。询问不得以宣读先前询问笔录或书面陈述代替。"直接审理原则与传闻排除规则有异曲同工之处,所以,日本《刑事诉讼法》第 320 条规定了"禁止使用传闻证据规则"。我国台湾地区有学者认为,"……于实体方面,直接审理主义与传闻法则系相同……此以另一种表述言之,则直接审理主义加当事人之反对询问权即变成传闻法则"。③ 言词原则,是指只有经过言词陈述及提及的诉讼资料才可作为裁判的依据。

2. 正当程序

现代司法遵循正当程序原则,要求诉讼必须遵守法律明确规定的法律规范,不

---

① Bryan A. Garner, *Black's Law Dictionary*, Ninth Edition, West Press, 2009, p. 1324.
② 陈光中主编:《刑事证据法专家拟制稿(条文、释义与论证)》,中国政法大学出版社 2004 年版,第 128 页。
③ 参见黄朝义:《论刑事证据法上之传闻法则》,载私立东海大学:《法学研究》1998 年第 13 期,"注六"。

能为了追求发现真相而牺牲正当程序。丹宁勋爵谈道:"我所说的经'正当法律程序',系指法律为了保持日常司法工作的纯洁性而认可的各种方法:促使审判和调查公正地进行,逮捕和搜查适当地采用,法律救济顺利地取得,以及消除不必要的延误,等等。"①有学者认为,在以法治为标志的自治型法中,"程序是法律的中心"。这种以程序为中心的法律制度,坚信"正当程序和公平是法院的自信和信用的主要渊源",实体公正则是无懈可击的程序的一种意料之中的派生物或副产品。② 就是说,重视过程和方法的程序正义对于实现个别结果的实体正义也许是相通的。"于是,就有了可能考虑程序自身的存在理由以及区分合乎正义与不合乎正义的程序。这种在程序的层次上成为考察对象的正义,可称为程序正义(procedural justice)。"③昂格尔认为,程序正义的价值在于:第一,保证被裁判者受到公正对待。这种形式上的公正对待,目的是维护当事人的人格尊严和人权价值。第二,以一种操作性规范保证裁判结果的正当性。第三,对社会公众接受裁判的公正性具有保障作用。④ 总之,正当程序作为司法规律,在一定程度上调和了形式正义和实质正义的矛盾。

3. 控辩平等

《世界人权宣言》第10条强调了人人有权平等地接受法庭公开审判。这在民事诉讼中比较容易实现,由于诉讼双方是平等主体。在刑事诉讼中,由于控方以公权力为依托,控辩关系很难达到平衡,往往导致庭审不公正。因此,实现控辩平等,是刑事诉讼制度史上的第三次重大革命。⑤ 控辩平等包括3个要求:⑥第一,控辩双方平等武装、平等对抗,拥有平等的诉讼权利,特别是平等的质证权利,包括被告人与证人对质的权利。第二,"控诉、辩护、审判三方面人员在诉讼上的地位是平等的",⑦控辩审三方平等互动。第三,司法审判是一个平等对论的法律推理过程。

---

① [英]丹宁勋爵:《法律的正当程序》,李克强等译,群众出版社1984年版,第1页。
② 参见[美]诺内特、[美]塞尔兹尼克:《转变中的法律与社会:迈向回应型法》,张志铭译,中国政法大学出版社1994年版,第60、74、93页。
③ [日]谷口安平:《程序的正义与诉讼》,王亚新、刘荣军译,中国政法大学出版社1996年版,第1页。
④ 参见[美]昂格尔:《现代社会中的法律》,吴玉章、周汉华译,中国政法大学出版社1994年版,第186页。
⑤ 参见冀祥德:《论司法权配置的两个要素》,载《中国刑事法杂志》2013年第4期。
⑥ 参见张保生:《审判中心与控辩平等》,载《法制与社会发展》2016年第3期。
⑦ 程荣斌主编:《中国律师制度原理》,中国人民大学出版社1998年版,第244页。

"在公开的法庭上,无论当事者各自有什么样的社会属性,他们都被视为具有对等的、独立的人格,不受任何非合理力量的支配。在这种理性支配的场合,说明义务被高度地规范化,任何强词夺理以各种借口逃避说明的行为都不能被允许,完全有可能在理想状态下展开自由而理性的对论。"① 为了建立平等对论的环境,需要确立基于不得强迫任何人自证其罪权利的律师辩护权、质证权及律师—委托人特免权。

(二)司法效力

1. 及时性

法谚说,"迟到的正义非正义"。及时性,是指司法过程中不应有不必要的拖延,以造成不必要的司法资源浪费。尽管效率与公正之间有一定张力,但二者实际上具有互相促进的关系:一方面,高效司法有利于及时发现真相、惩罚犯罪。"犯罪与刑罚之间的时间隔得越短,在人们心中,犯罪与刑罚这两个概念的联系就越突出、越持续,因而,人们就很自然地把犯罪看作起因,把刑罚看作不可缺少的必然结果。"② 另一方面,司法效率有利于权利保障,因为效率低会造成案件积压,大量纠纷无法得到有效处理,影响社会稳定,激化矛盾;③ 司法效率低还会使诉讼当事人长期处于不安状态,如刑事被告人审前遭受不适当的羁押,会增加与被指控犯罪有关的焦虑和耻辱感,因为证据或证人丢失也会损害被告有效辩护的能力。④ 此外,低效率可能加剧司法不公。例如,富人可能通过无休止举证而使贫穷的对方当事人处于不利地位,从而影响实质公正。⑤ 因此,美国《联邦证据规则》把"不当拖延,浪费时间,或者不必要地提出累积证据""危险在实质上超过相关证据的证明力"作为排除相关证据的理由之一。我国《刑事诉讼法》第 2 条则有"及时地查明犯罪事实"的规定。

---

① 参见[日]棚濑孝雄:《纠纷的解决与审判制度》,王亚新译,中国政法大学出版社 1994 年版,第 127~128 页。
② 参见[意]贝卡里亚:《论犯罪与刑罚》,黄风译,中国大百科全书出版社 1993 年版,第 56~57 页。
③ 参见范愉、彭小龙、黄娟编著:《司法制度概论》,中国人民大学出版社 2016 年版,第 26 页。
④ See Chiu P. H. & Doggett V. , *United States, Adapting the Barker Speedy Trial Test to Due Process Violations*, Whittier L. Rev. , Vol. 14, p. 893 (1993).
⑤ 参见张保生主编:《证据法学》(第 3 版),中国政法大学出版社 2018 年版,第 73~74 页。

2. 终局性

终局性,是指司法权对纠纷具有最终且最权威的裁判权,即司法最终解决原则。司法判决具有"既判力"。它裁判的不仅是一般纠纷,还包括涉及立法权和行政权的纠纷,因此在国家诸权力中是最后的权力。① 司法制度的核心目的在于解决纠纷,如果一个"解决方案"不能有效解决问题,则容易导致败诉方不再尊重法院判决而固执地反复诉讼。② 贝勒斯认为,"诉讼是负值交互行为"。③ 无休止的诉讼不利于社会发展,也不利于权利有效保护,还会导致司法公信力降低。终局性包括3个含义:一是争端解决的终局性,尽管社会活动中存在调解、仲裁等各种纠纷解决方法,但司法裁判是最后也是终极的纠纷解决机制。就是说,司法机关的判决,任何组织或个人都不得进行更改。二是裁判效力的终局性,这体现为大陆法系的"一事不再理"和英美法系的"禁止双重危险"原则。三是司法程序的有序性,即程序不能"倒流"。"具体的言行一旦成为程序上的过去,即使可以重新解释,但却不能推翻撤回。经过程序认定的事实关系和法律关系,都被一一贴上封条,成为无可动摇的真正的过去。"④遵循司法终局性规律,需要考虑是否应该以"有冤必纠"取代"有错必纠"的传统司法理念,以便为"宁漏不枉"的价值选择提供政策支持。

3. 可错性

可错性,是指司法裁判的结果具有不确定性或一定的错误率。一般而言,审判活动存在3种风险:⑤首先,"证据之镜"原理决定了事实认定的盖然性。基于证据的事实认定必然具有盖然性的5个基本理由是:证据具有不完全性、非结论性、含糊性、不和谐性和不尽完美的可信性等级。⑥ 其次,"概括之石"造就了事实认定的盖

---

① 参见刘瑞华:《司法权的基本特征》,载《现代法学》2003年第3期。
② 参见宋冰编:《程序、正义与现代化——外国法学家在华演讲录》,中国政法大学出版社1998年版,"前言"第2页。
③ [美]迈克尔·D. 贝勒斯:《法律的原则——一个规范的分析》,张文显等译,中国大百科全书出版社1996年版,第85页。
④ 季卫东:《法治秩序的建构》,中国政法大学出版社1999年版,第18页。
⑤ 参见张保生主编:《证据法学》(第3版),中国政法大学出版社2018年版,第79页。
⑥ 参见[美]特伦斯·安德森、[美]戴维·舒姆、[英]威廉·特文宁合:《证据分析》(第2版),张保生等译,中国人民大学出版社2012年版,第327~328页。

然性。概括对事实认定"必要却危险",①必要即经验推论离不开概括,危险在于概括有不同的可靠性等级。事实认定者依据可靠性程度不同的概括进行推论,其结论就具有盖然性。最后,说服责任的确定性程度或证明标准具有盖然性。总之,可错性如果意味着错误不可避免,就要求两错相衡取其轻,因为错判无辜者的成本更高。根据贝勒斯"道德成本原则","我们应当使法律程序的道德成本最小化"。按照这个原则,在对无罪者治罪(CI)和未对有罪者治罪($-CG$)这两种可能出现的错误判决中,前者比后者更有害,因为它侵犯了无罪不治罪的权利。后者只有经济成本,前者则是经济成本加道德成本,其成本更高。所以,我们总是对无罪者治罪的情况给予负评价,以防止出现无罪者治罪错误。② 所以,"宁漏勿枉"最大限度地降低了错判无辜的风险,反映了道德成本最小化原则。遵循这一司法规律,就要摒弃"不枉不纵"或"既不冤枉一个好人,也不放过一个坏人"的传统司法理念。

三、司法主体

1. 审判中心

审判中心,是指整个诉讼过程应当以法院审判为核心,并对整个诉讼过程的合法性进行管控。《公民权利和政治权利国际公约》第 14 条第 1 款规定:"在判定对任何人提出的任何刑事指控或确定他在一件诉讼案中的权利和义务时,人人有资格由一个依法设立的合格的、独立的和无偏倚的法庭进行公正的和公开的审讯。"审判中心包括以下要求:第一,在事实认定层面,各司法主体都担负有各自的责任,但最终和决定性的判断应当通过庭审作出。③ 事实认定所依赖的证据只有在法庭上出示并经质证才能被采纳为定案依据,这也是庭审实质化的体现;同时,只有审判阶段的证据评价才是最终的评价。第二,审判是司法运行的基本样态。尽管简易、速裁程序有其优势,但不能取代普通程序的核心地位。只有完整意义的审判程序才是最符合

---

① 参见[美]特伦斯·安德森、[美]戴维·舒姆、[英]威廉·特文宁合:《证据分析》(第 2 版),张保生等译,中国人民大学出版社 2012 年版,第 346~379 页。
② 参见[美]迈克尔·D. 贝勒斯:《法律的原则——一个规范的分析》,张文显等译,中国大百科全书出版社 1996 年版,第 29、32 页。
③ 参见刘华英:《论审判中心主义》,载《河南社会科学》2016 年第 3 期。

程序正义要求的司法程序。第三,审判中心反映了对权利的尊重。被告人只有经过审判才能被定罪,并在审判中享有沉默权等各种诉讼权利。第四,审判中心要求发挥律师辩护的实质作用,只有被告人获得有效辩护的机会,才能更好地保证审判具有实质性,从而确立审判中心的原则。第五,以审判为中心的诉讼制度改革,需对侦查权和检察权依法予以限制,摒弃"侦查中心""检察中心"的理念:一是限制警察特权,确立其控方证人的地位和出庭支持公诉的法定义务;二是限制检察权扩张,检察权不能凌驾于审判权之上,逐步恢复检察官作为政府方律师的本色。

2. 法律推理

法律推理是司法活动主体,以法律和事实真相为前提,对判决结论进行法律理由和正当理由论证的思维活动和制度实践。法治社会的司法审判本质上是法律推理过程,控辩审三方在法律推理过程中形成如下互动关系:①其一,理由论证和平等对论。"论证(辩论)所描述的是形成理由、得出结论以及将它们应用于一种正在思考的情况的活动或过程。"②这里的理由包括法律理由和正当理由。其二,在对论过程中,检察官和律师的证明,与事实认定者(陪审团、法官)的推论形成一种互动关系。"法律和法律推理能使法官得到终局性的、和平的和可证明为正当的纠纷解决结果。"③作为现代司法文明的集中体现,法律推理是由控辩审三方平等参与的法庭论证或辩论活动。"在进行裁判的法庭上,任何凭借强力和实力并以此对裁判施加影响与干预的情形都不能允许。利用言词和施展口才而展开的辩论是唯一的武器。"④法律推理可以为判决提供法律理由和正当理由,"有助于巩固社会组织制度所需的智力内部结构,在此制度内争论表现为论证和反论证,而不是使用暴力的威胁",⑤

---

① 参见张保生:《审判中心与控辩平等》,载《法制与社会发展》2016 年第 3 期。
② Sinclair Jr K, *Legal Reasoning: In Search of An Adequate Theory of Argument*, Calif. L. Rev., Vol. 59, p. 821–858(1971)。
③ [美]史蒂文·J. 伯顿:《法律和法律推理导论》,张志铭、解兴权译,中国政法大学出版社 1998 年版,第 8、10 页。
④ [日]松浦好治:《裁判过程与法的推理》,李道军译,载刘士国主编:《法解释的基本问题》,山东人民出版社 2003 年版,第 144 页。
⑤ [英]L. 乔纳森·科恩:《理性的对话:分析哲学的分析》,邱仁宗译,社会科学文献出版社 1998 年版,第 68 页。

从而"使法官得到终局性的、和平的和可证明为正当的纠纷解决结果"。①

3. 职业保障

作为社会争端最终解决机制,司法是一项独立的专门性职业,法官需要专门的职业保障以助于其公正行使司法权。职业保障是独立司法的必要条件,它包括三个层面:一是职业安全保障,法治发达国家都确立了相应的法律职业责任豁免制度,使其无须担心自己合法履职的行为和言论遭到责任追究。二是物质条件保障,使其不会因生活困顿而无法坚守法律职业立场。美国《宪法》第3条规定,法官在任职期间薪资不得降低。三是职业尊荣保障,法律职业应该享有崇高的职业声誉,法律职业人员应该有崇高的荣誉感,这也是司法公信力的重要来源。我国《法官法》第11条规定,法官享有的权利包括:(1)履行法官职责应当具有的职权和工作条件;(2)非因法定事由、非经法定程序,不被调离、免职、降职、辞退或者处分;(3)履行法官职责应当享有的职业保障和福利待遇;(4)人身、财产和住所安全受法律保护;(5)提出申诉或者控告等。《检察官法》第11条也有类似规定。党的十八届四中全会《决定》明确提出:"建立法官、检察官、人民警察专业职务序列及工资制度","建立法官、检察官逐级遴选制度","建立健全司法人员履行法定职责保护机制。非因法定事由,非经法定程序,不得将法官、检察官调离、辞退或者作出免职、降级等处分"。遵循司法职业保障规律,就要认真反思"有错必究+终身追究"的办案质量终身负责制,在尊重可错性司法规律的基础上,确立司法豁免制度,用"依法追究"取代模糊的终身追究。

四、司法文化

1. 公开性

司法的公开性,是指公开审判,《公民权利和政治权利国际公约》第14条将"法庭进行公正的和公开的审讯"确定为现代司法的一般原则。法谚云:"正义不仅应得到实现,而且应以看得见的方式实现。"正义以看得见的方式实现,即法院应将司法

---

① [美]史蒂文·J. 伯顿:《法律和法律推理导论》,张志铭、解兴权译,中国政法大学出版社1998年版,第8、10页。

活动过程和结果向社会公开,旨在限制司法权恣意,保障当事人诉讼权利。"没有(司法过程的)公开性,其他一切制约都无能力。和(司法过程)的公开性相比,其他各种制约是小巫见大巫。"①裁判结果依法公开,包括生效裁判文书的公开宣判、公开查询,以及证据采纳与排除的理由的公开,诉辩双方意见采纳与否的理由公开等。当然,司法过程公开也有例外,如个人隐私、商业秘密、国家秘密等。司法公开或透明度增强具有两个功能:一是可使司法权力在阳光下运行,有效防止司法腐败;二是可使司法机关更好地接受公众监督,有效消除公众对司法的质疑,最终赢得公众对司法的信任和认同。

2. 接受性

公众参与司法的态度和程度,是司法文明的重要指征,它影响司法制度和司法实践的发展,也对司法公信力具有重要支撑作用。公众参与司法是司法民主的重要内容之一,包括:第一,公众诉诸司法的意识及程度。这体现现代理性人对争端解决方式的理性选择,是一个国家或地区司法文化先进程度的"指示器"。第二,公众接受司法裁判的意识及程度。"司法应能定纷止争,否则裁而不断、缠讼不止,矛盾纠纷不能解决,社会关系不能稳定,司法的权威也无从建立。"②人们对司法裁判的自觉接受意识及程度,反映了司法的权威性或公信力。第三,公众接受现代刑罚理念的意识及程度。现代"刑罚的目的仅仅在于:阻止罪犯再重新侵害公民,并规诫其他人不要再重蹈覆辙。因而,刑罚和实施刑罚的方式应该经过仔细推敲,一旦建立了对应关系,它会给人以一种更有效、更持久、更少摧残犯人躯体的印象"。③

3. 恢复性

传统司法的本质是报复性司法,所谓司法救济,就是通过报复甚至亚里士多德所说的加倍报复、矫枉过正来实现的。杀人偿命,自古以来都是天经地义的司法信条。然而,根据现代刑罚理念,犯罪不再被视为一种纯粹的恶,而是被视为一种社会疾病。相应地,司法机关也不再是传统的"屠宰场"角色,而是类似一种治疗社会疾病的"医院"。从这所医院治愈的"病人",可以重返社会,开始自己健康的新生活。

---

① 王明扬:《美国行政法》,中国法制出版社1995年版,第433页。
② 陈光中、龙宗智:《关于深化司法改革若干问题的思考》,载《中国法学》2013年第4期。
③ [意]贝卡里亚:《论犯罪与刑罚》,黄风译,中国大百科全书出版社1993年版,第42页。

因此，古代的"报应刑""报复性司法"观念，逐渐被现代的"教育刑""恢复性司法"①等新刑罚观念取代。一些国家废除了死刑（通过立法完全废除死刑，或减少适用死刑的罪名，或通过严格司法程序限制死刑适用以达到最终废除死刑的目的），即使保留死刑，也倾向尽量采用痛苦程度较小的方式执行。同时，基于人权保障和人道主义理念，现代司法文明也反对在公共场所举行公捕、公判大会或游街等有辱犯罪嫌疑人、被告人或罪犯人格的行为。因此，公众对体现人权保障和人道主义的现代刑罚理念及方法的认识和接受情况，反映了司法文化的文明程度。

第三节 司法的可评估性

按照系统论和控制论的观点，要维持一个系统的稳态运行，必须通过负反馈实现目标控制。反馈机制中包括正反馈和负反馈，前者可使系统更加偏离平衡位置，不能维持系统的稳态；后者即系统的输出变成了决定系统未来功能的输入，才能使系统维持稳态。因此，负反馈机制就是根据系统输出变化的信息来进行控制的，即通过比较系统行为（输出）与期望行为之间的偏差，并消除偏差以获得预期的系统性能。

评价或评估（evaluation）是社会系统负反馈控制机制的一个重要组成部分。"评估最早的定义中主要描述既定目标是否实现，这种定义目前仍占主流地位。"②当然，不仅评估对象必须是一个系统，评估活动也是一项系统工程。因此，**JCSEE** 提出："评估是系统地评价一个对象的价值或优点。"③斯塔弗尔比姆（**Stufflebeam**）在拓展上述评估定义的基础上进一步指出："评估是对一个对象的优点、价值、诚信、可

---

① 恢复性司法主张，摒弃消极的仅仅为惩罚而惩罚的做法，而转向建立一种更加积极的司法方法。参见王平主编：《恢复性司法论坛 2005 年卷》，群众出版社 2005 年版，"卷首语"第 1 页。
② Daniel L. Stufflebeam, Chris L. S. Coryn, *Evaluation Theory, Models, and Applications*, Second Edition, CA：Jossey-Bass, p. 6 – 7.
③ The Joint Committee on Standards for Educational Evaluation, *The Program Evaluation Standards*, 2nd ed, CA：Sage, 1994, p. 3.

行性、安全性、重要性以及公平性进行系统性的评价。"①霍利(Joseph Wholey)1979年提出可评估性分析理论。②"所谓可评估性分析是对政策评估项目的结构、合理性、可行性和有用性进行评估,为决策者确定是否实施政策评估提供帮助的一种工具。从本质上说,可评估性分析旨在分析某一政策的设计和执行情况,证明其是否具备了被评估的资格。"③

系统负反馈控制的思想,无疑构成了司法"应该"如何(目标)而"实际"(输出)又是如何之比较评价的理论基础。无论从系统论还是从可评估性分析理论的观点看,司法都是一个复杂的社会系统。弗里德曼用信息论的观点分析了司法制度运行的一般过程,并将这个过程分为原材料的输入、加工、判决输出和信息反馈等阶段。从步骤上看,第一,"要有输入,从制度一端进来的原料。例如,法院要等某人提出控告,开始起诉,才开始工作"。第二,"法院工作人员和当事人开始对输入的材料进行加工。法官和官员们行动起来,他们有秩序地加工原料。他们考虑、争辩、下命令、提交文件,进行审理。当事人和律师也各自起作用"。第三,"法院交付输出:裁决或判决,有时还传下一般规则"。第四,"输出有时可能被置之不理,影响可大可小。有些影响的信息流回体系,这过程被称为反馈"。④

作为一种复杂的社会系统,对司法的评估不仅是解决司法判决是否具有可接受性的问题,同时也是对司法制度、司法运作、司法效力、司法主体和司法文化的综合评估。司法的特点确实为司法评估提供了许多有利条件。首先,司法有相对稳定的对象(案件)。依据相对明确的大前提(法律规则),遵守严格的司法程序,而且要求得出具有确定性的判决结论。正如弗里德曼把司法制度运行的一般过程分为输入、加工、输出和反馈等阶段那样,司法评估作为一种系统反馈控制方法应该说是司法系统的一种运行机制。例如,从成本—效益评估的角度看,"把审判

---

① Daniel L. Stufflebeam, Chris L. S. Coryn, *Evaluation Theory, Models, and Applications*, Second Edition, CA: Jossey-Bass, p. 11 – 14.
② See Joseph S. Wholey, *The Role of Evaluation and Evaluator in Improving Public Programs: The Bad News, the Good News, and a Bicentennial Challenge*, 36 Public Administration Review 679 – 683 (1976).
③ 庄德水:《廉政政策评估研究》,知识产权出版社 2015 年版,第 126~127 页。
④ [美]劳伦斯·M. 弗里德曼:《法律制度——从社会科学角度观察》,李琼英、林欣译,中国政法大学出版社 1994 年版,第 13~14 页。

应有的作用先与查明事实真相或程序的正义等联系起来,最后才只是在分离、从属的位置上顺便涉及审判所需的成本。这样的情况已经招致了审判成本过高而使人们望而生畏的倾向。而且,面对着现代社会中权利救济大众化的要求的趋势,缺少成本意识的司法制度更容易产生功能不全的问题"。① 其次,司法特别是审判活动以明确的判决、理性的标准、充分的辩论,为评估活动的开展提供了有利的观察条件,为司法评估提供了系统的测量目标和理想的观测点。最后,法律知识有长期的积累。完备的档案,包括庭审笔录、案件报告、论文专著、成文法律和学者评论等,为司法评估提供了丰富的法律知识资源。法律有自我意识、自我批评精神,司法研究从理论和方法上对司法规律的充分揭示,为司法的评价过程提供了条件。

  一般而言,司法规律同时又可作为司法评估标准,因为它们提供了可以进行比照的目标和标准,从而就可以作为评判司法过程和结果好坏优劣的依据。"司法规律是社会规律的重要范畴,它是司法现象和司法活动中内在的本质联系,体现着司法活动总体上的一般趋势,司法活动只有在司法规律的中轴上进行或者围绕司法规律这根主线实施具体的司法活动,才能保证司法活动的准确性。"②然而,司法规律和标准具有评价功能,并不意味着它们可以直接充当司法评估标准。因为它们比较抽象,用其评估司法是否实现了普遍的目的十分困难。上述困难决定了需要建立一套能够体现目的和手段结合、手段和结果统一的独立评价标准。据此要求,可从司法文明的 4 个领域来建构司法的评价性标准即一级指标(见表 1.1)。

---

① [日]棚濑孝雄:《纠纷的解决与审判制度》,王亚新译,中国政法大学出版社 1994 年版,第 266 页。
② 蔡宁:《自觉遵循司法规律推进检察工作科学发展》,载《人民检察》2013 年第 17 期。

表1.1 司法规律与司法评估指标的关系之维

中国司法文明指数一级指标	司法文明4个领域		司法规律
1. 司法权力	司法制度		1. 被动性;2. 独立性;3. 中立性
2. 当事人诉讼权利			4. 无罪推定;5. 不得自证其罪;6. 质证权
3. 民事司法程序	司法运作	司法程序	7. 证据裁判;8. 正当程序;9. 控辩平等
4. 刑事司法程序			
5. 行政司法程序		司法效力	10. 及时性;11. 终局性;12. 可错性
6. 证据制度			
7. 法律职业化	司法主体		13. 审判中心;14. 法律推理;15. 职业保障
8. 司法腐败遏制			
9. 司法公开	司法文化		16. 公开性;17. 接受性;18. 恢复性
10. 司法文化			

第二章　司法评估的理论基础

第一节　社会调查与评估理论

一、社会调查评估的哲学范式

在社会科学研究中存在两种基本的研究传统：一种是实证主义，另一种是人文主义。实证主义传统认为，社会科学研究应该向自然科学研究看齐，对社会生活中的现象及其相互联系进行类似自然科学那样的探究。人文主义传统则认为，研究社会现象和人们的社会行为时，需要充分考虑人的特殊性，考虑社会现象与自然现象之间的差别，并且发挥研究者在研究过程中的主观性。[①] 换言之，实证主义范式，要求通过客观观察，从经验世界中寻找答案；而人文主义范式，则强调行为意义的诠释，注重对社会文化现象的主观理解。

基于实证主义传统与人文主义传统的分野，社会调查评估也经历了从单一方法向多样化方法的发展和转变，并且形成了不同的哲学范式，主要包括实证主义、解释主义、批判主义等。其中，实证主义范式与社会科学研究的实证主义传统有关，解释主义范式源于人文主义传统，而批判主义范式则是在对盛行的实证主义范式进行批判的基础上形成的。

（一）实证主义哲学范式

实证主义范式在社会调查评估领域中一直占据主导地位，存在广泛的影响力，

---

① 参见风笑天：《社会学研究方法》（第2版），中国人民大学出版社2005年版，第7页。

现有的社会调查评估实践也深受实证主义传统支配。该范式主张,调查评估应该遵循自然科学研究范式,进行"分析的、经验的、实证主义的定量研究";①在调查评估的价值立场上,则要求保持中立即尽量避免研究者主观情感、价值和倾向的影响,以保证研究结论的客观性和公正性。从具体研究路径来看,实证主义范式往往从理论演绎中推导出研究假设,而后对研究假设中所涉变量进行操作化和具体化,编制用于搜集客观数据的问卷、量表或访谈提纲,并通过随机抽样设计选取调查对象,进而对所搜集的数据进行分析以验证研究假设和归纳出结论,从而检验、纠正和扩展理论。换言之,实证主义范式注重通过经验归纳和演绎推断的方法刻画社会现象的形貌,发现社会现象的本质和规律,预测和解释社会行为和社会现象。实证主义范式通常依靠社会调查方法和实验方法来实现。社会调查方法通常将经验事实数据化,利用测量技术达到调查结果的精确性,即通过各种统计分析方法对调查数据进行分析以得出科学的评估结果。此外,调查评估者还会采用实验模式去评价社会项目达到目标的程度。实验方法往往"通过借助对实验的严格控制,实现实验者和实验对象之间不发生互动,或者使互动最小化,以使评估更加科学化、定量化和客观化"。②总之,无论是采用社会调查还是社会实验,实证主义范式试图采用客观的立场及其所坚信的科学合理性,为理论王国和经验世界之间的有机连接提供了一套科学准则或普遍原则,构成了一种事实性分析范式。

在实证主义范式基础上,又衍生出后实证主义范式。后实证主义在继续肯定实证主义量化逻辑以及因果关系解释的基础上,更倾向对多样性因果机制的探讨,更偏爱多样化分析视角和多样性方法的综合运用。但是,后实证主义对实证主义广泛采用的实验评估方法并不完全信服,认为评估不能仅仅使用一种工具进行测量和操作,而应当采用多样性操作主义的方法,③以考虑排除更多的干扰变量。为了控制更

---

① 武新、魏榕:《西方社会政策评估:哲学基础、方法、内容与范式》,载《东北大学学报(社会科学版)》2011年第4期。
② 武新、魏榕:《西方社会政策评估:哲学基础、方法、内容与范式》,载《东北大学学报(社会科学版)》2011年第4期。
③ See Donald T. Campbell and Donald W. Fiske, *Convergent and Discrimination Validation by the Multitrait-multimethod Matrix*, Psychological Bulletin, Vol. 56, No. 2, p. 81 – 105 (1959).

多维度的因素,系统分析和精致的准实验设计是后实证主义评估方法的核心,[①]追求精准的社会测量、有效的观测数据以及多样性的统计分析是后实证主义范式的典型特征。

(二)解释主义哲学范式

解释主义强调社会现象不同于自然现象,不能完全按照自然科学方法来研究社会现象,要充分发挥研究者对观察对象的主观理解。在一定意义上,解释主义的信仰者和践行者并不赞同社会现象可以由普遍通用的规律进行解释,而认为应该"依据研究对象所处的时间和地点范围进行社会现象意义的社会建构",[②]即若要得到对社会现象的整体性认识,研究者需要在分析社会现象时加入主观性理解。解释主义范式主要借用质性研究方法来实现。质性研究通常采用深度访谈和参与式观察方法直接与研究对象进行相互作用,[③]对研究的社会现象进行直观的体察式分析,以理解社会现象和行动者行为背后的社会文化意义。解释主义下的社会调查评估往往以个案研究方式呈现,即通过某个典型案例的剖解,获得评估干预的效果。在评估观察过程中,调查评估者能够"发展一种自然产生的理解,这些理解针对不同参与者怎样看待他们的经历、这些经历意味着什么和为什么等内容,而解释主义调查评估者的目标就是形成一种对这些不同的经历、意义、价值以及他们与特殊背景联系的整合的解释"。[④] 在解释主义范式下,调查评估者往往要与被评估情境中各方利益相关者进行接触和互动,如在评估法治状况时,通过深入访谈法与公众进行深度交流以获取关于法治状况的评估信息。因此,解释主义下的调查评估,与评估利益相关者(如公众)的关系更密切和深入,调查评估者能够通过这些利益相关者的亲身

[①] See W. M. K Trochim, *Advances in Quasi-experimental Design and Analysis*, in W. M. K Trochim ed., New Directions for Program Evaluation, No. 31, San Francisco: Jossey-Bass, 1986, p. 9 – 27.

[②] 武新、魏格:《西方社会政策评估:哲学基础、方法、内容与范式》,载《东北大学学报(社会科学版)》2011 年第 4 期。

[③] See Egon G. Guba and Yvonna S. Lincoln, *Effective Evaluation: Improving the Usefulness of Evaluation Results through Responsive and Naturalistic Approaches*, San Francisco: Jossey-Bass, 1981.

[④] Dan Durning, *The Transition from Traditional to Postpositivist Policy Analysis: A Role for Q-methodology*, Journal of Policy Analysis and Management, Vol. 18, No. 3, p. 389 – 410 (1999).

经历描述,全面理解被评估对象所处情境以及相关者的行动模式。

(三)批判主义哲学范式

批判主义哲学范式源于马克思主义和法兰克福学派的社会研究,主张历史实在论,即被社会形塑的实质现实。① 马克思主义在批判和反思中揭示了资本主义的本质和规律,论证了资本主义灭亡以及共产主义实现的必然性;资本主义只能在一定程度上缓解基本矛盾,但无法从根本上解决资本过度积累所引发的经济危机。② 法兰克福学派同样秉持批判主义立场,认为"批判理论是在主体—客体的总体化运动中研究社会的,批判理论对社会认识每一步骤的实现都有赖于科学和历史经验中所积累起来的对人和自然的认识"。③ 该理论的价值立场体现了对现实社会的平等关怀,强调对现实社会现象、社会制度和规则的一种怀疑和批判态度。批判主义哲学范式依托的主要方法为辩证推理和价值分析,往往以混合研究设计的形式呈现。批判主义范式为社会调查评估提供了一种不同的视角,能够拓展调查评估的思维路径:一方面,批判主义注重主客体对话,这对调查评估研究的启示是,可从主体与客体双向维度开展调查评估,纠正单向度的调查评估取向;另一方面,批判主义强调批判性分析和历史性分析,这为混合评估和多样性评估方法的诞生提供了理念。④

在司法评估领域,上述3种调查评估的哲学范式仍具有潜在影响力,并在一定程度上构成了司法评估的理论基础。法律领域也存在实证主义影响,如以哈特为代表的法律实证主义者认为,法律实质上是一种社会产品,主张有效法律的鉴别是一个社会事实论题(social fact thesis)。⑤ 这种实证主义对司法评估产生了明显的影响,即广泛盛行的实证主义哲学传统对司法评估整体形式和结构的设计具有显著的

---

① 参见郑杭生主编:《社会学概论新修》(第4版),中国人民大学出版社2013年版,第84页。
② 参见王晓霞:《马克思主义社会批判理论的发展逻辑——以资本主义统治下的时空机制为研究对象》,载《甘肃理论学刊》2021年第1期。
③ M. Horkheimer, *Traditional Theory and Critical Theory*, in M. Horkheimer (trans. M J. O'Connell) ed., Critical theory: Selected essays, New York: Herder and Herder, 1972, p. 188 – 252.
④ 参见李海荣、王琳:《社会政策评估的哲学基础、实践形式与交互影响因素》,载《重庆社会科学》2020年第6期。
⑤ 参见李翔:《对排他性法律实证主义的思考——论拉兹的权威理论与法治观及对我国的现实意义》,载《理论与改革》2010年第4期。

影响,或者说,当前司法评估的主流模式是基于实证主义哲学传统而构造形成的。比如,在司法评估实践中,往往遵循以下分析路径:首先,从司法的概念或相关理论入手,通过理论演绎方法得出司法概念的理论结构,进而将这个理论结构细化为不同的内在维度,并通过概念操作化和具体化的方法,进一步推演得到司法评估的指标体系,进而生成司法评估的具体调查问卷或访谈提纲;其次,在设计出司法评估的调查问卷和访谈提纲后,需要制定抽样方案或访谈对象选取标准,由经过培训的访问员携带问卷对随机抽取的受访者进行调查,并对所采集的资料进行整理、分类、评定、录入与统计分析,从而得到对司法状况的综合评价;最后,根据评估结果的分析,既可与相关司法理论进行对话,完善和建构司法理论,又可探寻当前司法建设与改革中的不足,从而指导司法改革与建设的具体实践。不难看出,上述司法评估路径带有鲜明的实证主义哲学传统印记,表现为通过数学或统计学的方法对表征司法的外在事实进行测量和考察,从而将经验事实数据化,实现理论与经验世界的连接。

对于解释主义范式来说,它试图通过质性方法来理解社会现象和社会行动的意义,这为司法评估研究提供了方法论基础。例如,在司法评估过程中,评估者可以参与到某个法院的日常运作中,观察该法院在司法改革或司法评估每个指标维度中的表现,从而凝练出综合评价结论。然而,从当前司法评估实践来看,司法评估的质性研究较少。实际上,美国阿拉斯加州已实行了法庭观察员等质性评估机制,如将法庭观察员的正式报告作为司法绩效评估的重要依据,即法庭观察评估人员会在不预先通知的情况下进入法庭进行观察、打分并提供开放性书面评估意见。[1] 因此,在当前司法评估实践中,仍有必要利用法庭观察、田野调查等方法开展司法评估的质性研究,从而丰富司法评估的实践样态。此外,批判主义范式所秉承的批判精神和历史逻辑,亦对司法评估实践具有深刻影响,元评估理念的兴起即为典型例证。比如,在元评估理念指导下,当前正在积极开展司法评估的再评估,即从批判和反思的视角,对流行的司法评估实践模式进行剖解性反思,并对司法评估结果的准确性和有效性进行反思性评判,这就体现了批判主义哲学传统对司法评估研究和实践的深刻

---

[1] See Alaska Judicial Council, *Selecting and Evaluating Alaska's Judges*: 1984 – 2006, Anchorage, AK: Author, 2008.

影响。综合而言,实证主义、解释主义以及批判主义的哲学范式构成了司法评估的理论基础,对司法评估实践模式的建构具有方法论意义。

二、社会调查理论

社会调查一直是西方社会科学研究的重要方式。早在18世纪,约翰·霍华德就使用访谈法进行实地调查,并发表了《英伦和威尔士的监狱情况以及外国监狱的初步观察和报告》。法国社会改革家勒·普累通过问卷调查方法,对家庭收支状况进行分析,为恩格尔系数的创立奠定了数据基础。古典社会学家迪尔凯姆利用数据资料开展关于自杀现象的实证研究。英国学者查里斯·布思开展了社区生活调查,并发表了《伦敦居民的生活和劳动》。美国芝加哥学派也进行了一系列社区调查,对现代化进程中的城市问题进行了深入分析。美国芝加哥学派代表人员罗伯特·帕克曾对他的学生说:"到豪华宾馆的躺椅和低级客栈的石阶上坐一坐,到湖滨别墅的长椅和贫民窟的地铺去躺一躺,到管弦乐大厅去看明星们的表演。总之,先生们,进行真正的研究要亲自去坐一坐,要使裤子沾点灰尘。"[1]由此可见,社会调查在社会科学研究中占有重要地位。如今,社会调查已构成西方实证社会科学研究的基石,并成为被研究者广泛认同的带有一整套学术规范传统的研究方式。

中国社会调查的实践,在新中国成立前,李景汉、吴文藻、费孝通等老一辈社会学家开展了大量深入的社会调查,产生了一大批优秀的社会调查研究成果。例如,陈达《社会调查的尝试》(1926年),李景汉《北京无产阶级的生活》(1929年)、《北平郊外乡村家庭》(1929年)、《定县社会概况调查》(1933年),陶孟和《北平生活费用之分析》(1934年),吴文藻《中国社区研究计划的商榷》(1936年),费孝通《禄村农田》(1943年)等,这些调查研究成果产生了广泛影响。[2] 在新民主主义革命时期,毛泽东进行了大量社会调查,发表了《中国社会各阶级的分析》《湖南农民运动考察报告》《兴国调查》等多篇调查报告,[3]并通过这些调查对中国国情有了深入了解,成为探索中国革命道路的重要依据。改革开放后,应用现代社会调查方式,如20世

---

[1] 参见胡荣:《西方社会学中实地调查法的发展》,载《社会》1986年第4期。
[2] 参见刘云:《我国社会调查研究历史的回顾》,载《新疆大学学报(哲学社会科学版)》1994年第4期。
[3] 参见魏礼群:《社会调查:为中国特色社会主义社会学夯基垒石》,载《社会治理》2021年第3期。

纪80年代开始的农村改革调查,20世纪90年代中期开展的国情研究。① 进入21世纪,"中国社会状况综合调查""中国家庭追踪调查"等全国性社会调查项目先后出现,社会各领域也开展了许多有价值的调查项目,如经济领域的"中国居民收入调查"、司法领域的"中国司法文明指数"调查等。这些调查研究成果深深根植于中国社会土壤,在揭示中国社会不同侧面的同时,也深化了社会调查理论和方法的研究。

随着社会调查实践的深入,社会调查理论也渐成体系。在社会科学研究中,社会调查具有基础性作用,是研究者了解和观察经验世界的重要手段,对于促进社会科学发展具有重要价值。一般而言,"社会调查研究是人们运用一定的方法、手段,有目的、有意识地通过对社会现象的了解、考察、分析,以达到对其本质认识的一种自觉的社会实践活动"。② 风笑天教授认为,"社会调查指的是采用自填式问卷或结构式访问的方法,通过直接的询问,从一个取自总体的样本那里收集系统的、量化的资料,并通过对这些资料的统计分析来认识社会现象及其规律的社会研究方式"。③ 概括来看,社会调查是人们认识和理解社会的重要工具和途径,也是一项重要的社会实践行动,具有学术性、探索性和专业性,不仅是为了达到对表象资料的搜集、基本情况的了解,而且要对社会运行和发展的过程、逻辑与规律进行深入的揭示和解释。

为了达到调查目的,社会调查应当遵循一定的原则或理念指导。首先,社会调查应坚持整体性观念。社会的不同领域以及社会生活的不同面向是相互联系、相互影响的,并在这种联系之中构成一个社会系统。只有从整体角度对社会不同子系统进行分析,把握子系统之间的联系,才能够对社会系统的发展变迁有更充分的认识。从这个角度上讲,当我们观察和调查某个具体社会现象或社会问题时,不能仅从一个维度或某个侧面进行分析,还应当对社会现象的相关场域或情境进行整体性体察和理解。从整体角度探索各个部分之间的张力与悖论,能够让我们激发出思想和理

---

① 参见李强:《中华人民共和国成立60年来社会调查研究方法的变迁》,载《科学发展:文化软实力与民族复兴——纪念中华人民共和国成立60周年论文集(上卷)》,2009年12月。
② 刘云:《我国社会调查研究历史的回顾》,载《新疆大学学报(哲学社会科学版)》1994年第4期。
③ 风笑天:《社会学研究方法》(第2版),中国人民大学出版社2005年版,第156页。

论的"想象力"。① 因此，尽管社会调查的开展主要是针对社会中存在或发生的某个具体现象和问题，但是在进行调查设计和分析调查结果时，往往需要从整体角度进行理解，从而把握这些社会现象与其他社会现象以及与社会系统之间的有机联系。其次，社会调查必须建立在一定的理论基础之上，即在特定理论指导下进行，这不仅涉及社会调查领域的有关理论，还包括直接与研究问题相关的理论。"面向社会现象的社会调查，作为社会科学研究的基本形式之一，也是在一定的理论指导下进行的，而且后者对理论指导的依赖性要高于前者，因为后者面对的是更为复杂的现象。"②在社会调查设计时，不仅在搭建调查框架、设定调查指标时要依据特定的理论指导，而且在选择调查对象、分析调查结果时，也需要以相关的理论为研究基础。社会学家吴文藻在为《社会学丛刊》所作的总序中说："以试用假设始，以实地证言终。理论符合事实，事实启发理论，必须理论与事实糅合一起，获得一种新综合。"③因此，社会调查必须在一定理论指导下进行，才能获得符合实际的、准确的调查结果。最后，社会调查还应考虑情境特殊性，特别是在调查指标设计的过程中，需要充分考虑不同社会情境的特殊性，用合适的调查指标或问题反映社会的实际。正如有学者指出，"作为中国社会调查前提的理论必须充分肯定主观性、特殊性和情感体验在中国社会中的重要作用"，这样，"才能指导调查选定符合中国实际的课题、假设、概念框架和指标系统，才能使社会调查真正切入中国社会实际"。④ 我国社会调查必须根植于我国文化、社会土壤之中，深刻反映我国社会实际状况。

根据前述风笑天教授的社会调查定义，社会调查往往采用问卷调查、访问调查的方法来实现，即研究者往往需要通过设计问卷或结构式访谈工具来获取有效的数据信息。这构成了社会调查区别于其他研究方式的典型特征。在这些特征下，通过问卷调查和访问调查收集数据信息并进行分析，旨在实现以下3个目的：一是描述，即了解社会现象的基本现状，对所研究的社会现象在数量的规定性上进行总体把

---

① 魏礼群：《社会调查：为中国特色社会主义社会学夯基垒石》，载《社会治理》2021年第3期。
② 刘少杰：《中国社会调查的理论前提》，载《社会学研究》2000年第2期。
③ 吴文藻：《论社会学中国化》，商务印书馆2010年版，第3~7页。
④ 刘少杰：《中国社会调查的理论前提》，载《社会学研究》2000年第2期。

握；二是解释，对社会现象的内在关系如相关性、因果性进行解释，探索现象产生、变化和发展的原因；三是预测，即分析社会现象未来可能的变化趋势，探索社会现象变化的规律。在上述3个目的指导下，社会调查有明确的实现路径，主要包括选择研究问题、调查设计、资料收集、资料整理、报告结果5个环节，它们构成了社会调查的基本过程。具体而言，第一，研究者要选择和确定研究问题，并对其进行明确的陈述；第二，根据研究问题进行调查设计，包括组织调查队伍、选取调查对象、设计调查问卷、进行预调查等；第三，通过多种方式与调查对象进行联系，向其发放调查问卷并指导填写，同时做好问卷回收和质量控制；第四，利用统计分析技术对问卷数据进行整理和分析，得到初步结果；第五，汇总调查结果，撰写研究报告并发布。

根据不同的划分标准，社会调查存在多种类型。其中，民意调查是一种重要的社会调查形式。由于民意调查与司法评估的联系比较紧密，我们重点对其内容进行分析。民意调查或舆论调查（Public Opinion Survey）作为社会调查的一种特殊形式，一般采用抽样调查方法采集民众对某一事物的态度或意见。最常见的民意调查是选举时的民意测验，用以调查选民的投票意向和对候选人的态度。民意调查已形成了比较完善的理论体系，大致经历了早期阶段、科学化阶段以及现代民意调查阶段3个时期。[①] 早期阶段的民意调查主要以模拟民调理论为依据，以《文学文摘》杂志所做的"草根投票"为代表；20世纪30年代后，国外民意调查理论的发展进入科学化阶段，形成了盖洛普民意调查理论和保罗·拉扎斯菲尔德的舆论领袖概念与两级传播理论等，其特点是以科学的抽样方法和高质量的数据采集为中心，提高民意调查的科学化和结果的有效性；[②]20世纪60年代后，国外民意调查理论和实践进入现代民意调查阶段，呈现新的发展趋势，表现为民意调查理论进一步系统化，民意调查活动逐步制度化，民意调查运作不断科学化、功能多样化，民意调查的主题与内容也更加广泛。现代民意调查理论的研究还引进了系统论、控制论、信息论以及电子信息和互联网发展的成果，不仅形成了"议程设置理论""沉默螺旋理论"等创新理论，而

---

① 参见董海军、周强：《我国民意调查理论与实践发展特点及其趋势》，载《调研世界》2011年第7期。
② 参见董海军、汤建军：《国外民意调查的历史与现状分析》，载《学习与实践》2012年第2期。

且促进了民意调查方法的进步,如民意调查广泛采用网络调查、计算机辅助电话调查系统(Computer Assisted Telephone Interview,CATI)、大数据技术等新技术手段。这不仅有利于拓展民意调查方法体系,而且还能进一步提升民意调查结果的科学性。当前,民意调查仍然在西方政党政治和选举中扮演重要角色,民调机构通过精心设置调查议题,收集、分析信息和发布调查结果,发挥某种引导民意、塑造民意甚至操纵民意的"指挥棒"作用。① 自20世纪90年代中期以来,我国民意调查也有较快的发展,许多媒体、网站开展了多方面、多形式的民意调查,并出现了专门从事市场调查、社会调查的公司。② 现在,民意调查在我国已变得非常普遍,成为了解居民需求、态度和期待的重要工具。

　　从当前司法评估实践来看,大多采用社会调查研究的方式,司法评估模式具备了社会调查研究的基本要素。这些司法评估项目主要是从第三方来源收集数据,或者根据法院、检察院自己发布的资料进行指数测评。例如,"WJP世界法治指数"调查数据全部源于对普通公众的民意测验(每个国家1000人,其中男女各占一半)和对各地专家(全球2000人)的问卷调查。普通公众的民意测验采用一般人口调查方法(General Population Polls,GPPs),在每个国家选择3个最大的城市,通过当地最佳民调公司运用1000个受访者的概率样本,③并根据调查数据计算司法评估的综合结果。又如,美国一些州开展的司法绩效评估采用律师调查的方法,主要采集律师对法官司法绩效表现的态度,是一种典型的民意调查方法。在我国司法评估实践中,社会调查方法已得到广泛采用。以中国司法文明指数调查为例,首先,该调查在全国31个省、自治区、直辖市各选择3个人口最多的城市作为调查地点,并通过随机抽样方式选取调查对象;其次,调查将结构式问卷作为信息采集工具,按照一定程序和规则,对随机抽取的调查对象进行访问,以获取所需要的数据;最后,该指数调查借助统计分析方法和技术,对所收集的数据进行统计分析,从而得到司法

---

① 参见孔祥俊:《从司法的属性看审判与民意的关系》,载《法律适用》2010年第12期。
② 参见李强:《中华人民共和国成立60年来社会调查研究方法的变迁》,载《科学发展:文化软实力与民族复兴——纪念中华人民共和国成立60周年论文集(上卷)》,2009年12月。
③ 参见张保生、郑飞:《世界法治指数对中国法治评估的借鉴意义》,载《法制与社会发展》2013年第6期。

评估综合指数。因此,尽管不同类型的司法评估模式对应不同的研究方式,但大多数司法评估实践一般采用调查研究的基本程序,调查研究方式在司法评估实践中占据着主流地位。

三、社会评估理论

系统的社会项目评估,最早出现在一战前欧洲的公共健康项目效果评估。系统的社会评估实践从 20 世纪 30 年代开始出现,并应用到不同的社会领域。20 世纪 50 年代的社会评估研究变得更盛行,并形成了独特的研究领域,评估研究开始向发展中国家拓展。自 20 世纪 70 年代以来,社会评估研究已成为社会科学的一个重要前沿领域,专业性学术杂志相继诞生,学术共同体逐步形成。目前,社会评估研究仍然是一个重要研究领域,并被政府、私营部门普遍接受和采用。

社会评估,也称社会项目评估,"是运用社会研究程序,在一定政治和组织环境条件下,系统地调查致力于改善社会环境的社会干预项目的绩效"。① 根据这一界定,在社会评估中,评估研究者(评估者)往往需要依靠社会科学相关研究方法,如测量、指标、统计技术等。社会评估的目的,在于研究、评价和改善社会政策和社会项目的实施情况,涉及社会问题的识别和诊断,社会项目的概念化设计,项目的实施与管理以及结果与效果的评价等。有学者认为,"社会评估为研究、计划和管理由政策和工程实施而产生的变迁提供了一种方法"。② 这表明,社会评估试图通过运用一定的调查方法,关注受变迁作用的个体、居民、社区和社会组织。还有学者认为,社会评估包括研究、行动、技术、参与 4 个主要维度,它们相互交叉,因而可以进一步将社会评估区分为 4 种类型(见表 2.1)。

---

① [美]彼得·罗西等:《项目评估:方法与技术》(第 6 版),邱泽奇等译,华夏出版社 2002 年版,第 4 页。
② [美]C. 尼古拉斯·泰勒、[美]C. 霍布森·布莱恩、[美]科林·G. 古德里奇:《社会评估:理论、过程与技术》,葛道顺译,重庆大学出版社 2009 年版,第 1 页。

表 2.1　社会评估的取向

问题导向的方法	行动取向型	研究取向型
技术专家论方法（结果导向）	行动以中央集权的社会计划和管理为基础（政府机构、顾问）	学术研究（大学、私人和公共"智库"）
参与式方法（过程导向）	行动以社区层面的社会发展为基础（当地社区组织和群体，以及社区工作者和组织者）	倡导性研究（基金会支持和代表特殊少数群体权力的独立研究）

资料来源：[美]C.尼古拉斯·泰勒、[美]C.霍布森·布莱恩、[美]科林·G.古德里奇：《社会评估：理论、过程与技术》，葛道顺译，重庆大学出版社 2009 年版，第 32 页。

在表 2.1 中，技术专家论—行动取向型，通常是指政府部门主导采用相应的措施来进行评估，其"依赖于'专家知识'在一个正式的结构化的官僚政治体系中实施'自上而下'的决策"。① 技术专家论—研究取向型主要是指来自大学、研究机构的专家学者通过定量与定性相结合的方法所开展的评估活动。参与式—行动取向型往往涉及地方部门和机构所进行的评估行动，包括社会团体、社区组织所参与的各项评估。参与式—研究取向型指涉由一些利益团体所开展的事实调查评估，目的在于论证利益团体的相关需求。

社会评估研究是一个跨学科研究领域，涉及教育学、心理学、社会学、管理学等不同学科，评估知识的积累也是多学科融合的结果。社会评估理论与方法大致具有以下不同的范式：以指标为导向的评估、以实验方法为主导的评估以及对抗性评估等。

（一）以指标为导向的评估

社会评估离不开特定社会指标的设置，自 20 世纪 60 年代以来，西方社会兴起了"社会指标化运动"，②认为单纯的经济指标并不能全面反映社会发展状况，需要

---

① [美]C.尼古拉斯·泰勒、[美]C.霍布森·布莱恩、[美]科林·G.古德里奇：《社会评估：理论、过程与技术》，葛道顺译，重庆大学出版社 2009 年版，第 32 页。
② 参见张凤荣：《社会指标运动的背景及启示》，载《长春理工大学学报（社会科学版）》2001 年第 2 期。

通过建立多样化社会指标或社会指标体系对社会或社会领域进行测量,以衡量和预测整体社会或社会某一领域的发展变化。在社会指标化运动的影响下,社会指标逐渐成为被广泛采用的研究工具,如20世纪70年代世界上已有30多个国家建立了经常性的社会报告制度。自20世纪80年代以来,我国的社会指标研究也得到不断发展,研究者基于我国国情条件,对社会指标、社会指标体系的内涵、特征、类别及设计方法进行了深入研究,并将社会指标分析广泛应用于我国社会经济发展整体过程中,社会指标分析得到的数据成为我国制定国民经济与社会发展规划的重要依据。

从本质上看,社会指标是一种量化数据,用来作为具有普遍社会意义的衡量社会状况的指数,便于人们对社会主要方面的状况作出简明、综合和公平的判断。[①] 一般而言,社会指标分析试图通过测量方法将繁杂的社会现象转化为可以测量、比较的量化数字。然而,这些转化后的数字往往表征社会整体或某一子领域的集体现象,而非代表孤立的个体化行为。社会指标体系的编制通常有3种基本方式:一是根据规划建立指标体系,根据政府不同职能领域或部门设置来分类建立相对应的指标体系。二是依据社会目标建立指标体系;从总目标或多个目标系列出发,逐级分解出子目标,从而确定和形成社会指标体系。三是依据相关理论建立指标体系。以特定的理论为基础,通过理论演绎,编制指标体系。[②] 作为一种社会研究手段,建构社会指标体系的主要功能在于:反映社会现象、监测社会过程,预测和计划社会发展,测量、比较或评价社会状况。[③] 换言之,通过建立多样化社会指标,能够有效监测、衡量和评价社会发展状况和水平,为解决现代化过程中出现的各种社会问题提供依据,以促进社会经济发展和提高居民生活质量。[④]

(二)以实验方法为主导的评估

唐纳德·坎贝尔(Donald Campbell)将实验设计和准实验设计应用到评估研究

---

① 参见郑杭生主编:《社会学概论新修》(第4版),中国人民大学出版社2013年版,第93页。
② 参见郑杭生主编:《社会学概论新修》(第4版),中国人民大学出版社2013年版,第95~97页。
③ 参见李强:《中华人民共和国成立60年来社会调查研究方法的变迁》,载《科学发展:文化软实力与民族复兴——纪念中华人民共和国成立60周年论文集(上卷)》,2009年12月。
④ 参见付子堂、张善根:《地方法治建设及其评估机制探析》,载《中国社会科学》2014年第11期。

中,尝试在评估中排除因果推理中的干扰因素。1966年,坎贝尔和斯坦利(Stanley)发表了论文《实验性和准实验性研究设计》,不仅阐明了进行实验研究的必要条件,即随机化原则,[1]而且明确了与此有关的两个关键概念,即内部效度与外部效度。一个实验被适当控制的程度,称为内部效度;实验结果被广泛应用的程度,称为外部效度。[2] 尽管实验设计经常被认为是所有研究设计中最严格的,或者是所有其他研究设计中的黄金标准。但是,坎贝尔也认识到实验是不完美的,并且实验设计的应用需要严格的条件,而社会科学并不具备像自然科学那样严格的实验条件。因此,作为真实实验的替代方法,他们提出准实验设计方法并将其应用到评估研究中,试图通过设计控制组与实验组,来观察干扰因素在实验前后的效果。在社会科学实验中,将被研究者随机分配到实验组和对照组通常很难实现,而准实验设计包括了特定类型的干预因素,可以提供实验效果的比较,但其缺乏在真实实验中对干扰因素的控制程度。换言之,在真实实验中,随机化是关键原则,但在准实验环境中,并不完全满足随机化的特征。坎贝尔的开创性研究对评估的设计方式影响深远,被称为评估研究中的"实验学派"。在实验设计应用于评估的讨论中,社会学家爱德华·苏克曼(Edward Suchman)在其《评估研究》一书中,对实验设计方法在评估中的应用作了全面描述,并对评估领域首次作了理论整合。在审查各政府机构发布的早期"评估指南"时,苏克曼认为,评估实践的主要缺陷在于缺乏实验设计,应坚持以科学方式开展评估实践。苏克曼还确定了5类评估标准:(1)工作量(所开展活动的数量和质量);(2)绩效(衡量努力结果的影响标准);(3)绩效的充分性(绩效满足总需求的程度);(4)效率(就人力和金钱成本而言,检查替代途径或方法);(5)过程(项目如何以及为什么起作用或未起作用)。[3]

---

[1] See Donald T. Campbell and Julian C. Stanley, *Experimental and Quasi-experimental Designs for Research*, Chicago: Rand McNally, 1966.
[2] See Donald T. Campbell, *Factors Relevant to the Validity of Experiments in Social Settings*, Psychological Bulletin, Vol. 54, No. 4, p. 297 – 312 (1957).
[3] See Edward A. Suchman, *Evaluative Research: Principles and Practice in Public Service and Social Action Programs*, New York: Russell Sage, 1967.

（三）对抗性评估

受法庭审理程序启发，一种明确反映价值取向的理论评价方法通常被称为对抗性评价，在20世纪80年代引起关注。汤姆·欧文斯（Thomas Owens）和罗伯特·沃尔夫（Robert Wolf）基于对评估中可能存在偏见的担忧，分别开发了被归类为对手式评估模型的评估方法。他们建议的减少潜在偏见的方法，是由评价者分别代表两种对立观点（支持者和反对者），然后双方就需要解决的问题通过协商达成一致。双方必须事先就所商定的问题和争议问题达成协议，汇总并综合最能表达其观点的数据信息（如访谈数据），而后进行辩论和商讨。① 欧文斯提出的"修正司法模型"（Modified Judicial Model），构成了对抗式评估方法的基础。该模型包括预审会议、由"辩方"和"起诉方"提出案件、听证官、陪审团、控方和反方、直接询问和重新定向问题、控辩双方结审辩词等环节。② 沃尔夫也提出了一种司法模型，该模型的要素类似"陪审团审判"。他定义了要扮演的各种关键角色，大致相当于法庭环境中的角色，并使用证据规则和程序制度作为事实发现和调查的指南，但沃尔夫更倾向于将自己的评价范式确定为"司法评估模型"（Judicial Evaluation Model, JEM）。③

近年来，元评估理念开始在社会评估领域广泛应用。美国学者麦克·斯克里文（Michael Scriven）于1969年提出了元评估理念，他通过对教育产品的评估之评估，强调对评估要进行再评估。他将元评估定义为，"对一项评估活动、评估系统或评估工具的评估"。④ 也就是说，我们需要对社会不同领域开展的评估活动，从有效性、规范性上进行再评价，从而为以后的评估提供改善指引。此后，美国学者斯塔弗尔比姆于1974年进一步将元评估界定为："获取和运用那些评估的实用性、可行性、合

---

① See Robert L. Wolf, *Trial by Jury: A New Evaluative Method*, Phi Delta Kappan, Vol. 57, No. 3, p. 185 – 187 (1975).
② See T. Owens, *Education Evaluation by Adversary Proceeding*, in E. R. House ed., School Evaluation: The Politics and Process, Berkeley, CA: McCutcheon, 1973.
③ See Robert L. Wolf, *Trial by Jury: A New Evaluative Method*, Phi Delta Kappan, Vol. 57, No. 3, p. 185 – 187 (1975).
④ Michael Scriven, *Evaluation Bias and its Control*, Journal of MultiDisciplinary Evaluation, Vol. 7, No. 15, p. 79 – 98 (2011).

理性和准确性以及其系统本质、行为能力、诚信度、受尊重程度和社会责任感方面的描述性和评估性信息,来引导评估并向公众报告该评估的价值和缺陷的过程。"[1]20世纪90年代,斯塔弗尔比姆还提出元评估11条标准,包括内部有效性、外部有效性、可靠性、客观性、相关性、重要性、信息范围、可信性、及时性、普遍性、成本/效率。这些标准为进行元评估提供了评价参考,有利于提高元评估的效率。[2]

随着评估理论与方法的发展,它们已被广泛应用于各个学科,如心理学开展的心理干预效果评价、教育政策效果评估等。在司法领域,近年来开展的司法公信力评估、司法改革政策效果评估以及法官绩效评估等,体现了评估理论与方法在司法领域的应用。评估理论与方法为司法评估实践提供了理论基础。例如,实验方法的发展为司法改革效果的评估提供了方法论借鉴,我们可以运用准实验设计方案分别选择一个法院作为实验组、一个法院作为控制组,以考察司法改革措施的效果。又如,以指标为导向的评估范式已成为司法绩效评估的基础,美国司法绩效评估通常先设置评估的目标和标准,而后借助一定方法获取数据来评估目标的实现程度。因此,不仅评估研究一般成果能为司法评估提供方法上的借鉴,司法评估作为特定子类,也能以其专业性和特殊性为评估研究提供新的知识生长点,特别是有的评估方法本身就来自司法领域(如对手式评估)。

第二节　新公共管理理论

一、绩效管理与评估

受新自由主义思潮以及20世纪70年代中期全球经济危机的影响,英美等国家20世纪70年代末开始实施一系列政府改革运动,诸如"重塑政府运动""企业型政府""市场化政府""代理政府""国家市场化"等。[3] 这些改革运动不同于传统公共

---

[1] Daniel L. Stufflebeam, *The Meta-evaluation Imperative*, The American Journal of Evaluation, Vol. 22, No. 2, p. 183 – 209 (2001).
[2] See Daniel L. Stufflebeam, *Meta-evaluation*, Journal of Multidisciplinary Evaluation, Vol. 7, No. 15, p. 99 – 158 (2011).
[3] See Richard Y. Schauffler, *Judicial Accountability in the US State Courts-Measuring Court Performance*, Utrecht Law Review, Vol. 3, No. 1, p. 112 – 128 (2007).

行政理论和管理模式,可统称为新公共管理运动。其兴起的根本原因,是解决经济危机后西方各国政府面临的财政危机和科层体制效率低下的问题,该运动强调以"效率"为中心,通过将企业管理理论与方法引入公共部门,来重塑公共部门的管理模式,以提升工作效率。

在新公共管理运动实践中,通常以降低规模、减税、私有化等各类项目为基本载体,以竞争、分散、激励为主要手段,①通过市场化(私有化、服务外包、公私伙伴关系、合同外包等)②、分权、组织结构重组(供给和产品的分离、政治和行政的分离)③、会计和管理创新(绩效考核、收益会计)④等机制,试图全面提升公共部门服务效率。胡德(Hood)论述了新公共管理理论的 7 项学说:一是建立人力资源管理系统、战略规划与正式制度以开展公共部门专业管理实践;二是设立清晰平衡的绩效标准和指标体系;三是确立绩效评估系统、绩效工资制度进行产出控制;四是进行公共部门组织结构的再造,包括创立单一目标组织、代理机制、股份制、结构重组等;五是引入服务外包、合同外包、公私伙伴关系等竞争合作模式;六是通过预算改革、会计政策的采纳、信息技术的采用、变革管理等手段,强调私人部门管理风格的实践;七是借用会计规制和内外部审计系统的运用,强化资源使用的规则和节约。⑤ 在胡德学说中,第二条、第三条均涉及工作绩效评估,表明新公共管理运动强调产出效率与质量。所以,在新公共管理运动改革过程中,如何衡量效率与质量的实现程度至关重要,服务效率与质量的绩效评估标准也随之成为新公共管理的重要一环,用以明确管理目标的达成水平。比如,霍哲(Holzer)提出,把实施绩效评估作为改进政府工作表现

---

① See Patrick Dunleavy, *Democracy, Bureaucracy and Public Choice: Economic Approaches in Political Science*, London: Routledge, 2014.
② See Richard Walker, Gene A. Brewer, George A. Boyne and Claudia N. Avellaneda, *Market Orientation and Public Service Performance: New Public Management Gone Mad?*, Public Administration Review, Vol. 71, No. 5, p. 707 – 717 (2011).
③ See Christopher Pollitt, *Performance Management in Practice: A Comparative Study of Executive Agencies*, Journal of Public Administration Research and Theory, Vol. 16, No. 1, p. 25 – 44 (2006).
④ See Christopher Hood, *Public Service Management by Numbers: Why does it Vary? Where has it Come from? What are the Gaps and the Puzzles?*, Public Money and Management, Vol. 27, No. 2, p. 95 – 102 (2007).
⑤ See Christopher Hood, *A public Management for all Seasons?*, Public Administration Review, Vol. 69, No. 1, p. 3 – 19 (1991).

的一种管理工具,认为绩效评估以及结果信息能够对政府行政管理和项目管理产生积极价值,他还设计了一整套具体绩效评估流程,并强调公民参与在绩效评估过程中的作用。①

随着新公共管理运动的不断拓展,其理念与方法在许多国家得到了不同程度的实践。在美国,20世纪90年代开始推行重塑政府改革以提高管理效率,这项改革的重点在于:一是政府机构内部重组,克服官僚主义繁文缛节;二是推行绩效或者任务导向型管理,设定行政人员量化目标,并根据任务完成情况分配薪酬;三是引入竞争外包等市场手段,提高公共服务质量。② 美国政府还颁布《政策规定绩效分析》,③对政府工作的合法性和合理性进行考评。在英国,撒切尔夫人领导了政府改革运动,实行国有企业私有化和政府行政改革,这些改革运动强调工作效率和绩效评估,注重引入市场手段或准市场手段再造政府部门的运作,用限期合同、节约开支、目标管理、金钱激励以及增加管理自由度等方法强化政府工作的竞争性。④ 澳大利亚与新西兰也先后实行削减政府公共开支,推进私有化或半私有化运动,采取高科技手段提升管理自动化水平,以不断提升公共服务质量。

随着新公共管理理论在各国的实践,构建公众满意的政府成为各国政府行政管理体制改革的重要目标,由政府外第三方机构以独立视角对行政管理的"投入"以及最终要达到的"产出"效果进行客观公正的评价,成为公共部门绩效评价的主流模式。⑤ 新公共管理运动强调效率、结果和服务质量,注重绩效管理、产出控制和以顾客为中心的服务评价,并以此作为提高绩效的关键环节,通过要求提供有关结果的绩效评估报告来提高责任度和透明度。因此,作为新公共管理运动的一部分,绩效

---

① See Marc Holzer and Kathryn Kloby, *Public Performance Measurement: An Assessment of the State-of-the-art and Models for Citizen Participation*, International Journal of Productivity and Performance Management, Vol. 54, No. 7, p. 517 – 532 (2005).
② See Norma M. Riccucci and Frank J. Thompson, *The New Public Management, Homeland Security, and the Politics of Civil Service Reform*, Public Administration Review, Vol. 68, No. 5, p. 877 – 890 (2008).
③ 参见黄良进、肖松:《美国政府绩效评估法治化:历程、特点与启示》,载《学术界》2009年第3期。
④ 参见唐兴霖、尹文嘉:《从新公共管理到后新公共管理——20世纪70年代以来西方公共管理前沿理论述评》,载《社会科学战线》2011年第2期。
⑤ 参见张渝田、陈楣:《四川省依法行政第三方评估机制研究》,载《决策咨询》2015年第6期。

评估已成为政府改革运动的管理工具,①并在私营企业、公共部门和教育领域得到广泛应用。库珀(Cooper)将其理解为一种市场责任机制,并涉及以下4个层次:一是"经济学效率假设";二是"采取成本—收益分析方式";三是"按投入和产出模式来确定绩效标准,注重产出评估";四是"以顾客满意为基础,把公民视为消费者"。②在绩效评价模型与技术方法上,美国会计总署20世纪60年代提出的政府绩效测量框架以经济性、效率性、有效性为内容,被1983年公布的英国《国家审计法》沿用,借此确定了政府绩效结果的"3E"经典范式,后又加入公平原则,构成绩效评估的"4E"原则,作为政府绩效评价的一个内容框架。以此为基础,美国绩效评估委员会还构建了一套包括投入、能量、产出、结果、效率和成本效益、生产力六个方面超过1500项具体指标的政府绩效评价指标体系。③

一般而言,绩效评估旨在满足4个主要目的之一:评估技能缺陷与不良工作行为或绩效问题,确定适当的薪酬和分类水平并按业绩加薪,记录纪律处分的行为或绩效问题,确定员工培训或发展的需求。④尽管这些目的已被普遍接受和使用,但有效的绩效评估仍包含难以实施的复杂技术和现实问题。比如,结果效用和有效性的争议,⑤评估的可接受性问题,因为人们往往不喜欢被别人批评,许多管理者都不愿意提出对下属的个人批评。⑥尽管如此,有学者认为,通过适当的设计、培训、实施和领导,评估结果亦可能具备有效性。⑦此外,有效的绩效评估系统应当包括以下5个

---

① See Sharon R Paynter, *Judicial Performance Evaluation: Policy Diffusion across the American States*, Doctoral dissertation, North Carolina State University, 2008.
② 参见[美]菲利普·J.库珀等:《二十一世纪的公共行政:挑战与改革》,王巧玲、李文钊译,中国人民大学出版社2006年版,第136~138页。
③ 参见[美]阿里·哈拉契米主编:《政府业绩与质量测评——问题与经验》,张梦中等译,中山大学出版社2003年版,第35~36页。
④ See Gerald T. Gabris and Kenneth Mitchell, *Merit Based Performance Appraisal and Productivity: Do Employees Perceive the Connection?*, Public Productivity Review, Vol. 9, No. 4, p. 311 – 327 (1985).
⑤ See Gary Roberts and Thomas Pavlak, *Municipal Government Personnel Professionals and Performance Appraisal: Is There a Consensus on the Characteristics of an Effective Appraisal System?*, Public Personnel Management, Vol. 25, No. 3, p. 379 – 408 (1996).
⑥ See Gerald T. Gabris and Douglas Ihrke, *Improving Employee Acceptance toward Performance Appraisal and Merit Pay Systems*, Review of Public Personnel Administration, Vol. 20, No. 1, p. 41 – 53 (2000).
⑦ See Dennis M. Daley, *Performance Appraisal in North Carolina Munici*palities, Review of Public Personnel Administration, Vol. 11, No. 3, p. 32 – 50 (1991).

普遍同意的标准：具有明确的评估目标，评估方法具有可靠性和有效性，能够将个人判断和偏见与基于工作的绩效评估分开，员工对评估制度的接受程度，以及组织领导者对评估过程的承诺。① 具体而言，首先，在目标设定方面，目标设定是创建绩效评估系统的关键部分，明确定义目的和目标为员工和主管提供了一种测量行为、任务完成和整体工作绩效的方法，而具体的、中等难度的目标可以提高组织和个人的绩效以及员工的积极性。② 其次，在评估方法的可靠性和有效性方面，有效的测量，是指需要测量应该度量的东西，即测量工具应准确反映所分析的概念。有效性的第一个考虑因素是测量在逻辑上是否代表一个特定的概念，即表面效度；第二个考虑因素是要通过将标准与测量明确地联系起来，并提供关键概念的定义和行为锚定的描述，从而使测量具有内容效度。可靠性测量，是指随着时间的推移，测量会在受访者中产生一致的结果。因此，在设计调查工具时，研究人员应确保该工具能够捕获到要测量的内容。再次，在员工对评估制度的接受程度方面，获得员工认可是评估流程开发成功的关键组成部分。如果要被评估者根据评估结果的反馈付诸改进行动，被评估者必须相信所给出的反馈是准确的。③ 所以，员工对评估制度和结果的接受程度，是被评估者绩效改进的重要决定因素。最后，在组织领导者对评估过程的承诺方面，当管理者创建旨在改善员工绩效的准确、公正的评估体系，并确保该体系得到实施和维持时，员工更有可能参与评估过程，并将其接受为一种有效且可靠的方法，努力改进工作表现。④

近年来，随着公共管理运动的不断深化，不同国家和地区以社会系统工程为框架在各个领域推行目标管理模式，司法评估指标作为一种衡量标准和研究方法也在

---

① See Kevin R. Murphy and Jeanette Cleveland, *Understanding Performance Appraisal*, Thousand Oaks, CA: Sage, 1995.
② See Gary E. Roberts and Thomas Pavlak, *Municipal Government Personnel Professionals and Performance Appraisal: Is There a Consensus on the Characteristics of an Effective Appraisal System?*, Public Personnel Management, Vol. 25, No. 3, p. 379–408 (1996).
③ See Lisa Keeping and Paul E. Levy, *Performance Appraisal Reactions: Measurement, Modeling, and Method Bias*, Journal of Applied Psychology, Vol. 85, p. 708–723 (2000).
④ See Peter W. Dorfman, Walter G. Stephan and John Loveland, *Performance Appraisal Behaviors: Supervisor Perceptions and Subordinate Reactions*, Personnel Psychology, Vol. 39, No. 3, p. 579–597 (1986).

各国和地区得到广泛的应用,试图通过指标设计和指数推算对一国的法治发展水平进行评估,如世界银行全球治理指数中的法治指数、世界正义项目法治指数等。在过去几十年,越来越多的注意力集中在法官的行为、裁决质量、效率、案件管理和整体绩效上,①司法绩效评估也成为一项重要的管理技术。作为一种技术工具,司法绩效评估计划的采用,代表法院系统的主动性改革,意求在保护法官独立性的同时,促使法官承担责任和改进绩效。换言之,新公共管理运动、技术发展和预算限制促进了司法系统的变革,并以各种方式影响司法机关职能的实现,并逐渐衍生出对法院和法官活动进行绩效评价的新形式。综上,将管理评估方法应用到司法系统,在预算编制、信息技术、政策分析、绩效管理和测量技术等领域,②新公共管理研究和实践能够为司法绩效评估的兴起和改善作出贡献。

二、360 度绩效评估

随着绩效评估机制的建立,360 度绩效评估逐渐成为一种趋势,用以提升绩效评估结果的有效性。在现实的绩效评估实践中,越来越多的组织采用多维评估或 360 度反馈制度,该评估理念已得到普及并成为绩效评估文化的一部分,以提升组织和员工的发展潜力。③ 360 度评估,是指评估者利用多维评估指标,依据多种数据来源(或多类评估者)对评估对象进行评估。④ 在 360 度评估理念下,通过评估得到的绩效改进信息有利于组织制定有效的运营策略和促进组织的能力建设,并最终提升组织的整体效能。换言之,360 度反馈制度可最大限度地增强组织利用人力资源的能力。

360 度反馈制度的根本特征在于多个评价主体。多个评价主体通过了解被评估

---

① See Ronald J. Stupak, *Court Leadership in Transition: Fast Forward toward the Year* 2000, Justice System Journal, Vol. 15, No. 2, p. 617 – 627 (1991).
② See Sharon Paynter and Richard C. Kearney, *Who Watches the Watchmen? Evaluating Judicial Performance in the American States*, Administration & Society, Vol. 41, No. 8, p. 923 – 953 (2010).
③ See David Waldman, Leanne E. Atwater and David Antonioni, *Has 360 Degree Feedback Gone Amok?*, Academy of Management Executive, Vol. 12, No. 2, p. 86 – 96 (1998).
④ See Angelo S. DeNisi and Avraham N. Kluger, *Feedback Effectiveness: Can 360 – degree Appraisals be Improved?*, Academy of Management Executive, Vol. 14, No. 1, p. 129 – 139 (2000).

者一个或多个维度的工作绩效质量来获取有效的信息和反馈。与其他技术相比,有效执行的360度评估制度被认为更加平衡、准确并且对员工的发展更为有用。① 一般而言,对于组织人员的评估,主要涉及5种信息反馈来源:上级主管、下属、同行、被评估者的自我评估以及客户。② 此外,这种评估理念还能兼容客观数据,可将客观数据纳入评估体系中,如工作量和相关绩效指标等。

多个评分者反馈制度可为促进个人绩效的整体理解发挥建设作用。③ 特别是该评估模式旨在从多个评估主体或数据来源向被评估者提供具体信息。这一做法或思路可以提高评估的可靠性和有效性,以及员工对评估系统和结果的接受程度。360度评估可由上级主管进行,也可由同级同行进行,还可由下级进行,是一种开放、多渠道的评估机制。由于360度评估具有向上、向下和水平的反馈机制,该评估模式能够改善组织沟通和反馈路径,提高员工的组织参与水平。④ 此外,使用多种信息来源还有助于减少评估过程和结果对个人偏见的影响,这也是评估程序需要重点考虑的因素。也就是说,通过多类评价主体可增强评估结果的客观性,使评估结果更容易被人接受。

虽然由广泛的评估人员进行的匿名评估通常被认为比单一评级制度更准确和可靠,但这些评估可能仍然缺乏有效性,也受到了一些批评。一方面,360度评估模式的设计和实施困难且昂贵,可能会消耗员工和组织的大量时间,并在维护受访者隐私和匿名方面存在问题。例如,对一个高度专业化的工作(如法庭审判)来说,评估一个管理职责不透明的人是困难的,因为它要求不同的评估者记住、获取和整合复杂的信息,而这有可能产生回忆偏差,从而影响评估结果。⑤ 另一方面,还需要对

---

① See Joan F. Brett and Leanne E. Atwater, *360 Degree Feedback*: *Accuracy*, *Reactions*, *and Perceptions of Usefulness*, Journal of Applied Psychology, Vol. 86, No. 5, p. 930 – 942 (2001).
② See Linda de Leon and Ann J. Ewen, *Multi-source Performance Appraisals*: *Employee Perceptions of Fairness*, Review of Public Personnel Administration, Vol. 17, No. 1, p. 22 – 36 (1997).
③ See James S. Bowman, *Performance Appraisal*: *Verisimilitude Trumps Veracity*, Public Personnel Management, Vol. 28, No. 4, p. 557 – 576 (1999).
④ See Gary Roberts, *Linkages between Performance Appraisal System Effectiveness and Rater and Ratee Acceptance*, Review of Public Personnel Administration, Vol. 12, No. 3, p. 19 – 41 (1992).
⑤ See Jai Ghorpade, *Managing Five Paradoxes of 360 – degree Feedback*, Academy of Management Executive, Vol. 14, No. 1, p. 140 – 150 (2000).

评估者进行全面培训,如果选择未经适当培训的评估人员,评估的有效性则难以得到保证,员工对评估结果的信服程度也会降低。① 因此,在承认360度评估计划必要且有效的同时,也应当认识到其不足在于实施该评估的成本较高。总体而言,尽管360度评估模式复杂且耗时费力,但该评估模式能够最大限度地获取评估信息,确保评估结果的代表性,比较适宜于大型评估项目。

360度绩效评估为司法评估提供了一种可供借鉴的范式,评估组织者可通过采集多个主体的态度,拓展评估主体的调查范围,增强评估结果的代表性。实际上,现有司法绩效评估实践体现了360度评估的基本特征、理念和要素。以美国司法绩效评估计划为例,尽管各州司法绩效评估计划的范围和程序存在一定差别,但总体上都具有以下两个主要目标:司法改善和选民教育。为了实现这两个目标,美国实行司法绩效评估的州以法规形式成立特别委员会来监督评估过程,即通过开发评估工具、确定评估者、明确评估范围以及通过访谈、书面评估和公开报告等形式提供反馈并完成整个绩效评估过程。在这一过程中,美国各州司法绩效评估主要是通过调查对法官有直接了解和经验的多种法庭参与者来实现的,包括陪审团成员、证人、律师、法院工作人员、专业法庭参与人员(执法人员、社会工作者、和平与缓刑官等)、官方法庭观察员等。相比单一来源的评价,多主体的评估模式所得到的结果更能让法官信服,而特别委员会和被评估法官也可通过与多类评估者共同讨论评估结果以进一步改善司法绩效。在这种情况下,由于法官的绩效表现由多个主体进行评价,评估也就相应具有了多个数据来源,因此,司法绩效评估的这种多主体评估形式也就具有360度绩效评估的典型特征。同时,相比单一主体评估模式,多主体评估模式具有显著的优势:一方面,由于传统的司法评估往往采用单一模式,其评估结果往往得不到被评估者或公众的认可,难以达成评估目标或取得良好效果,但多主体评估模式的结果具有更广泛的代表性,更容易获得公众和被评估者的认可;另一方面,单一主体评估模式容易引起偏见,如种族和性别偏见等,而采用多主体评估模式能够避免这一缺点。因此,360度评估的多方参与特征为衡量法官绩效提供了更加平衡、

---

① See Angelo S. DeNisi and Avraham N. Kluger, *Feedback Effectiveness: Can 360 – degree Appraisals be Improved?*, Academy of Management Executive, Vol. 14, No. 1, p. 129 – 139 (2000).

中立的方式。有学者认为,在司法部门广泛使用这种系统、客观的评估方法,可以在坚守司法的独立性和责任制价值的同时,有效评估法官和司法部门,即法官可在保持独立性的基础上获得改善其绩效的机会;并且,在司法程序中给予其他利益相关者发言权,能够在不牺牲司法的独立性的情况下,进一步增强法官对当事人和普通公众的责任。[1] 总而言之,360 度评估理念和方法为司法评估,特别是司法绩效评估提供了重要参考,即司法评估流程理应采取多主体评估模式,通过采集多种评估主体的态度来评估法官的绩效、司法的运行状况,从而保证评估结果的有效性和客观性,并为法官绩效改善和司法择优甄选提供依据。

三、司法绩效评估

尽管司法系统有特殊性,但随着新公共管理运动影响的不断扩展,其也未能幸免于这一政策趋向,作为新公共管理运动重要组成部分的绩效评估模型也扩展到司法系统。传统的司法评估以司法控制为主,包括案件质量评估、司法程序正当性审查等。但在新公共管理理念下,作为对立法机关负责的政府行政机关,各政府部门需要确保适当使用公共资金和执行公共政策,而这一改革动向同样波及司法机关,即对那些接受人力和财力资源分配并为此对议会或政府部门负责的司法委员会或法院部门来说,也应开展绩效评估。特别是随着信息系统和数据库的不断完善,对新形式的绩效评估和"质量管理"的需求也随之增加,这迫使传统评估形式在评估实践的新格局中处于边缘地位。[2] 换言之,公共管理运动的兴起促进了司法评估模式经历了从程序性评估到管理评估的转变,如贝努瓦·弗莱德曼(Benoit Frydman)认为,"当代理论和实践从法院审判质量的实质概念逐步过渡到程序性概念和当前的管理性概念"。[3] 司法评估模式的转变使评估理念和方法不再强调司法控制,而是依靠管理学方法与技术,包括"建立参考标准和定量指标、定期评估程序、明确绩效

---

[1] See Sharon Paynter and Richard C. Kearney, *Who Watches the Watchmen? Evaluating Judicial Performance in the American States*, Administration & Society, Vol. 41, No. 8, p. 923 – 953 (2010).
[2] See Velicogna Marco, *Justice Systems and ICT-What can be Learned from Europe?*, Utrecht Law Review, Vol. 3, No. 1, p. 129 – 147 (2007).
[3] B. Frydman, *The Evolution of the Criteria and Methods of Quality Control of Court Decisions*, in P. Mbongo ed., The Quality of Justice Decisions, Estrasburgo: Conselho da Europa, 2007.

目标"等。① 例如,在美国,作为美国3个公共部门中最受传统约束的司法部门,一直以来都是孤立的、不愿改革的。随着新公共管理运动的影响日深,司法系统中占主导地位的职业律师率先采取了行动,通过美国律师协会或州律师协会颁布的规则发起司法绩效评估,②如实施质量管理、基准测试、生产力计划和量度,成为司法系统绩效改革的主要推动者,对美国各州司法机关的评估实践产生了深刻影响。美国阿拉斯加州1974年开始实施司法绩效评估计划,这一行动模式后来扩展到美国20余个州;美国律师协会1985年出台《司法绩效评估准则》,1990年发布《关于法院组织的标准》及《关于司法行为的标准》,又在2005年对《司法绩效评估准则》进行修订,以指导美国各州司法绩效评估实践,成为绩效改革运动的典型代表。在欧洲,自20世纪90年代中期以来,财政资源的紧缩以及新公共管理方法的传播为欧洲司法系统带来了新的挑战,③法院系统不得不参照其他公共部门的做法,不断增强审判效率、服务质量和责任机制。例如,欧洲司法部和司法委员会引入一系列投诉机制、质量评估程序和其他管理方法,试图以一种没有偏见的定量方式来衡量司法"产出",即根据法官裁决案件数目来评判法官和法院的表现以确定法官薪酬,这一做法促进了绩效评估方法从传统案件量统计调查向以绩效为基础的薪酬制度转变。又如,由欧洲司法委员会尝试根据"产出"(如裁决案件数)评价司法制度,④以向法官和工作人员施加压力,实现具体的绩效目标。21世纪初,欧盟创建了欧盟司法记分牌,每年定期发布评估报告,用以对欧盟各国司法运行情况进行总体评价,这成为欧盟司法绩效评估的典型模式。

随着司法绩效评估实践的不断深化,评估标准受到更多关注。历史地看,司法

---

① See Élisabeth L. Abdelgawad, *Measuring the Judicial Performance of the European Court of Human Rights*, International Journal for Court Administration, Vol. 8, No. 2, p. 20 – 29 (2017).
② See S. W. Hays and J. W. Douglas, *Judicial Administration: Modernizing the Third Branch*, in G. J. Miller, J. Rabin and W. B. Hildreth eds. , Handbook of Public Administration, New York: CRC, 2006, p. 983 – 1028.
③ See P. M. Langbroek, *The Challenge of Change for Judicial Systems*, in M. Fabri and P. M. Langbroek eds. , Developing a Public Administration Perspective, Amsterdam: IOS Press, 2000.
④ See H. Wollmann, *Evaluation in Public Sector Reforms: Concept and Practices in International Perspective*, in H. Wollmann ed. , Evaluation in Public Sector Reform, Cheltenham: Edward Elgar, 2003, p. 1 – 11.

绩效评估标准经历了从传统到现代的变迁(见表2.2)。在传统司法评估模式下,通常采用公众监督、媒体监督、上诉审查、议会问责制、专业审查、学术评论、司法合议制等问责形式和手段,进行司法审判质量的审查、监督和评估,但这些评估手段往往是定性或主观评判的。例如,澳大利亚采用的司法绩效评估标准就受到上述传统司法制衡手段的影响,其将这些制衡手段作为一种司法问责形式,其目的主要是促进司法公开,但不是评估整体司法绩效。[1] 然而,传统司法责任追究方法是一种有缺陷的措施,其多用于评估法官个人表现,如司法公开制度能够维持公众对司法的信任,但它不能被视为系统的绩效评估或全面的司法责任制。所以,在评价与司法绩效相关的司法责任制方面,需要寻找传统司法评估机制的替代策略。绩效管理方法为司法绩效评估的发展提供了方法基础。通过将法律能力、品性、沟通能力以及其他技能作为司法绩效评估的主要标准,对法官的司法绩效表现进行评估,可将评估结果作为司法自我完善的手段来实现司法责任制。[2] 特别是随着律师问卷调查方法的兴起,司法自我完善转而以司法管理评估的标准为基础展开,即通过对司法的基本属性和测量标准进行分析以开展司法绩效评估,若无明确的绩效评估标准和策略,法官将难以客观评估自己的绩效和技能。通过绩效管理方法确定司法绩效评估的标准,以衡量司法责任的实现程度,往往是通过定量方法来展开的。因此,司法绩效评估的管理评估形式往往以法官专业技能要求作为评估的衡量标准,进一步建立具体的指标体系评估法官的绩效表现,并将评估结果作为法官考评的重要依据,这种做法构成了现代司法评估的重要类型和表现形式。

---

[1] See James B. Thomas, *Judicial Ethics in Australia* (3rd edition), Sydney: Lexis Nexis Butterworths, 2009.
[2] See Stephen Colbran, *A Comparative Analysis of Judicial Performance Evaluation Programmes*, Journal of Commonwealth Law and Legal Education, Vol. 4, No. 1, p. 35 – 67 (2006).

表 2.2 司法绩效评估从传统标准到管理标准的变迁

传统标准	传统测量	管理标准	管理测量
公众监督 媒体监督 上诉审查 议会问责制 专业审查 学术评论 首席大法官 司法合议制	定性	法律能力 公正性 气质 勤勉 沟通 管理技能 调解技能	定量

资料来源：Stephen Colbran, *The Limits of Judicial Accountability: The Role of Judicial Performance Evaluation*, Legal Ethics, Vol. 6, No. 1, p. 55 – 72 (2003)。

现代司法绩效评估往往以司法的内在属性为起点，通过逻辑演绎衍生出表征不同属性的司法绩效评估标准，从而建立司法绩效评估指标体系。在国外司法绩效评估中，这一做法尤为盛行。表 2.3 列出了国外司法绩效评估的主要标准。美国律师协会将司法评估归结为法律能力（legal ability）、公正与廉正（impartiality and integrity）、沟通技能（communication skills）、职业精神与品质（professional spirit and temperament）、管理能力（management ability）五大维度；而美国律师协会在设置评估标准时，又进一步将上述维度进行分解，将司法评估的标准划分为法律能力、公正性、独立性和廉正（independence and integrity）、司法品性（judicial temperament）、勤勉（diligence）、沟通技能、管理技能（management skills）、调解技能（settlement skills）八个不同方面。[①] 其中，法律能力包括法律推理能力、实体法知识、程序和证据规则知识等。公平与廉正涉及避免出现不当行为，不基于种族、性别、宗教、国籍、身体是否残疾、年龄、性取向或社会经济地位而偏袒任何人，根据法律和事实作出裁决，而不考虑当事方或律师的身份，并在考虑所有问题时持开放态度。沟通技能涵盖在法庭上进行清晰且合乎逻辑的口头交流、作出清晰而合理的书面裁决。职业精神与品质，是指法官在法庭上礼貌待人。管理能力包括守时和为法庭审理做好准备，及时

---

① See John R. Lott, *What Does the American Bar Association Judicial Rating Really Measure?*, Public Choice, Vol. 156, No. 1 – 2, p. 1 – 18 (2013).

作出决定和裁定。与美国律师协会的划分标准相类似,还有学者将司法属性归结为法律能力、公正性、气质、勤勉、沟通、管理技能、调解技能7个维度,并言明可以从这7个维度对司法绩效进行综合评判。① 在欧洲,欧盟司法记分牌的评估标准则相对简洁,仅包括司法效率、司法质量、司法独立性3项标准。从上述评价标准来看,它们大多源于司法本身的核心价值(如公平与公正、司法独立性)或对法官的基本要求(如法律能力、职业精神)。另外,这些绩效考核标准也是基于管理标准而制定的,通过这些标准对法官和司法工作的绩效进行考核,故现有司法评估指标体系设计通常也将管理标准纳入指标体系,用以考核法官和司法工作的管理绩效。

表 2.3　国外司法绩效评估标准比较

评估项目	一级指标	评估标准
美国律师协会司法绩效评估准则	法律能力	法律推理能力(1.1);实体法知识(1.2);诉讼程序和证据规则知识(1.3);实时了解法律(1.4);程序和证据的发展(1.5)
	公正与廉正	避免出现不当行为(2.1);不偏向任何人,包括但不限于基于种族、性别、宗教、国籍、残疾、年龄、性取向或社会经济地位的偏见(2.2);通过给予人们个人考虑而公平行动;在作出裁决之前考虑双方的争论(2.3);根据法律和事实作出裁决,而不考虑当事人或律师的身份,并在考虑所有问题时持开放态度(2.4);有能力作出困难或不受欢迎的裁决(2.5)
	沟通技能	在法庭上进行清晰且合乎逻辑的口头交流(3.1);清晰而合理的书面裁决(3.2)
	职业精神与品质	举止庄重;礼貌待人(4.1);表现出耐心和自我控制(4.2);公正、有效地处理各种诉讼案件(4.3);适当参与和领导专业发展活动,以及在辖区和州级法院开展司法改进和教育活动(4.4);促进公众对法庭的了解和信心(4.5)

---

① See Stephen Colbran, *The Limits of Judicial Accountability: The Role of Judicial Performance Evaluation*, Legal Ethics, Vol.6, No.1, p.55 – 72 (2003).

续表

评估项目	一级指标	评估标准
美国律师协会司法绩效评估准则	管理能力	准时和为出庭做好准备(5.1);保持对法庭的控制,适当执行法院规则、命令和期限(5.2);及时、迅速地作出决定和裁定(5.3);有效管理自己的日程表;酌情使用争端解决会议和替代性纠纷解决机制;在运用技术改进司法方面适当创新(5.4);与其他法官和法院工作人员一起营造富有成效的工作环境;利用招聘、雇用和晋升政策和做法,确保符合条件的法庭雇用申请的广泛和多样(5.5);采取行动确保诉诸司法的机会不受残疾、语言和文化差异的限制(5.6)
欧盟司法记分牌	司法效率	(1)诉讼时长(以法院作出初审判决所需天数表示);(2)法院结案率(处理案件数与接收案件数之比);(3)未决案件数量(在预定期限开始时仍需裁决的案例)
	司法质量	(1)是否有培训和质量监测活动;(2)是否存在评估司法绩效的国家机制;(3)对当事人(法院使用者)或法律专业人士进行调查;(4)信息和通信技术工具(ICT)的可用性;(5)法院的沟通政策,包括面向公众的司法信息在线公开制度,法院与媒体之间的关系及在线发布司法判决等
	司法独立性	分为感知性和结构性的司法独立性:(1)感知性的司法独立性以公众主观感知到的司法独立性为测量指标;(2)结构性的司法独立性根据保护审判员独立性的法律保障措施来衡量,包括是否存在国家司法机关理事会(其组成和主要权力)或是否存在负责确定司法机关财务资源分配标准的部门等相关信息,以及威胁法官独立性的规定或程序等指标
拉丁美洲司法绩效评估	独立性	司法独立性既指不受过度的政治影响,也指法官在个别案件中的公正裁决能力,更关注最高法院法官和初审法院法官的表现
	责任制	责任制是指司法机关对法治的坚守程度及其行动的透明度,包括对司法系统廉正度的感知,以及最高法院法官和初审法院法官的表现
	效率性	效率是指司法系统在处理案件时不会出现过度拖延的能力
	有效性	有效性考虑了确保公民自由和人权的能力,并考虑是否有可行的审查和处罚执行机制
	可及性	可及性是指无论社会经济地位、种族或地理位置如何,所有公民均可获得公平的服务机会

在拉美地区,有学者根据拉丁美洲的跨国数据,分析了司法的属性与衡量标准。他们认为,司法的属性涵盖独立性(independence)、责任制(accountability)、效率性(efficiency)、有效性(effectiveness)、可及性(accessibility)5 个基本属性①(见表 2.3)。其中,司法独立性包括观测每个国家最高法院和一审法院的独立性,以全面了解最高和基层司法机关在司法独立性方面的实现程度。司法责任制包括司法制度的廉正、最高法院大法官称职、一审法院法官称职等维度;而法官能力是指法官的法律知识以及正确运用法律的能力。效率标准试图衡量司法系统不合理的拖延和案件积压的程度。司法有效性包括促进公民自由和保护人权、在刑事案件中为被告人提供权利保护以及在民事案件中确保对当事双方的司法公正。司法可及性,是指法院对不同阶级的人、对农村与城市地区的人的可及性程度,为所有公众提供诉诸法院的公平机会,并尽可能提供便利服务。总体而言,上述 5 个属性不仅标志司法的内在规定性,而且还构成了司法绩效评估的主要标准和高质量法院系统可预期实现的主要目标。

我国司法部门也开始对案件质量进行综合评估和全面控制。2008 年最高人民法院《关于开展案件质量评估工作的指导意见(试行)》提出的评估指标体系由审判公正、审判效率、审判效果 3 个一级指标和 33 个二级指标组成。其中,审判公正的二级指标包括立案变更率、一审陪审率、一审上诉改判率、一审上诉发回重审率、生效案件改判率、生效案件发回重审率、二审开庭率、执行中止终结率、违法审判率、违法执行率、裁判文书质量。审判效率的二级指标包括法定期限内立案率、法院年人均结案数、法官年人均结案数、结案率、结案均衡度、一审简易程序适用率、当庭裁判率、平均审理时间与审限比、平均执行时间与执行期限比、平均未审结持续时间与审限比、平均未执结持续时间与执行期限比。审判效果的二级指标包括上诉率、申诉率、调解率、撤诉率、信访投诉率、重复信访率、实际执行率、执行标的到位率、裁判主动履行率、一审裁判息诉率与公众满意度。② 根据这一指标体系,自 2008 年起全国

---

① See Joseph L. Staats, Shaun Bowler and Jonathan T. Hiskey, *Measuring Judicial Performance in Latin America*, Latin American Politics and Society, Vol. 47, No. 4, p. 77 – 106 (2005).
② 参见最高人民法院《关于开展案件质量评估工作的指导意见(试行)》(法发〔2008〕6 号)。

法院开展了案件质量评估。① 2011 年,最高人民法院修订《关于开展案件质量评估工作的指导意见》,对案件质量评估指标体系作了调整,完善后的二级评估指标为 31 个。

综上所述,司法绩效评估标准体系的设置有如下特征:一方面,从指标属性来看,司法绩效评估主要以结果性指标为主,即主要衡量司法"产出",侧重评估司法行为的后果,如对司法效率和司法判决有效性的评价等,所以,聚焦法官的工作效率以及在法庭审判中的行为表现,结果性指标也就成为衡量司法绩效的主要指标类型。另一方面,从建构逻辑来看,司法绩效评估模式以所要测量的概念为基准,侧重以概念的价值和考评标准为基础形成评估维度,从而确定司法绩效评估的综合指标体系。例如,美国律师协会的司法绩效评估模型将法律能力、公平和廉正、沟通技能、职业精神与品质、管理能力等作为司法绩效的测量指标。这些指标既是司法的工作原则和标准,也是法官审判行为所要遵循的内在要求和价值。换言之,该测量指标兼顾了司法的内在标准和价值原则,并将这些能力和价值作为司法绩效评估的标准设定,体现了司法的本质属性以及对司法基本规律的遵循。

第三节 司法公信力理论

一、司法公信力的内涵

在司法评估实践中,往往通过设计主观指标问题采集公众对司法状况及其运行的主观态度,对公众司法感知和主观态度的调查访问,本质上反映的是公众对司法的满意程度和信任水平。从这个意义上讲,司法评估也是一种公信力评估,司法公信力理论构成了该评估的理论基础,特别是在明确评估价值、评价维度分解、评价指标设计等方面具有重要意义。因此,司法公信力理论也是司法评估的理论基础之一。

"公信力"一词的语源是信用"credit",源于拉丁语"*credere*",是信任、相信的意思。《现代汉语词典》将"公信力"解释为:使公众信任的力量。可见,信任始终是该

---

① 参见严戈、袁春湘:《2012 年全国法院案件质量评估分析报告》,载《人民司法》2013 年第 13 期。

概念的核心表达。社会学家尼克拉斯·卢曼从结构功能主义角度出发，认为信任是现代社会的一种简化机制。他认为，随着社会变迁，现代社会表现出难以控制的复杂性，充满了各种不可预测的风险。面对这些风险的不断增长，个体在承担和化解风险时，一旦涉及他人就需要信任或以信任为中介，将现代社会的复杂性降低，将复杂的社会关系简单化，从而规避现代性带来的风险增加。[1] 根据卢曼的论述，信任本质上是一种关系形态，是信任一方基于对被信任一方的行为期待而作出的评判或行动，是现代社会秩序得以维持和延续的联结。美籍日裔学者弗朗西斯·福山认为，信任是一种普遍的文化特征，是从群体或组织内所共享的价值和规范中衍生出的一种期待，人类在社会生活中所具有的互惠合作天性是信任形成的源泉，其功能在于获取社会资本。换言之，在福山看来，信任是社会关系网络的联结，也构成了社会秩序重建的基础。社会学家詹姆斯·科尔曼也将信任视为一种社会资本，认为信任的产生是从行动者转让某种资源开始的，在一定风险因素下以信任为中介实现资源的交换。科尔曼还强调，在建构信任关系时，行动者必须考虑资源交换失败的各种风险。综合来看，公信力以信任为核心，而信任往往代表着信任一方对被信任一方的行为期待。若信任一方的期待落空，则信任会逐渐丧失，反之亦然。

　　公信力常常表达公众对被信任者的期待或评价，也就是说，公众通常是信任的评价主体。但是，根据被信任对象的分类，我们将其分为私人主体和公共主体。如果被信任对象是私人个体，这种信任关系是一种私人信任，如亲属关系、同事关系；如果被信任对象是公共机构，所形成的信任关系是一种公共信任，如公众对政府机构的信任关系。私人信任发生在私人领域，公共信任则主要发生在公共领域。由于信任的对象本身具有公共性，公共信任便具有公共性，往往涉及社会公众对公共机构的信任评价。公共机构"一旦得到社会公众的'信任'与支持，形成正面评价的信誉度、美誉度、满意度，也就具有了较好的'公信力'"。[2] 因此，公信力通常用来指涉社会公众对公共领域特定对象的行为期待和评价，不同于私人信任，公信力的衡量具有公共属性。

---

[1] 参见[德]尼克拉斯·卢曼：《信任——一个社会复杂性的简化机制》，瞿铁鹏、李强译，上海人民出版社2005年版，第10页。
[2] 吴汉全：《政治学视野中公信力概念研究》，载《政治学研究》2012年第1期。

关于司法公信力,美国学术界常用"Credibility of the Court""The Court Credibility""Public Trust in the Courts""Public Confidence in the Judicial System"来表述。根据字面表意,可译为法院、司法制度的公信力或公共信任,接近"法院信用"的说法。① 在欧洲,常见的司法公信力表述为"Public Trust in the Courts",即公众对法院的信任。从以上表述来看,司法公信力表达的都是公众对公共机构的主观认同,属于一种公共信任。

西方学者往往在司法权威和合法性的语境下讨论司法公信力的含义。德国社会学家马克斯·韦伯认为,权威是人类社会普遍的现象,并将统治者的统治划分为3种理想类型,即传统型、法理型和"卡里斯玛"型。它们实质上分析了统治权威的合法性基础,②或者说,刻画了人们对权力信任的基本来源,即传统型统治源于权力的威严,法理型统治源自对法治的信仰,而"卡里斯玛"型统治来自人们对领袖魅力的崇拜。在韦伯的论述中,统治权威的合法性有不同的来源,而对统治权力的合法性信任或认同构成了权威的重要来源。

司法权威的构建以信任为核心,司法信任涉及社会公众与司法权力主体的关系。就是说,在司法认同的两端,一方是权力主体,另一方是社会公众,而公众始终处于司法信任评价主体的位置,司法信任指涉社会公众对司法权力主体的信赖。司法运行离不开社会公众的依赖,司法的公正性价值也需要公众的信任作为依托。在法治社会,司法权威的建构往往以司法权力运行的公正性为认同基础,而很少利用强制的方式来获取认同或服从,"一旦权威主体动用物理的强制手段来获得服从,这就意味着他的权威已开始崩溃"。③ 因此,在理解司法权威与司法信任的关系时,建立在司法公正基础上的司法信任,便成为司法权威和合法性建构的信念基础。在信念表达层面上,司法信任类似一种信仰,是从司法权力运行中衍生而来的情感,并深深根植于整个司法互动实践之中。美国法学家伯尔曼说:"法律必须被信仰,否则它将形同虚设。它不仅包含有人的理性和意志,而且还包含了他的情感,他的直觉和

---

① 参见李振勇:《司法公信力概念的沿革、辨析与实践》,载《首都师范大学学报(社会科学版)》2018年第3期。
② 参见[德]马克斯·韦伯:《经济与社会》,林荣远译,商务印书馆1998年版,第241页。
③ 韩波:《论提升司法公信力的三个命题》,载《学习与探索》2010年第4期。

献身,以及他的信仰。"①公众对司法的信仰与其在司法实践中感知的司法公正等共同价值紧密相关,正是法院对司法共同价值的遵守增强了公众对司法的信任力,即在主观情感上表达出的对司法能作出公正无偏的裁决的肯定。国外有学者认为,对司法的公信力主要是指公众对法院公平、公正、独立和依法执行司法方面的普遍且有充分根据的信念,法官的公正裁决能够增强公众对法院的信任,从而树立和强化法院的权威。② 在现代法治环境下,不仅法官的公正裁决成为司法公信力生成的内在动力,而且法官的职业品格、操守也成为司法公信力生成的内在动力,能够促进法官以及整体司法系统权威的构建。一方面,法官基于公平和稳定的考量裁决案件,能够提升法官和法院的权威。③ 公众会根据其对司法裁决公正性的感知,对司法制度的好坏作出评判,并决定是否信任司法。另一方面,公众还会根据法官的品行、操守作出判断,法官的道德品格也会影响公众对法官以及法院的信任。正如菲利克斯·法兰克福特(Felix Frankfurter)法官所言,"法院的权威是一种道德的权威,植根于基本的共同价值观和官员的良好品格,这种权威取决于法官将如何恪守这些品格和价值观的能力,表明其关心受其决策影响的当事人和公众,满足当事人和公众的合理期望,以证明其值得社会公众的信任"。④

综上所述,在现代法治理念下,司法权威代表权威客体对权威主体公正性的某种源于内心的信念,并从这种公正性认同信念中衍生出权威服从。"司法权威和合法性在一定程度上取决于信任",⑤司法信任构成了司法权威和合法性的基础,司法公信力的高低实质上是衡量、评判司法权威的社会心理学指标,⑥并奠定了法治的信任基础。正如澳大利亚首席大法官杰勒德·布伦南所言,"法治取决于甚至可以说

---

① [美]哈罗德·J.伯尔曼:《法律与宗教》,梁治平译,三联书店1991年版,第15~16页。
② See Beverley McLachlin, *Courts, Transparency and Public Confidence to the Better Administration of Justice*, Deakin Law Review, Vol. 8, No. 1, p. 1 – 12 (2003).
③ See Kenneth Ward, *Looking for Law in All the Wrong Places: A Critique of the Academic Response to the Florida Election*, University of Miami Law Review, Vol. 57, No. 1, p. 55 – 99 (2002).
④ Roger K. Warren, *Public Trust and Procedural Justice*, Court Review, Vol. 37, No. 3, p. 12 – 16 (2000).
⑤ [美]劳伦斯·弗里得曼:《法律制度——从社会科学角度观察》,李琼英、林欣译,中国政法大学出版社1994年版,第250页。
⑥ 参见韩波:《论提升司法公信力的三个命题》,载《学习与探索》2010年第4期。

等同于法院的公信力,而摧毁了公众对法院的信任,也就摧毁了法治的基础"。①

在汉语语境中,司法公信力往往与司法系统整体运行相对应,而不仅仅是指对法院的信任。如何界定司法公信力,学术界尚无定论,但综合现有文献,大致可归结为以下代表性观点:

一是"主观感知说",即主张司法公信力的核心在于公众对法官、法院以及司法系统的信任和信赖,是公众或当事人对司法及其运行状况所产生的一种主观性感知和态度。从法官信任的角度来看,有学者认为,"司法公信力是社会公众对司法制度以及在该司法制度下的法官履行其审判职责的信心与信任的程度"。② 这在指涉社会公众之信任主体性的基础上,还强调了公众对法官职能履行方面的信任水平,即公众对司法的信任是通过对法官履职情况的感知而建立起来的,对法官履职表现的评价直接决定了公众对司法的信任程度。有学者进一步指出,对司法的主观感知代表着一种心理机制,是法官的司法行为表现在公众心理上的投射和反映。"司法公信力是社会组织、民众对司法行为的一种主观评价或价值判断,它是司法行为产生的信誉和形象在社会组织和民众中所形成的一种心理反映,包括民众对司法整体形象的认识、情感、态度、情绪、兴趣、期望和信念等,也体现为民众自愿配合司法行为,减少司法的运行成本,以提高司法效率。"③这强调了民众对法官司法行为的心理认同感是一种主观性评价。还有学者认为,司法公信力"是指社会公众和当事人对司法的认同程度与信服程度,包括他们对司法判断准确性的信任、对司法裁决公正性的认同以及对司法执行包括强制执行的支持等不同维度"。④ 这强调了公众和当事人在司法公信力建构中的主体角色,即其对整体司法状况的感知性认同。同样的观点还有,"司法公信力是一种评价信任,是社会公众信从司法的程度,用以表达民众对司法的信任、尊重、认同的心理态度和信仰程度,其实质是司法信任"。⑤ 总体而

---

① [澳]杰勒德·布伦南:《是"为人民的法院",不是"人民的法院"》,于秀艳译,蒋惠岭校,载《人民司法》1999年第3期。
② 毕玉谦主编:《司法公信力研究》,中国法制出版社2009年版,第121页。
③ 关玫:《司法公信力研究》,人民法院出版社2008年版,第41页。
④ 陈光中、龙宗智:《关于深化司法改革若干问题的思考》,载《中国法学》2013年第4期。
⑤ 吴宝珍、曹义孙:《从法理学看中国司法公信力建设》,载《首都师范大学学报(社会科学版)》2013年第3期;龚廷泰、何晶:《司法公信力与良性司法》,载《江海学刊》2009年第2期。

言,"主观感知说"主要从社会公众的角度来理解司法公信力,将公众视为司法公信力评价的主体,通过公众的主观感知和态度反映司法公信力水平。

二是"能力说",即主张司法公信力是"司法赢得社会公众信任和信赖的能力,这种能力直接取决于司法在拘束力、判断力、自制力和排除力等方面是否能够经得起公众的信任和信赖"。① 这侧重从司法系统的角度,强调其主位能力。从这个角度看,司法公信力至少应包括司法判断力、司法自制力、裁判的说服力、司法约束力,②或者是"司法自治力、司法说服力和司法确定力的有机统一"。③ 其中,司法判断力、自制力所构成的司法自治力是确保和维护其独立地位与独立裁判能力的前提和基础,是保证司法裁判的说服力和司法结果确定力的基本条件。司法说服力是司法自治的题中应有之义与当然结果,是巩固司法的自治地位、强化司法结果确定力的关键因素。此外,"能力说"还强调司法权力在司法信任关系中的主体地位,即"司法权在其自在运行过程中以其主体、制度、组织、结构、功能、程序、公正结果承载的获得公众信任的资格和能力"。④ 持同样观点的学者还认为,司法公信力是司法机关通过职权活动在整个社会中建立起来的一种公共信用,集中表现为公众对司法的信任、信赖、尊重和维护,因而可以从公众的主观评价中得到反馈。

三是"互动关系说",即主张司法公信力是一个动态、开放的概念,是"政治国家与市民社会理性沟通的产物,是司法在发挥纠纷解决功能、权利救济功能和法律发展功能过程中互动建构起来的信用关系,并且是司法权威历史演化的产物"。⑤ 这强调了司法公信力是司法与公众互动的产物,即公众在与司法机关"打交道"的过程中获得对司法的态度评价。有学者认为,司法公信力是个体对司法信任的整合状态,更多取决于司法市场上的"消费者"(当事人和公众)的互动,并从互动中建构对司法的信任。换言之,司法公信力的获得是一个互动的过程,⑥司法与公众之间的互

---

① 郑成良、张英霞:《论司法公信力》,载《上海交通大学学报(哲学社会科学版)》2005 年第 5 期。
② 参见关玫:《司法公信力研究》,人民法院出版社 2008 年版,第 84 页。
③ 季金华:《司法公信力的构成要素》,载《学习与探索》2013 年第 4 期。
④ 于厚森、马渊杰:《司法公信力的开放性特征及其实现路径——以司法的公众参与为视角》,载《中国党政干部论坛》2013 年第 11 期。
⑤ 季金华:《司法公信力的意义阐释》,载《法学论坛》2012 年第 5 期。
⑥ 参见孙日华:《转型时期司法中的民意现状与策略设计》,载《太平洋学报》2010 年第 12 期。

动,是权力与权利各归其位的良性运作,代表的是公权力主体与其他主体交往互动中所产生的一种社会关系,而这种关系可能是"大众基于公共权力良性运行所产生的一种心理上的信任姿态"。① 因此,这种互动关系本质上是司法公权力与当事人诉讼权利的互动,而同时这种互动也被视为司法公信力衍生的重要途径。

根据上述观点,"主观感知说"主要从公众视角来界定司法公信力的内涵,即从公众主位立场来反映他们对司法的信任程度,而将司法本身视为被审视者。"能力说"则从司法机关的立场强调司法赢得公众信任的能力,但这并不能否定司法公信力的评价主体是公众,反映的是公众对司法的主观态度。"互动关系说"强调司法公信力是司法机关与公众的双重主体互动建构的过程。上述观点尽管角度不同,但在司法信任作为司法公信力本质这一观点上达成了共识。

基于上述共识,可以认为,上述3种观点尽管角度不同,但在司法信任作为司法公信力本质这一观点上达成了共识。对司法公信力内涵的考察还应从司法与公众互动的角度出发,重点考察公众与司法机关"打交道"的过程中获得的对司法的态度评价,采集公众或"司法消费者"的态度。换言之,司法公信力源自公众对司法的内在认可与信任,而司法公信力的强弱不仅代表着公众态度的高低,而且还"在一定程度上表征着法律在社会生活中的权威地位、社会主体的规则意识和秩序形态"。②

二、司法公信力的构成

关于司法公信力的构成,从不同角度可以有多种理解。美国学者埃里克·尤斯拉纳在《信任的道德基础》一书中提出,信任可以分为普遍信任与个别信任。③ 基于这样的划分,学者提出司法公信力亦可划分为司法普遍信任与司法个别信任,前者主要是指信念层面的司法信任,后者主要是指实践层面上的司法信任,即一种对个案的具体不信任,是在实践意义上而不是理论意义上的不信任。④ 布恩(Boon)和霍

---

① 关玫:《司法公信力研究》,人民法院出版社2008年版,第17页。
② 季金华:《司法公信力的价值功能》,载《扬州大学学报(人文社会科学版)》2012年第4期。
③ 参见[美]埃里克·尤斯拉纳:《信任的道德基础》,张敦敏译,中国社会科学出版社2006年版,第65页。
④ 参见吴宝珍、曹义孙:《从法理学看中国司法公信力建设》,载《首都师范大学学报(社会科学版)》2013年第3期。

姆斯（Holmes）进一步认为,信任包括威慑型信任、理解型信任和认同型信任 3 种,[①]因而可以将司法公信力划分为权力威慑、理性认识及心理认同 3 个基本维度。其中,在权力威慑下,公众对司法的认同主要是源于对权力的恐惧;在理性认识基础上,公众对司法的信任是基于"法律至上、司法权威的理念,公众作为获得独立人格的'理性人'来认识和评价司法的公信力";[②]在心理认同维度下,"公众在与司法的交往与互动中产生对于司法的价值共识与心理认同,生成法律人格,从而产生对于司法的自由的信仰和依赖"。[③]

司法公信力源于公共权力的本质属性,即公众与权力机关之间的委托—代理关系,这一关系主要包括公众对公共权力的信任以及公权力对公众的信用。从这个意义上讲,司法公信力包含信用和信任两个维度,即"任何对于司法公信力的范畴认知都离不开信用与信任维度"。[④] 信用与信任的二分法,实际上是从司法权力机关与社会公众两个立场划分的,即司法机关对公众负有信用,而公众对司法机关持有信任。但事实上,学者对司法公信力内在构成维度的解构,往往是在信用与信任二分法基础上的拓展。从公权力对公众的信用角度看,可以将司法公信力解构为司法自治力、司法说服力、司法确定力 3 个维度;[⑤]也可从审判机关、社会舆论、国家机关、审判执行活动参与人 4 个角度评估司法公信力。[⑥] 从公众对司法机关的信任的角度看,司法公信力可分为公众对司法的"三种信任",包括通过司法途径获得公正判决的信任、司法权力廉正而得到的信任以及从判决中获得实际诉讼利益的信任,它们通常是基于公众的亲身经验而产生的。[⑦] 有学者认为,司法公信力的构成要素包括对人的信任和对事的信任两个方面;[⑧]还有论者从司法职业公信、专业公信、机制公

[①] 参见[美]罗德里克·M.克雷默、[美]汤姆·R.泰勒编:《组织中的信任》,管兵、刘穗琴等译,中国城市出版社 2003 年版,第 153 页。
[②] 关玫:《司法公信力初论——概念、类型与特征》,载《法制与社会发展》2005 年第 4 期。
[③] 关玫:《司法公信力初论——概念、类型与特征》,载《法制与社会发展》2005 年第 4 期。
[④] 郑成良、张英霞:《论司法公信力》,载《上海交通大学学报(哲学社会科学版)》2005 年第 5 期。
[⑤] 参见季金华:《司法公信力的构成要素》,载《学习与探索》2013 年第 4 期。
[⑥] 参见天津市第二中级人民法院课题组、姚奎彦:《从粗放到系统:论司法公信力评估体系的构建》,载《法律适用》2013 年第 1 期。
[⑦] 参见高铭暄、陈璐:《略论司法公信力的历史沿革与实现途径——谨以此文纪念〈法学杂志〉创刊三十周年》,载《法学杂志》2010 年第 7 期。
[⑧] 参见董玉庭:《司法公信力的本质及其构成》,载《中国社会科学报》2020 年 11 月 4 日,A04 版。

信3个维度来划分司法公信力的理论结构。① 此外,也有从司法机关和公众两个维度区分司法公信力内在结构的观点,即司法公信力以司法公正为基础要素,包括客观维度(司法权威)和主观维度(公众信任)两个相互联系的方面。② 综合而言,对司法公信力内在结构的划分具有不同的视角,但从现有文献来看,学者大多从公众对司法机关信任的角度来理解司法公信力的理论维度,并将司法公信力视为公众对司法不同维度的信任程度,这与本研究对司法公信力的界定是一致的。

司法公信力是司法生命力的保障,提升司法公信力也是现代法治建设的重要内容之一。党的十八届四中全会《决定》明确把"保证公正司法,提高司法公信力"作为全面推进依法治国的六大任务之一,并进一步提出要"完善确保依法独立公正行使审判权和检察权的制度""优化司法职权配置""推进严格司法""保障人民群众参与司法""加强人权司法保障""加强对司法活动的监督",而这六个方面为理解司法公信力的内在维度提供了指导和借鉴。首先,司法公正是司法权运作的理想形态,也是司法获致公信力的前提性构件。正当法律程序及公平正义的司法裁判结果是建立或提升司法公信力的基础,③特别是对于程序正义来说,是实现司法公正、建构司法公信力的程序性装置。④ 公众在司法程序上感受到公平正义对于建构其对司法的信任至关重要。其次,独立司法是司法公信力提升的预置性要素。公众对司法机关在审判上的独立性感知也会影响其信任程度,通过增强司法机关的独立性以保证司法权威,能够提升公众对司法机关行为合法性的内在信服水平。⑤ 再次,司法主体的表现是司法公信力的载体和基础。⑥ 公众会根据司法机关的行为表现(如履职能力、专业素质、礼貌态度等)来建构对司法机关以及法官的信任。因此,司法机关的工作效能和司法人员的综合素养,对公众司法公信力的提升具有重要的意义。最

---

① 参见海淀法院课题组等:《关于构建司法公信力评估指标体系的调研报告》,载《法律适用(司法案例)》2018年第14期。
② 参见卢怡:《司法公信力的构成要素研究》,苏州大学2016年硕士学位论文。
③ 参见公丕潜:《法治中国时代司法公信力的提升路径——以程序正义理论为视角》,载《学术交流》2017年第3期。
④ 参见何家弘:《如何提升司法公信力》,载《国家检察官学院学报》2014年第5期。
⑤ 参见郑飞:《论提升司法公信力的路径——源自实证调研和数据挖掘的启示》,载《证据科学》2015年第1期。
⑥ 参见孟军、甄贞:《司法改革中司法公信力问题研究》,载《湖北社会科学》2015年第9期。

后,司法公开为提升司法公信力提供了外部条件,司法公开透明已经成为现代司法的基本特征,公众往往会根据来自司法领域的信息来建构自己对司法机关的主观认知。如果公众所获得信息比较少,则可能无法形成对司法机关的信任态度,因为对于公众来说,用以建构主观态度的相关信息是缺乏的。因此,为公众及时获取相关信息提供准入和便利,不仅是促进公众对司法监督的一种手段,而且能够重塑和提升公众的司法公信力水平。[1] 因此,从公众角度出发,我们可以将司法公信力分解为公众对司法公正、独立司法、司法主体、司法公开4个维度的信任态度。这4个维度不仅构成了司法公信力的内在理论结构,也成为公众对司法公信力评价的主要方面。

三、司法公信力评估

公信力是司法品质的必要内涵,也是司法权运行必不可少的条件。司法公信力是司法部门依法公正行使司法权的综合表征,是审判过程和裁决结果得到公众和当事人尊重、信赖和认同的内在反映。就公众角度而言,司法公信力主要表现为"民众对司法的充分信任与尊重,包括对司法主体的充分信任与尊敬,对司法过程的充分信赖与认同,对司法裁判的自觉服从与执行"。[2] 正如拉德布鲁赫所言:"司法依赖于民众的信赖而生存,任何司法的公正性,在客观性与可撤销性方面的价值观,决不能与司法的信任相悖。"[3]由此,司法公信力在一定程度上决定了司法的良性运行与合法性基础,是保证司法价值得以顺利实现的条件,代表公众对司法运行系统或者行为的普遍信任,其真正的价值来自受众的认可,而不是权力主体的宣示。[4] 法院既是依靠权威和合法性解决各类纠纷的司法机关,又承担着特定的公共责任,必须作为公共机构为人民行事。同时,法院需要向公众公开其裁决和判决,这也是法院作为公共机构角色的一部分。因此,对司法机关的评估不能仅仅从"产出"的角度来考

---

[1] 参见吕中行、谢俊英:《新时代我国司法公信力的重塑》,载《河北法学》2020年第4期。
[2] 赵建华、谭红:《论司法公信力的属性》,载《法律适用》2006年第12期。
[3] [德]古斯塔夫·拉德布鲁赫:《法学导论》,米健、朱林译,中国大百科全书出版社1997年版,第119页。
[4] 参见孙日华:《社会转型期司法公信力的生长》,载《中南大学学报(社会科学版)》2012年第4期。

虑，还要从公众角度来了解司法在代表人民行使职能的状况，这种理解涉及司法的公信力、满意度或透明度。

对司法公信力的判断需要建立客观、科学的司法公信力评价体系，通过公众调查数据得到司法公信力评价结果，并向公众公开。国内外学者先后构建了司法公信力评估的指标体系，世界正义项目法治指数设置了民事司法、刑事司法两个一级指标，分别下辖7个二级指标。[1] 巴西开发了司法信任度指数（Brazilian Confidence in Justice Index），由两个子指数组成：一是感知指数，即公众如何将司法机关的各个方面视为公共服务提供者；二是态度指数，即公众对司法在冲突解决中所起作用的态度和信仰如何。其中，感知指数基于以下9个问题：信任、裁决冲突的速度、成本、便捷性、公平、诚信、称职、对过去5年的看法和对未来5年的期望。[2] 中国司法文明指数项目则将司法公信力分为司法权力主体、司法活动过程和司法活动的结果受到信任与认同的程度。[3]

综合来看，司法公信力评估往往通过演绎得到评估的层级指标，从而形成综合性评估指标体系。具体来看，司法公信力由不同的理论维度构成，它们指涉司法公信力的概念结构。我们可根据这些理论维度演绎出司法公信力评估的指标体系，并进一步形成司法评估的测量问题，通过问卷调查来量化公众对司法的信任水平，这构成了司法公信力评估的基本逻辑。司法公信力评估的逻辑起点源于司法公信力的概念解构，通过概念的层级演绎得到司法公信力评估的综合指标体系，并进一步分解为相关问题，最终是通过调查反映公众对司法机关及其工作人员的信任程度。

透明开放的司法公信力评估进一步促进着司法公信力建设。当司法部门公开支持司法公信力评估并将结果向公众公开时，则能获得媒体和公众的尊重和信任。例如，对美国联邦法院的研究表明，近69%的审判法官表示，他们对向公众发布信息

---

[1] 参见张保生、郑飞：《世界法治指数对中国法治评估的借鉴意义》，载《法制与社会发展》2013年第6期。

[2] See Luciana G. Cunha, Fabiana L. Oliveira and Rubens E. Glezer, *Brazilian Justice Confidence Index-measuring Public Perception on Judicial Performance in Brazil*, International Law Revista Colombiana de Derecho Internacional, Vol. 25, p. 445 – 472 (2014).

[3] 参见郑飞：《论提升司法公信力的路径——源自实证调研和数据挖掘的启示》，载《证据科学》2015年第1期。

的方式没有反对意见,如在网站上发布完整的评估报告,在选民指南中提供评估的基本信息。① 基于一套广泛且以过程为导向的司法评估标准,以各种来源的可靠信息为基础,评估过程本身透明,这些都会使媒体或公众干预司法的风险大大降低,从而有利于提升司法的公信力。

---

① Rebecca L. Kourlis and Jordan M. Singer, *Performance Evaluation Program for the Federal Judiciary*, Denver University Law Review, Vol. 86, No. 1, p. 7 – 52 (2008).

第三章　司法评估的性质、要素和功能

近年来,司法评估引起我国法学界和司法实务界的广泛关注。例如,有研究者在法治评估框架中开展司法评估;[1]有研究者将司法文明作为司法评估主旨,通过司法文明指数开展司法评估;[2]还有研究者选取司法透明、[3]司法效率、[4]司法公信力、[5]司法体制改革[6]等对司法评估问题进行了不同角度的研究。司法机关也根据工作考核、司法改革等需求,开展了各种形式的司法评估。例如,最高人民法院发布《人民法院案件质量评估指标体系》,一些法院对司法公信力开展了多种形式的评估,[7]法官绩效考核评估已实施多年;[8]检察院在内部考核基础上积极推进了检察公信力评估工作。[9]在取得上述进展的同时,关于司法评估基础理论和方法研究欠缺的问题也显露出来。例如,不同评估主体虽对不同评估对象采用不同方法开展了多种形式的司法评估活动,但对于司法评估的性质、要素还因缺乏必要的分析而众说纷纭;同样有待深入研究的问题还包括,如何区分司法评估和司法评估工具的功能,

---

[1] 参见朱景文:《人们如何评价司法?——法治评估中司法指标的分析》,载《中国应用法学》2017年第1期。
[2] 参见张保生等:《中国司法文明指数报告》,中国政法大学出版社2015年、2016年、2017年版。
[3] 参见钱弘道:《司法透明指数的指向与机制》,载《中国党政干部论坛》2015年第4期。
[4] 参见邓志伟:《主观与客观之间:司法效率评估的选择与优化》,载《法律适用》2011年第3期。
[5] 参见谢鹏程:《论司法公信力的建设与测评——以检察公信力为视角》,载《中国司法》2013年第10期。
[6] 参见江国华、周海源:《司法体制改革评价指标体系的建构》,载《国家检察官学院学报》2015年第2期。
[7] 参见江西省高级人民法院课题组、张忠厚、卓泽渊:《人民法院司法公信现状的实证研究》,载《中国法学》2014年第2期。
[8] 参见孙晓东:《司法评估理论与实务研究》,知识产权出版社2020年版,第21页以下。
[9] 参见谢鹏程、邓思清:《检察公信力测评指标体系研究》,载《人民检察》2014年第23期。

如何对不同视角的司法评估活动和成果进行整合，以及司法评估会受到哪些因素的影响等。

第一节　司法评估的性质

实践中的司法评估活动包括多种类型。例如，司法机关开展的案件质量评估和司法绩效评估，是司法机关内部的两种自我评估活动；大学和科研机构开展的诸如司法文明指数等评估，是独立于司法机关的第三方评估活动；而大学和科研机构接受司法机关委托开展的诸如司法透明度等评估活动，则具有第三方机构与司法机关合作评估的特点。从司法评估方法看，一些司法评估以定性分析为主，而更多的司法评估则重视定量分析，通过调查问卷等方式开展数据化评估。根据评估对象的差别，司法评估又可分为综合性司法评估和专项性司法评估。以上多种司法评估各具特点，但均属司法评估的范围。

关于司法评估的概念或定义，有研究者认为有狭义与广义之分。狭义的司法评估限于法律职业系统内部，是指司法部门采用相应的标准与方法对部门及其工作人员的行为、表现和工作绩效进行综合评判。广义的司法评估则扩展到法律职业系统以外，是指第三方评估者通过相关概念的操作化测量形成科学的综合指标体系，利用社会调查方法采集多维评估主体的主观态度，并兼顾司法客观数据，通过科学的资料分析方法得到综合性的评估结果，从而判断司法运行和改革的状况与成效，既涉及政策评估，还包含民意调查评估、司法公信力评估。[1] 有学者探讨了司法评估的属概念即法治评估，认为法治评估是对法治建设状况与水平的评价与衡量，一般是通过设置一定的量化指标体系来进行，因此将其称为法治量化评估。[2] 有学者对更加宽泛的评价概念进行了分析，认为评价是指特定主体依一定的规则或标准对客体

---

[1] 参见王殿玺：《司法评估的理论与实证方法研究》，中国政法大学博士后出站报告。
[2] 参见侯学宾、姚建宗：《中国法治指数设计的思想维度》，载《法律科学（西北政法大学学报）》2013年第5期。

之构造、属性、功能等方面进行判断、分析并生成结论的活动。① 有学者认为，评价是主体基于一定评判标准、程序、方法对所评客体价值有无、价值大小的认知活动。②

通过以上研究可以发现，司法评估是法治评估的下位概念。尽管对于法治评估、司法评估的定义的把握还有待深入研究，但它们都涉及评估主体、评估对象、评估标准、评估活动等方面。因此，我们对司法评估可作如下界定：司法评估是评估主体按照一定标准，通过设计特定指标体系和调查方式获取评估数据，对司法制度、司法运作、司法主体、司法文化等领域展开的认知、评价活动。对上述司法评估定义，可从以下三个方面进行理解。

第一，司法评估的主体性。司法评估是一种主体性评价活动。从这种性质考察，如何确保评估结果的客观性和权威性，就成为司法评估的生命线。由于人们对司法评估的主体性和主观性认识不足，国内一些司法机关组织的司法评估出现了自我评价过高的问题，这种自我欣赏、自卖自夸式的司法评估不仅对提高司法文明水平无益，而且由于公信力较低也陷入了生存危机。这正是目前司法机关的自我评估逐渐趋冷，第三方独立评估越来越受到重视的内在原因。对此，有学者对比"WJP世界法治指数"（2015～2020年）对中国司法现状评分偏低（50分左右）与国内司法机关自评或委托第三方合作评估的结果又显得虚高的情况，统计了中国司法文明指数5年数据调查结果总体得分处于64.5～70分，虽在及格线以上，却与"良好"（76～89分）还有不小差距。③ 相比国内一些地方性法治评估项目的实施情况，2016年上海社会科学院作为所谓第三方评估机构发布的司法公信力评估报告显示，上海市第一中级人民法院司法公信力指标评估得分为82.06分。④ 2017年河北省检察机关检察公信力测评综合得分为86.93分。⑤ 在上海×区检察院公信力评估中，专业人

---

① 参见江国华、周海源：《司法体制改革评价指标体系的建构》，载《国家检察官学院学报》2015年第2期。
② 参见蒋银华：《司法评价的基础理论》，社会科学文献出版社2018年版，第12页。
③ 参见张保生、王殿玺：《中国司法文明发展的轨迹（2015—2019年）——以中国司法文明指数为分析工具的研究》，载《浙江大学学报（人文社会科学版）》2020年第6期。
④ 参见徐文进、姚竞燕：《深化改革视阈下司法公信力第三方评估机制的检视与优化——以全国首份司法公信力第三方评估报告为镜鉴》，载《法律适用》2017年第15期。
⑤ 参见河北省人民检察院课题组、何秉群：《检察公信力测评实证研究——以河北实践范式为视角》，载《人民检察》2018年第14期。

员评分高达91.68分,市民评分88.43分,律师评分85.97分。① 2017年广东省司法评估,各地市中级人民法院自评92分,各地市检察院自评95.83分,都达到了优秀水平。但当评价主体换作第三方评估后,全省司法满意度得分均值只有55.8分,甚至未达到及格水平。② 上述不同评估结果的巨大反差,引发了人们对我国司法文明实际发展水平的思考。由于以上列举的国内司法评估高分均为单年度数据,无法与"WJP世界法治指数"6年均值和中国司法文明指数5年均值进行比较分析,其指导司法文明建设的指数价值并不大。但是,这些情况对于我们认识司法评估的性质可能有两点启发:一是司法评估的连续性对主体性评价的校正作用值得重视,我们认为,至少应该使用持续5年的长期调查数据来论证一个地区或一个系统的司法文明实际水平,单年度数据对此可能难以作出说明。二是为避免评估主体的主观性可能对评估过程、结论带来的不利影响,我们认为,作为评估主体的第三方必须是与被评估对象"完全脱钩"的独立主体,而不能是被评估对象的平级或下属单位,不能与作为被评估对象的司法机关发生任何利益勾连,包括不能与其进行任何形式的合作研究,司法机关不应参与评估方案的确定,不能为评估提供任何经费资助,也无权在评估报告正式发布之前获得有关评估结果的信息。总之,司法评估方案的整体设计和每个细节的设计,都应该考虑到评估的主体性或能动性,要时刻注意维护其独立性、客观性和科学性,尽力降低评估的主观性、任意性,确保司法评估的公信力。

第二,司法评估的跨学科性。司法评估理论和方法具有多学科知识综合交叉的特性。司法评估的对象虽然是在法律领域,但司法评估理论和方法源于法学、社会学、管理学、统计学等多学科知识。例如,在确定司法评估的评估对象、评估标准、指标体系方面,考虑的可能主要是法学的要求,以法学理论、司法实践为主要设计维度;在选择和确定司法评估的方法或方案时,采用的可能主要是管理学、统计学、社会学等方面的知识。在此意义上,司法评估活动更像是一种法律工程思维的体现,③

---

① 参见杨慧亮、陆静:《检察公信力评估建设实证问题研究》,载《人民检察》2017年第23期。
② 参见罗骁:《司法满意度:"悖论"与诠释——以广东省为例》,华南理工大学2018年博士学位论文,第73~74、79~80页。
③ 参见姚建宗:《法学研究及其思维方式的思想变革》,载《中国社会科学》2012年第1期;蒋银华:《司法评价的基础理论》,社会科学文献出版社2018年版,第89页以下。

通过精细化的设计和数量化的展示,使司法活动通过工程方式加以展现和评价。基于司法评估的这种性质,其实施应适应如下要求:一是评估主体需要综合考虑不同学科知识与要求。从我国司法评估实践来看,评估组织者虽然在法学理论和法律实践方面可能是"满腹经纶",但对管理学、社会学、统计学的理论和方法而言又可能是"门外汉",这就需要与相关领域的专家、研究机构、调查公司等密切合作,确保司法评估的过程和结果符合多学科专业性要求。二是在司法评估对象、评估标准、指标体系、评估方案的设计,调查数据的收集、分析与处理等方面,不仅要考虑法学理论、司法规律的要求,还应当满足上述多学科原理和方法的技术要求。三是对于司法评估的结果,应当遵循相关学科规律,慎重使用。从司法评估的多学科交叉性质来说,除尊重司法规律外,还应当尊重管理评价规律、统计规律等,在各自限定范围内合理使用司法评估的结果。例如,根据统计学原理,司法评估结果在符合相关条件时才能成立,并且需要通过一定评估周期的质量控制和检验。因此,对于司法评估原始数据不能"望文生义""不求甚解",而应进行"二次开发"的深入研究,即综合运用法学、管理学、社会学和统计学方法进行分析和概括,并至少要在5年数据分析比较的基础上得出谨慎的结论和趋势预测。

　　第三,司法评估的实践理性。"实践理性"(关于应当做什么的推理)与"理论理性"(关于情况是什么的推理)这两个概念之间存在重要区别。[①] 前者属于认识论范畴,后者属于本体论范畴。康德关于实践理性的论述强调实践主体自身的责任(道德)反省。他认为,"实践理性的公设都是从道德原则出发的;道德原则并不是公设,而是理性据以间接规定意志的规律……这些公设并不是理论上的教条,而是实践上必需的前提",旨在使其规范得到遵守。[②] 康德的这个思想和我们第一章所讨论的司法规律比较接近,司法评估的实践理性特征在于,通过司法评估有助于司法机关自觉遵循体现司法自身道德原则的司法规律。波斯纳认为,"实践理性"是与"纯粹理性"相对应的注重行动的方法,即为了进行实践或伦理的选择而采用的方法。它包括一定行为的正当化论证和相对于一定目的之最佳手段确定。实践理性的功能

---

① 参见张文显:《二十世纪西方法哲学思潮研究》,法律出版社1996年版,第75页。
② 参见[德]康德:《实践理性批判》(第一部,第二卷,VI),载北京大学哲学系外国哲学史教研室编译:《西方哲学原著选读》(下卷),商务印书馆1982年版,第318页。

在于,它可帮助人们在遇到具体实践问题时确定一个目标,并选择达到目标的最便利手段。实践理性可以确定地回答一些伦理问题,而法律在许多方面恰恰涉及伦理问题。[1] 实践理性具有库恩所说的"范式"意义。"'范式'一词无论实际上还是逻辑上,都很接近'科学共同体'这个词。一种范式是、也仅仅是一个科学共同体成员所共有的东西。"[2]从这个意义上看,实践理性是法律共同体的法律思维"范式"。司法评估的起点和终点都界定在法律实践理性的范式中,评估主体需要将评估目标和客体根据司法规律进行分析和综合,从而使司法理论与实践的相互影响充分体现出来。基于司法评估的实践理性,司法理论与实践的理性互动在评估指标体系中以司法规律的形式得到尊重。

第二节 司法评估的要素

司法评估是一项复杂的系统工程,是由评估主体采用特定的技术和方法对评估对象进行认知和评估的过程。在这个过程中,尽管不同的评估项目在构成元素上存在差别,但从其内部结构来看,司法评估基本上包括评估主体、评估客体以及评估技术手段等组成要素。这些要素标识司法评估的内在特征。[3] 从司法评估的运作过程来看,需要明确谁(主体)对谁(客体)用什么方法进行评估的问题。

一、司法评估主体

司法评估主体,是指司法评估活动的组织实施者。从近年司法评估实践来看,司法评估主体涵盖了法院、检察院、大学、科研院所和中介机构等。近年来,法院、检察院陆续开展了案件质量评估、绩效评估等活动,均属于司法机关进行的自我评估。司法机关之外的第三方机构,主要是指不隶属于司法机关的大学、科研机构等。例如,中国政法大学、中国人民大学、浙江大学、中国社会科学院法学研究所等机构对

---

[1] 参见[美]波斯纳:《法理学问题》,苏力译,中国政法大学出版社1994年版,第70、79、94、98页。
[2] [美]托马斯·S.库恩:《必要的张力》,纪树立等译,福建人民出版社1981年版,第290~291页。
[3] 参见王殿玺:《司法评估的理论与实证方法研究》,中国政法大学博士后出站报告。

司法运行情况展开评估,这些机构是独立于司法机关的第三方评估主体。① 国外的情况,例如,美国《民事司法改革法》是由兰德公司负责评估,审判法院绩效评估体系是由国家州法院中心负责,加拿大新斯科舍省司法发展计划由专门调查小组负责。这些机构基本上属于第三方机构,与司法机关本身并无勾连。欧洲一些国家将司法评估职责赋予司法委员会,这通常是法院院长及检察长组成的司法自治机构,是司法系统内部成立的全国性独立自治机构,由其主导司法评估活动的开展。②

对于司法评估主体的分析,除所谓"裁判员与运动员"之间的形式关系外,还可以考虑司法评估主体与司法机关的实质关系。在第三方评估机构接受司法机关委托或者合作开展的评估活动中,例如,浙江大学接受法院委托开展的司法透明指数评估,由浙江大学作为评估主体。虽然从形式上说第三方机构与司法机关相互独立,但由于接受司法机关的委托和资助,而且很多评估数据不是由评估机构独立采集,而是源于司法机关,因此,这种"第三方评估"在实质上并非完全独立于司法机关,反而与其具有委托人与被委托人的利益关系。

在我国还有一种由司法机关下属事业单位作为评估主体的司法评估。例如,检察机关开展的司法公信力评估,由最高人民检察院直属事业单位——检察理论研究所作为评估主体。虽然评估组织者一再声称,该研究所既受最高人民检察院的领导,又具有相对的独立性和中立性,由其承担和组织实施对全国检察机关公信力的测评工作是比较适合的。③ 但是,从评估主体的机构隶属关系,以及与被评估司法机关之间千丝万缕的关系来说,此类评估主体仍应当划归司法机关,无法超脱于司法机关成为独立评估的第三方机构。

---

① 关于司法机关作为评估主体开展的评估活动,参见佟季、黄彩相:《2010年全国法院案件质量评估分析报告》,载《人民司法》2011年第13期;江西省高级人民法院课题组:《人民法院司法公信现状的实证研究》,载《中国法学》2014年第2期;谢鹏程、邓思清:《检察公信力测评指标体系研究》,载《人民检察》2014年第23期。关于第三方评估活动,参见张保生等:《中国司法文明指数报告》,中国政法大学出版社2015年、2016年、2017年版;朱景文:《司法满意度的社会评价——以2015—2017年法治评估数据为基础》,载《中国应用法学》2018年第3期;钱弘道:《中国司法透明指数实验报告——以浙江省湖州市吴兴区法院为样本(2015)》,载《中国应用法学》2017年第1期。
② 参见施鹏鹏、王晨辰:《论司法质量的优化与评估——兼论中国案件质量评估体系的改革》,载《法制与社会发展》2015年第1期。
③ 参见谢鹏程:《论司法公信力的建设与测评——以检察公信力为视角》,载《中国司法》2013年第10期。

司法评估主体及其分类,并非简单的理论探讨问题,其对司法评估的性质和功能具有直接影响。一是对司法评估公正性、准确性的影响,这是司法评估的生命线。有学者分析官方法治评估,认为其对改进工作有积极作用,但难免犯指标不符合实际的错误,有时评估甚至异化为宣扬"政绩"的工具。① 有研究者指出,内部考评缺乏独立性,公信力低,被考核对象容易陷入"既是裁判员又是运动员"的角色冲突,局限性较明显。② 司法机关的评估通常服务于绩效考核,容易导致指标体系建构出现偏差,评估结果出现失真等问题;大学或独立科研机构自主实施的司法评估,可防止法治评估的异化,维护评估结果的客观公正。③ 当然,第三方评估的公正、准确问题也需要深入分析。如果第三方评估实际是司法机关委托的评估,通过提供资助、数据等对评估施加影响,也会使其客观性和准确性打折扣。因此,如何确保第三方机构独立公正地进行司法评估,司法机关不干预司法评估,④这是评估主体研究需要回答的问题。二是对评估结果的深层影响。司法机关掌握着司法活动中的诸多统计数据,是否提供全部准确的数据,对司法评估的效果势必带来影响。有分析者据此认为,设想完全由社会组织或者专门调查组织来进行司法评估,这固然在中立性和客观性上得以加强,但也可能导致过度外部化,不仅指标设置的科学性难以达到,测评过程和测评结果也容易受国际因素和国内极端思想的影响,甚至被敌对势力利用。⑤ 这种评论虽然有杞人忧天之嫌,但其对司法评估过度外部化的担忧还是中肯的。如上所述,国外也有担心民众满意度评估会干扰独立司法的批评。

综上分析,司法机关和第三方机构作为评估主体可能各有优劣。目前,司法机关开展的司法评估活动逐步减少,这可能与其作为评估主体的弊端越来越受到关注有关。当然,第三方开展的外部评估虽然是从弱到强,却也面临两方面的问题:一是

---

① 参见朱景文:《如何开展科学的法治评估》,载《中国党政干部论坛》2016年第1期。
② 参见钱弘道、王朝霞:《论中国法治评估的转型》,载《中国社会科学》2015年第5期。
③ 参见郑飞:《中国司法评估实践的理论反思》,载《证据科学》2018年第1期。
④ 参见钱弘道、王朝霞:《论中国法治评估的转型》,载《中国社会科学》2015年第5期。
⑤ 参见谢鹏程:《论司法公信力的建设与测评——以检察公信力为视角》,载《中国司法》2013年第10期。

如何增强其评估的客观性,①特别是第三方机构接受司法机关委托开展的司法评估,如何防止其由于利益关系而依附于司法机关,以摆脱其对司法评估过程和结果的影响,这是第三方评估健康发展的前提条件。二是如何确保第三方机构获得评估信息和数据。除鼓励评估主体开展诸如问卷调查等活动而独立获得信息外,司法机关也应定期向全社会公开司法统计数据和信息。这不仅有利于司法机关接受社会的监督,也有利于各地司法机关进行交流和对比。从制度设计方面考虑,应当由最高人民法院、最高人民检察院确定司法统计数据公开的具体内容和统计口径,形成司法公开项目清单,由各级人民法院、人民检察院向同级人民代表大会报告,并在官方媒体上正式公布。

二、司法评估客体

(一)司法评估对象

司法评估客体,主要是指司法评估的对象。近年开展的司法评估活动,评估对象有所不同。例如,法院案件质量评估,针对审判公正、审判效率、审判效果三个方面问题进行评估。人民检察院的司法公信力评估,针对检察机关执法活动、队伍建设、制度建设等展现出的公信力问题进行评估。② 司法透明指数则针对司法公开问题进行评估,包括行政管理透明、司法过程透明、民意调查等。③ 司法文明指数是对司法制度、司法运作、司法主体和司法文化的全面评估。④

根据我国目前的司法评估实践,评估主体在确定评估指标体系过程中,首先要确定评估对象,在此基础上设计指标体系、评估方案。可见,评估对象发挥连接评估目标和指标体系的作用,既是评估目标的具体化,也是确定指标体系的依据。以司法文明指数为例,评估主体确定评估对象为司法文明现状,具体包括司法制度、司法

---

① 参见钱弘道:《中国法治评估的兴起和未来走向》,载《中国法律评论》2017 年第 4 期;朱景文:《如何开展科学的法治评估》,载《中国党政干部论坛》2016 年第 1 期。
② 参见谢鹏程、邓思清:《检察公信力测评指标体系研究》,载《人民检察》2014 年第 23 期。
③ 参见钱弘道:《中国司法透明指数实验报告——以浙江省湖州市吴兴区法院为样本(2015)》,载《中国应用法学》2017 年第 1 期。
④ 参见张保生:《司法文明指数是一种法治评估工具》,载《证据科学》2015 年第 1 期。

运行、司法主体和司法文化四个方面的内容,这四个方面评估内容又被分解为一级指标、二级指标构成的指标体系。每一项评估内容可体现在若干指标之中,而一个指标可能包含对于一项或者多项评估内容的考察。然而,无论指标体系如何构建,评估对象都在背后起到内容规制的作用,它既是确定指标体系的基础,也防止了指标体系的散乱无章。对于司法评估对象的分解要素如何界定,不同的评估项目中观点不同。例如,与司法文明指数不同,人民法院案件质量评估将审判公正、审判效率、审判效果定位为一级指标。

司法评估对象的提炼非常关键,也较复杂。有研究者指出,在司法评估中,评价对象提炼的关键性在于,如何对复杂的司法体制、活动进行对象化分析,也就是对司法体制、运行的各种内外部层次关系、静动态运行关系、权力结构冲突关系等进行剖析,从而为评价指标的确定以及权重的排列打下坚实的基础。① 可见,司法评估对象的提炼,需要从司法理论上确定评估目标,同时又要充分了解中国司法制度运作及其问题,在此基础上提炼出有代表性、可测评的具体指标,使评估对象既能够体现评估价值,也能够细化为明确的指标体系,从而具有可操作性。各种利益和需求的平衡,体现在评估对象的提炼过程中,需要评估主体仔细斟酌。

(二)司法评估数据

司法评估客体还包括评估数据。作为司法评估中的微观要素,评估数据处于评估活动的末梢。例如,《中国司法文明指数报告》主要采取问卷调查方式,由公众、法官、检察官、警察、律师就问卷所提出的问题作答,然后加以处理、给予综合指数评价,受访者通过回答问卷提供的就是评估数据。②《中国法治发展报告》对政府和司法透明度的评估主要采取网络调研的方式,判断政府和司法机关信息公开的程度,其评估数据则是网络调研数据。③

评估数据在司法评估中具有至关重要的作用。一方面,司法评估数据决定评估结果。在司法评估方案设计中,将评估目标、评估对象分解为司法评估的指标体系,

---

① 参见蒋银华:《司法评价学的思维转向》,载《国家检察官学院学报》2015 年第 2 期。
② 参见张保生:《司法文明指数是一种法治评估工具》,载《证据科学》2015 年第 1 期。
③ 参见朱景文:《如何开展科学的法治评估》,载《中国党政干部论坛》2016 年第 1 期。

再根据指标体系的要求收集相关数据;而评估活动则是从评估数据的收集开始,经过对评估数据的分析、处理,分别显示每个评估指标的得分、指标体系的得分,并最终进行综合判断,形成司法评估报告。由此可见,评估数据的收集是司法评估活动的起点,也是得出司法评估结论的基础。如果评估数据在客观性、准确性等方面存在问题,以此为基础形成的指标体系得分和司法评估结论也势必会出现偏差。另一方面,司法评估数据的获取方法,反映出评估主体对于评估活动定位的基本判断。评估数据的获取方式多种多样,包括问卷调查、访谈、官方统计数据、网络数据、文献数据等。通常而言,问卷、访谈等方法适用于对评估对象的主观满意度评价,而主观数据和客观数据相结合可能有助于二者的互补。例如,在司法文明指数评估中,既包括主观数据也包括客观数据。此外,评估方案中公众卷和专业卷的比例,专业卷中被调查人员法官、检察官、律师和警察4个群体的比例及其调整(例如,从4个群体各50人数平均分配,调整为增加律师群体的数量达80人、减少公检法群体的数量至各40人),也会对评估结果产生某种平抑作用。[1]

在司法评估数据问题上,有以下3个问题值得注意:

1.主观数据与客观数据的关系。所谓主观数据是将被调查者的主观感受作为司法评估的数据;而客观数据则是反映社会经济现象特征的数据。在司法评估实践中,数据来源的可靠性最关键。例如,客观指标主要源于官方统计数据,主观指标源于公众或专业人士的评价,它们是否能够反映我国法治发展的实际状况,还有许多理论和实际问题要解决。[2] 在此问题上有3种观点:第一种观点认为,应该完全采用客观指标进行司法评估,因为主观指标依赖人的判断,容易出现"评价太宽或者太严、趋中倾向、光环效应、对比效应、近期效应、邻近性偏见"等问题。第二种观点认为,应该完全采用主观指标进行司法评估,因为所谓客观指标往往并不可靠,尤其在人为统计时易受各种主客观因素影响而严重失真,导致客观指标并不客观。尽管个体对事物的主观感觉会有差异,"但综合平均大批人对同一事物的主观感受,其结果就会趋于某种一致性,这种一致性恰恰反映了民众中一种共同的、客观存在的心理

---

[1] 参见张保生等:《中国司法文明指数报告(2018)》,中国政法大学出版社2019年版,第36页。
[2] 参见朱景文:《如何开展科学的法治评估》,载《中国党政干部论坛》2016年第1期。

状态,因此从这个意义上讲,主观指标也具有客观性",如民意测验、满意度测评。第三种观点认为,主观和客观指标都存在缺陷,应该采用主客观指标相结合的方式进行司法评估。①

对此问题,我们认为应当综合以下因素考虑确定如何选择主观数据或者客观数据。第一,司法评估的目的和对象,决定着应当使用何种数据。正如前文所析,如果司法评估的目标就是测评特定主体的主观感受,如司法公信力、司法满意度等问题,那么,司法评估中需要使用或者主要使用主观数据。如果司法评估的对象较客观,那么,可以使用或者主要使用客观数据。例如,对于透明度类司法评估项目(中国司法透明度指数、中国检务透明度指数等)来说,采用完全客观的指标就很合适,因为是否公开透明是一种客观现象,完全可用具体的客观统计数据来测量。还有一些项目较综合,采用主客观数据相结合的模式可能更好,因为这类综合性司法评估包含了公信力、透明度以及制度运行的客观状况等众多内容,完全主观或完全客观的数据可能都无法完整地呈现综合的法治状况和司法文明水平。

第二,统计数据可信度问题。司法评估的数据选择之所以引起诸多争议,与数据可信度尤其客观数据的可信度问题密切相关。客观数据大部分是官方统计数据,它们存在3个问题:一是统计数据不准确问题,官方统计活动无法确保统计者的中立性、客观性,由此导致客观数据的不准确问题。学界对于很多官方统计数据持怀疑态度,②其中不少数据因各种原因而存在失实的问题。正如有学者所言,客观数据不客观,司法评估中无法完全以官方统计数据作为评估数据。二是统计数据不全面问题,官方统计数据的口径并不统一,每年、每地公布的统计数据可能存在差异,导致相关的统计数据无法为司法评估活动提供连续、统一的数据;有些司法评估项目所需数据,难以在官方统计数据中找到,也导致客观数据无法成为司法评估的数据来源。例如,司法文明指数中使用了部分客观数据,来源是各地法院、检察院向人大提交工作报告中的数据,然而这些数据各地存在差异,即使是同一地方,不同年份也会有所差异,这为数据的使用带来了困难。三是统计数据具有多种解释,难以为具

---

① 参见郑飞:《中国司法评估实践的理论反思》,载《证据科学》2018年第1期。
② 参见朱景文:《人们如何评价司法?——法治评估中司法指标的分析》,载《中国应用法学》2017年第1期。

体指标的评估给出明确的信息。司法统计数据并非为评价司法活动单独收集,因此数据与指标之间很可能不具有对应性;而司法统计数据可能具有的多种解释,使得客观数据作为司法评估数据的适当性、合理性面临挑战。例如,法院开展案件质量评估中,统计了一审案件陪审率、一审判决上诉改判率等数据,将其视为司法公正指标的相关数据,但是通过这些客观数据无法直接判断司法公正的情况是好转还是变差,类似这种客观数据无法为指标评估的赋值提供明确的依据。当然有研究者提出,在目前统计数据有限的情况下,只能使用官方数据,如果不靠政府提供,这些数据就很难获取。[①]

由于来自被调查主体的主观感受,不少研究者认为,主观数据具有较大的主观性、不确定性,因此反对将主观数据作为司法评估的数据来源,并认为这样无法为司法评估奠定准确、公正的基础。然而,也有研究者提出,主观数据并非完全主观,虽然主观数据源于被调查者的主观感受,但是当一定比例的被调查者都对某一事项持相同态度,就可以反映出被调查者对于某一问题的态度。例如,司法满意度评价表面上似乎是"公说公有理,婆说婆有理",但如果一种评价占相当大比例,这种主观评价就具有不小的客观意义。[②] 而且,世界各国开展了很多民意测验、满意度测评等活动,其所依据的是被调查者的主观态度,所得结论具有较高程度的准确性和认可度,由此可以证明主观数据作为评估数据具有相当的科学性和正当性。

由此可见,无论是主观数据还是客观数据,其可信度问题都是确定评估数据来源的重要依据。然而,无论是主观数据还是客观数据,都有其优势和不足。从评估数据的选择来说,需要关注各自优劣,慎重选择主观数据或者客观数据。

第三,有效获取数据的途径和获取数据的有效性。选择主观数据还是客观数据,除评估目的的需要和数据可信度的支撑外,不少情况下还需要考虑获得数据的可能性。也就是说,虽然有些数据契合评估的目的,相关数据的可信度也较高,但是很多情况下难以取得此类数据,或者无法取得有效数据,那么只能退而求其次,选择其他类型的评估数据。

[①] 参见钱弘道、王朝霞:《论中国法治评估的转型》,载《中国社会科学》2015年第5期。

[②] 参见朱景文:《司法满意度的社会评价——以2015—2017年法治评估数据为基础》,载《中国应用法学》2018年第3期。

在主观数据和客观数据的选择上,也会面临此类情境。在有些情况下,如果能够获取相关客观数据,确实能够提升评估效果。然而,相关的客观数据可能因为各种原因难以取得,或者即使取得也难以确保其有效性,因此只能使用主观数据进行替代。例如,司法文明指数中第一个一级指标是司法权力。对于该一级指标及相应二级指标的测评,如果能够得到契合评估目的的客观数据,则能够为准确测评司法权力运行情况提供数据。但是基于各种原因,相关的客观数据只有依法不批捕案件数和法定审限内结案数,缺少其他客观数据。① 在这种情况下,项目组只能选择获取主观数据进行评估,这是因为数据获取的可能性而作出的选择。

综合以上因素和分析,主观数据、客观数据的选择,会受到多种因素的影响,而且主观数据和客观数据各有其优劣。在未来的司法评估中,在评估数据方面的主要课题是,如何进一步加强官方所掌握数据的公开性、可获得性,增强第三方评估的客观性,②并以组合方式获取法律数据,弥补单一方法获取数据的片面性、信息不完整性与信息失真的状况。尤其当既有的法律统计、司法统计无法直接对应于设置的法治指标,以及存在统计失真的情况下,补充运用一手调查信息,③具有重要的价值和意义。

2.评估数据的获取与使用问题。司法评估数据的获取、分析与使用,也是需要关注的重要问题。例如,在评估数据获取过程中,如何有效获得数据,确保数据的获取符合分析、统计的要求,确保数据真实、可信?在获得评估数据之后,如何进行分析得到有效的司法评估结果?对于司法评估的数据和结果,如何加以充分使用,扩展司法评估的深度空间?以上都是在司法评估中需要关注的问题。由于司法评估数据的分析涉及专业的分析、统计问题,因此本书不再详细介绍,而将重点集中在司法评估数据的获取和使用两个方面。

一是评估数据的获取问题。评估数据的获取,面临以下多方面问题,值得关注。客观数据的获取,面临的主要问题是相关统计数据不存在,或者统计数据不公开,导致评估主体难以取得客观数据。主观数据的获取,面临的主要问题是不科学、不规

---

① 参见张保生等:《中国司法文明指数报告(2018)》,中国政法大学出版社2019年版,第37~38页。
② 参见朱景文:《如何开展科学的法治评估》,载《中国党政干部论坛》2016年第1期。
③ 参见钱弘道等:《法治评估及其中国应用》,载《中国社会科学》2012年第4期。

范。例如，作为主观数据获得工具的问卷，有些题干和选项的设计缺乏科学性、准确性、合理性，没有充分考虑被调查主体的理解和接受能力；获取评估数据的方法不符合分析、统计的要求，主观数据的获取方式较为随意，问卷、访谈对象并不随机，不具有地域、性别、年龄、工作、教育背景等方面的覆盖性，评估中有效问卷的回收达不到统计数量要求等；一些评估项目的抽样调查方法不科学，没有对调查取样过程和方法的说明。

对于以上问题，需要采取相应的解决措施。对于客观数据，因为高度依赖官方的统计数据，因此只能通过推动司法统计的规范化、全面化，以及司法数据的依法公开工作，从而推动司法评估活动能够获得更多的统计数据。对于主观数据，主要解决获取中的不科学、不规范的问题。对此，需要从评估数据获取方案的设计和实施等方面加以指导和修正。例如，对于问卷设计，需要根据评估目标和问卷设计的规范性进行调整，在此过程中需要反复调试，并充分考虑被调查主体的理解和接受度；对于评估方案，应当按照统计学等学科的要求设计调查方式，对被调查人员的地域、性别、年龄、工作、教育背景等提出一定的要求，遵循随机调查的基本方式和规律确定被调查对象、抽样方式，从而保障调取数据的准确性。

二是评估数据的使用问题。主要存在两方面问题：一方面是评估数据的综合使用问题。目前，在司法评估中存在评估数据使用单一的问题，即有些评估项目简单列举评估数据，并没有充分利用数据展现评估对象、实现评估目的。其实，对于司法评估数据应当进行纵横交错的立体式使用，才能充分体现出司法评估的效果。例如，对于司法文明指数的调查，评估主体在获得评估数据之后，对各省的司法文明现状计算出一个总的分数并进行排名，同时对每一个一级指标、二级指标的得分进行横向与纵向的对比，展现出各个省份每年在每个指标上的发展变化及发展趋势，并由此展现全国和各地司法文明发展的现状、进展与不足。例如，在《中国司法文明指数报告（2019）》的新闻发布会上，组织者详细介绍了该指数的相关数据及分析，并提出司法改革效果不明显、司法腐败遏制任重道远、法律职业化程度亟待提升、司法文化建设更需弘扬理性四方面问题。①

另一方面是司法评估数据的扩展使用问题。正如前文所述,司法评估的功能有其局限性,它更多是对司法现状的展示,但对于问题出现的原因、影响,可能无法提供数据支撑,需要借助理论和其他资料进行解释。但是,这种现状的出现有一个重要的原因,即评估数据的扩展使用不足。具体而言,司法评估中评估数据往往只是被简单使用,并未对评估数据之间的关系进行深度的交互分析和挖掘,导致评估数据的使用存在缺陷。其实,设定若干假设,使用统计学等方法对评估数据进行交叉分析,可以证明或者证伪一些假设,大幅提高评估数据的使用效果和范围。在此方面,司法文明指数项目已经开展了专项研究,在评估报告的基础上进一步制作挖掘报告,对司法评估数据之间的关系进行深入分析,深度使用、展示评估数据及其评估效果。② 另外,近些年大数据的发展,为评估数据的扩展使用提供了新的平台,以大数据为背景分析评估数据进一步拓展了评估数据的使用领域和效果。

3. 评估数据的质量监控。司法评估活动中评估数据是重要的基础性环节,其重要性已在前文阐述。但是,评估数据具有真假、优劣之分,无论是客观数据还是主观数据,都可能存在数据质量问题。那么,对评估数据的质量监控工作应当成为司法评估的重要一环,这是确保评估数据真实有效的必要手段。然而,综观现有的司法评估报告,大多对评估数据的质量监控问题缺少必要的说明。

有研究者指出,大部分法治评估项目组基于项目成本考虑,未对调查数据进行有效的质量监控;对调查评估结果的复核验证也较缺乏。首先,直接采纳由司法机关提供的客观统计数据(如信访结案率、法定审限内结案率、民事判决执结率等),因为关乎司法机关的绩效或政绩,所以无法保证客观数据的真实性,许多全国性的统计数据并不公开,这为我国的司法研究和司法评估带来很大的困难。其次,基于项目成本的考虑,目前大部分司法评估项目组并未对主观数据进行回访复核;同样地,

---

① 参见《〈中国司法文明指数报告2019〉新闻发布会在京举行》,载中国政法大学证据科学研究院官网,http://zjkxyjy.cupl.edu.cn/info/1026/5105.htm,最后访问日期:2024年10月19日。
② 参见张中主编:《中国司法文明指数调查数据挖掘报告2017》,中国政法大学出版社2020年版;张中主编:《中国司法文明指数调查数据挖掘报告2016》,中国政法大学出版社2019年版。

对调查评估结果的统计审查也十分缺乏。①

在法院系统开展质量评估中,对部分评估数据的质量进行了分析。例如,有分析报告中提到,数据显示个别法院的单项数据,尤其是一些在指标体系中无核对关系的数据陡增的异常现象较为突出。有的法院一审案件陪审率、二审案件开庭率、当庭裁判率陡增,较前两年翻番。近两年有的法院调撤率提升很快,并达到非常高的数值,但同时存在一些民商事案件调解后申请执行的案件比例大、调解结案的案件进入再审且改判比例高的现象。从个别法院看,评估数据的真实性、全面性、及时性存在一定的质量问题,缺乏相应的信息化技术支持和统计队伍建设弱化是司法统计制度贯彻落实差、严重影响评估数据质量的重要原因。② 最高人民法院对于自身的案件质量评估报告提出数据质量方面的问题,这是值得肯定的,但是从文章介绍可以看出,评估数据的质量监控方式较为随机,缺乏规范化的制度和技术加以保障。

对此,有些第三方机构开展的评估制定了较完备的数据质量监控和筛选机制。例如,司法文明指数报告显示,零点公司在得到统计数据后,建立了数据质量监控和筛选机制。具体包括自动差错环节,使用 EpiData 软件的基础查错功能,自动检查出超过正常范围和前后矛盾的答案;数据库审查功能,数据员会对是否存在严重逻辑错误的样本、漏答严重的样本等进行审查;信度分析,即使用 Cronbach's α 系数进行测量,确保调查评估表的编制的内在信度是可接受的。③ 以上机制,能够在一定程度上确保评估数据的质量。另外,项目组在评估数据初步统计后,也会进行人工筛查,剔除问题数据。例如,在司法评估项目实施过程中,某省的评估数据整体存在异常情况,经过分析判断,此后每年将从该省多采集一定份数的问卷,以替补问题数据,从而在一定程度上确保评估数据的质量。

另外,对于评估数据的质量保障问题,还有不少方法和技术。例如,"针对法治评估的客观数据,研究者根据被调查机关提供的数据,可以通过对数正态分布检验法、奔福德定律检测等技术对异常数据进行识别,还可以随机抽取部分提供统计数

---

① 参见郑飞:《中国司法评估实践的理论反思》,载《证据科学》2018 年第 1 期。
② 参见佟季、袁春湘:《全国法院 2011 年案件质量评估情况报告》,载《人民司法》2012 年第 11 期。
③ 参见张保生:《中国司法文明指数报告(2014)》,中国政法大学出版社 2015 年版,第 60~61 页。

据的机构,对其进行原始数据、材料的复核;而主观数据则可以通过随机抽取问卷进行回访作出复核"。① 此外,对于调查评估结果的复核验证,包括信度、内部协调性、外部协调性、稳健性等多种方法,也是值得借鉴的。

三、司法评估手段

在司法评估主体和客体的相互关系中,司法评估主体需要通过特定手段对评估对象进行操作。因此,司法评估手段是连接司法评估主客体的媒介和桥梁,也是司法评估的基本要素之一。

司法评估手段是一个系统,在这个手段系统中主要包括评估方法和指标体系。从方法论角度分析,评估方法有定性研究和定量研究之分。定性研究方法更加关注研究者对被研究对象的体验、调查和分析,将由此所得的信息进行处理、加工,得到对被评估对象的认识和评价。定性研究过程一般包括确定研究现象、陈述研究目的、提出研究问题、了解研究背景、构建概念框架、抽样、收集材料、分析材料、作出结论、建立理论、检验效度、讨论推广度和道德问题、撰写研究报告等。② 定量研究依靠对事物可以量化的部分进行测量和计算,并对变量之间的相关关系进行分析以达到对事物的把握。③ 定量研究过程在确定研究现象、陈述研究目的、提出研究问题、了解研究背景等方面,与定性研究具有相似性;但是在此基础上,研究者需要将研究对象进行概念化处理,建立指标体系,通过问卷调查、访谈等方式获取指标体系中对应的数据,作为评估依据予以加工处理,并进行横向、纵向等多种方式的数据对比,得出对评估对象的全面认识。

对于司法评估的定性和定量方法来说,有研究者提出,司法评估的定性研究方法,主要依靠田野调查、无结构访谈等方式深入特定评估地区或群体内部,就司法评估内容进行文字、声音、图像资料的收集、提炼司法相关论点。司法评估中的定量研究方法,是研究者通过设计司法评估指标体系,将司法评估内容操作化为具有经验

---

① 张德淼、李朝:《中国法治评估进路之选择》,载《法商研究》2014 年第 4 期。
② 参见陈向明:《社会科学中的定性研究方法》,载《中国社会科学》1996 年第 6 期。
③ 参见陈向明:《社会科学中的定性研究方法》,载《中国社会科学》1996 年第 6 期。

可考性的指标组合,通过统计资料与问卷编码,并进行数据录入与统计分析。①

司法评估方法的选择,不仅要考虑定性评估和定量评估方法自身的优劣,还要考虑司法评估的目的和功能。司法评估方法中的数据统计方法有利于实现客观性较强的司法评估活动,但对于主观性较强的司法评估活动则先天不足;对于司法满意度等问题的评估,仅依靠统计数据方法不利于实现司法评估的展示、评估等功能。指数调查方法有利于了解被调查主体的主观感受,从而实现主观性较强的评价功能,但由此可能导致调查数据在准确性、客观性方面受到质疑,影响评估功能的实现。

司法评估方法的选择与评估主体、评估对象具有密切关系。从评估主体的角度分析,作为司法机关与司法机关之外的第三方机构,基于评估目的、评估数据获取等方面的差异,可能选择不同的评估方法。不同的评估对象,基于各自的特点,也会需要不同的评估方法。另外,还要考虑司法评估方法的科学性问题。尽管由于司法评估主体、对象、目的的差异,会对评估方法提出不同要求,但评估方法应当坚持基本的科学要求。如有研究者指出,就评估方法的本土化而言,其涉及评估方法论范式,即运用一套科学的原则、逻辑、方法指导司法评估的实施。科学的司法评估在逻辑上应遵循"概念操作→指标设计→实证调查→评估结果→反馈实践"的实证研究链条,否则就不能称为科学的司法评估。所以,不能因为中国司法情境的独特性而无视司法评估的科学方法论规范,并据此形成一套特异性的司法评估方法。②

评价指标是司法评估的重要手段。有学者认为,指标体系是通过评价指标建立起指标与评价对象之间的客观联系,即将评价对象的本质属性和评价指标设定的特征之间建立起某种对应关系,形成反映事物全貌的特征的指标集合。评价指标系统的构建,是由具体评价需求所决定的,根据评价任务与目标的需要,能够全面系统地反映某一特定评价对象的一系列较完整的、相互之间存在有机联系的评价指标。③司法评估指标体系的确立,需要遵循从一般到个别、从抽象到具体的演绎逻辑过程。

---

① 参见王殿玺:《司法评估的理论与实证方法研究》,中国政法大学博士后出站报告。
② 参见张保生、王殿玺:《中国司法文明发展的轨迹(2015—2019年)——以中国司法文明指数为分析工具的研究》,载《浙江大学学报(人文社会科学版)》2020年第6期。
③ 参见蒋银华:《司法评价学的思维转向》,载《国家检察官学院学报》2015年第2期。

具体而言,司法评估指标体系是借助概念化和操作化的方法,将抽象的司法内涵、属性具体化为一系列指标,并编制评估的指标体系。① 在该过程中,需要关注3个重要的理论问题。

1. 指标体系背后理论的选择问题。核心问题是在设计指标体系时,遵循具有普适性的基本原理,还是重点关注中国的国情? 有研究者指出,法治指数评估中最为核心和艰难的任务是加强对世界法治文明发展规律与真实境况的研究,加强对中国政治文化传统和法律文化传统的真切研究,从而达到中国与世界的圆润融通。然而,与"WJP 世界法治指数"中的司法指标相比,我国众多法治(司法)指数指标体系都有一种过于强调以"国情"为实质评估重点,从而在客观上造成否定普遍性的境况,即以法治(司法)的"特殊性"掩盖或者否定法治(司法)的"普遍性"。② 也有学者认为,在法治指标选择上,既应当关注法治的共同性,也应当考虑法治的差异性。在法治共同性的前提下,国际层面的法治评估具有了在各国间对比的可能,在不同评估方式间也可以进行优劣判断。国家层面的法治评估活动,则以法治的差异性为出发点,在考虑本国(地区)实际情况的基础上制定自己的评估标准。③ 还有研究者指出,确立指标体系的基础,要对不同国家和地区的法律制度作类型化处理,按照经济、政治、文化和历史传统的特点分为不同的类型,对同一类型的国家或地区的法治状况进行评估。④

司法权的行使、司法制度的运行、司法主体的完善,以及司法文化的进步等,都有其规律性的司法原理,是制定指标体系必须遵循的原则。例如,司法机关依法、独立、公正行使职权原则,是司法权存在和有效运行的前提,也是构建指标体系时应当遵循的司法原理和规律。

当然,各国法治具有自身的特性,司法评估也应当充分考虑不同的国情和特性。特别是在我国这样具有复杂现状和广阔地域的国家,对于司法评估指标体系的设

---

① 参见王殿玺:《司法评估的理论与实证方法研究》,中国政法大学博士后出站报告。
② 参见侯学宾、姚建宗:《中国法治指数设计的思想维度》,载《法律科学(西北政法大学学报)》2013 年第 5 期。
③ 参见钱弘道等:《法治评估及其中国应用》,载《中国社会科学》2012 年第 4 期。
④ 参见朱景文:《如何开展科学的法治评估》,载《中国党政干部论坛》2016 年第 1 期。

计,更应当关注我国自身的发展阶段和独特性问题。我们应当对国情与特殊性问题进行深入研究,不能简单地以中国国情为由否定司法规律与基本原理,而应当在尊重世界法治文明的基础上融合自身的"特质"来丰富法治的内涵。

2. 将司法内涵、属性具体化为具体指标是对司法基本理论和中国问题如何结合的判断问题。在司法评估方案设计过程中,需要首先从理论角度分析评估目标和评估对象,将抽象的评估对象划分为若干一级指标,再将一级指标划分为若干二级指标。这个不断分解和裂变的过程,渗透着评估主体对于基本理论的理解,同时也是基于中国问题的评估需求而进行选择的过程。正如有学者所言,在确定指标前,应确定评估的原则或者关键要素。对比不同机构法治指标设置的不同方法可以发现,法治指标方法的选择不仅是个方法问题,在更大程度上是与对法治内涵的理解与认知相关的,用何种方法设置法治指标不单单取决于方法本身的优劣,更取决于评估目的、评估层次、评估对象等多方面内容。①

3. 关于权重配置问题。指标体系中存在不同级别、不同类型的指标,而每个指标代表的问题不同,对于评估对象的测评意义和价值也有所差别。这种情况下,为了区分不同指标对于评估对象和评估目标的不同价值,需要进行差别性赋值,因此涉及评估指标的权重问题。有学者提出,权重系数是指对评价体系中的评价指标进行权重排序,即根据评价对象诸特征所对应指标的重要程度,科学地对其进行赋值。简单而言,就是在评价指标之间进行重要性排列。②

对于指标体系中的权重配置问题,相关评估实践和理论分析中已有讨论。例如,在司法文明指数指标体系中,每个指标都设置了相同的权重,这意味着每个指标对于司法文明评估具有相同的意义。当然,也有评估项目中为指标体系设置了差异性的权重。例如,有研究者认为,不同指标对于评估对象的贡献不能等量齐观,必须通过权重区分不同指标的重要性。③ 在司法公信力评估中,是根据各个测评指标对测评对象影响的大小来确定权重的。④ 指标权重是科学设置指标体系的一个环节,

---

① 参见钱弘道等:《法治评估及其中国应用》,载《中国社会科学》2012 年第 4 期。
② 参见蒋银华:《司法评价学的思维转向》,载《国家检察官学院学报》2015 年第 2 期。
③ 参见钱弘道等:《法治评估及其中国应用》,载《中国社会科学》2012 年第 4 期。
④ 参见谢鹏程、邓思清:《检察公信力测评指标体系研究》,载《人民检察》2014 年第 23 期。

需要考虑评估指标与评估目的的关系,评估指标能够获得的数据与信息等因素。

第三节 司法评估的功能

司法评估的主要功能显然是促进司法公正。有学者结合国家司法改革的总体方案和要求,认为法治评估所具有的治理工具功能、民主参与和监督功能也适用于司法评估。[1] 有研究者将关注点落脚于不同测评工具的功能。例如,司法文明指数的开发者提出,司法文明指数为法治建设提供了一种量化评估工具,为司法文明建设提供了一面"镜子",可体现人民群众对司法工作的满意程度,描述随时间变化的司法文明进步轨迹,为学者、学生提供一个可靠和中立的数据资源。[2] 有研究者概括法治指数的意义:一是对不同社会体制和文化进行比较分析;二是为改造权力结构提供更清晰的蓝图;三是使法治建设的具体举措和绩效的评价趋于统一化。[3] 有研究者分析司法公信力测评指标体系具有评价、比较和引导的功能。[4] 还有研究者指出,案件质量评估发挥了提高公诉与审判质量的作用,使司法管理进一步实现技术化、精细化、专业化以及规范化。[5]

尽管不同研究者的关注重点有所不同,不同评估主体对于司法评估功能的表述不尽一致,但总体而言,对司法评估功能的考察应当充分考虑各种影响因素的作用。在此基础上,才能对司法评估应有的功能和运行环境作出比较全面的描述和分析,并对司法评估功能会在实践中面临的问题作出回应。

一、司法评估的基本功能

司法评估的基本功能包括展示、评价、指引、管理、监督。我们对这些功能分别

---

[1] 参见钱弘道、王朝霞:《论中国法治评估的转型》,载《中国社会科学》2015 年第 5 期。
[2] 参见张保生:《司法文明指数是一种法治评估工具》,载《证据科学》2015 年第 1 期。
[3] 参见季卫东:《以法治指数为鉴》,载季卫东:《秩序与混沌的临界》,法律出版社 2008 年版,第 55~56 页。
[4] 参见谢鹏程、邓思清:《检察公信力测评指标体系研究》,载《人民检察》2014 年第 23 期。
[5] 参见施鹏鹏、王晨辰:《论司法质量的优化与评估——兼论中国案件质量评估体系的改革》,载《法制与社会发展》2015 年第 1 期。

作一些简要的分析。

第一，展示功能。其是指司法评估具有展示司法现状的功能。司法现状是一种客观存在，有些现状能够为司法活动的参与者和社会公众直接或间接感受到，有些现状则需要通过专门的司法评估来展示。就前者而言，即使是司法参与者和社会公众所感受到的司法现状，也需要通过司法评估的形式加以确认。例如，依法、独立和公正是党的十八届四中全会《决定》对司法权运作的3项要求，在实践中司法权的行使是否符合这些要求，并不取决于个体主观感受的差异性，而需要通过司法评估的形式才能将不同个体对司法现状的共同感受反映出来。

司法评估的展示功能，既包括对司法现状的静态展示，也包括对司法变化情况的动态展示。例如，中国司法文明指数项目的功能，不仅可为司法文明建设提供一面即时对照的"镜子"，还可描述随时间变化的司法文明进步轨迹；[1]不仅可对司法文明的历史发展进行纵向比较，还可对各省、自治区、直辖市的司法文明现状提供横向比较。司法评估的展示功能，是对司法现状评估对象的描述，这是司法评估其他功能的基础，其评价、指引、管理、监督等功能都需要以展示功能为前提，才能发挥各自的作用。因此，司法评估的展示是否客观、准确、全面，能否呈现准确的司法现状，这是司法评估所要解决的重要课题。司法评估的展示功能也有被误用的可能性。

第二，评价功能。这是按照一定标准对司法现状进行评价，发现其优劣得失、长项和短板的功能，从而对司法评估对象作出的价值判断。价值判断即"好坏"评价，体现着"客体对于主体的意义""世界对人的意义"。[2] 如果说展示功能要求评估主体尽量秉持客观、中立，评价功能则不可避免地显示出评估主体的主观态度。当然，这是评估主体依据一定标准对评估对象作出的态度和观点评判。所谓"一定标准"是指人类共同追求的法治价值以及由其派生的司法规律。因此，评价活动是实现司法评估目的的核心环节，也为进一步实现指引、管理、监督功能奠定基础。例如，中国司法文明指数评估可以反映全国各地司法文明建设的强项和弱项，体现出人民群

---

[1] 参见张保生：《司法文明指数是一种法治评估工具》，载《证据科学》2015年第1期。
[2] 参见李德顺：《价值论》（第2版），中国人民大学出版社2007年版，第3、37页。

众对司法工作的满意程度。① 这种对司法文明建设强项和弱项的评定,反映的是评估主体对于司法文明建设的满意程度,满意程度高者便是长项,不满意者则为短板,因此也可以看作对司法的肯定程度或否定程度。从逻辑顺序上看,评价功能可被视为展示功能的延伸,评估主体在对司法现状进行展示之后,势必会根据一定标准作出价值判断即"好坏"评价。但实际上,展示功能本身也包含着评价功能。

　　第三,指引功能。其是指司法评估主体通过构建指标体系、设置权重、开展评估活动、展示评估结论等方式,为解决问题、完善制度提供方向或者路径的功能。司法评估不仅是发现问题的方法,还可为解决问题提供思路,或者为理想的制度、运行程序提出建议。司法评估的指引功能具有多种表现形式:一方面,司法评估指标体系本身就对司法制度、司法运作、司法主体或司法文化的发展和完善具有指引作用。例如,中国司法文明指数有关当事人诉讼权利的一级指标,包括当事人享有不被强迫自证其罪的权利,当事人享有获得辩护、代理的权利,当事人享有证据性权利,以及当事人享有获得救济的权利等二级指标。这些指标的设计要求司法制度应当确保当事人享有上述权利,司法运作应当保障当事人有效行使上述权利。另一方面,司法评估的结论无疑更发挥对司法实践的指引作用。当司法文明指数评估的结论显示当事人上述诉讼权利的某个二级指标没有得到有效保障时,就应当按照司法评估的指引对当事人诉讼权利保障不利的方面加以改进完善。司法文明指数项目通过对相关问题的跟踪调研和赋值就很好地呈现出这些司法改革举措对不同群体所造成的差异化影响,从而为下一步司法改革政策调整提供相应的依据。②

　　司法评估的指引功能是其存在发展的主要理由。有学者指出,发达国家司法评估的目的之一即是通过完善的指标设置提供理想司法的指引。建设一套法治指数能够为改造权力结构提供更清晰的蓝图。③ 根据《中共中央关于全面深化改革若干重大问题的决定》,"建立科学的法治建设指标体系和考核标准"将成为"国家治

---

① 参见张保生:《司法文明指数是一种法治评估工具》,载《证据科学》2015 年第 1 期。
② 参见吴洪淇:《司法改革与法律职业激励环境的变化》,载《中国法学》2019 年第 4 期。
③ 参见季卫东:《以法治指数为鉴》,载季卫东:《秩序与混沌的临界》,法律出版社 2008 年版,第 55~56 页。

体系与治理能力现代化"的重要举措,①作为法治评估重要组成部分的司法评估对国家法治建设将发挥重要指引作用。当然,并非所有司法评估均具有明确的指引作用。例如,有学者认为,余杭法治评估的重点在于发现问题、提出建议、推进法治建设,反映了我国内地法治建设的积极推进和建构式特征。相较之下,我国香港特别行政区则主要是进行一个法治状况的考察和评析,推进的意图和急迫性并不明显。②

　　第四,管理功能。从司法评估与管理学的关系看,"新公共管理运动"、现代管理学被视为司法评估的重要理论基础。我国司法机关开展的案件质量评估、绩效考核,被视为加强管理、提高案件质量的重要手段和工具,旨在促进国家治理的精准化、精细化。③ 司法机关开展的评估活动,都具有明确的内部管理功能,这与第三方司法评估有明显差异。我国司法机关组织的评估主要包括案件质量评估和司法绩效评估。例如,最高人民法院组织了法院系统内部的案件质量评估和绩效评估,2008年发布《人民法院案件质量评估指标体系》,2011年发布《关于开展案件质量评估工作的指导意见》,2013年发布《人民法院案件质量评估指数编制办法(试行)》;最高人民检察院于2010年发布《考核评价各省、自治区、直辖市检察业务工作实施意见(试行)》(以下简称《考评意见》)和《考核评价各省、自治区、直辖市检察业务工作项目及计分细则(试行)》(以下简称《考评细则》),开展案件质量评估工作。在相关刊物上,能够查询到法院系统年度案件质量评估分析报告。④ 从实际效果来看,案件质量评估、司法绩效考核确实发挥了强化管理的功效。例如,法院案件质量评估报告能够显示当年案件质量情况,提出需要解决的问题,以及加强案件质量评估的要求。这些量化指标成为法院绩效考核的一部分,促进案件质量提高、优化法院内部管理。⑤

---

① 参见钱弘道、王朝霞:《论中国法治评估的转型》,载《中国社会科学》2015年第5期。
② 参见钱弘道等:《法治评估及其中国应用》,载《中国社会科学》2012年第4期。
③ 参见钱弘道、王朝霞:《论中国法治评估的转型》,载《中国社会科学》2015年第5期;施鹏鹏、王晨辰:《论司法质量的优化与评估——兼论中国案件质量评估体系的改革》,载《法制与社会发展》2015年第1期。
④ 参见佟季、黄彩相:《2010年全国法院案件质量评估分析报告》,载《人民司法》2011年第13期;佟季、袁春湘:《全国法院2011年案件质量评估情况报告》,载《人民司法》2012年第11期;严戈、袁春湘:《2014年全国法院案件质量评估分析报告》,载《人民司法》2015年第9期。
⑤ 参见沐润:《法院绩效考核机制的评析及其完善》,载《云南大学学报(法学版)》2012年第2期。

◀◀◀ 第三章 司法评估的性质、要素和功能

当然,司法机关开展的案件质量评估和绩效管理评估也存在一些问题。一方面,如何确保这种自评数据和结论的客观性、准确性,受到质疑。因为司法评估的数据大多源于司法机关的自行统计,即使向社会公众收集的满意度信息等也是由司法机关组织,这些都会影响案件质量评估和绩效管理评估的客观性、准确性。另一方面,从管理功能的角度来说,案件质量评估和司法绩效评估一旦被官方认可、推广,就成为"指挥棒",各级司法机关将会按照评估要求改进工作。但是,这不仅会激励各级司法机关采取各种方式"迎合"评估要求,导致司法评估的管理功能出现异化,而且其"指挥棒"所指方向的正确性也颇受质疑。有学者提出,以考核指标体系为中心的案件质量评估制度强化了司法系统内的行政要素,在很大程度上背离了司法改革的规律;机械僵化的量化管理体系已在制度的运行中凸显了种种不足,且在中国官僚科层制的特殊背景下显得尤为突出。[①] 有学者考察检察业务考评机制后指出,这种考评本应以"确保依法独立公正行使"检察权和"错案防止、纠正、责任追究机制"的完善为宗旨,尊重司法规律,坚守法治原则,全面贯彻《刑事诉讼法》对检察权依法独立公正行使的各项要求,发挥检察业务考评对促进检察机关依法办案的导向作用。然而,由于一些考评指标和计分办法存在违背司法规律和法治原则的问题,从而在实践中产生了3个问题:一是对错捕错不捕、错诉错不诉这两种性质迥然不同的错误;二是对事实认定的错误和法律适用的错误,没有加以区分;三是对无罪判决率的考评,不仅违背法治原则,而且有干扰审判权独立行使之嫌。[②]

第五,监督功能。司法评估的监督功能,包括来自司法机关内部的监督和外部的监督。前者如上级审判机关组织的司法评估活动及结论,对下级审判机关发挥的监督功能。这也体现出上下级法院的关系是监督与被监督的关系,而非领导和被领导的关系,司法评估在上下级审判机关之间发挥的功能是监督作用而非管理活动。在评估主体是司法机关以外的第三方机构时,则外部监督作用比较明显。例如,中国司法文明指数新闻发布会,对司法文明指数的相关数据及排名进行年度发布,对

[①] 参见施鹏鹏、王晨辰:《论司法质量的优化与评估——兼论中国案件质量评估体系的改革》,载《法制与社会发展》2015年第1期。
[②] 参见张保生、张晃榕:《检察业务考评与错案责任追究机制的完善》,载《中国刑事法杂志》2014年第4期。

每一省份司法文明现状予以展示，可以对各地司法机关起到一种外部监督作用，对于排名靠后省份的司法机关更是一种督促，激励其以实际行动作出积极回应和改变。司法评估能否发挥监督作用以及监督作用的大小，受到很多因素影响。例如，司法评估主体是司法机关还是第三方评估机构，司法评估指标体系与评估方案是否具有科学性、先进性等。当然，司法评估的监督功能有一个重要边界，即监督功能不能影响司法权的独立行使。因此，如何在有效发挥司法评估监督功能的同时，合理规制其监督功能的界限，是一个需要完善的课题。

二、司法评估功能的影响因素

现有研究成果对于司法评估的功能大多采取定性说明的方式，但在多种因素影响之下，司法评估的功能会呈现多种不同的面孔。因此，对司法评估功能的全面分析，需要分析这些影响因素。

第一，应该区分司法评估的功能与司法评估工具的功能。前者是对司法评估活动所能发挥作用的界定和概括，后者虽与前者有某种重合却又与其不同。例如，司法评估机制有助于实现司法实践的科学化和规范化，但不能由此认为它是司法评估的一项功能。不同的司法评估工具对于司法评估功能的实现可能具有不同的价值和意义。

第二，应该了解司法评估主体的差别会使评估结论产生巨大的差异。如司法机关内部评估和第三方评估，前者的评估对象和评估主体是合一的；而第三方评估的主体和评估对象是分离的。内部评估与司法主体之间的利益关系密切，其定位、评价、引导等功能更加突出，内部考核、管理功能是其重点；第三方评估与被评价者相对独立，由此所得的结论也相对中立，其客观评价和外部监督功能更加突出。有研究成果显示，评估主体的差别会带来司法评估结论的巨大差异。[①] 司法机关内部评估结果并不（或不完全）向社会公布，在透明度上也存在一定的局限性。目前，检察

---

① 参见张保生、王殿玺：《中国司法文明发展的轨迹（2015—2019年）——以中国司法文明指数为分析工具的研究》，载《浙江大学学报（人文社会科学版）》2020年第6期。

机关有由附属单位具体实施评估的做法,①地方法院则有委托社会第三方或与社会第三方合作进行评估的情况。②

第三,应当重视司法评估方法对司法评估功能的影响。司法评估有多种方法,如问卷调查、抽样分析、个案观察、定量和定性分析等,目前使用较多的是统计数据分析方法和问卷调查方法。前者主要依据统计数据分析来评估对象、得出评估结论,而统计数据往往来自官方,其客观性取决于统计数据来源的可靠性。指数调查的主要方法是问卷调查,在确定指标体系基础上通过问卷方式收集数据,并通过数据分析得出指标分数和评估结论。这种方法有利于了解被调查者的主观感受,当然,这些主观感受可能受到个体差异等因素的影响。针对上述情况,司法评估主体可采取组合方式弥补单一方法获取数据的片面性、信息不完整性与信息失真的状况。尤其当既有司法统计无法直接对应于设置的法治指标以及存在统计失真情况时,运用自己获得的一手调查信息可能是更妥当的做法。③

第四,应考虑评估指标、评估数据等因素对司法评估功能的影响。评估指标一旦确定,就会限制评估数据的收集范围,并直接影响评估项目、结论的实现。这意味着,如果没有符合评估目的的评估指标,就无法得出有针对性的评估结论;如果评估指标体系中设置了无用的评估指标,将影响评估目的和功能的实现。评估数据的来源直接影响司法评估功能的实现。当评估主体使用官方统计数据进行司法评估时,既意味着数据来源的直接性、全面性,也意味着作为评估数据采集者、发布者和被评估对象的司法机关有某种利益导向,可能会受到数据可靠性方面的质疑。另外,官方统计数据的不全面、不连贯、口径不统一,也直接影响司法评估的功能。④ 当然,在第三方评估中,通过问卷调查等方式获取的数据也会面临诸如抽样方式、调查角度

---

① 例如,由最高人民检察院检察理论研究所具体实施的"检察公信力评估",参见谢鹏程、邓思清:《检察公信力测评指标体系研究》,载《人民检察》2014 年第 23 期。
② 例如,浙江省高级人民法院与浙江大学合作开展的"司法透明度评估",同时又与中国社会科学院法学研究所合作进行。参见钱弘道:《中国司法透明指数实验报告——以浙江省湖州市吴兴区法院为样本(2015)》,载《中国应用法学》2017 年第 1 期。
③ 参见钱弘道等:《法治评估及其中国应用》,载《中国社会科学》2012 年第 4 期。
④ 关于官方统计数据的问题,各地司法机关、不同年份之间统计数据的发布都有差异,影响了司法评估功能。参见张保生主编:《中国司法文明指数报告(2014)》,中国政法大学出版社 2015 年版,第 63 页以下。

是否符合社会学、统计学要求等方面的问题。

第五,还需要考虑评估数据的分析、统计和解释方法对司法评估功能的影响。数据的采集、信息的来源可能是客观或可靠的,但对数据进行的分析、解读却具有一定的主观性。同样的数据和信息,在不同的分析、解读之下,可能会呈现不同的结论,这同样会影响司法评估功能。例如,有学者提出,某些客观数据可能有多种含义,对它们的解释差别很大,甚至是很有争议的。诉讼案件的数量经常被作为衡量司法的一项重要指标,但究竟是诉讼案件数量多较好,还是诉讼案件数量少有益,其实难以直接给出判断,需要根据评估目的、社会发展状况等进行解读。① 另外,国内大部分司法评估项目由法学家主导,他们普遍缺乏统计学专业知识,如有的司法评估项目对评估数据的分析仅进行简单的百分数统计,对调查数据缺乏有效的质量监控,也缺乏对调查评估结果的复核验证。这会导致评估数据的分析和统计出现偏差和错误,影响司法评估功能的实现。

三、关于司法评估功能的反思

(一)司法评估功能的限度

司法评估的积极作用值得肯定,但司法评估本身也涉及所谓诚信度,需要认真对待其限度,避免出现"唯法治指数为上"的理性僭越。② 司法评估功能的限度问题,可从以下3个方面加以理解。

一是司法评估的性质决定其只能在特定条件下发挥作用,不能将其无限夸大。司法评估只能在其评价领域发挥作用,即主要通过各种数据、信息等对司法活动进行展现和评价,从而为改革制度、完善管理提供基础性数据。但以司法文明指数为例,通过相关调查和数据分析而展示的司法文明现状和问题,并未解释这些问题产生的原因,也未提供现成的解决方案。司法评估的功能应当理性限定,不能任意夸大。

---

① 参见朱景文:《人们如何评价司法?——法治评估中司法指标的分析》,载《中国应用法学》2017年第1期。
② 参见侯学宾、姚建宗:《中国法治指数设计的思想维度》,载《法律科学(西北政法大学学报)》2013年第5期。

二是司法评估的功能受到各方面因素的制约。如前所述,评估主体、评估方法、评估指标体系等都会影响司法评估功能的发挥。例如,不同的评估主体会影响司法评估展示功能的发挥。第三方评估具有相对中立的地位,对于展示功能的发挥有其优势;但是,第三方评估主体无法获得充足的一手统计数据,因而在展示司法现状的数据方面可能会受到限制。相较之下,司法机关作为评估主体拥有获得一手统计数据等优势,但自我评估难以避免"既是裁判员又是运动员"的质疑,且官方统计数据是否客观、公正也会受到质疑。此外,评估方法、指标体系、统计分析等都直接影响司法评估的功能发挥。

三是司法评估需要以遵循司法规律为前提。司法评估之展示、评价等功能的发挥,取决于司法评估是否以司法规律为理论基础。如果司法评估的设计和运用符合司法规律,就能发挥其促进司法文明建设的积极作用;否则,一旦司法评估据以设计、运用的基础理论出现错误或者违背司法规律,司法评估就难得到正当运用,其功能必然受到制约。

(二)司法评估的排名功能

很多司法评估活动会进行排名。例如,中国司法文明指数在分析相关数据基础上,对各省(自治区、直辖市)得分情况进行排名。司法机关开展的案件质量评估和业绩考核评估也曾有不同地区的排名,包括全国各省(自治区、直辖市)及省内各地市排名;最高人民法院后来取消了对高级人民法院的考核排名,各高级人民法院也取消了本地区不合理的考核排名。[①] 排名是司法评估发挥作用的一个重要途径,通过排名和对比有助于发现差距,为司法机关带来压力和动力;通过排名、对比也能传递管理信息和指向,使内部管理功能更有效率。在美国,法院绩效评估的目的起初也曾被扭曲为政府监督法院的手段,或者刺激法院之间攀比竞争,或者成为衡量法官个人表现的方式。为了消除由此带来的不利影响,《法院绩效评估体系》最终版告诫说:"以刺激法院竞争或监督法院为目的而使用指标的,当属违背指标设立之本

---

① 参见严戈、袁春湘:《2014年全国法院案件质量评估分析报告》,载《人民司法》2015年第9期;胡伟新:《最高人民法院决定:取消对全国各高级人民法院考核排名》,载《人民法院报》2014年12月27日,第1版。

意……同样,指标亦不可用于法官个人的评估。"根据加拿大新斯科舍省司法发展计划,评估目的并非要制裁不合格的法官,而在于提升该省司法质量,向法官反馈其工作质量的信息,以助其接受继续教育的计划,确保法院应有的司法质量。①

司法评估排名作为发挥其功能的重要方式,在中外司法评估活动中都有所体现。例如,"WJP 世界法治指数"项目在获取数据进行统计分析的基础上,对各国法治发展现状进行全球和地区排名。② 当然,对于评估排名异化所带来的问题也应引起重视。加拿大规定司法评估应当在法官自愿选择后进行,且不得用于制裁法官。最高人民法院在总结案件质量评估工作时,要求不能将客观整体的质量评估当成考核法官的工具;也就是说,对法院的考核指标及要求,不能成为考核评价法官的依据。但是,针对法官个人的评估一直没有停止,这是法院绩效考核的重要对象和内容。③

有研究者认为,案件质量评估属于弱管理行为。通过评估总结案件质量存在的突出问题,分析影响案件质量的各种因素,可为法院审判管理决策提供参考依据,这是对案件质量评估结果的中立运用,并不适宜直接根据评估结果对评估对象作出积极或消极评价。但是,审判绩效考核属于强管理行为,体现在对工作绩效有较高目标追求,为达到目标而实施过程监控,绩效表现会对被考核者带来积极或消极的考核后果。④ 我们认为,司法评估功能发挥需要考虑的首要问题是其依据是否符合司法规律。因为,依法独立行使司法权是司法规律的要求,除法律规定外,不受其他要求的约束,不因行使司法权而受到惩罚。

(三)以我国检察业务考评机制为例的分析⑤

我国检察业务考评制度沿革大致分为两个阶段:2005 年前第一阶段为检察院行

---

① 参见施鹏鹏、王晨辰:《论司法质量的优化与评估——兼论中国案件质量评估体系的改革》,载《法制与社会发展》2015 年第 1 期。
② 参见张保生、郑飞:《世界法治指数对中国法治评估的借鉴意义》,载《法制与社会发展》2013 年第 6 期。
③ 参见沐润:《法院绩效考核机制的评析及其完善》,载《云南大学学报(法学版)》2012 年第 2 期。
④ 参见陈忠、吴美来:《案件质量评估与审判绩效考核衔接机制研究——以重庆法院实践为样本》,载《法律适用》2014 年第 3 期。
⑤ 参见张保生、张晃榕:《检察业务考评与错案责任追究机制的完善》,载《中国刑事法杂志》2014 年第 4 期。

政考核阶段,主要沿用行政机关干部考核办法。1999 年我国与欧盟开展绩效管理合作项目,开始探索以最佳工作业绩和效率为标准的绩效管理模式。① 第二阶段为检察业务考评阶段。2005 年最高人民检察院出台《检察机关办理公诉案件考评办法(试行)》,明确将起诉率作为一项考核指标。2010 年,《考评意见》《考评细则》颁布,标志检察业务考评开始形成制度。《考评意见》将检察机关四大类工作规定为考评内容,即查办和预防职务犯罪工作,审查逮捕、审查起诉工作,诉讼监督工作和控告申诉检察工作。上述一级指标又生成二级指标,"审查逮捕、审查起诉"的二级指标包括:(1)人均受理审查逮捕数;(2)批准和决定逮捕后撤案率;(3)批准和决定逮捕后不起诉率;(4)批准和决定逮捕后法院判决无罪率;(5)人均受理审查起诉、审查不起诉数;(6)起诉后法院判决无罪率;(7)撤回起诉率。《考评细则》规定了四大类工作考评的计分方法,如审查逮捕、审查起诉:"人均受理审查逮捕基础分＝本地区受理审查逮捕案件总人数÷本地区上年检察干警数。"这属于计分中的"加分"情况;还有"减分"情况,如规定,检察工作环节发生超期羁押的,每次减 2 分;未按规定时限办理最高人民检察院交办案件的,每件减 1 分等。

　　上述检察业务考评存在行政化色彩较浓、体现司法权属性或检察业务规律不足的问题:(1)检察业务考评目的有所错位。根据绩效管理理论,业务考评应围绕组织职责,突出组织中心任务,确保高质高效地实现组织目标,并随时修正偏差。就检察业务考评而言,其目的应当是确保"人民检察院依照法律规定独立行使检察权,不受行政机关、社会团体和个人的干涉"。② 同时,提高检察工作效率、提升办案质量,及时纠正工作失误等。但《考评意见》《考评细则》作为检察业务考评规范性文件,均未申明这些要点,反而强调对检察官进行管理、改变人浮于事现状。这显然是对检察业务考评目的的错误定位。(2)检察业务考评原则存在冲突。《考评意见》确定了客观公正、突出重点、注重实效和统筹兼顾 4 个原则。其中,突出重点即"遵循检察工作客观规律,围绕各项检察业务工作中心,突出检察业务的主要方面,合理评价各诉讼环节工作,努力反映检察业务工作实际"。但对"遵循检察工作客观规律"究

---

① 参见吴江:《在全国铁路检察机关绩效管理哈尔滨分院现场会上的讲话摘要》。转引自万毅、师清正:《检察院绩效考核实证研究——以 S 市检察机关为样本的分析》,载《东方法学》2009 年第 1 期。
② 参见我国《宪法》第 136 条。

竟是哪些规律却语焉不详。在实践中,某些检察院对错捕和错不捕、错诉和错不诉一概赋予负分值的做法,就反映了对检察工作客观规律的认识存在偏差。

一些省级检察院对基层检察院审查逮捕和审查起诉这两项考评内容,设立错捕、错诉的考核指标和评分办法,旨在降低错案率。但问题是,这些考评指标只关注审查逮捕和审查起诉工作中是否有错误,却不问这些错误的性质有何不同,因而采取了"各打五十大板"的考评办法。例如,有检察院规定:"错捕错不捕的,1人减10分。"还有检察院规定:"认定事实或适用法律错误,或者违反法定诉讼程序造成错捕或错不捕的,每出现一人减100分。"此外,还有检察院对"不起诉决定经评查确有错误的,每人扣20分"。这种扣分办法,违背了正当程序和被告人权利保障等司法规律。在刑事诉讼中,证据推论链条上的每个环节都可能成为不确定性之源。[①] 由于可获得的证据有限,检察官在审查逮捕和审查起诉时难免出现错误。在这方面,与"错捕错不捕的,1人减10分"的"一刀切"做法相比,宁夏回族自治区人民检察院"每错捕1人减5分、每错不捕1人减3分"的区别对待考评办法,就体现了对司法规律和人权价值的尊重。反之,某检察院考评"不起诉案件准确率,每错误不起诉1人减1分,自侦案件每错误不起诉1人减2分",这种只惩罚"错不诉"而放任"错诉"的考评办法,不仅谈不上尊重司法规律和人权价值,而且背离了无罪推定、证据裁判等法治原则。

对无罪判决考评指标体系进行分析发现,将法院无罪判决作为检察业务考评指标并在评分办法中作为减分项,实质上是把无罪判决划入"刑事错案"而对检察院和检察官进行考评,表达了检察院不愿意出现所提起的公诉案件被法院无罪判决的愿望。在实践中有3种情况:(1)多数检察院对无罪判决采取了绝不容忍的态度。与其他指标相比,对无罪判决扣分最高。在审查逮捕和审查起诉工作中,宁夏回族自治区人民检察院、天津市人民检察院每人减10分,重庆市人民检察院每人扣20分,上海市人民检察院对无罪判决经评查确有错误的扣30分,北京市人民检察院每出现0.01%减10分。扣分如此之高,表明了这些检察院对法院无罪判决的某种特殊

---

① 参见[美]特伦斯·安德森、[美]戴维·舒姆、[英]威廉·特文宁:《证据分析》(第2版),张保生等译,中国人民大学出版社2012年版,第79~82页。

情绪。天津市人民检察院规定:"考评年度内出现终审无罪判决案件的一、二审单位,均不能进入考评第一档次。"由此可以推断,基层检察机关一旦出现了无罪判决的案件,对于总体的考评分数影响非常大。(2)少数检察院对无罪判决采取了相对容忍的态度。例如,广西壮族自治区、广东省、湖北省等检察院在审查逮捕和审查起诉工作中,对批准和决定逮捕后法院判决无罪率,每个百分点减1分或每人扣1分,这是相对较少的扣分标准。(3)个别检察院对无罪判决的不容忍设置了变通规定。这又分为两种情况:第一种是设置了经抗诉改判有罪的例外。如天津市人民检察院规定"逮捕后一审判决无罪的,每人减10分,经抗诉改判有罪的除外"。这种考评办法无疑对检察院积极抗诉起了激励作用。只要抗诉,就有改判有罪的可能性。因此,从该考核指标的导向来看,抗诉似乎是一种必然选择,这可能引导检察院滥用抗诉权。同样,在审查起诉工作中,"考评年度内出现终审无罪判决案件的一、二审单位,均不能进入考评第一档次",也会起到同样的激励作用。第二种是设置了工作责任心的前提条件。如北京市人民检察院在审查起诉工作中规定,"法院无罪判决数,经北京市检察机关案件质量考核为C类案件的,每出现一人减2分。经北京市检察机关案件质量考核为D类案件的,每出现一人减4分"。这里,"工作不负责任"(C类案件)和"严重不负责任"(D类案件)的考虑因素虽然有一定的合理性,但以责任心强弱来为起诉后法院判决无罪归因,则忽视了案件本身的复杂性和可错性规律。无罪推定是法治国家的一项诉讼原则,法院根据无罪推定和证据裁判等原则所作无罪判决的比率,是法治国家司法文明的一个重要标志。因此,把"无罪判决率"作为检察业务考评指标,阻碍了中国司法文明进步。此外,根据《刑事诉讼法》关于"证据不足,不能认定被告人有罪的,应当作出证据不足、指控的犯罪不能成立的无罪判决"的规定,因证据不足未能给被告人定罪,不能被视为一种应当予以纠正的刑事错案;否则,遵循证据裁判原则就变成需要纠正的"错误"了,这与司法文明的进步方向是背道而驰的。

第四章　司法评估的方法

从社会学角度看,对某一项目的评估,就是"运用社会研究程序,系统地调查社会干预项目的效果。具体来说,评估者运用社会研究的方法,评估并帮助改进社会项目的各个重要方面,包括对社会问题的诊断、概念化、设计、执行与管理、产出与绩效"。① 司法评估作为项目评估的一种亚类型,应该遵循评估活动的基本方法。近年来,我国司法改革逐渐转向通过试点来对改革方案进行试错,经过试点总结经验教训,提炼可推广的方案,待到经验成熟之后再上升为司法解释和全国立法。针对相关司法制度的评估便成为决定我国司法制度改革走向的一个重要环节。目前尽管针对司法的评估已经不少,但我国学者对司法评估方法本身进行的专门讨论却很少。② 一些试点改革当中,对试点效果加以评估这一重要环节往往被忽略,即使评估也易缺乏足够的科学性或必要的审慎,热衷阐述试点改革"取得正面效果与实施的可行性,而对其局限性与可能存在的问题要么忽略不提,要么提及很少"。③ 因此,研究司法评估的定量和定性方法,不仅是司法评估理论研究的重要内容,对于指导司法评估实践也具有重要意义。

第一节　从量化法治到司法量化评估

我国司法量化评估是法治价值与本土司法改革共同推动的产物。"法治"无论

---

① ［美］艾尔·巴比:《社会研究方法》(第13版),邱泽奇译,清华大学出版社2020年版,第317页。
② 参见何挺:《刑事司法改革中的实验研究》,法律出版社2020年版,第234~235页;［美］吉姆·帕森斯等:《试点与改革:完善司法制度的实证研究方法》,郭志媛译,北京大学出版社2006年版,第117~119页。
③ 郭松:《试点改革与刑事诉讼制度发展》,法律出版社2018年版,第92~93页。

是作为社会治理方式还是一种理想图景都是我们追求的目标。学者不仅对法治实现的目标、条件和路径进行了反思;①还从定量角度来测度法治的实现状况,②这可称为"量化法治"进路,即将法治这一相对抽象的目标具体量化为一些指标,通过问卷调查方式来衡量一个国家或地区某一时期的法治发展水平。这种进路"希望在法治领域找到化约种种复杂性和多样性的'公约数',乃至绘制出一幅数字化的世界法律地图"。③ 在这一数字化世界法律地图中,各国法治发展水平可通过量化方式呈现出来。"法治是社会机会和公平的基础——它意味着根除贫困、暴力、腐败、瘟疫和其他对公民社会的威胁。"④为了有效评估世界各国的法治状况,世界正义项目开发出一种量化评估方法——"WJP 世界法治指数"。该指数为世界各国在实践中坚守法治的程度提供了一个综合图景,从普通人的视角调查了可能影响人们日常生活的法治缺陷的实际状况。⑤ 该指数 2020 年版由 9 个一级指标和 44 个二级指标组成,一级指标包括约束政府权力、腐败遏制、开放政府、基本权利、秩序和安全、常规执法、民事司法、刑事司法和非正式司法。其中,民事司法有 7 个二级指标:人民能够享有民事司法并能承受其费用,民事司法不受歧视,民事司法远离腐败,民事司法不受不适当的政府影响,民事司法不受不合理的拖延,民事司法得到有效执行,享有可供选择的纠纷解决机制且公正、有效。刑事司法 7 个二级指标包括:刑事调查制度有效,刑事裁判制度及时、有效,矫正制度有效地减少了犯罪行为,刑事司法制度具有公正性,刑事司法制度远离腐败,刑事司法制度不受不适当的政府影响,法律正当程序和被告人权利。综观中国司法在"WJP 世界法治指数(2015~2020)"指标值,可以看到,换算成百分制后,民事司法在 2015 年 48 分基础上,2016 年以来得分

---

① 此类文章很多,参见苏力:《"法治中国何以可能"背后:伪假定 VS 真命题》,载《探索与争鸣》2016 年第 10 期;孙笑侠:《法治需求及其动力》,法律出版社 2016 年版,第 24~48 页。
② 参见朱景文主编:《中国法律发展报告——数据库和指标体系》,中国人民大学出版社 2007 年版,第 173~263 页;参见钱弘道主笔:《中国法治指数报告(2007—2011 年)——余杭的实验》,中国社会科学出版社 2012 年版,第 1~64 页。
③ 鲁楠:《世界法治指数的缘起与流变》,载《环球法律评论》2014 年第 4 期。
④ Agrast, M., Botero, J., Martinez, J., Ponce, A., Pratt, C., *WJP Rule of Law Index* 2012 - 2013, The World Justice Project, p. 1.
⑤ 关于世界法治指数的介绍,参见张保生、郑飞:《世界法治指数对中国法治评估的借鉴意义》,载《法制与社会发展》2013 年第 6 期。

基本上保持在 52~54 分;刑事司法在 45~48 分浮动(见表 4.1)。①

表 4.1 2015~2020 年中国司法在"WJP 世界法治指数"指标 7(民事司法)和指标 8(刑事司法)的得分与排名情况

单位:分

指标	2015 年 排名	2015 年 得分	2016 年 排名	2016 年 得分	2017~2018 年 排名	2017~2018 年 得分	2019 年 排名	2019 年 得分	2020 年 排名	2020 年 得分
民事司法	67/102	48	62/113	52	57/113	54	60/126	54	64/128	53
刑事司法	47/102	45	55/113	47	54/113	48	57/126	47	62/128	45

资料来源:张保生、王殿玺:《中国司法文明发展的轨迹(2015—2019 年)——以中国司法文明指数为分析工具的研究》,载《浙江大学学报(人文社会科学版)》2020 年第 6 期。

党的十八届四中全会《决定》将"公正司法,提高司法公信力"作为法治建设的重要内容之一,明确提出公正是法治的生命线,司法公正对社会公正具有重要引领作用,司法不公对社会公正具有致命破坏作用。司法文明建设应该在对现状准确科学评估的基础上进行。目前,国内涉及司法领域的评估,如《中国法治指数报告》、②《中国司法公开第三方评估报告》③以及《中国司法文明指数报告》,④都是通过司法指标体系量化设计开发应用来实现的动态评估。下文对司法量化评估体系建构的基本逻辑和实施路径作一些考察。

---

① "WJP 世界法治指数"排名和得分并非外国或世界组织对我国法治水平的评价,而是本国民众对自己国家法治水平的评价,是对每个国家 1000 人受访者(男女各占一半,选自 3 个大城市)和一些专家问卷调查的结果。See World Justice Project, *World Justice Project Rule of Law Index* 2011, World Justice Project, 2011, p. 15.
② 参见钱弘道主笔:《中国法治指数报告(2007—2011 年)》,中国社会科学出版社 2012 年版,第 1~5 页。
③ 参见中国社会科学院国家法治指数研究中心、中国社会科学院法学研究所法治指数创新工程项目组:《中国司法公开第三方评估报告(2018)》,中国社会科学出版社 2019 年版。有关司法评估的一个综述,参见孙笑侠:《用什么来评估司法——司法评估"法理要素"简论暨问卷调查数据展示》,载《中国法律评论》2019 年第 4 期。
④ 关于中国司法文明指数项目的介绍,参见张保生等:《中国司法文明指数报告(2019)》,中国政法大学出版社 2020 年版,第 34~39 页。

第二节 司法评估的方法论逻辑

评估活动广泛存在于社会生活中,如消费者对所购买商品的评价以及对各种服务进行的评价等。与对这些商品和服务的评估相比,司法评估有其独特性,这根源于司法活动本身的特殊性。首先,一个国家的司法具有多种维度,不仅包括司法制度、司法从业人员、司法硬件环境乃至社会司法文化,而且每一维度又有多个组成部分。司法的多维度性使全面评估司法就需要有一套多维评估体系和相对精密的评估方法,否则会陷入盲人摸象的误区。其次,司法活动具有专业性,"随着法律的职业化、专业化以及大量复杂的法律术语和耗费时间和财力的程序……法律活动变成一个普通人除了依赖于法律专业人员之外无法也没有时间涉足的领域"。[①] 大部分社会公众也许终其一生都很少会和司法打交道,因此这种专业性将导致外部人士要对其进行评价必然存在信息不对称的难题。最后,司法的结果是一种零和博弈,司法裁判的结果往往很难令诉讼各方都满意。因此,诉讼参与者尽管有与司法打交道的经历,却很容易因为诉讼结果而对司法带来不同的观感,这必然对司法的准确评估产生主观影响。基于上述特点,司法量化评估体系的设计要解决 3 个问题:一是由谁来评?即评估主体问题。二是评估什么?即评估对象问题。三是如何评估?即评估方法问题。

一、司法评估的内部视角与外部视角

司法本身的特殊性决定了评估主体的适格性问题。第一,司法的专业性所带来的信息不对称性,使外行人士对司法活动很难进行精确评估,因此,评估主体的选择要将两类群体考虑在内:第一类是法律职业群体,又分为两个子类:一个子类是行使司法权力和侦查权力的群体,如法官、检察官和警察。这个子群体对司法各维度都具有充分认识,但同时作为司法本身的一个构成要素,其自我评价容易因各种利害关系和认知偏见等因素带来影响。另一个子类是律师群体。律师一方面是司法活

[①] 苏力:《法治及其本土资源》,中国政法大学出版社 1996 年版,第 144 页。

动的主要参与者,另一方面又因为其不掌握司法权力,因而对司法评估具有相对的中立性。第二类司法评估主体是社会公众。公众作为司法评估主体的适格性在于：司法的权威性必须具有外观上的合法性,这种外在的合法性对维系司法裁判的可接受性是至关重要的。① 这种外观的合法性体现在社会公众对司法的一般观感或印象中,包括法律职业人员的行为和形象、与司法有关的舆论等。第二,司法的零和博弈性往往会导致当事人对司法呈现差异化评价,而一般社会公众评价可以对这种差异化评价形成一种有效的平衡性补充作用。基于上述考虑,中国司法文明指数调研采用了内部视角与外部视角相结合的办法,充分吸收法律职业人士的内部视角和一般社会公众的外部视角。② 具体做法是在选择评估主体时兼顾了每个省选取 200 位法律从业人士和 600 位社会公众来作为评估主体。社会公众将一部分涉诉公众包含在内,并兼顾了不同行业、文化程度、区域、年龄层次等因素。

二、司法评估的 4 个维度

根据量化司法评估的进路,对一个社会司法状况的整体评估需要从不同的维度来建构一个整体性指标体系。参照中国司法文明指数项目关于司法制度、司法运作、司法主体和司法文化 4 个维度的设计,对司法文明程度的考察可从四个层面体现出来。

第一,司法权力与当事人权利的平衡配置。这个层面主要体现的是司法制度的建设情况。合理的司法公权力配置是司法文明建设的基本前提,而司法权力配置不能只考虑公权力之间的配置,还要考虑当事人诉讼权利的保障,二者是同一问题的两个不同方面,应该保持一种平衡。为此,我们分别设置了"司法权力"和"当事人诉讼权利"2 个一级指标。前者又分解为 5 个二级指标,主要测量司法权力的依法、独立和公正行使,以及司法权力主体和司法裁判受到信任与认同。后者分解为 4 个

---

① 参见[美]奥斯汀·萨拉特、[美]帕特丽夏·尤伊克主编：《法社会学手册》,王文华等译,法律出版社 2019 年版,第 154 页。
② 兼顾社会公众与法律职业群体是司法评估中的常见做法,甚至被视为一个逻辑起点。参见孙笑侠：《司法职业性与平民性的双重标准——兼论司法改革与司法评估的逻辑起点》,载《浙江社会科学》2019 年第 2 期。

二级指标,当事人享有不被强迫自证其罪的权利,获得辩护、代理的权利,享有质证权利和获得救济的权利。

第二,司法程序与证据制度的合理建构。这个层面主要体现的是司法制度与司法运作的情况。正当的司法程序与完善的证据制度是司法文明的重要制度保障。这个层面设置了 4 个一级指标:民事、刑事和行政三大司法程序与证据制度。其中,"民事司法程序"设 3 个二级指标,包括民事审判符合公正要求,民事诉讼中的调解自愿、合法,民事诉讼裁判得到有效执行。"刑事司法程序"设 3 个二级指标,包括侦查措施及时合法、审查起诉公正有效、审判公正及时有效。"行政司法程序"设 2 个二级指标,包括行政审判符合公正要求、行政诉讼裁判得到有效执行。"证据制度"设 3 个二级指标,包括证据裁判原则得到贯彻、证据依法得到采纳与排除、证明过程得到合理规范。

第三,称职的司法主体是司法文明建设的主要载体。称职的司法人员应该具有法律职业伦理,远离司法腐败;同时,法律职业保障则是司法人员遵守职业伦理、远离司法腐败的必要条件。这个层面设置 2 个一级指标:司法腐败遏制和法律职业化。前者的 3 个二级指标,分别测量警察、检察官、法官 3 个群体远离腐败的程度。后者的 3 个二级指标,分别测量法律职业人员具有适格性、遵守职业伦理规范、享有职业保障的程度。

第四,司法公开和理性司法文化的培育。这个层面主要体现的是司法制度和司法文化的建设情况。司法公信力需要通过司法公开来推进。司法公开是接受社会公众对司法进行监督和评价的前提,有利于促进理性司法文化的形成。理性的司法文化是司法公信力的社会土壤。"司法公开"一级指标下设 2 个二级指标,包括司法过程和裁判结果的依法公开。"司法文化"一级指标下设 4 个二级指标,包括公众参与司法、诉诸司法、接受司法裁判的意识及程度,以及公众接受现代刑罚理念的意识及程度。

三、司法评估方法之主观判断的客观化呈现

在评估方法上,中国司法文明指数项目借鉴了"WJP 世界法治指数"的评估方法并进行了适当的改进。与"WJP 世界法治指数"一样,它通过以下 3 个步骤来建立

司法文明指数评估体系。

第一步,建立司法文明指标体系。司法是一个从组织到制度、从主体到职业环境构成的复杂社会系统。从哪些维度来对复杂的司法系统进行评估,这先要建立相对完整的司法文明指标体系。在深入研究和广泛听取相关专业人士意见的基础上,司法制度、司法运作、司法主体和司法文化被提炼为司法文明指数的4个维度,在此基础上又分解出10个一级指标、32个二级指标,它们共同构成了中国司法文明评估的指标体系。

第二步,对32个二级指标的测量进行问卷设计。问卷调查是获取评估信息的一种手段,它可以将不同群体对本地司法状况的评价加以细化。问卷的设计有三个方面的工作:(1)在问卷的分类上,针对社会公众和法律职业群体对司法认识程度的差异,分别设计针对这两个不同群体的问卷。对社会公众的问卷较简单,问题主要是了解社会公众对本地司法主体、司法腐败遏制、司法公开以及司法文化等一级指标的评价,涵盖的范围更有可能为社会公众所了解。对法律职业群体的问卷问题则数量较多,问题更复杂,范围上侧重法律职业化、司法权力配置、司法程序和证据制度等更为专业化的一级指标。(2)问卷设计紧紧围绕司法文明指标体系中二级指标的测量,受访者每回答一个问题就意味着对某个二级指标作出的评价。比如,"在您所在地区,贫富不同的当事人受到法院平等对待的可能性有多大?"这个问题指向的二级指标是"司法权力公正行使"。(3)对问卷答案赋值。这是通过对答案设计一定倾斜度来实现的。例如,贫富不同的当事人受到法院平等对待的可能性有多大?该问题的答案是在"非常可能、很可能、有可能、不太可能、非常不可能"这5个呈现不同倾斜度的答案中选择一个作答。受访者选择不同的答案,就意味着在给某个二级指标赋值。

第三步,将问卷进行汇总和统计,测算出每个地区不同受访者对本地区司法文明不同指标给出的分值。问卷调查通过较大样本的受访者答卷可以将不同受访者的评价汇集起来,从而实现主观判断的客观化呈现。在一定程度上,司法文明指数评估就是将某一地区社会公众(包括法律职业群体)对本地区司法状况评价意见收集汇总并加以赋值的过程。某一个体对于本地区司法文明的评判也许是主观的,但这些个体评价叠加起来形成的总体评价则是相对客观的,它是关于一个地区甚至一个国家司法状况或司法文明水平的公众意见。

第三节 司法评估定量方法与定性方法

从"WJP世界法治指数"项目到中国司法文明指数项目,司法量化评估在我国落地生根并产生了一定的影响,为司法改革宏观决策提供了一定的参考。但也要看到,以指数呈现的司法量化评估也隐含一些无法回避的隐忧。

一、司法量化评估的隐忧

第一个隐忧是司法量化评估背后潜含一种司法理想图景,成为对一个国家和地区司法状况加以衡量的标准。这一理想图景往往来自对法治国家司法的界定和描述。有学者意识到,"与现代法治的理念和实践一样,法治指数……是在法律全球化背景下一种全新的世界法律地图,它所传播的是特定的法治理念有特殊的原始样本,自然难以避免地产生一系列扭曲作用"。[①]为此,在建构中国本土司法评估指数时,一个重要挑战是要建构一套与司法文明和中国本土司法状况相融的指标体系。司法文明指数10个一级指标和32个二级指标组成的评估指标体系,就是在这方面进行的一个尝试,但这些指标是否能够真正反映中国司法状况还需要在评估实践中进一步锤炼。

第二个隐忧是司法量化评估的具体实施还存在潜在的风险。司法量化评估的核心价值,在于通过一套精心设计的问卷调查去获取社会对司法现状的评估意见并对其进行赋值和阐述。在这一过程中,如何确保社会公众对司法的评价不会被扭曲甚至被误读,这是司法量化评估过程要尽量避免的风险。风险之一是对不同指标加以相对精确的赋值。在指标体系确定之后,对于具体指标如何赋值将会直接影响指数评估的结果。在指标的选择和赋值方面,国际社会学界已开发出一套较成熟的方法,如德尔菲法。[②] 风险之二是司法量化评估一般是通过问卷调查来收集评估者的

[①] 鲁楠:《世界法治指数的缘起与流变》,载《环球法律评论》2014年第4期。
[②] 有关指标建构方法的相关介绍,参见[美]艾尔·巴比:《社会研究方法》(第13版),邱泽奇译,清华大学出版社2020年版,"第7章"。

反馈意见,问卷通过问题设计及赋值实现了对评估者意见的格式化处理。因此,问卷设计合理与否,将会决定评估者对司法的意见能否充分合理地反映出来,这其中包含问卷问题与指标之间的匹配度、被访者对问卷问题的可接受度等多种因素。风险之三是受访者容易出现样本偏差的问题,容易导致对实际司法状况的错误评估。司法量化评估通常需要大量的受访者来提供相关信息,但这些受访者基于不同视角、不同立场和不同经历对于本地司法现状常常会有不同的认识和评价。因此,在选择受访者时要尽量做到相对均衡的分布,按照不同职业、年龄、文化程度、诉讼经历等来均衡选取受访者,特别要注重司法内部视角和外部视角的均衡。

第三个隐忧是司法量化评估的结果要合理使用,不能片面停留在对结果排名的关注上。这些排名和得分固然能说明司法本身存在的一些问题,但其价值主要还是有助于研究者分析被访者之所以如此评价的深层次原因,以便政策制定者作出相应调整。司法量化评估的意义一方面在于了解受访者对司法的评价,另一方面更通过分析评价结果的深层原因来揭示司法存在问题的根源。唯有如此,司法量化评估才能真正发挥改进司法的"镜子"作用。

二、司法评估为何需要定性方法

我国目前的司法评估,从不同角度可以区分为几种类型。比如,从评估主体看,有司法系统的内部评估与第三方外部评估;从评估范围看,有整体评估和专项评估,后者常常着眼于某一项改革(如司法员额制)或某一问题(如司法人员流失问题);从评估对象看,有全国范围的司法评估,也有仅针对某一系统或某一地区的司法评估;从总体上看,目前司法评估所运用的方法主要还是定量为主,通过问卷的发放、回收与统计或者案件数据的统计来收集司法不同层面的信息和评价。① 但司法评估仅仅有定量方法是不够的,需要定性方法来加以补充。

(一)定性研究方法

按照社会学家吉登斯的界定,定性方法是以下几种研究方法的统称:"焦点团

---

① 参见吴洪淇:《司法量化评估的建构逻辑与理论反思》,载《探索与争鸣》2021 年第 8 期。

体、民族志、半结构或无结构访谈、面对面访谈、参与观察、传记研究、口述史、叙事研究、扎根理论以及生活史研究。"① 与定量方法不同,定性方法作为一类实证研究方法更接近被观察者,通过近距离的访谈、观察和个人体验来深入把握被观察者本身。正如社会研究方法的权威学者艾尔·巴比所说:定性研究方法"典型的做法是,试图先从无法预测的进程中,发现有意义的东西——从初始的观察,尝试性推展出一般结论,这些结论能够启发进一步观察,进行这种观察,然后再修正结论等"。② 这种不带强烈预设的定性方法与带有明确指向性的定量方法形成鲜明对比。目前,在司法评估中可能涉及的定性方法主要有以下3种。

第一种是定性访谈法。它主要是通过与观察者面对面访谈的方式来获取对某一问题的相关信息。在定性访谈中,由访问者确立对话方向,针对受访者提出若干具体议题并加以追问,通过访问者与受访者之间的互动来完成相应的调查与评价。③ 访谈不同于我国法学家在研究工作中常用的集体座谈。访谈一般是一对一的深度访谈,以确保被访谈者因其他人在场而心生顾忌。访谈者除了解所需要的问题外,还要进一步了解被访谈者的工作历程和相应背景知识,这样更有利于进一步理解被访谈者对相关问题的回答。访谈一般在相应的工作场所,这样访谈者可以更为深入理解被访谈者的工作情境。访谈要遵守相应的职业伦理,通过保密、匿名等方式避免因为访谈而给被访谈者带来困扰。④ 访谈之前需要做好充分准备工作,访谈后需要将访谈的数据进行整理、编码、汇总,形成相应的数据库,为后续研究提供基本的材料。我国法学界20世纪90年代便将访谈方法运用于司法问题研究。⑤ 定性访谈法从开放性角度可区分为结构化访谈和半结构化访谈、非结构化访谈以及专题小组访谈。⑥ 其中,专题小组访谈(我国常称为"座谈")是较常用的一种形式。

---

① [英]安东尼·吉登斯、[英]菲利普·萨顿:《社会学基本概念》,王修晓译,北京大学出版社2019年版,第43页。
② [美]艾尔·巴比:《社会研究方法》(第13版),邱泽奇译,清华大学出版社2020年版,第286页。
③ 参见[美]艾尔·巴比:《社会研究方法》(第13版),邱泽奇译,清华大学出版社2020年版,第305页。
④ 参见刘思达:《法律社会学:定性研究是主流》,载《中国社会科学报》2010年12月2日,第11版。
⑤ 参见苏力:《送法下乡:中国基层司法制度研究》,中国政法大学出版社2000年版,第100页。
⑥ 有关3种分类的具体描述,参见[美]迈克尔·G.马克斯菲尔德、[美]艾尔·R.巴比:《刑事司法与犯罪学研究方法》(第8版),刘为军等译,中国政法大学出版社2021年版,第368~372页。

第二种是实地观察法。这是一种通过到实地进行亲身观察来获取信息的方法。这种方法适合于那些需要在自然场景中对某一事件或行为进行的研究。通过到实地进行观察,可以获取很多直观的认识,实地观察具体场景下相关人员的生存环境及其在该环境下的具体行为,从而更深刻理解这些人员行为与环境之间的深刻互动关系。按照参与被观察者环境的程度,实地观察可以被大致区分为直接观察与参与观察。直接观察通常是以某一外来者身份来访问观察某一特定的机构或环境,如到某法院进行调研。在这种情况下,研究者是很明确的外来研究者身份,而被研究者也清楚观察者的身份和目的。直接观察的优点是可以简单快捷地进入实地获取特定的信息,但缺点也很明显。由于被研究者清楚地知道观察者的目的,观察者进入实地这一行为本身就可能对被观察者的行为带来影响,使被观察者的行为产生不自然的变化。对此,研究人员还可能通过隐匿研究目的以一种内部人身份进入被观察者的环境,这是参与观察的方法。参与观察,是指研究者以某种内部身份参与到被观察者的环境当中,从而对其内部运作过程进行观察的一种基本方法。作为社会科学实证研究中历史悠久的一种方法,参与观察最大的优点在于,可在很大程度上避免被观察者因为外部介入而导致数据中的虚假信息,直观地观察到所要了解的信息。在司法研究中,研究人员可以通过挂职、实习等方式让自己得以融入被观察者的环境当中,让自己直接观察到司法机构的常规运行状态。当然,在参与观察中,由于研究者隐匿研究目的而可能带来欺骗研究对象等风险,这就需要在开展参与观察前做好相关预案。参与观察方法的另一个缺陷是,由于研究者高度嵌入研究场景当中,其所观察到的信息是高度地方性的,这些信息是否能够适用于其他场景即其通用性也值得探究。①

第三种是历史文献分析法。在社会科学研究中,所谓历史文献,是指一手的原始文献资料,而不是他人的学术著作、教材等二手文献。② 历史文献分析法就是通过查阅历史文献来观察制度在一定时间段中的具体运行状况和变化趋势。作为一种评估方法,历史文献分析法的独特优势在于其关注的时间段更长,能够在长时段中

---

① 参见[美]迈克尔·G. 马克斯菲尔德、[美]艾尔·R. 巴比:《刑事司法与犯罪学研究方法》(第 8 版),刘为军等译,中国政法大学出版社 2021 年版,第 436 页。
② 参见刘思达:《法律社会学:定性研究是主流》,载《中国社会科学报》2010 年 12 月 2 日,第 11 版。

展示某一制度实施前后的变化趋势。与此同时，由于这些历史文献都是已经发生过的，不需要接触研究对象即可开展相关数据收集，因此呈现的内容难被更改，能更真实地呈现制度运作的轨迹。司法机关在开展司法活动过程中会生成大量的历史文献，如案卷、会议记录、人事档案等。我国已经有一些学者运用该方法来研究司法制度，如利用审判委员会会议记录来研究审判委员会制度的运作状况，[1]利用案卷来研究非法证据排除、案卷移送等制度，[2]利用杂志回复咨询记录来研究律师制度，[3]等等。

（二）定性方法在司法评估中的优势

目前，我国司法评估主要还是以定量方法为主，有两种形式：第一种是以问卷的方式来收集针对司法机构和人员行为的评价来实现，如目前针对司法公信力、司法文明、司法公开等展开的评估活动。第二种是通过直接调取或应用相关统计数据针对某一具体司法改革的评价。比如，最高人民检察院原检察长张军向全国人大常委会所做的《关于人民检察院适用认罪认罚从宽制度情况的报告》，就是通过大量数据展示认罪认罚案制度改革的进展状况。这些定量方法在司法评估中的优势：一是可快速收集样本数量大、覆盖面广的数据，可以让评估者通过数据分析快捷掌握某一研究对象的基本状况；二是通过设置背景性信息、回归分析等数据分析方法，可探求不同数据之间的相关关系甚至因果关系；三是有助于从宏观视角快速勾勒出研究对象的整体样态。除上述优势外，这些定量方法所具有的"数目字管理"特征也契合于我国为克服国家治理规模所带来的治理压力。[4]

但对司法评估来说，定量分析方法也存在一些无法克服的短板。首先，定量分

---

[1] 参见左卫民：《审判委员会运行状况的实证研究》，载《法学研究》2016年第3期；王伦刚、刘思达：《基层法院审判委员会压力案件决策的实证研究》，载《法学研究》2017年第1期。
[2] 参见左卫民：《刑事诉讼的中国图景》，生活·读书·新知三联书店2010年版，第104～147页。
[3] 参见刘思达：《当代中国日常法律工作的意涵变迁（1979—2003）》，载《中国社会科学》2007年第2期。在这篇文章中，作者对《民主与法制》杂志一个主要由律师回复法律问题的栏目进行专门研究，揭示了法律工作意涵的变迁情况。
[4] 参见周雪光：《中国国家治理的制度逻辑：一个组织学研究》，生活·读书·新知三联书店2017年版，第18页。"数目字管理"概念意在强调量化考核的手段与工具在国家治理中的重要性。

析需要较高的门槛，一般需要有较大规模的样本量，如果通过问卷方法来收集数据，其成本较高；如果从司法机构内部统计数据，往往难以被外部研究者获得。定量分析从样本抽样、问卷设计到问卷的分析统计等都需要较高技术要求，相对专门的培训与学习。其次，定量方法在数据收集上采用的是相对标准化的方式，无论是问卷调查还是数据统计方法，都有相对标准化的问题设置，这种标准格式化容易使丰富的研究对象被"削足适履"。① 最后，在定量分析中，调查者往往并不直接接触被调查者，脱离被调查者的生活与工作情境，其对被调查者的感受与判断更多的是来自冷冰冰的数据而非丰富的社会场景，所以对其缺乏足够的理解。

因为上述优缺点，司法评估仅运用定量分析方法是不够的。司法活动是司法者在特定工作环境中进行的，任何司法或诉讼制度改革对司法的影响将在司法者的行为中生动展现出来。这些行为很多时候恰恰是无法通过回答问卷或者统计数据反映出来，而需要研究者亲身进入司法场域，通过访谈、参与观察乃至查询相关历史文献，从而对某一项制度改革对被改革者产生的微妙且深远的影响有更深层次的体悟。与定量方法相比，定性方法在司法评估中不带有非常强的预设，尽管在研究者进入被调研场域时带有大致的主题，但这种主题是相对含糊的，研究者对于需要收集的信息总体上是开放的。此外，研究者还可以调阅历史资料，可从被研究者在研究场域中的反应与表现中获得有关司法活动的立体化信息。因此，通过定性方法来进行司法评估不仅是收集数据，还可在收集数据过程中逐渐形成相应的直观印象进而逐渐生成理论。正如社会学家巴比所言，实地研究的典型做法是"试图先从无法预测的进程中，发现有意义的东西——从初始的观察，尝试性地推展出一般结论，这些结论能够启发进一步的观察，进行这种观察，然后再修正结论"。② 在这个过程中，研究者对被研究者的观察是立体化的，对其理解逐步得以深入，从而不断修正和完善自身的相关理论。

三、定性方法在司法评估过程中的应用

根据评估的条件、对象和标准，定性方法在司法评估中的应用可通过多种方式

---

① 参见[美]艾尔·巴比：《社会研究方法》（第13版），邱泽奇译，清华大学出版社2020年版，第233页。
② [美]艾尔·巴比：《社会研究方法》（第13版），邱泽奇译，清华大学出版社2020年版，第286页。

来组织应用。从评估条件来说,评估跨越的时间越长,则对评估对象的观察也就有越多时间;评估的人力资源越丰富,则评估活动采用的方法更多样;从评估对象来说,针对某一司法改革措施、司法群体、司法机构等的评估所采取的方法都会有所差异。因此,司法评估中对定性方法的具体应用很难说有非常统一的运用方式。以下主要列举司法评估中几种较为常用的组织方式。

(一) 直接观察访谈方式

直接观察访谈是目前在司法评估中比较常用的一种方式。近年来,司法改革一系列举措如认罪认罚改革、速裁制度改革、值班律师改革、司法责任制改革等的评估基本上都是以这种方式展开的。这些司法或诉讼制度改革举措推行后,评估者往往会到各地选择一些具有代表性的机构,通过与一线办案人员座谈的方式对政策的实施效果进行评估。这种方法的步骤是:第一步,先按不同类型地区、层级选择一些具有代表性的机构,如发达地区与不发达地区,基层单位与市级单位等;第二步,评估者会到被评估单位现场了解情况;第三步,由被评估单位选出相应的代表参与座谈;第四步,综合代表者的意见撰写出相应的评估报告。这种方法常见于上级机关对下级机关某一方面工作的评估。例如,国家"2011 计划"司法文明协同创新中心2016年受中央政法委法治建设室委托开展的法院检察院员额制和司法责任制改革试点工作评估,就采用了定性分析与定量分析相结合的评估方法。在被评估试点单位提交自评报告(包括客观数据)、随机问卷调查(每省140 份)的基础上,采用了工作汇报会和个别访谈的定性评估方法。个别访谈是从每个被评估单位提供的40 人名单中抽取6 人(含院领导2 人)进行个别访谈,访谈内容是从本次评估指标体系中提炼出的问题。[①]

这种评估方法可能产生的问题:一是下级机关为了向上级机关展示成绩,往往会将其最好的一面展现出来,而对工作中存在的问题给予淡化处理,这可能影响评估中获取信息的客观性;二是在访谈对象的选取上主要由被评估单位推荐,具有一

---

① 受中央政法委法治建设室的委托,国家"2011 计划"司法文明协同创新中心于 2016 年 4 月 5~23 日对山西、上海、浙江、安徽、广东、湖北、贵州、云南、青海、宁夏 10 个省、自治区、直辖市 40 个法院检察院的员额制和司法责任制改革试点工作进行了评估,并于 2016 年 5 月 15 日提交了评估报告。

定主观色彩;三是座谈方法如是将多个受访者放在同一时空中,会使一些负面信息被屏蔽和过滤。所以,在一些官方考核检查中,被考核者会通过诸多策略影响操纵考核内容、考核对象、问题解决等,从而削弱考核检查制度初衷。① 司法评估也容易出现类似的问题。

因此,要使司法评估定性分析方法反映被评估者的真实情况,还需要注意以下事项:首先,在被评估单位选取上要注意选择不同类型、不同区域、不同单位层级等具有代表性的机构作为评估对象。其次,被访谈者的选择,应由评估单位根据被评估单位人员名册进行随机选取;被选取人员要具有一定的代表性,比如,对司法员额制改革的评估,不仅要倾听员额法官意见,也要倾听法官助理意见;不仅要倾听领导层意见,也要倾听一线办案人员意见等。最后,在访谈方法上,应该尽量采用单独访谈方式,并告诉受访者将为其保密,使其能够畅所欲言,避免不必要的顾虑。同时,对受访者的背景信息通过访谈方式做一些了解,这有助于理解受访者提供的评估信息。

(二)实验比较方式

在司法评估中,定性方法还可以通过实验比较的方式来展开。一项政策在司法机构中的实施效果需要通过对比实验才能看出其效果。实验比较法通过选取一个实验组和一个对照组,实验组实行新的政策,对照组保持原来运行状态,经过一段时间的运行之后再去比较两个组的差异状况及其影响因素。这种实验比较法最早来自自然科学实验,在实验室中通过调整一些变量对比不同组别的变化状况,从而了解不同变量与结果变化之间的因果关系。这种实验比较方式后来被引入社会科学领域。如在经济学领域,我国改革开放初期,试行包产到户政策就是实验比较法的运用,对比效果显现之后,政策才逐渐铺开。经济特区、自贸试验区与其他地区宏观政策上的区分也带有这种对比实验的性质。在法学领域,20世纪60年代,针对犯罪嫌疑人审前羁押率过高的问题,维拉基金会与纽约大学法学院开展了名为

---

① 周雪光:《中国国家治理的制度逻辑:一个组织学研究》,生活·读书·新知三联书店2017年版,第227页。

"曼哈顿保释计划",探索利用面谈等方式来替代附金钱条件的释放,取得了很好的效果。在该计划推行的第一年,就采用了实验组对比的方法,探索政策影响因素及其实际效果。[1] 在我国法学界,如樊崇义、顾永忠等教授主持的侦查讯问律师在场、录音、录像3项制度改革试验,在北京、河南、甘肃的一些司法机关进行了对比实验,产生了很大反响。[2] 迄今为止,实验比较法已在我国未成年人取保候审、证人出庭作证、羁押巡视制度、量刑程序、刑事和解、辩诉交易等制度试点中开展过相关的实验研究。[3]

实验比较法大致可分为3个步骤:第一个是实验设计与准备阶段,要完成的工作:(1)明确实验目标,提出需要验证和解决的问题,提炼需要通过实验来验证的基本假设;(2)选取实验地点和对象,精选对照组和实验组,对实验组人员进行必要培训;(3)设计实验方案,要围绕实验目标来展开。以证人出庭为例,哪些因素影响了证人出庭的意愿,证人保护和补偿措施等能否促进证人出庭意愿,这些因素应在本阶段加以考虑。第二个是实验实施阶段,包括以下工作:(1)控制实验环境,以达到实验设计的要求,避免无关变量对因变量的影响;[4](2)施加自变量的刺激,在司法评估中这些自变量常常是一些新的改革举措;(3)观察自变量刺激后因变量所产生的变化,这可通过访谈、参与观察等方式来获取。第三个是实验总结阶段,要将实验结果及自变量和因变量在实验中的互动关系进行总结。

由于被评估对象是具有高度主观性的人,容易对实验本身产生影响,这使实验比较方式的结果也可能产生失真或走样。这一点与自然科学实验是不同的,也是在设计和控制实验时要尽量避免的。这些影响因素主要来自两个方面:一是内部效度方面,主要影响因素包括样本选取的代表性,防止样本偏差;尽量抑制被实验者因为知道自己处于实验过程中而带来行为改变,从而按照实验目的来改变自己的行为,

---

[1] 参见柏恩敬等编译:《审前羁押制度演变的比较研究》,法律出版社2018年版,第41页。
[2] 参见樊崇义、顾永忠主编:《侦查讯问程序改革实证研究——侦查讯问中律师在场、录音、录像制度试验》,中国人民公安大学出版社2007年版,第3~38页。
[3] 参见何挺:《刑事司法改革中的实验研究》,法律出版社2020年版,第93页。
[4] 参见何挺:《刑事司法改革中的实验研究》,法律出版社2020年版,第68页。

即所谓霍桑效应;①尽量避免将实验者主观意愿带入实验中,对实验样本的选取、实验过程设计和实验结果的评价的影响。二是外在效度方面,当我们将实验所获结论向外推广应用时,该结论的可适用性将受到诸如实验对象本身条件的特殊性、不同区域法院的办案压力等因素的影响,要防止实验本身的特殊性被一般性替代。

(三)时序比较方式

时序比较方式是在一定时间跨度内对某一研究对象进行持续观察和比较,进而判断其变化情况。在人类学和社会学领域,会针对某一地区进行长达几年甚至几十年的观察,如费孝通的江村研究、林耀华的闽北小村研究。② 这种方式需要的时间跨度比较长,周期一般在一年以上,因为只有足够的时间跨度才能看出一个研究对象的显著变化。这种方式常用 2 种方法:一是历史文献法,对被评估对象的档案材料进行长时间跨度的检索与分析,从中看出相关制度的影响和变化情况。二是通过定期评估来了解某一研究对象的发展变化状况。无论是某一制度的试点,还是针对某一机构运行状态的评估,都需要在一定时间跨度中才能呈现出来。比如,速裁程序的试点时间为 2 年,认罪认罚从宽制度的试点时间也是 2 年。有了相对长的时间,对制度运行效果的评估才有可能。

与实验比较方式相比,时序比较方式的优点在于:一是时间跨度一般更长,对一些制度的运行效果能够得到更为充分的展现,对被评估者的判断会更准确一些;二是对被评估者的干预要小很多,可减小因实验方法对被评估者的影响。时序比较法对于司法评估的缺点在于:(1)由于时序比较法的时间跨度较长,花费的时间成本、人力成本等更高一些;(2)由于时间较长,对被评估对象的影响因素来源就呈现多样化,这就使相关自变量和因变量之间的关系变得比较模糊,很难给出比较清晰的描述。正因为前述优缺点的存在,时序比较法更适合那些需要长时间观察的评估

---

① 霍桑效应起源于 1924~1933 年的一系列实验研究,由哈佛大学心理专家乔治·埃尔顿·梅奥(George Elton Mayo)教授为首的研究小组提出此概念,是指那些意识到自己正在被别人观察的个人具有改变自己行为的倾向。因为这是研究人员在芝加哥西方电力公司霍桑工厂进行的工作条件、社会因素和生产效益关系实验中发现的倾向,故称为霍桑效应。
② 参见费孝通:《江村经济》,商务印书馆 2001 年版,第 1~4 页;林耀华:《金翼:一个中国家族的史记》,庄孔韶、方静文译,生活·读书·新知三联书店 2015 年版,第 1 页。

项目。

　　当然,评估运用何种方法更合适,其实取决于评估的目的和需要,没有脱离评估目标本身的完美方法。同时,在司法评估实践中也并不单纯使用一种方法,更多的时候是多种方法的组合使用,定量方法与定性方法相互结合。从这个角度说,司法评估活动是一种综合运用定量与定性方法的评价活动。

第五章 司法评估的原则与标准

党的十八届三中全会《中共中央关于全面深化改革若干重大问题的决定》明确提出,"建立科学的法治建设指标体系和考核标准"。司法评估是一项专业性强、涉及面广、内容复杂的工作。为有效发挥司法评估的功能,实现预期目标,需要掌握司法评估的标准,做好顶层设计,优化评估方案,建构科学的评估指标体系,还需要对评估工作自身的合理性、规范性和可操作性设定检验标准。

第一节 司法评估的原则

司法评估的原则是司法评估过程中应当遵守的基本标准和行为准则。这些原则贯穿司法评估全过程,规范司法评估测量和检验标准的构建,以及评估机构和评估人员的评估行为。

一、公正性和有效性统一

公正性是司法的首要价值,也是司法评估赖以生存和发展的基础。公正性原则要求评估机构和评估人员按照评估程序和评估规则,收集真实有效的数据资料,作出客观公正的评估结果。

评估主体的中立性是实现司法评估公正的前提条件。评估机构和评估人员应当保持一种超然的第三方立场和态度,对于不同的评估对象、评估单位,无论是经济发达地区还是经济落后地区,无论是法院还是检察院,应当一视同仁。第三方立场意味着中立性即利益无涉,评估主体与评估对象之间不能存在利害关系。"任何人不能充当自己案件的法官。"评估主体如果与评估对象有直接的或者间接的利害关系,就很有可能因为"优先照顾自己的利益"而丧失中立的角色。① 因此,评估机构和评估人员与评估对象存在利害关系的,应当退出司法评估工作。

平等对待评估对象是实现司法评估公正的基本要求。司法评估要求"同样的情况同样对待""不同情况不同对待"。② 如两个不同的评估对象在某项指标的得分相同,对其评价就应当是一样的;反之,如果两者某项指标的得分不同,对其评价也应当有所差别。

评估结果的公正性是司法评估是否公正的直观标准。首先,司法评估结果要能够准确反映被评估者的真实情况。其次,评估结果应当有充分的数据支持。最后,评估结果具有可信赖性。评估结果不仅要准确反映评估对象的真实情况,更重要的是,支撑评估结果的事实要获得包括评估对象在内的广大公众的认可。换言之,评估结果所依据的事实基础"必须达到可以接受的可能性"。③

司法评估的公正性还要求公开评估的过程和结果。"阳光是最好的防腐剂。"评估公开可以有效避免"暗箱操作",防止人为制造不公正的评估结果。评估公开意味着让特定的人或者不特定的人了解司法评估的内容、过程和结果,使司法评估活动在某种程度上为人们所知悉。④ 按照评估公开原则,不仅参与评估工作的专家和工作人员应事先了解评估的程序、方法和标准,评估的组织者还有责任事先将所采取的评估程序、方法和标准向被评估单位予以说明解释。⑤ 如最高人民法院《关于印发〈人民法院案件质量评估指数编制办法(试行)〉的通知》的制定目的是,"提高人民法院案件质量评估指数编制的透明度和公开性,让各级法院更加明晰地理解、运用评估指数,方便进一步深入开展评估工作"。⑥

司法评估的有效性是效率原则的体现,它要求评估工作快速有效进行,因为拖延不仅会浪费大量资源,对公共福利造成损害,可能导致不公正的评估结果,而且会

---

① 参见[美]罗伯特·达尔:《论民主》,李柏光、林猛译,商务印书馆1999年版,第75页。
② 参见[英]哈特:《法律的概念》,张文显等译,中国大百科全书出版社1996年版,第157页。
③ See Peter Murphy, *Murphy on Evidence* (7th Edition), BlackStone Press, p.2.
④ 参见樊崇义主编:《诉讼原理》,法律出版社2003年版,第491页。
⑤ 参见纪秉林、郭秋梅:《高校科研机构评估的程序、标准及方法探析》,载《技术与创新管理》2006年第5期。
⑥ 《人民法院案件质量评估指数编制办法(试行)》,载《人民法院报》2013年6月22日,第3版。

因为时过境迁使评估结果变得毫无意义,尤其是那些对策性专项评估具有很强的时效性。波斯纳说:"正义的第二种意义,简单说来就是效益。"①首先,司法评估指标体系的构建应当符合经济效益要求,确保资源耗费最小化。指标体系设计应当避免不必要的评估事项,最大限度减少评估对象不必要的负担,并尽可能避免高成本的评估。② 其次,司法评估应当符合最优化原则。评估方案的设计要实现最优化,在多种评估方案可供选择的情况下,选择最佳评估方案。最后,司法评估经费应得到合理的分配和使用。

二、全面评估与重点评估结合

全面评估,是指司法要素的全面评估。例如,有学者将司法体制、司法环境、司法理念等视为司法活动的构成要素。③"中国司法文明指数"包括 10 个一级指标和 32 个二级指标,内容涉及司法主体、司法制度、司法运作和司法文化四大领域。④ 司法评估并不局限于司法运作本身,若要全面了解一个国家或地区的司法整体状况,就应坚持整体性,对司法的主要领域进行全面评估。

全面性还要求被评估地区的"全口径"。中国司法文明指数评估前两年分别在 9 个省、自治区、直辖市试点和 20 个省、自治区、直辖市试点,直到第三年评估才扩展到 31 个省、自治区、直辖市。因此,前两年的地区不全、数据不全,指标体系也处于试验阶段,其评估结果、得分排名就具有很强的试验性。从 2016 年起将评估省份覆盖到全国范围后,该指数报告对全国各地司法文明指数的一级和二级指标得分以及总分进行排名,才能为全国各地司法文明建设提供一面可供自我对照的"镜子"。⑤

全面评估意味着行使司法权力、参与司法活动的单位和个人都应当被纳入评估范围。在近代意义上,司法是与立法、行政相对应的概念。⑥ 按照国际通说,"司法"

---

① 陈瑞华:《刑事审判原理论》(第 2 版),北京大学出版社 2003 年版,第 54 页。
② 参见郑栋伟、陈宏民:《我国基础研究绩效评估的不足及对策研究》,载《科技管理研究》2009 年第 7 期。
③ 参见朱景文主编:《法理学》(第 3 版),中国人民大学出版社 2015 年版,第 289~291 页。
④ 参见张保生等:《中国司法文明指数报告(2019)》,中国政法大学出版社 2020 年版,第 5 页。
⑤ 参见《中国司法文明指数报告(2016)摘要》,载《法制日报》2017 年 3 月 1 日,第 9 版。
⑥ 参见王利明:《司法改革研究》(修订本),法律出版社 2001 年版,第 5~6 页。

与"审判"在同一语义上使用。我国司法的内涵较广,除审判外,还包括检察,甚至公安机关、司法行政机关在刑事诉讼中的活动也被纳入司法范畴。① 因此,按照全面性原则,司法评估的对象不仅包括法院、检察院,还涉及公安机关的侦查活动和司法行政机关(主要是监狱)的法律执行等。

司法评估的全面性还意味着应当在司法的"文本—行动—观念"三个层面进行立体式评估。② 有学者认为,法治评估的最大优势在于,它评估的不是"书本上或者观念中的法治",而是"实践中的法治"或者"行动中的法治"。③ 因为,"法治秩序最重要的表征体现在法律行动之中,法律行动是否合乎法治是测量法治的最基本标准"。④ 实践中的司法运作无疑是司法评估的重中之重,但司法制度即"文本中的法治"和司法文化即"观念中的法治"以及司法实践活动主体也应当纳入评估范围,成为司法评估的重要内容。

司法评估是一项复杂的系统工程,司法的复杂性以及评估资源的有限性决定了不可能也没必要对司法的所有方面进行评估。在坚持全面评估原则下,应当合理选取对司法公正和效率以及司法进步具有重大影响的关键性指标进行重点评估。例如,2017~2018年"WJP世界法治指数"对于"民事司法"进行评估的7个二级指标包括:"人民享有民事司法并能承受其费用""民事司法不受歧视""远离腐败""不受不适当的政府干预""不受不合理的拖延""得到有效执行""非诉讼纠纷解决机制的享有及公正有效"。⑤ 相较而言,2019年"中国司法文明指数""民事司法程序"的二级指标只有3个,包括"民事审判符合公正要求""民事诉讼中的调解自愿、合法""民事诉讼裁判得到有效执行"。在问卷题目设计上,对这3个二级指标只用了4个题目进行测量。⑥ 虽然这3个二级指标及其问卷题目无法完全反映民事司法程序的全面情况,但这3个二级指标及其问卷题目最具代表性,通过被访者对这4个问题

---

① 参见张建伟:《刑事司法体制原理》,中国人民公安大学出版社2002年版,第11~12页。
② 参见付子堂、张善根:《地方法治建设及其评估机制探析》,载《中国社会科学》2014年第11期。
③ 参见钱弘道、王朝霞:《论中国法治评估的转型》,载《中国社会科学》2015年第5期。
④ 付子堂、张善根:《地方法治建设及其评估机制探析》,载《中国社会科学》2014年第11期。
⑤ The World Justice Project, *The WJP Rule of Law Index* 2017-2018, Washington D. C.: The World Justice Project, p. 13.
⑥ 参见张保生等:《中国司法文明指数报告(2019)》,中国政法大学出版社2020年版,第31页。

的回答,大体可以反映人们对我国民事司法的满意度,进而对我国民事司法状况作出适当评价。

全面评估与局部评估和专项评估是相对而言的,强调评估的全面性并不意味着对局部评估和专项评估的否定。相对全国性评估来说,对特定地域内的法治评估就是局部评估。① 但是,例如 2006 年"法治余杭指数"包括 4 个"评估层面",内容涵盖当地经济、政治、文化、社会建设等各领域,②也被认为是"中国第一个全面的法治评估体系"。③

专项评估又称单项评估,主要针对司法活动的某个方面或特定主体,如司法透明指数评估、司法公信力评估等。2016 年《上海市高级人民法院司法公信力指数(试行)》,最高人民检察院检察理论研究所自 2014 年开展的"检察公信力测评",2017 年中国政法大学司法文明协同创新中心受中央政法委委托进行的法官、检察官员额制和司法责任制改革情况评估,都具有专项评估的性质。当然,在法治评估的语境下,司法评估也可以被视为专项评估。④ 反之,即使像"司法公信力评估"和"检察公信力测评"这样的专项评估,也具有系统性、综合性。如上海市高级人民法院的司法公信力指数,其指标涉及"执法办案、审判管理、司法改革、司法公开、司法廉洁"等方面,涵盖"立案、庭审、裁判、执行"等环节,系统、全面地反映了法院司法公信力的情况。⑤

三、普适性与特殊性兼顾

虽然历史上人们对"法治"有不同理解,⑥但作为一个普适性概念,现代法治的基本内涵和主要原则还是得到了各国普遍认可。法治所表征的乃是人类共同的生

---

① 有学者以特定的职能部门为评估对象,把局部评估分为对立法评估、司法评估和行政评估。参见付子堂、张善根:《地方法治建设及其评估机制探析》,载《中国社会科学》2014 年第 11 期。
② 参见《法治余杭"149"评估体系开先河》,载《领导决策信息》2008 年第 7 期。
③ 参见钱弘道编:《法治评估的实验——余杭案例》,法律出版社 2013 年版,第 66 页。
④ 参见钱弘道等:《法治评估及其中国应用》,载《中国社会科学》2012 年第 4 期。
⑤ 参见崔亚东:《司法公信力指数的探索与建立》,载《中国应用法学》2017 年第 3 期。
⑥ 参见沈宗灵:《依法治国,建设社会主义法治国家》,载《中国法学》1999 年第 1 期。

活经验与生活理想,因此也就具有人类主体、世界空间与古今延续的普适性。① 由于不同社会文化背景下的人们具备相近似的理性和认知能力,决定了存在带有普遍性的制度安排和行动模式。② 以刑事司法为例,自联合国成立以来,在刑事司法领域颁布了大量文件,形成了一系列国际公认的国际刑事司法准则,反映了不同国家的某些共同要求,尽管有些国际条约规定有缔约国的"保留条款",但由联合国制定、认可或倡导的准则具有较高层次的普遍使用价值,"对于世界各国有放之四海而皆准的号召力和实用性"。③

制度的共同性和法治的普适性是法治评估相互借鉴的基础。如余杭法治指数在设计过程中,就借鉴了我国香港特别行政区的经验。④ 不同国家和地区的法律制度或多或少存在某些共同性,这就决定了其法治发展状况具有了可比性,这也是"世界正义项目"多年来对世界上百个国家和地区开展"WJP 世界法治指数"评估的基础。中国法治评估应当坚持国际实践与中国经验相结合原则。⑤ 如"中国司法文明指数"二级指标的设计就参考了"WJP 世界法治指数""指标 7:民事司法""指标 8:刑事司法"的二级指标设计思路。⑥ 法治建设是一个普遍性与特殊性如何均衡的问题。⑦ 外国法治经验可为我们提供启示和帮助,但中国现代法治的形成和运作更需要寻求和利用本土资源。⑧ 司法评估在坚持法治共性的同时,也应当关照法治的差异性,"因地制宜"制定适合本国的评估方案。⑨

在中国特色社会主义法律体系基本形成之后,中国法治建设正在从以"立法"为

---

① 参见姚建宗:《法治指数设计的思想维度》,载《光明日报》2013 年 4 月 9 日,第 11 版。
② 参见陈步雷:《法治价值普适性之我见——对"本土资源论"的若干质疑》,载《国家行政学院学报》2000 年第 6 期。
③ 陈光中、[加]丹尼尔·普瑞方廷主编:《联合国刑事司法准则与中国刑事法制》,法律出版社 1998 年版,第 4 页。
④ 参见钱弘道编:《法治评估的实验——余杭案例》,法律出版社 2013 年版,第 70~71 页。
⑤ 参见朱景文主编:《中国法律发展报告 2018:2015—2017 年中国法治满意度评估》,中国人民大学出版社 2018 年版,第 20 页。
⑥ 参见张保生等:《中国司法文明指数报告(2019)》,中国政法大学出版社 2020 年版,第 4 页。
⑦ 参见钱弘道、王朝霞:《论中国法治评估的转型》,载《中国社会科学》2015 年第 5 期。
⑧ 参见苏力:《法治及其本土资源》,中国政法大学出版社 1996 年版,第 18~19 页。
⑨ 参见钱弘道等:《法治评估及其中国应用》,载《中国社会科学》2012 年第 4 期。

中心转移到以"法律实施"为核心,实现从"法律体系"向"法治体系"的实践跨越。[1] 相应地,在国家法治统一的正当前提下,司法评估是按照普适性标准对正在形成的"法治体系"的司法环节进行评估。在具体评估过程中,应当按照国家对司法工作的统一要求和标准,对各省、自治区、直辖市,包括法律法规的应用、司法权的行使、司法程序的适用以及裁判标准的把握等情况进行评估。

司法评估还要考虑不同性质的评估对象在部分指标上的差异性。如"在司法权力公正行使"这一指标上,同为宪法确定的国家司法机关,对法院和检察院行使权力的要求并不一样。法院行使的司法权的本质是判断,强调权力的消极性、中立性和终局性;而检察院诉讼地位则不具有法院那样的中立性,其行使的"司法权"在本质上不具有裁判性,仅具有主张性质,并不具有终局性。[2] 在评估的题目设计及其权重赋值上,应当充分考虑法律对两者要求的差异性。对于两者在该指标的评分,即使得分相同,也应当作出不同评价。

四、主观评价与客观数据匹配

司法评估本质上反映了民众对司法的满意度,即被访者对于其所认知的司法活动的主观评价。公众根据个人经历及其直接或间接的观察,可以对司法状况作出自己的判断和评价。

公共理性具有消弭个人偏见、达成社会共识的功能。以往及当前的法治和司法评估,都重视以问卷调查方式收集公众主观感受方面的数据。最高人民检察院检察理论研究所始自 2014 年的"检察公信力测评",是社会公众以自己对检察工作的了解和认知为基础,并通过主观判断的方式作出的,评估方式具有明显的主观性。[3] 司法文明协同创新中心始自 2014 年的"中国司法文明指数",更是立足普通民众和法律职业群体对本地司法现状的亲身感受或满意度,甚至将人民群众满意度评价视为

---

[1] 参见莫纪宏:《论中国特色社会主义法律体系、法治体系与制度体系的有机统一》,载《法学杂志》2020 年第 5 期。
[2] 参见张建伟:《刑事司法体制原理》,中国人民公安大学出版社 2002 年版,第 28~30 页。
[3] 参见谢鹏程、邓思清:《检察公信力测评指标体系研究》,载《人民检察》2014 年第 23 期。

衡量"公正司法"和"司法公信力"的最高标准。① 因为,"社会心理对法律制度是否正义的感受与评价,将影响人们对法律制度和程序做出什么样的行为反应"。②

不同人群基于身份、经历、文化水平、经济条件等因素的差异性,人们对司法活动的认知和感受存在差别。即使评价的对象和条件以及相处的环境大体相同,也很容易得出不同的评价结果。③ 如在 2017 年"中国司法文明指数"问卷调查中,对"法院公正办案的可能性"问题,有 50.7% 的法官认为"非常可能",而持相同看法的检察官、警察和律师比例分别只有 36.5%、26.9% 和 16.8%;④对"司法权力"这个一级指标,在职业、学历、区域、性别、政治面貌等变量背景下均存在显著性差异。通过对高分组和低分组人群的特征进行对应性分析,发现具备东部或中部(区域)、检察官(职业)、研究生/博士(学历)、法学(专业)、36~45 岁(年龄)等背景特征的群体更可能为该指标评高分,具备西部(区域)、律师(职业)、本科(学历)等背景特征的群体更可能为该指标评低分。⑤ 这种群体认知偏差和主观评价的差异性为司法评估提供了分析理据,同时也给司法评估的科学性带来挑战。

司法评估主观评价的差异性蕴含评价结果的不确定性。正是由于认识到这一点,有学者提出司法评估必须兼顾客观数据,⑥在指标体系中妥善安排主观指标与客观指标的比例。⑦ 司法文明指数指标体系中有机地加入了客观数据,主观指标和客观指标维持在 9∶1 的比例。⑧

---

① 参见张保生主编:《中国司法文明指数报告(2014)》,中国政法大学出版社 2015 年版,第 2 页。
② 戴昕:《心理学对法律研究的介入》,载苏力主编:《法律和社会科学》第 2 卷,法律出版社 2007 年版,第 17 页。
③ 参见侯猛:《如何评价司法公正:从客观标准到主观感知》,载《法律适用》2016 年第 6 期。
④ 参见张中主编:《中国司法文明指数调查数据挖掘报告 2017》,中国政法大学出版社 2020 年版,第 33 页。
⑤ 参见张中主编:《中国司法文明指数调查数据挖掘报告 2017》,中国政法大学出版社 2020 年版,第 111~112 页。
⑥ 参见孙笑侠:《司法公信力评估必须兼顾客观数据与主观评价》,载《人民法院报》2016 年 11 月 24 日,第 5 版。
⑦ 在 2016 年 5 月举办的"第三届司法文明指数研讨会"上,关于司法评估中的主客观指数比例安排问题,与会专家主要有两种观点:一是认为客观指数应该增加,引进更多的客观数据;二是坚持用主观指标,强调主观占更大的比重。参见张中、敖丽丹、方玉叶:《构建更为合理的司法文明指数指标体系与评估方法——"第三届司法文明指数研讨会"综述》,载《证据科学》2017 年第 2 期。
⑧ 参见张保生等:《中国司法文明指数报告(2019)》,中国政法大学出版社 2020 年版,第 4 页。

最高人民法院自2008年起在全国法院推行案件质量评估,在指标体系设计上,"审判公正"指标主要由立案变更率、一审陪审率、一审上诉改判率、一审上诉发回重审率、生效案件改判率、生效案件发回重审率、二审开庭率、执行中止终结率、违法审判率、违法执行率、裁判文书质量11个指标组成;"审判效果"指标由上诉率、申诉率、调解率、撤诉率、信访投诉率、重复信访率、实际执行率、执行标的到位率、裁判主动履行率、一审裁判息诉率、公众满意度11个指标组成。① 在上述22个指标中,除"裁判文书质量"和"公众满意度"外,其他20个指标都属于客观指标。然而,"审判公正"是否可以通过实际办案情况的客观指标计算出来?这是值得怀疑的。尽管最高人民法院根据各地反馈的情况于2011年对上述指标进行了修改,但案件质量评估指标体系总体上仍然是以客观指标为主要考察对象。2016年,《上海市高级人民法院司法公信力指数(试行)》发布,该指数包含61个三级指标,其中很多指标属于以实际发生的客观数据测评的客观指标,如审限内结案率、简易程序适用率、行政机关负责人出庭应诉率、院庭长人均办案数、公开开庭率、"12368"平台服务总次数、廉政投诉办结率、违法违纪数等。②

客观数据收集及质量对司法评估本身的公信力有重要影响。与主观评价相比,客观数据的收集范围受限,收集难度也比较大。实践中不排除存在"数字化生存"的问题,③即司法官员通过虚报、浮夸等手段捞取政绩,达到"数据升官"与"官升数据"的目的。④ 因此,如果客观数据不客观、不真实,通过客观数据反映司法工作实际状况的目的就无法实现。因此,第一,客观数据的收集要尽量排除主观因素的干扰,采取有效方法保证数据来源的真实性和可靠性。⑤ 第二,应当充分利用现代科学技术手段尽可能收集获取真实可靠的数据资料。第三,对客观数据的处理应当采取客观的态度,不得任意改动原始数据、中间数据或者结果数据。第四,应当运用科学方法对客观数据的"真实性"进行鉴别,尽量避免虚假数据进入评估范围。第五,还要理

---

① 参见最高人民法院《关于开展案件质量评估工作的指导意见(试行)》(法发〔2008〕6号)。
② 参见宋宁华:《全国首个"司法公信力指数"发布》,载《新民晚报》2016年10月27日,A03版。
③ 参见徐有昌:《官老爷的"数字化生存"》,载《光彩》1999年第4期。
④ 参见蒋瑞松:《"数据升官"与"官升数据"》,载《民主与科学》1995年第3期。
⑤ 参见天津市第二中级人民法院课题组、姚奎彦:《从粗放到系统:论司法公信力评估体系的构建》,载《法律适用》2013年第1期。

性对待客观数据的真实性。由于人们对统计数据可能存在认识上的差异,以及各地统计标准的不一致性,很可能存在统计数据不能准确反映实际情况的问题,造成评估结果出现偏差,这是正常现象。鉴于上述理由,《中国司法文明指数报告》中使用的客观数据,来自各省、自治区、直辖市高级人民法院和人民检察院向省级人民代表大会所作的年度工作报告。[1]

五、内部评估与外部评估互补

从评估的运行机制和实际效果看,内部评估与外部评估各有优势。内部评估通常更具有针对性,评估人员更了解被评估事项的问题所在和被评估对象的实际情况,但出于各种利益考虑以及人为因素,评估结果可能出现偏差。相对而言,外部评估更具权威性,更有可能排除各种人为干扰而作出公正的评估。因此,司法评估的理想模式应当坚持内部评估与外部评估相结合的原则,有利于发挥两者的优势,同时避免单方面评估可能带来的负面后果。

内部评估属于自我评估,评估目的在于自我提高。如最高人民法院的案件质量评估,要求"各级人民法院负责本院评估数据的收集、整理、分析,定期上报评估基础信息",旨在总结审判经验,增强审判能力,提高审判质量。但由于评估主体和评估对象具有利益上的一致性,内部人员之间错综复杂的利害关系会直接影响评估结果的准确性。有学者指出,这种评估模式缺乏独立性,公信力低,评估主体容易陷入"既是裁判员又是运动员"的角色冲突。[2] 尽管如此,我们并不否定内部评估在自我诊断、自我改进和自我提高等方面的积极作用。

与内部评估相比,外部评估过程更加透明,评估结果更加客观。外部评估实行利益规避原则,评估人员可以保持客观中立的立场。2012年重庆市高级人民法院《关于执行工作中司法评估的规定(试行)》第2条规定:"司法评估应当遵循委托评估权与执行实施权相分离的原则。"第7条规定:"在司法评估活动中,人民法院工作人员、第三方评价机构工作人员、司法评估机构及其工作人员是司法评估涉及的诉

---

[1] 参见张保生等:《中国司法文明指数报告(2019)》,中国政法大学出版社2020年版,第37页。
[2] 参见钱弘道等:《论中国法治评估的转型》,载《中国社会科学》2015年第5期。

讼活动当事人一方的,或者与当事人有利害关系,以及存在其他可能影响独立、公正情形的,应当回避。"

为保障评估人员的中立性,美国犹他州负责法官绩效评估的司法绩效评估委员会法定成员为13人,由参众两院议长各任命2人,其中1人可为州律协成员;由州最高法院与州长各任命4人,其中至少1~2人为州律协成员;最后一名委员为犯罪与未成年人司法委员会执行理事。每个任命主体在任命委员时,应当保证来自同一政党人员不超过半数。这种成员结构能够保证评估委员会的中立性与客观性,使司法绩效评估免受政治立场、意识形态分歧与专业知识差异的影响。[1]

第三方评估要求评估机构具有独立性。独立性是保证评估结果公正的起点。[2]作为评估机构和评估人员,既要独立于被评估单位,也要独立于委托评估单位,不能与其具有任何行政隶属关系,也不能产生任何利益关系。评估机构根据委托方评估要求,应当自行设计评估方案,独立组织实施评估工作,自主作出评价结果,不得接受或者按照有关领导指示作出评估结果。独立性是第三方评估具有权威性的主要根源。

第二节　司法评估的测量标准

一、司法评估标准的量化

(一) 法治指数与司法评估指标

所谓指数,作为统计学的概念,是一个相对指标,反映的是某一特定时期某一现象的水平与其过去的水平、或与作为基础的类似现象的水平对比的关系。换言之,指数表现为某一现象在某一时期内变动情况的相对指标。作为一项有效的评价工具,自20世纪60年代"社会指标化运动"兴起,指数开始在社会学、政治学等领域广

---

[1] 参见夏南:《美国犹他州司法绩效评估制度》,载《人民法院报》2013年5月10日,第8版。
[2] 参见徐双敏:《政府绩效管理中的"第三方评估"模式及其完善》,载《中国行政管理》2011年第1期。

泛应用。① 在社会学中,它通过反映社会生活状态或质量的社会指标,可以对某一社会现象进行评估,②并可分析各种构成因素的影响程度,研究总平均指标变动中各组标志水平和总体结构变动的作用。③

法治指数,是指数理论和方法在法治领域的具体运用,它是对于某一地区某一时期法治发展情况的综合反映,并运用科学的指数方法将法治现状用数值的形式表示出来,这个数值表示当前法治水平相当于基准水平的多少。法治指数实现了法治的有尺可量,将庞大烦琐的法律制度规定和运作机制高度浓缩化,变成一些可以量化的、具有高度可操作性的指标。④

司法评估作为法治评估的重要组成部分,⑤主要应用问卷调查、访谈以及数据统计、数据挖掘等系统化评估方法,对各地司法制度运行状况进行动态评价,找出司法的强项和弱项,分析司法实践状况,研究司法环境因素对司法的影响,进而发现司法运作中存在的主要问题,提出解决问题的办法和对策,从而为司法制度建设提供科学的参考依据,推动司法工作质量的全面提高。⑥

司法评估的结果通常需要通过一系列具体指标及其数值进行表述。就司法评估内容而言,无论是对司法制度实施情况的评估还是对司法活动参与人员行为的评估,都需要具体的评估事项和相应的数据来体现。在统计学上,这一能够指称某一现象数量或者用以计量某种事物的概念被称为指标,是能够说明某种现象或者事物总体数量特征的概念,一般由指标名称和指标数值两部分组成,体现了事物质的规定性和量的规定性两个方面的特点。⑦ 如美国州司法中心和司法协助局自 1987 年

---

① 参见王称心、蒋立山主编:《现代化法治城市评价——北京市法治建设状况综合评价指标体系研究》,知识产权出版社 2008 年版,第 10~23 页。
② 参见[美]艾尔·巴比:《社会研究方法》(第 10 版),邱泽奇译,华夏出版社 2005 年版,第 353 页。
③ 参见张保生等:《中国司法文明指数报告(2019)》,中国政法大学出版社 2020 年版,第 2 页。
④ 参见钱弘道等:《法治评估及其中国应用》,人民出版社 2017 年版,第 130 页。
⑤ 以"WJP 世界法治指数 2017~2018 年"为例,在 9 个一级指标和 45 个二级指标中,司法的一级指标 3 个,占了 1/3 的比重;司法二级指标 17 个,占 37.8%。考虑"约束政府权力""腐败遏制""基本权利"的部分内容也与司法有关,司法在法治中所占的比重更大。参见张保生等:《中国司法文明指数报告(2019)》,中国政法大学出版社 2020 年版,第 4 页。
⑥ 参见郑飞:《中国司法评估实践的理论反思》,载《证据科学》2018 年第 1 期。
⑦ 参见赵俊、郭川阳:《"法治中国"考评指标体系研究》,载徐汉明主编:《社会治理法治前沿年刊》2014 年第 1 辑,湖北人民出版社 2017 年版,第 39 页。

开展的司法绩效评估,就把司法质量问题分为 5 个方面、22 个指数和 68 项具体措施。①

（二）司法评估指标量化的依据和要求

用量化手段衡量事物是经济社会发展走向"理性化"的表现。② 司法评估有定性考察和定量考察两种方式,定性考察主要靠经验描述,定量考察是通过设置一系列量化指标来对评估对象进行考核,使评估工作由抽象的考察变为具体的量化考察,评估内容更全面,评价标准更细化,评估结论更具体。因此,量化指标是司法评估体系中不可或缺的元素。

司法评估指标量化要有规范依据和事实依据。所谓规范依据,即评估量化指标的确定要于法有据,如判断侦查措施是否合法,先要看采取的搜查、扣押等具体侦查措施是不是违反了刑事诉讼法关于搜查、扣押的规定。

司法评估指标量化要注意以下问题:一是对于不宜量化或者不能量化的指标不强行量化。在司法领域,有些内容不宜进行简单量化考察,或者不能通过一些简单数据进行量化考察。例如,不能把二审法院改判率或者发回重审率,作为测量一审法院公正审判的一个量化指标。二是量化指标设置标准要切合实际,不能过于绝对,应当体现量化指标考察的合法性与合理性。例如,对于法官年平均结案数,就要考虑每个法院案件数量及法官数额,每个案件的难易程度及花费的工作量等。三是量化指标之间的矛盾关系。司法评估涉及面较广,评估指标尤其是二级指标和三级指标数量较大,除这些指标设计本身是否合理外,还要避免这些指标之间可能存在某种矛盾甚至冲突。例如,一审案件陪审率和一审案件简易程序适用率,分属于不同的一级指标,但两个指标之间就存在此消彼长的关系。因此,量化指标设定要注意在整体结构上的合理性与协调性。

---

① 参见佟季、袁春湘:《美国和加拿大司法绩效评估的实践及启示》,载《人民法院报》2011 年 11 月 5 日,第 2 版。
② 参见王裕根:《案件质量评估体系的理论反思与前瞻》,载《广西政法管理干部学院学报》2015 年第 6 期。

二、司法评估指标的设置及其要求

（一）司法评估指标的设置

评估指标是法治评估的基本依据和核心要素。评估指标设置并非纯粹技术问题，而是一个包含诸多复杂因素和潜在变量的系统性操作过程。[1] 有学者提出，可以在"文本—行动—观念"三个层面和框架内进行指标设置。[2] 因为，法治不仅体现在有合乎法治的制度文本，其最重要的表征还体现在法律行动或法律秩序之中，而法治观念和法治意识又是连接法律制度或法律秩序的关键要素。

相对法治评估，司法评估主要考察"行动中的法治"，且限于司法领域的法律实施情况，一般不涉及立法和行政问题。例如，2008 年最高人民法院《关于开展案件质量评估工作的指导意见（试行）》，把案件质量评估对象确定为审判公正、审判效率、审判效果三大指标。[3] 司法文明协同创新中心的"中国司法文明指数"，主要测量司法制度、司法运作、司法主体和司法文化领域。[4]

关于具体指标的确定，统计学中常用的方法有德尔菲法、层次分析法、频度统计法等。德尔菲法是按照既定程序以匿名函件方式让专家组成员交换意见，通过将意见逐步趋于集中，而获得具有一定准确率的集体判断结果。层次分析法是专家组成员确定指标时，应遵循指标的逻辑层次逐级确定，这要求专家组成员的指标确定符合对司法模块的逻辑划分。频度统计法则要求对专家组所遴选指标的频数分布加以统计，按指标频数高低进行排序，从而最终确定各级具体指标。2016 年上海市第一中级人民法院进行的司法公信力评估是采用德尔菲法确定的评估指标。[5]

---

[1] 参见万方亮：《有限理性视角下法治评估的模式重构及逻辑遵循》，载《行政法学研究》2020 年第 4 期。
[2] 参见付子堂、张善根：《地方法治建设及其评估机制探析》，载《中国社会科学》2014 年第 11 期。
[3] 参见最高人民法院《关于开展案件质量评估工作的指导意见（试行）》（法发〔2008〕6 号）。
[4] 参见张保生等：《中国司法文明指数报告（2019）》，中国政法大学出版社 2020 年版，第 5 页。
[5] 参见徐文进、姚竞燕：《深化改革视阈下司法公信力第三方评估机制的检视与优化——以全国首份司法公信力第三方评估报告为镜鉴》，载《法律适用》2017 年第 15 期。

（二）司法评估指标的设置要求

司法评估指标的设定和一般用于对复杂的社会现象进行整体评价的指数一样，具有复合测量的特性，其指标设定具有以下要求：

一是司法评估并非面面俱到，要抓住若干重大问题进行考察和测量。以司法公开为例，按照最高人民法院《关于司法公开的六项规定》，司法公开包括立案公开、庭审公开、执行公开、听证公开、文书公开和审务公开。然而，除非做司法公开专项评估，在对司法状况的整体评估中，需要重点考察的事项主要是司法过程和结果的公开。

二是司法评估重在考察司法活动及其社会效应，而不仅是"纸上的法律"。从国外实践看，司法规范通常作为司法评估体系的重要内容，这些规范细化了司法机关所关注的各种事项，不仅有司法绩效，还包括组织管理等对提高司法质量确有帮助的内容。

三是法律以外能够反映司法状况的重要事项也应列入评估范围，如有些虽然法律上无法规定却应该考察的指标，包括司法人员的法治观念、职业素养、办案经验，以及社会公众的法治意识和对判决的接受程度等。

四是主观指标与客观指标保持适当比例。采用主观指标还是客观指标进行司法评估一直以来都是困扰各种司法评估项目的一个难题。[1] 一般而言，司法评估主要是测量人们对司法状况的主观感受，因而主观指标通常构成司法评估指标的主体部分。如中国司法文明指数的主观指标和客观指标的比例多年来一直是 9∶1。有学者对此提出不同看法，一种观点认为客观指标应当增加，并占主要比例；另一种主要是法官群体认为应当坚持主观指标，客观指数不必增加。[2] 主客观指标比例关系到司法评估的科学性和调查问卷的有效性，应当根据评估目标，保持主观指标和客观指标的适当比例。

五是在具体设计指标时，要明确预期目标，且每个指标的权重有所区别，每个问

---

[1] 参见郑飞：《中国司法评估实践的理论反思》，载《证据科学》2018 年第 1 期。
[2] 参见张中、敖丽丹、方玉叶：《构建更为合理的司法文明指数指标体系与评估方法——"第三届司法文明指数研讨会"综述》，载《证据科学》2017 年第 2 期。

题答案的分值也不应完全一样,应该根据其对法治发展和司法文明水平测量的实际影响赋予不同的权重。

三、司法评估指标体系的结构与功能

(一)司法评估指标体系的结构

司法评估指标体系是一种特殊的社会评价指标体系,它是运用定性和定量方法,对司法制度及其运行情况进行主客观评价的一种逻辑结构系统。在本质上,司法评估属于法治评估;在内容上,司法评估指标也是法治指标体系的有机组成部分,但司法评估指标体系是一个相对独立的逻辑系统。

司法评估指标体系是由一系列要素指标构成的。一是主体要素指标,即参与司法活动的主体,包括法官、检察官、律师和侦查办案人员等。二是制度要素指标,即"文本中的法律"——司法活动的法律依据。法治的要义在于司法要合乎法律文本,司法评估既要评估司法活动是否符合法律规定,也要评估法律文本自身的合理性和有效性。三是行为要素指标,即"行动中的法律"——司法主体实施的司法行为。有学者指出,"法律行动是否合乎法治是测量法治的最基本标准"。[①] 司法评估的重点也是司法主体实施、构成司法程序内容、可以产生特定法律效果的行为。四是环境要素指标,即司法主体及其司法活动赖以存在和发展内涵的时空条件、物质基础和人文状态,不仅关系司法主体的素质,而且对司法活动的合法性、有效性和权威性均有直接影响。五是效果要素指标,即司法活动产生的法律效果和社会效果,包括正面和负面的效果。

要素指标是司法评估指标体系的基础,这些指标之间的联系方式则形成了司法评估指标体系的结构。司法评估的内容具有综合性,评估的事项涉及司法人员的专业素质、能力、品质、行为方式、对当事人的态度、司法的过程和结果等,评估的内容不局限于案件审理质量。参与评估的对象也具有复杂性,除要测试法官、检察官、警察、律师等法律职业人员对司法运行的态度、便利性以及裁判的正义性等认识外,还

[①] 付子堂、张善根:《地方法治建设及其评估机制探析》,载《中国社会科学》2014年第11期。

要考察社会公众对本地司法状况的亲身感受,测试公众对司法工作的满意程度。因此,司法评估指标体系建构要特别注意各评估指标的逻辑性和系统性,明确各评估指标的考察目标,并充分考虑评估指标之间的关联性,在内容设置上能够相互呼应,确保司法评估指标体系的科学性和有效性。

司法评估指标体系是一种"量化的数据化模型构造",[①]是要素指标按照特定逻辑和规律组成的有机组合系统。首先,要素指标之间存在特定联系方式。各要素指标之间的相互关系是司法评估指标体系的重要结构特征。要素指标不是孤立存在的,它必须与其他要素指标发生关系才能显示作用。例如,作为司法主体的法官,如果没有法律文本授权,他就不能实施任何司法行为;如果离开特定司法环境即相关制度保障,其行为也无法产生特定法律效果。其次,要素指标及其相互关系存在特定层次性。司法评估指标体系是各要素指标按照特定等级组成的复合体,体现了各指标要素在司法评估指标体系中的地位和相互关系。再次,要素指标的相互结合方式决定了司法评估指标体系的整体性结构。司法评估指标体系以其要素指标为基础,但它既不同于要素指标,也不是各要素指标的简单叠加,而是以一个有机整体来发挥作用的。所以,评价一个地区的司法文明程度,不能只考察司法公开状况,还要考察司法机关是否适当行使权力、当事人权利能否得到保障、司法程序的运行情况、公众对司法工作的满意度等。最后,系统性是司法评估指标体系的本质特征。司法评估是以信息参数为基础对司法过程进行的系统化认知。系统性是要素指标选取及其等级次序科学安排的基础。当然,要素指标需要不断调整才能趋近系统性。有时候,各要素指标会存在一些交叉重合,甚至存在矛盾,"从理论上说,因重合、派生指标在对评估对象进行价值判断和分析时具有同一指向性,原则上只应保留一个,以避免整个指标体系逻辑上有过多的交叉重叠,使它们之间具有互补平衡性。但由于很多指标本身往往是合理性与非合理性因素并存,想要纯化或'萃取'指标有用或合理的部分非常困难"。[②] 例如,当事人诉讼权利就与三大诉讼程序之间具有交叉关系,在三大诉讼中都包含当事人诉讼权利,尽管测试角度不同,也应尽量避免重复

---

① 参见王裕根:《案件质量评估体系的理论反思与前瞻》,载《广西政法管理干部学院学报》2015 年第 6 期。
② 邓志伟:《主观与客观之间:司法效率评估的选择与优化》,载《法律适用》2011 年第 3 期。

评价问题。此外,在评估指标设定上,还要考虑评价主体因素,要照顾到法律职业群体与社会公众在特定评价指标上体现的差异,注意司法机关自我评价和社会评价对评估指标的影响。

(二)司法评估指标体系的功能

作为有效的量化评估工具,司法评估指标体系能够明确司法工作的整体布局和重点任务,实现司法工作的量化考评及其标准,建立全新的司法行为动态管理和监督体制,分析影响司法工作质量的各种因素,为改进司法工作决策和司法制度建设提供依据,推动司法文明程度的全面提升。

首先,司法评估指标体系的量化评价功能。借助定量分析方法,运用多指标综合评价技术,建立司法评估量化模型,计算司法综合指数,并通过具体数据对司法工作进行评判与分析,既可以对某地司法工作整体情况作出总体评价,也可对司法工作某一方面甚至某项工作作出具体评价。[1] 通过各要素指标的量化数据及其总体数值,可以反映一个地区的司法水平和司法进步程度。

其次,司法评估指标体系的司法指引功能。司法评估指标体系反映了现阶段司法工作的内涵和要求,通过司法评估可为加强司法制度建设、司法工作规范化和司法环境改善等提供一面自我对照的"镜子"。[2] 各项指标数值有助于指引司法人员、司法机关了解司法制度建设及其实施情况的强项和弱项,全面了解司法工作的实际状况。司法人员借此能够认识工作中存在的问题和不足,确定今后工作重点和努力方向;司法机关可以根据司法评估指标体系制定发展规划和目标任务,及时完善有关工作机制。

最后,司法评估指标体系的法治建设功能。法治量化评估体系是量化标准和实践行动的结合,本质上是一种制度创新,能够有效推进法治建设的进程。[3] 司法评估指标体系建构过程是一个司法制度符号化的过程,将庞杂的司法制度规范和司法运作机制变成一系列具有可操作性的量化指标,实现了司法实践状况的数据化。司法

---

[1] 参见谢鹏程、邓思清:《检察公信力测评指标体系研究》,载《人民检察》2014 年第 23 期。
[2] 参见张保生等:《中国司法文明指数报告(2019)》,中国政法大学出版社 2020 年版,第 1 页。
[3] 参见陈燕妮:《余杭法治指数:量化评估基层法治建设的新探索》,载《今日浙江》2010 年第 9 期。

评估结果看起来是一组数据,但它代表一系列极其重要的创新制度组合或"制度束"。① 评估指标的设计及其体系化是一个将不同层次的司法制度系统化的过程,在此过程中,可以发现司法制度存在的短板甚至缺失问题。通过全面而连续的司法评估,对各评估指数的深度分析,能够帮助司法机关把握司法整体状况及其发展趋势,推进司法制度的完善。有学者主张,应当将"法治 GDP"纳入领导干部政绩考核体系。②

第三节　司法评估检验标准

马克思在《关于费尔巴哈的提纲》中提出:"人应该在实践中证明自己思维的真理性,即自己思维的现实性和力量,自己思维的此岸性。"③这是关于实践是检验认识真理性唯一标准的经典表述。司法评估指标体系的科学性、评估过程的有序性、评估方法的可行性、司法评估结果的准确性和有效性都需要评估实践来予以验证,检验司法评估是否符合预设的价值目标,能否切实反映司法实践的真实情况,能否发挥促进司法进步的作用。否则,任何有违现代法治价值观、脱离司法实践、对法治发展毫无作用的评估,都只能是"假评估"。④

一、目标导向标准

司法评估是一个无形的指挥棒,它虽未直接告诉被评估对象应该怎样做或者不要怎样做,但它似乎又在明确建议其应该怎样做和不应该怎样做。司法评估的过程实质上是宣示国家法治价值标准的过程,也是引导司法人员正确实施司法行为的过程。通过对各评估指标的设置和赋值,昭示哪些司法行为正当,哪些司法行为不正当;通过发布评估报告,公布各地评估指标得分,相当于告诉其哪些做得好或者比较好,哪些做得不好或者不够好,引导其正确实施司法行为。

---

① 参见钱弘道等:《法治评估及其中国应用》,人民出版社 2017 年版,第 130 页。
② 参见马怀德:《法律实施有赖于"法治 GDP"的建立》,载《人民论坛》2011 年第 29 期。
③ 《马克思恩格斯文集》(第 1 卷),人民出版社 2009 年版,第 500 页。
④ 参见张国庆:《现代公共政策导论》,北京大学出版社 1997 年版,第 212 页。

司法评估应该以国家法治建设目标为导向。虽然评估的一般原理与方法本具有"价值无涉"的特性，但是，对于法治的评估、制度的评估、政府绩效的评估等社会实践的评估都具有与国家愿景和时代使命相一致的价值导向。① 如美国加利福尼亚州司法委员会和旧金山大学于 2005 年共同开展的公众和律师对加利福尼亚州法院信任和信心的调查。该项调查主要目标是掌握加利福尼亚州居民对其所在社区的法院和加利福尼亚州司法制度的了解、熟悉程度、基本态度和具体体验，以此衡量公众对司法的信任和信心，了解公众对司法的信任和信心是否以及为何会受到法院经历、受访人员差异和其他因素影响；衡量执业律师对加利福尼亚州司法制度的信任和信心，并确定律师和公众看法之间的相似性和差异，最终为美国加利福尼亚州司法委员会制定司法发展战略规划提供参考。②

即使是独立的非政府组织或者第三方机构评估，也有明确的目标导向。第三方法治评估是民主法治发展的产物，作为一个大众平台，它让社会大众能够自由探讨法治建设，从而发现社会公众对法治建设的切实需求。同时，第三方评估机构可以作为沟通桥梁，实现政府与公众之间的平等对话，并让双方从对方的视角来看待法治建设，获得彼此的理解，形成社会认同。③ 例如，由世界正义项目开发的"WJP 世界法治指数"，从普通人视角，综合了专家的意见和对普通民众的问卷调查，反映了民众所经历的可能影响人们日常生活的法治缺陷的实际状况，为世界各国在实践中坚守法治的程度提供了一个综合图景，其目标和任务是促进世界各地的法治发展。④ 由司法文明协同创新中心开发的"中国司法文明指数"，其目标是为司法文明建设提供一面"镜子"，在"保证公正司法，提升司法公信力"方面发挥积极作用，并提升中国在"WJP 世界法治指数"中的国家排名。⑤

---

① 参见钱弘道等：《法治评估及其中国应用》，载《中国社会科学》2012 年第 4 期。
② 参见蒋惠岭、黄斌：《美国加州法院的司法公信力评估机制》，载《人民法院报》2013 年 5 月 17 日，第 8 版。
③ 参见张玲：《第三方法治评估场域及其实践逻辑》，载《法律科学（西北政法大学学报）》2016 年第 5 期。
④ 参见张保生、郑飞：《世界法治指数对中国法治评估的借鉴意义》，载《法制与社会发展》2013 年第 6 期。
⑤ 参见张保生：《司法文明指数是一种法治评估工具》，载《证据科学》2015 年第 1 期。

司法评估成功与否的关键要看通过评估活动能否实现当初设定的评估目标。如案件质量评估,对其检验的重要标准之一就是看通过评估是否有效提升了法院的审判质量,包括诉讼和执行各环节是否规范合法,案件是否得到公正处理,当事人诉讼权利和其他合法权益是否得到有效保障。例如,检察公信力评估,其检验标准之一就是通过评估检察公信力是否得到有效提升,包括引导检察人员树立正确的法律观念和价值追求,弘扬法治精神,而且使各个检察机关比较客观、全面地了解自己执法公信力的状况,引导其不断改进检察工作,完善有关制度和工作机制,从而不断提高检察公信力水平。①

二、规范性标准

规范性是司法评估赖以生存的基础,也是推动司法评估健康发展的根本保障。司法评估要遵循司法规律,也要符合司法评估自身的规律。规范性决定了司法评估的预定目标能否实现以及实现程度,也决定了司法评估能否获得公众认同。

(一)评价主体的多样性

司法评估主要考察社会公众对司法活动的满意度,必须满足民众的期待和要求。可以说,只有由民众来评估司法文明,才能保证司法文明建设的正确方向。② 但司法活动又是一项专业性很强的活动,需要法律职业人员的参与,有些问题可能只有特定法律职业人员才有体会,需要了解他们对司法活动的看法。如中国司法文明指数调查对象,每个省、自治区和直辖市要做 800 份调查问卷,其中社会公众 600 份,要求调查对象至少涵盖问卷中所列 8 个职业(高等院校、科研机构、党政机关、事业单位、企业、媒体、出版行业、自由职业者、进城务工人员、农民、离退休人员)中的 6 个职业;③法律职业群体 200 份,其调查对象包括法官、检察官、警察和律师。

---

① 参见谢鹏程、邓思清:《检察公信力测评指标体系研究》,载《人民检察》2014 年第 23 期。
② 参见张保生:《"司法文明指数 2015"评估方案和排名分析》,载《证据科学》2016 年第 1 期。
③ 对于社会公众的职业种类,后经讨论修改为现在的 9 类人员:党政机关人员,事业单位(含学校、研究机构)人员,企业、服务业人员,进城务工人员,农民(含林牧渔业生产者),自由职业者,离退休人员,学生,无业。

（二）评估内容的体系性

这主要体现在评估指标体系上，评估指标的选取应该充分体现国家司法理念和司法制度建设的新成果，全面反映各地司法实践的真实情况；评估指标体系的建构要注意各项指标的普适性，评估指标之间逻辑关系的层次性、合理性和系统性。司法评估是一项实践性很强的工作，评估指标的选取和设置不仅要能够反映司法实践的普遍性问题，也要考虑各地法治发展的不平衡及其影响，同时还要注意不同层次的评估指标以及同一层次评估指标之间的相互关系。

（三）评估方案的可行性

评估方案的可行性包括以下方面：一是确定明确且符合司法评估规律的目标，评估目标必须与国家法治建设目标相一致。二是设置科学的司法评估指标体系，兼顾可操作性、可评估性。三是编制清晰、细致的评估流程，包括调查人员培训、问卷调查规程、客观数据收集、评估报告撰写标准等。四是设计科学有效的调查问卷，包括问卷试题能否与指标体系对接，问卷试题设计是否科学，问卷试题表述是否存在歧义、诱导性，问卷题目数量是否适中，问卷是否适合调查对象作答，问卷答案赋值是否合理等。[①] 五是制订辅助计划应对评估过程中可能遇到的突发情况，以及评估预算。

（四）评估方法的科学性

以实证主义为基础的量化研究方法，借助于数理逻辑和统计分析，通过经验数据和证据验证事物和社会现象之间的因果关系，运用演绎逻辑解释事物的客观规律，并尽可能保持价值中立。由于其直观、准确、科学，因此一直以来都是社会科学的主流研究方法。[②] 我国法治评估受到世界银行全球治理指标和"WJP 世界法治指数"的影响，呈现明显的量化倾向，似乎法治评估就等于量化法治，[③]甚至认为"法治

---

① 参见郑飞：《中国司法评估实践的理论反思》，载《证据科学》2018 年第 1 期。
② 参见陆益龙：《定性社会研究方法》，商务印书馆 2011 年版，第 23 页。
③ 参见王浩：《论我国法治评估的多元化》，载《法制与社会发展》2017 年第 5 期。

评估最大的特色就在于量化方法在法治领域的运用"。① 然而,无论从国外法治评估的实践,还是从法治评估方法论的角度来看,法治评估并不只有量化一种途径,在社会指标的设置和使用上,也往往结合定性方法,以保证调查结果的真实性和深入性。② 定量方法可以测量法治的制度和规范内容,却难以测量法治的精神和意义层面,因而需要定性方法的补充。③ 此外,无论是定性还是定量方法,都要保障抽样的随机性。只有通过随机抽样方法从整体框中抽取样本,才能保证样本的代表性和数据的可靠性。

(五)评估报告实事求是

评估报告是司法评估的主要成果,特别是对第三方评估机构来说,它是完成评估工作后提交给委托方的正式工作成果,也是评估机构为评估项目承担法律责任的证明文件。在实践中,评估机构对撰写评估报告书没有格式要求,从现有已发布的法治评估和司法评估报告来看,各具特色,没有统一标准,但这并不意味着对评估报告规范性没有要求,从有利于全面展现评估工作成果、充分发挥评估作用的角度来说,撰写评估报告应当坚持客观公正,特别要保证收集的资料和数据真实可靠,结构严谨,内容准确,能够如实反映评估事项的真实情况,文字表述清楚,不能含糊其词或模棱两可,也可列表或用图形表达,但无论如何都要实事求是。

三、信度和效度标准

信度(reliability)与效度(validity)标准是衡量司法评估成果质量的重要指标。信度亦称测验或测量信度,是指测量数据与结论的可靠性程度。④ 信度是反映测验结果受到随机误差影响程度的指标,是评价测验质量的最基本指标。⑤ 只有信度被

---

① 钱弘道、王朝霞:《论中国法治评估的转型》,载《中国社会科学》2015年第5期。
② 参见张德淼:《法治评估的实践反思与理论建构——以中国法治评估指标体系的本土化建设为进路》,载《法学评论》2016年第1期。
③ 参见王浩:《论我国法治评估的多元化》,载《法制与社会发展》2017年第5期。
④ 参见卢淑华:《社会统计学》,北京大学出版社1989年版,第187页。
⑤ 参见谢小庆:《信度估计的γ系数》,载《心理学报》1998年第2期。

接受时,量表的数据分析才是可靠的。① 效度,是指正确性程度,即评估工具确能测出其所要测量的特质的程度。效度越高表示测量结果越能显示出所要测量对象的真正特征。② 一般而言,影响调查问卷信度与效度的因素有调查者、测量工具、调查对象、环境因素及其他偶然因素等。③

(一)信度标准

对司法评估来说,信度反映了评估结果的可靠程度,反映评估对象在评估前后表现的一致程度。信度越高,即使对同一评估对象在短期内进行再次评估,评估结果的再现程度也越高。当然,要取得高信度的评估,不但要求在评估过程中尽可能客观,还要有正确的量化方法和明确一致的量化标准。④ 对于调查问卷的信度,可以使用以下方法来检验:⑤

1. Cronbach's α 系数检验。该系数是调查问卷内在一致性信度测量最为常用的方法,信度系数越大,量表的评价结果的可信性就越高。在通常情况下,探索性研究该系数在 0.6 以上,基准研究该系数在 0.8 以上,被认为可信度较高。总量表的信度系数最好在 0.8 以上,0.7~0.8 可以接受;分量表的信度系数最好在 0.7 以上,0.6~0.7 可以接受;该系数如果在 0.6 以下,表示需要对量表进行针对性优化。

2. 同质性检验。同质性检验,是指对所纳入的调查数据的结果合并分析统计的合理性进行检验。敏感性分析是同质性检验的重要指标之一,它是改变某些影响结果的重要因素后,再分析合成结果和同质性是否发生变化,以判断结果的可靠性和稳定性。敏感性分析的运用方式是,观察在将某一题目删除后整体量表的信度系数变化情况,若删除题目后 Cronbach's α 系数升高,说明该题目的减少有助于提高量表整体信度。

---

① 参见徐万里:《结构方程模式在信度检验中的应用》,载《统计与信息论坛》2008 年第 7 期。
② 参见李灿、辛玲:《调查问卷的信度与效度的评价方法研究》,载《中国卫生统计杂志》2008 年第 5 期。
③ 参见李灿、辛玲:《调查问卷的信度与效度的评价方法研究》,载《中国卫生统计杂志》2008 年第 5 期。
④ 参见林鸿钊:《如何检验一次教育评估的信度与效度》,载《惠阳师专学报(自然科学版)》1985 年第 S1 期。
⑤ 参见张中主编:《中国司法文明指数调查数据挖掘报告 2018》,中国政法大学出版社 2021 年版,第 4~16 页。

3. 折半信度检验。又称"折半法"或"分半法",作为评估信度检验的一种方法,它适用于检验没有复本且只能实施一次的调查样本的信度。折半信度是一个综合性信度指标,可较好地反映一份检验问卷受随机误差影响的程度。折半法具体操作方法是:将测试后的检验题目分成两半(通常按题目的奇偶顺序进行分半),这两半可视为最短时距内的两次调查,计算两半检验之间的相关系数,以此评估检验信度。

4. 相关性检验。它是通过检验各题目与总分之间的相关性来检验整体量表的信度。如果调查问卷题目的相关性均能通过显著性检验,则说明题目与总分相关性较高,能够提高量表的信度。相关性检验通常以 0.05 作为显著性差异标准。如果检验的结果高于该数值,说明调查问卷的问题设计对提升或保持问卷总体的信度都有帮助,无须对相关问题再进行完善;反之,如果某些问卷题目的检验结果低于该数值,若要提升问卷整体的信度,就需要对这些问题进行优化处理。

(二)效度标准

效度检验是用度量方法测出变量的准确程度,它反映了调查问卷设计者的意图能否让被调查者理解,即问卷能否有效测量各项变量,各问题与实际要研究的问卷中的概念相符合的程度。效度是由评估过程中误差所占的比重决定的。由于参与问卷调查的主体极为广泛,而司法活动具有高度专业性,非法律职业人员很难娴熟理解和把握司法"概念化"术语,再加上其他因素,难免存在误差,从而降低调查问卷的效度。[①] 调查问卷效度常用以下几种方法检验:[②]

1. 内容效度检验。又称逻辑效度,是指测量内容与测量目标之间是否适合,即测量所选题目是否符合测量目的和要求。内容效度主要依据专家测评,属于主观指标。

2. 准则效度检验。又称校标效度,是指用一种不同以往的测量方式或指标对同一事物或变量进行测量时,将原有的一种测量方式或指标作为准则,用新的方式或

[①] 参见胡铭、自正法:《司法透明指数:理论、局限与完善——以浙江省的实践为例》,载《浙江大学学报(人文社会科学版)》2015 年第 6 期。
[②] 参见张中主编:《中国司法文明指数调查数据挖掘报告 2016》,中国政法大学出版社 2019 年版,第 8~9 页。

指标所得到的测量结果与原有准则的测量结果作比较,以判断新的测量方法的合理性。根据比较标准与测量结果之间是否在时间上有延迟,准则效度又分为预测效度和同时效度。前者是指测量结果与测量对象在一段时间以后的表现之间的相关程度,相关程度越高,预测效度就越高;后者是指测量结果与一个已断定具有效度的现有指标之间的相关程度,相关程度越高,效度就越高。①

3. 结构效度检验。其考量的是统计数据和理论之间的一致性,即问卷是否真正测量到假设理论,或问卷所要测量的概念能否显示出科学的意义并符合理论上的设想。它是通过与理论假设相比较来检验的,根据理论推测的"结构"与具体行为和现象之间的关系,判断测量该"结构"的问卷能否反映此种联系。② 结构效度可用于考察基于量表各题目的实际测量结果间的分类情况与量表设计者所设计的量表结构的一致程度。

效度是个多层面的复杂概念,对于不同性质不同类型的调查问卷,可使用不同的效度检验方法。如中国司法文明指数调查问卷,使用的就是结构效度检验,采用的具体方法主要包括两类:一是 KMO 值与 Bartlett 球形检验;二是因子分析。一般认为,KMO 值接近于 1,Bartlett 球形检验通过,则该问卷效度较好。在 Bartlett 球形检验的 p 值小于 0.05 的显著性差异标准的前提下,如果 KMO 值在 0.9 以上,表明非常适合作因子分析,即问卷结构效度非常好;如果 KMO 值在 0.8~0.9,则问卷效度较好;以此类推,如果 KMO 值在 0.5 以下,则表示问卷不适合作因子分析,问卷结构效度很差,需要进行优化。因子分析的主要功能是将量表全部变量(题目)按某种规则分成几个群,从每个群中提取一个公因子,各公因子分别与某一群特定变量(可反映特定指标的题目)高度关联,这些公因子即代表了量表的基本结构。通过因子分析结果可以测量其量表实际得分的分组情况与量表设计者对各亚量表的划分的一致性,在因子贡献率不低于 40% 的前提下,若划分的一致性高,则说明本量表的结构效度良好。③

---

① 参见李灿、辛玲:《调查问卷的信度与效度的评价方法研究》,载《中国卫生统计杂志》2008 年第 5 期。
② 参见李灿、辛玲:《调查问卷的信度与效度的评价方法研究》,载《中国卫生统计杂志》2008 年第 5 期。
③ 参见张中主编:《中国司法文明指数调查数据挖掘报告 2018》,中国政法大学出版社 2021 年版,第 16 页。

四、可接受性标准

可接受性是非形式逻辑评价的重要标准之一。按照芬兰学者奥利斯·阿尔尼奥（Aulis Aarnio）的观点，可接受性，是指符合法律职业共同体的价值体系，要求司法裁判需体现案件事实的特殊性，尤其是在个案处理时，需关注涉案当事人与社会公众的可接受性。[①] 在法律论证领域，可接受性是指人们的内心世界对外在世界的某种因素或者成分的认同、认可、吸纳甚至尊崇而形成的心理状态或者倾向。[②] 就过程和结果来说，司法评估与司法裁判和法律论证是一样的，可接受性是检验司法评估的一项重要标准。

可接受性标准要求评估主体的中立性。从国内法治评估实践来看，评估主体有两种模式：一是"政府主导"内部评估；二是第三方评估。相较而言，内部评估的局限性较明显，如缺乏独立性，公信力低，被考核对象容易陷入"既是裁判员又是运动员"的角色冲突。[③] 第三方评估又称"社会评估"，主要是大学和科研机构、专业评估机构、社会团体等进行的评估活动。第三方评估通常由专业人士组成，有较高的专业水准，较强的独立性，比较中立，评估过程更加透明，评估结果更具客观性、权威性和公信力。当前，国内司法内部评估模式可能还会存在一段时间。但是，即使是党政机关内部专责机构开展的评估，其运作过程也要尽可能体现专业性和中立性。重要的方法之一就是引入外部力量，实现内外结合。[④]

评估结果的可接受性取决于评估指标的有效性。首先，评估指标应当具有规范依据。司法评估指标的选取与设置应当以现有司法制度为依据，若无法律规范作为参照，很难对具体司法行为作出适当评价。其次，评估指标应当具有可评估性。评估指标能够通过调查问卷题目让受访者给出明确的答案，准确反映司法实践的状况。否则，即使有明确法律依据，也很难达到评估的预期目标。最后，评估指标应当

[①] 参见[荷]伊芙琳·T.菲特丽丝：《法律论证原理——司法裁决之证立理论概览》，张其山、焦宝乾、夏贞鹏译，商务印书馆2005年版，第131页。
[②] 参见孙光宁：《可接受性：法律方法的一个分析视角》，北京大学出版社2012年版，第7页。
[③] 参见钱弘道、王朝霞：《论中国法治评估的转型》，载《中国社会科学》2015年第5期。
[④] 参见方军：《我国法治政府建设评估机制的构建与完善》，载《中国法律评论》2017年第4期。

反映法律的价值。对与现代法治价值相悖的司法行为,不能简单地用量化指标进行测量。例如,警察要求犯罪嫌疑人如实供述自己的罪行,虽有明确法律依据,但该规定有违现代法治精神;如果警察不这么做,又不符合法律规定,问卷受访者无论如何评价,得出的结论都是无法接受的。对于这类问题,如确有必要,可以通过定性方法进行考评。

评估结果的可接受性依赖评估程序的正当性。一项主张的可接受性部分依赖支持这一立场而与内容无关的程序步骤,部分依赖于特定场合中的实质性评价标准。① 亚里士多德说,"法律得到人们的普遍遵守,得到人们普遍遵守的法律又是本身制定得良好的法律"。② 司法评估也是一样,"正像法律是良法的前提一样,根据已知的规则来行动也是对司法作出任何有意义评价的前提条件"。③ 司法评估若要得到人们普遍接受,评估程序本身应当是良好或正当的程序。如对于公众数据的采集,中国司法文明指数课题组的做法是,在每个省、自治区、直辖市选择3个人口最多的城市,选派10位调查员(均为中国政法大学本科生),每位调查员需回收60份合格问卷。问卷发放采用抽样框或者街头随机拦截的调查方式,调查对象是除法律职业者(法官、检察官、警察、律师)之外的社会公众,并要求:调查样本中男女各半;调查对象至少涵盖13个职业中的8个职业,且每个职业不超过10份;调查对象年满18周岁,且在18~30岁、31~40岁、41~50岁、50岁以上这4个年龄段样本量分布均衡;调查对象尽量涵盖不同的文化程度,保证从初中到研究生每个学历段至少有5个样本。这样,既能保证数据的全面性和客观性,也能保证数据的代表性。④

结论的合理性是司法评估结果可接受性的关键要素。为了维护结论的可接受性,就必须说明其前提的可接受性。要证明接受某一结论是合理的,就必须证明接受逻辑地导出该结论的某种前提是合理的。⑤ "合理性"是一个内涵丰富的概念,既可指司法评估机制的合理性,也可指评估对象即司法活动的合理性。在这里,合理

---

① 参见[荷]伊芙琳·T. 菲特丽丝:《法律论证原理——司法裁决之证立理论概览》,张其山、焦宝乾、夏贞鹏译,商务印书馆2005年版,第38页。
② [古希腊]亚里士多德:《政治学》,吴寿彭译,商务印书馆1985年版,第199页。
③ [美]富勒:《法律的道德性》,郑戈译,商务印书馆2016年版,第182页。
④ 参见张保生等:《中国司法文明指数报告(2019)》,中国政法大学出版社2020年版,第37页。
⑤ 参见陈金钊:《法律论证的理论探寻》,载《东岳论丛》2005年第1期。

性主要指司法评估结果所呈现的司法制度建设和司法实践状况与人们对其所处司法状况认知的一致性。如在受调查的省、自治区、直辖市中，某个省、自治区、直辖市的综合排名全国第一，这一结果应当符合大多数公众对该省、自治区、直辖市司法文明状况的认知。

当然，接受与否又是一种心理活动。司法评估结果能否被接受，与人们的价值观念、法律思维和道德素养有直接关系。即使指标体系设置科学、评估方案切实可行、评估程序规范有序、评估方法适当有效、调查数据真实可靠，也不排除评估结果不被接受的可能性。

五、实践效果标准

实践是检验真理的唯一标准。毛泽东同志说："判定认识或理论之是否真理，不是以主观上觉得如何而定，而是以客观上社会实践的结果如何而定。"[1]在司法领域，法律规则不是终极真理，它需要大量案件不断进行重复检验，如果造成不公正的结果，它就会被修改重塑。[2] 同样，司法裁判也以实践效果为检验标准，看它能否有效解决纠纷以满足社会实际的需要。[3] 司法评估是对司法制度和司法活动的评价，关键也要看它的实践效果，对司法评估的评价同样也要"不看广告看疗效"，看其实施情况及其实际效果。

首先，司法评估全面反映司法实践的实际情况。司法评估最好是"全口径"，但司法实践的复杂性决定了司法评估范围和对象的有限性。虽然司法评估考察的不是全部司法活动，但对法治发展具有重大影响和推动作用的司法活动都要纳入评估范围。作为司法实践的一面"镜子"，司法评估要通过收集真实数据来反映司法实践的原貌，这样才能够得到法律职业人员和社会公众的普遍认可和尊重。一方面，司法评估要能够反映司法实践的真实情况；另一方面，司法评估要能够反映社会公众对司法工作的实际需求及其真实满意度。

其次，司法评估对提升司法公信力的实际作用。司法公信力是社会组织、民众

---

[1] 参见《毛泽东选集》（第1卷），人民出版社1951年版，第261页。
[2] 参见[美]本杰明·卡多佐：《司法过程的性质》，苏力译，商务印书馆1998年版，第11页。
[3] 参见孔祥俊：《司法哲学》，中国法制出版社2017年版，第62页。

对司法行为的一种主观评价或价值判断,是司法行为所产生的信誉和形象在社会组织和民众中所形成的一种心理反映。① 它反映了社会公众对司法制度以及在该司法制度下的法官履行其审判职责的信心和信任的程度。② 司法公信力从表面上看好像是主观性认知问题,实际上是需要靠数据来分析的问题,而不是只凭着一种感觉得出结论的问题。③ 虽然公众对司法的满意度并不能完全说明司法公信力的状况,但通过满意度调查等方式来判断司法公信力是一个有效方法,能够在很大程度上了解和把握社会公众对司法的信任状况。④

再次,司法评估改善司法环境的实际情况。司法程序是否合法、案件质量是高是低、司法裁判是否公正等问题受到多重因素的影响,既有司法工作的客观情况,也有与司法相关的因素,甚至一些与司法无关的因素。⑤ 既有价值理念方面的原因,也有实践操作方面的原因;既有立法原因,也有执法与司法的原因。这就需要在司法评估时,既要把评价事项聚焦司法工作,又要适当考察对司法工作有重大影响的其他因素,如司法腐败、党政领导干预司法等情况,来实现对现有司法环境的综合治理。

最后,司法评估实质性推动司法进步的情况。司法评估要为国家法治建设服务,通过量化数据反映全国各地在司法各个侧面的强项和弱项,能够为国家法治建设决策提供实证基础。司法评估要促进司法过程的法治化,使司法权力的不当扩张和滥用得到有效的控制和约束,当事人及其他诉讼参与人的权利得到有效的保障和维护。⑥ 司法评估还应促进司法裁判的法律效果和社会效果都得到提升,让当事人在参与司法实践的过程中感受到公平正义。

---

① 参见关玫:《司法公信力研究》,人民法院出版社2008年版,第61页。
② 参见毕玉谦主编:《司法公信力研究》,中国法制出版社2009年版,第3页。
③ 参见刘作翔:《对"司法公信力问题"的三点思考》,载《人民法院报》2012年8月31日,第5版。
④ 参见江西省高级人民法院课题组、张忠原、卓泽渊:《人民法院司法公信现状的实证研究》,载《中国法学》2014年第2期。
⑤ 参见孟祥沛:《司法公信力的本质属性及其对评估指标的影响》,载《政治与法律》2021年第12期。
⑥ 参见朱未易:《地方法治建设绩效测评体系构建的实践性探索——以余杭、成都和香港等地区法治建设为例的分析》,载《政治与法律》2011年第1期。

155

第六章　司法评估质量保障之元评估理论

近年来,学者在司法评估研究中呈现两个讨论方向:一个是围绕司法规律和实际问题构筑司法评估体系;①另一个是对已开展的司法评估进行反思或评估,围绕司法评估主体、方法、指标设计、评估结果等内容进行探讨。② 这种关于司法评估之评估理论的研究,旨在揭示司法评估本身的科学性。在这方面,现代评估学理论对于评估质量的把握已创造出一套较系统的理论,即元评估理论。但是,关于司法评估或法治评估质量的元评估理论的研究还十分薄弱。本章试图在介绍一般元评估理论的基础上,对司法评估的元评估标准和方法做一些探讨。

第一节　元评估的基本理论

一、元评估的概念

"元评估"(meta-evaluation)概念产生于 20 世纪 60 年代的美国。1969 年斯克列文(Scriven)在教育产出报告中,首先提出了元评估的概念,并将其用于关于教育产品评估的评估中。他认为,元评估是第二级评估,即关于评估之评估。③ 此后,元评估研究和应用与日俱增。在理论层面,库克(Cook)区分了初级评估(primary

---

① 参见张保生等:《中国司法文明指数报告(2019)》,中国政法大学出版社 2020 年版;孙笑侠:《用什么来评估司法——司法评估"法理要素"简论暨问卷调查数据展示》,载《中国法律评论》2019 年第 4 期。

② 参见孟涛、江照:《中国法治评估的再评估——以余杭法治指数和全国法治政府评估为样本》,载《江苏行政学院学报》2017 年第 4 期。

③ See Scriven M., *An Introduction to Meta-Evaluation*, Educ Prod Rep, 1969, p.2, 36–38.

evaluation)和次级评估(secondary evaluation),并认为次级评估就是元评估。① 尼尔森(Nilsson)和霍格本(Hogben)指出,元评估不仅是对特定评估的评估,也包括对评估功能和实践的评估。② 斯塔弗尔比姆则提出元评估的标准。③ 在具体实践中,元评估的相关评估方法在美国日趋成熟。例如,1981 年,JCSEE 发布了《教育方案、计划及材料评估标准》,将元评估分为效用性、可行性、适当性和准确性 4 个部分;1982 年,美国评估研究协会(ERS)发展出一套适用社会科学领域的《方案评估标准》,分成规划与协商、架构与设计、资料收集与准备、资料分析与解释、沟通与公布、结果的利用 6 个部分。此后,世界各地纷纷以美国为蓝本,开始设计元评估办法。例如,荷兰将元评估纳入国家高等教育质量保证体系。④ 元评估存在的问题,包括缺乏对实际评估中遇到问题的分析、元评估工具较为有限、元评估技术水平较为原始等。⑤

元评估是元科学的一个分支,"元"(meta)意指"在……之后"(post-),后来引申为一种更高级逻辑形式或更高级研究。将"元"置于某学科领域之前,意旨形成一门新的但与原来学科相关的学科,意味着对原学科或领域的质疑和超越。因此,元评估是指对评估的评估,即对评估的理论反思与超越,⑥它是一种高阶评估,包括次级评估、三级评估等。一般而言,由于次级评估开展的难度和可行性相对较高,因此,大部分学者都将元评估聚焦次级评估。为方便讨论,我们将元评估的对象称为初级评估,将本章所讨论的元评估也聚焦次级评估。

---

① See Cook, Thomas D., *The Potential and Limitations of Secondary Evaluations*, in Educational Evaluation: Analysis and Responsibility, 1974, p. 155 – 235.
② See Nilsson N., Hogben D., *Metaevaluation*, New Directions for Program Evaluation, Vol. 19, p. 83 – 97(1983).
③ See Stufflebeam D. L., *The Metaevaluation Imperative*, American Journal of Evaluation, Vol. 22(2), p. 183 – 209(2001).
④ 参见张继平:《学科评估服务"双一流"建设:元评估的现实困境与路径选择》,载《现代教育管理》2020 年第 12 期。
⑤ See Stufflebeam D. L., *Meta-Evaluation*, Journal of MultiDisciplinary Evaluation, Vol. 7(15), p. 100 – 101(2011).
⑥ 参见王向红:《中国高等教育评估质量保证研究——元评价的视角》,中央编译出版社 2017 年版,第 19 页。

关于元评估的定义,有以下几种代表性学说:[①](1)"资料分析说",认为元评估是通过对某一特定评估的资料、解释与启示进行再评估,以检验原评估设计与有关政策之间的关联性;通过对基础研究或已有资料的评估,以评判当前有关政策措施的实施效果,以及出台新政策的可能性。(2)"过程操作说",认为元评估是描述、获取、应用描述性信息和判断性信息的过程。(3)"功能分析说",认为元评估是指对一项评估系统或评估工具的评估,进而控制评估偏差,提高评估质量。从本质上讲,元评估就是描述评估活动并将其与一系列有关构成良好评估的想法进行比较的过程。

斯塔弗尔比姆从8个角度概括了评估与元评估的区别:[②](1)评估是对绩效的评估;元评估意味着对评估工作绩效的评估。(2)评估是为决策和绩效责任提供服务;元评估应在决策实施之前提供信息,以支持进行评估工作时必须作出的决定。此外,元评估应在评估实施后提供追溯信息,以帮助评估人员对过去的评估工作负责。换言之,元评估既具有形成性又具有总结性。(3)评估包括对于目标、设计、实施和结果的评估;元评估的评估对象主要包括评估目标、评估设计、设计实施以及评估结果。(4)评估应提供描述性和判断性信息,以及适当的建议。同样,元评估应描述和判断评估工作,并建议如何改进评估工作以及如何适当使用调查结果。(5)评估应为参与被评估程序并受其影响的所有人员提供服务;元评估应服务于评估人员和所有对其工作感兴趣的人员。(6)评估应当由内部和外部人员共同进行。内部人员一般(但并非总是)应当进行形成性评估,以获取决策信息;外部人应当实施总结性评估,以了解绩效责任。元评估者应当对进行中的评估实施形成性元评估,对已完成的评估活动总体价值进行总结性评估。(7)评估涉及以下过程:确定要解决的问题,获取所需信息以及在决策和绩效判断中使用这些信息。元评估者须执行3个步骤:首先,描述要解决的特定元评估问题;其次,收集、组织和分析所需的信息;最后,将获得的信息应用于适当的决策和绩效判断。(8)评估必须在技术上是适当、有用且符合成本预算的。

---

① 参见田腾飞、刘任露:《元评估——教育评估专业化发展之必需》,载《外国教育研究》2014年第6期。
② See Stufflebeam D. L., *Meta-Evaluation*, Journal of MultiDisciplinary Evaluation, Vol. 7(15), p. 135 – 136(2011).

◀◀◀ 第六章 司法评估质量保障之元评估理论

在我国,元评估理论的采用可追溯到21世纪初,教育学界首先借鉴元评估理论。一些学者在总结国外教育元评估基本理论的基础上,对我国推行元评估不利的原因进行了分析,并提出了解决办法。[1] 教育学界对于元评估的研究,至今仍呈现元评估主体、标准缺失及行为缺位等问题,理论和实践均未成熟。[2] 相较教育学界,其他领域的元评估研究更是凤毛麟角,仅有个别学者在翻译质量、[3]政府绩效[4]等领域探索了元评估的方法和理论,但尚未进入深度研究。

二、元评估内容和意义

(一)元评估的内容

元评估的内容包括四个方面:评估目标、评估设计、评估过程和评估结果。[5] 评估目标一般需要考虑:(1)为哪些受众提供服务?(2)他们有什么问题?(3)他们想要什么信息?(4)向他们提供什么信息?(5)评估应如何影响受众的行为?这些问题说明了评估目标中的考虑因素。评估设计是初级评估围绕评估目标所设计的方法等内容,具有多样性。一般而言,评估设计的选择取决于已选择的评估目标以及各种实际的社会和政治因素。因此,在评估工作中识别和判断相关评估设计非常重要。评估过程是评估设计的具体化,评估设计需要通过具体的评估过程加以实现。各种实际问题都可能使评估设计趋于无效。因此,评估的可实现性是一个关键。对评估结果的评估主要是考察其是否实现了既定目标,是否可以有效传达给指定受众,结果是否可以应用,是否具有实践价值等。总之,大部分元评估的评估活动都是围绕初级评估的这四个方面展开的。

---

[1] 参见方鸿琴:《国外教育元评估的分析及对我国的启示》,载《江苏高教》2004年第1期。
[2] 参见李贞刚、任涛、陈强:《我国高等教育元评估的实践缺失与治理对策》,载《黑龙江高教研究》2015年第4期。
[3] 参见武光军:《当代中西翻译质量评估模式的进展、元评估及发展方向》,载《外语研究》2007年第4期。
[4] 参见吴建南、白波:《评估政府绩效评估:元评估方法的探索性应用》,载《行政论坛》2009年第6期。
[5] See Stufflebeam D. L., *Meta-Evaluation*, Journal of MultiDisciplinary Evaluation, Vol. 7(15), p. 138 (2011).

（二）元评估的意义

元评估是随着评估理论的深入研究而日渐成熟的。一般而言，元评估的主要目标是提升初级评估的质量，其主要有以下意义：

首先，元评估可以提高初级评估的科学性。"诊断性的元评估方法实际上是从更高层次的反身性视角，对于评估方法进行二次评估，将原有评估方法置于被评估者的位置，通过一定的评估标准，对原有评估方法在具体适用过程中存在的问题进行分析比较，并给出具体的反馈和修正意见，促使评估方法的不断完善。"[1]具体而言，形成性元评估可在初级评估开始前对其可能效果进行分析，并发现初级评估设计中存在的问题，进而及时改正评估设计。总结性元评估则可对既有初级评估的质效进行分析和总结，反思在评估运行过程中存在的问题，进而为今后更好开展评估奠定基础。以法治评估为例，最先开展的余杭法治指数评估已超过10年。在这10余年间，不断有学者对余杭法治指数的科学性提出质疑，正是这些质疑为下一阶段开展法治评估提供了重要的修改方向。[2]

其次，元评估可以提升初级评估结果的效用。元评估通过对既有评估的实时监控和事后反应，可及时向公众和学者反映评估的具体效果，从而为决策的科学性奠定基础。现阶段法治评估的一个突出问题是评估结果的科学性存疑，其无法直接应用于相关决策。[3] 另外，将不科学的评估结果作为决策依据也后患无穷。元评估可以在很大程度上缓解对于初级评估的质疑，也可以分析多个法治评估结果不同的问题，帮助决策者进行科学决策。

再次，元评估可以推动评估理论和实践的成熟。元评估是评估理论的系统化和体系化的重要环节。从某种意义上讲，缺少元评估的评估是一种不完善的评估过程。因此，元评估有助于推进初级评估指标设计、评估方法等理论的成熟。

---

[1] 康兰平：《中国法治评估量化方法研究的龃龉与磨合》，载《东北师大学报（哲学社会科学版）》2019年第1期。
[2] 参见易卫中：《地方法治建设评价体系实证分析——以余杭、昆明两地为例》，载《政治与法律》2015年第5期。
[3] 参见戢浩飞：《量化法治的困境与反思——基于法治评估体系实施状况的视角》，载《天津行政学院学报》2014年第4期。

最后，元评估也是推进初级评估公开化的重要方式。斯塔弗尔比姆指出，元评估不仅具有专业利益，同时也具有公共利益——帮助公众接受并利用关于他们正在使用和即将使用的产品、计划和服务的评估结论。[①] 具体而言，公众可以通过元评估进一步了解初级评估结果的可靠性，进而作出理性选择。例如，对于教育评估来说，在不同评估方法下，各高校的评分和排名存在较大差别，致使公众无所适从，元评估可以在一定程度上解决该问题。

三、元评估标准

（一）元评估标准的理论设计

元评估标准尚未完全统一，施恩沃德（Schwandt）和海普恩（Halpern）提出了相关性、可靠性、充分性、代表性和及时性5项标准。[②] 此外，坎贝尔、斯坦利、格普哈特（Gephart）、英格尔（Ingle）、布拉赫特（Bracht）和格拉斯（Glass）等人也提出过相关标准。[③] 较具代表性的是斯塔弗尔比姆标准，其可简要概括为技术适当、实用且符合成本预算。斯塔弗尔比姆将这3项标准展开为11项细化标准：[④]

1. 内部有效性（internal validity）标准，是指初级评估结果是否真实，包括两个方面：一是评估结果是否回答了评估目标所提出的问题；二是评估结果是否准确无误。

2. 外部有效性（external validity）标准，即从有限样本中得出的研究结论，究竟在多大程度上能推广到总体中去？这一般需要考量评估结果适用于哪些特定人或条件；该结果的得出只能依赖评估者采集的样本，还是通过其他样本同样可以得出相

---

① See Stufflebeam D. L., *The Methodology of Metaevaluation as Reflected in Metaevaluations by the Western Michigan University Evaluation Center*, Journal of Personnel Evaluation in Education, Vol. 14 (1), p. 95 (2000).
② See Schwandt T. A., Halpern E. S., *Linking Auditing and Metaevaluation: Enhancing Quality in Applied Research*, Sage Publications, Inc, 1988, p. 34.
③ See Stufflebeam D. L., *Meta-evaluation*, Journal of MultiDisciplinary Evaluation, Vol. 7(15), p. 101 (2011).
④ See Stufflebeam D. L., *Meta-evaluation*, Journal of MultiDisciplinary Evaluation, Vol. 7(15), p. 101 - 104 (2011).

同结论？斯塔弗尔比姆认为，外部有效性实际上意味着评估结果可以被安全推广到一些感兴趣的人群，或一些特定程序条件和环境条件之下。可以说，外部有效性在某种意义上取决于其想要使用评估结果的方式，或其想要通过评估结果推断的内容，并证明该评估结果是否可以满足其目的。

3. 可靠性（reliability）标准，即评估数据是否具有可重复性和可检验性。一般认为，结论科学性的本质是其是否具有可再生性或可重复性，即使用相同的方法在相同条件下对同一事物测量得到相同的结果。① 如波普尔所说："科学陈述的客观性就在于它们能被主体间相互检验……我只要求每一个这样的陈述必须可以被检验；或者换句话说，我拒绝接受这样的观点，在科学中存在着我们必须顺从地当作真的陈述来接受的陈述，只是由于逻辑上的理由似乎不可检验它们。"② 对初级评估来说同样如此，即评估结果需要具有可检验性或可重复性，如果其结果只是偶然产生的，该评估的可靠性便存在疑问。

4. 客观性（objectivity）标准，是指初级评估结果的公开性和解释有效性。相同的数据结果在不同的解释者的解释框架下可能产生完全相反的结论。例如，检察官/辩护律师悖论就是这种解释差异的典型例证。假定某故意杀人案现场遗留有犯罪人血迹，已检测得知犯罪人是 A 型血，且 A 型血在人群中的出现概率是 10%。那么检察官基于此的推论是：如果被告人是无辜者，那么他拥有该血型的概率仅为 10%，并得出结论：被告人有罪的概率为 90%。但辩护律师基于此的推论是：假定在一座 100 万人口的城市中，有大约 10 万人拥有 A 型血，并得出结论：拥有 A 型血的被告人有罪的概率为十万分之一。③ 由该案例可发现，如果评估结果高度依赖评估者的独特经验、看法和偏见等，即使数据具有可靠性（可重复性），其最终结论也有可能因评估者的偏见而误入歧途。又如，一些法治评估由评估者直接对权重进行赋值，这可能导致不同评估者的不同经验对结果产生不同的影响。因此，客观性标准要求评估结果向相关从业人员公开，并可被同等水平的专家进行解释。因此，评估

---

① 参见张保生：《证据科学论纲》，经济科学出版社 2019 年版，第 341 页。
② ［英］卡尔·波普尔：《科学发现的逻辑》，查汝强、邱仁宗、万木春译，中国美术学院出版社 2008 年版，第 21~24 页。
③ 参见巩寒冰：《概率性证据研究中的认识悖论》，载《证据科学》2016 年第 2 期。

结果的客观性实际上关涉其与评估受众隐性或显性的互动。

5. 相关性(relevance)标准,主要关注评估目标与评估结果有无关联。换言之,相关性主要考察的是评估结果是否可以满足评估受众的预期,提供评估受众所需要的信息。为满足上述要求,初级评估往往需要制定较为确切的评估目标和评估对象,这样才能判断评估结果是否满足了相关性的要求。特别是当初级评估需要在实践中作为决策依据时,评估目标和对象的确立便更加重要。在通常情况下,对初级评估是否具有相关性的判断,主要是比较评估收集的数据和最终的结论与要回答的问题有无关联。

6. 重要性(importance)标准,要求初级评估对所有潜在的相关数据或信息进行评级,并收集最为重要的数据或信息。事实上,在评估过程中,关于某个问题可能有无数个相关数据或信息加以反映,由于能力和经济等因素的限制,评估人员往往只能获取其中一部分数据或信息,这就要求评估人员收集与相关问题关联性最强且最有助于实现评估目的的数据或信息。其主要方法是,评估人员根据评估目的及受众对于数据或信息的需求程度,对所有相关数据或信息的重要性进行评级,并选择重要性最高的数据或信息进行收集。初级评估的数据或信息收集过程实质上也是对于"证据"的选择和排除的过程。

7. 范围(scope)标准,是指评估信息来源的广泛性或评估活动应在较广范围内实施。即使评估数据或信息具有相关性和重要性,但如果数据或信息的收集仅在某个局部范围内进行,同样可能影响最终结果的有效性。例如,密歇根州曾经设计了一项对该州学生教育需求进行评估的计划。但在实际评估中,该项目仅收集了四年级和七年级学生关于数学和阅读的表现。尽管这些数据具有较强的相关性和重要性,但数据收集范围的有限性导致该评估的有效性存疑。就是说,该评估仅适用于这两个年级的学生,并且几乎没有提供有关兴趣、动机、自我概念或情绪稳定的信息,而且该评估也没有提供艺术、科学等其他领域的相关信息。又如,我国目前开展的一些全国性法治评估,数据收集地域往往只局限于某城或某县,根本无法反映全省的法治发展状况。调查范围的这种有限性,将直接导致最终评估结果的偏差。

8. 可信性(credibility)标准,主要涉及初级评估的受众对于评估者的信任程度,并判断其是否存在偏见。即使评估技术足够先进有效,调查结果足够准确,但如果

163

受众对评估主体的信誉没有任何好感,它们将毫无用处。一般而言,初级评估的受众无法对评估结果的技术有效性进行判断,因此,他们往往通过判断评估者的可信性来判断评估结果的质量。通常而言,评估者的可信性与其独立性有较强的关联性。例如,在法治评估过程中,由政府部门开展的自评的可信性往往低于由中立的第三方(如高等院校)开展的外部评估。换言之,即使两个评估主体得出相同结论,后者的评估结果也将更加具有公信力。在元评估过程中,可能有很多因素影响评估主体的可信性。又如,如果评估人员能全程公开评估活动且始终如一地证明自己的职业操守,其评估结果的可信性则相对较高。

9. 及时性(timeliness)标准,要求初级评估及时提供评估结果并发挥效用。很多时候,质量很高的信息往往因为未能及时提供给决策者而导致评估无效。评估活动不同于研究活动,后者多无时间限制,主要是生产新知识。然而,评估活动有所不同,其目的并非生产新知识,而是提供信息以影响实践。因此,评估活动应在受众需要时提供其所需信息,否则评估结果可能发生偏差。很多时候,初级评估的技术充分性与及时性会发生冲突。因此,评估者有时不得不为了评估的及时性而牺牲一部分质量。

10. 普遍性(pervasiveness)标准,涉及评估结果的最终传播或最终效用。多数情况下,评估的普遍性可通过受众是否接受评估目标和使用评估结果来部分衡量。以法治评估为例,如果评估结果被提供给决策者或研究人员,而后者并没有将其研究成果用于决策或研究,那么该评估结果可能不具有普遍性;反之,当所有需要评估结果的人确实收到和使用这些评估结果时,才符合普遍性标准。

11. 成本/效益(cost/effectiveness)标准,是指评估应在不牺牲质量的情况下尽可能降低评估费用。因此,必须注意选择最有效的方法来实现评估设计。例如,在调查结果差异不大的情况下,通过网络下发并完成问卷,可能在经济和时间成本上要优于现场调查。该标准要求评估人员保持其评估活动的成本和影响记录,进而方便对其评估活动进行元评估。从长远来看,评估人员必须证明其努力的结果比其付出的代价更有价值。

在上述 11 项标准中,内部有效性、外部有效性、可靠性和客观性是元评估的 4 项技术标准,相关性、重要性、范围、可信性、及时性和普遍性是元评估的 6 项实用标准,最后一项则是元评估的成本/效益标准。在元评估过程中,评估者应对上述 11 项标准进行综合分析,进而判断一项评估的优劣。对于初级评估来说,这 11 项标准也是其优化评估的重要方向。需要注意的是,以上 11 项标准可能存在某些冲突,如评估的范围和相关性、重要性和及时性等。因此,初级评估者需要站在整体角度,综合应用各种标准,选择最具有平衡性的评估方式。

(二)元评估标准的实践应用:案例分析

以 JCSEE 标准为例,元评估理论与实践在教育领域得到了广泛的发展与应用。2011 年,该委员会出版了第三版《项目评价标准》(The Program Evaluation Standards),确立了 5 个母标准、30 个子标准和 300 个观测点,其中 5 个母标准为:效用性标准(utility standards)、可行性标准(feasibility standards)、适当性标准(propriety standards)、准确性标准(accuracy standards)、评估问责标准(evaluation accountability standards)。

第三版《项目评价标准》30 个子标准如下:[①]

1. 效用性标准——旨在提高项目相关人员发现评估过程和结果在满足其需求方面的价值的程度。

U1 评估者的可信度——评估应由合格人员进行,他们应在评估环境中建立并保持可信度。

U2 关注利益相关者——评估应关注投资于该计划并受其影响的所有个人和团体。

U3 协商目标——应确定评估目的,并根据利益相关方的需求不断进行协商。

U4 清晰价值——评估应阐明与评估目标、过程和判断相一致的个人和文化价值观。

U5 相关信息选择——评估信息应服务于利益相关者已有的和新生的需求。

U6 有价值的过程和结果——评估应该以鼓励参与者重新发现、重新解释或修

---

① See Yarbrough, D. B., Shula, L. M., Hopson, R. K. & Caruthers, F. A., *The Program Evaluation Standards*: *A Guide for Evaluators and Evaluation Ssers* (3rd ed.), Thousand Oaks, Corwin Press, 2010.

改其理解和行为的方式构建活动、描述和判断。

U7 及时适当的交流和报告——评估应关注其多重受众的持续信息需求。

U8 关注结果和影响——评估应促进可持续的和适当的使用,同时防止意外的负面后果和滥用。

2.可行性标准——可行性标准旨在提高评估的有效性和效率。

F1 评估管理——评估应采用有效的项目管理战略。

F2 可行的过程——评估程序应切实可行,并符合评估程序的一般运行方式。

F3 环境有效性——评估应识别、监测和平衡个人和群体的文化和政治利益及需求。

F4 资源利用——评估工作应切实有效地利用资源。

3.适当性标准——支持在评估中适当、公平、合法、正确和公正的内容。

P1 响应性和包容性导向——评估应该对利益相关者及社会公众的需求作出回应。

P2 正式协议——评估协议应在协商基础上明确各方义务,并考虑客户和其他利益相关者的需要、期望和文化背景。

P3 人权与尊重——评估的设计和进行应当保护人权和法律权利,维护参与者和其他利益相关者的尊严。

P4 公正清晰——评估应该清晰公正地解决利益相关者的需求和目的。

P5 透明度和信息披露——评估应向所有利益相关者提供调查结果、局限和结论的完整描述,除非这样做会违反法律和适当性标准的义务。

P6 利益冲突——评估应公开和诚实地确定和处理可能影响评估质效的利益冲突。

P7 财政责任——评估应考虑到所有支出的资源,并遵守健全的财政程序。

4.准确性标准——旨在提高评估陈述、命题和调查结果的可靠性和真实性,尤其是那些支持对质量的解释和判断的证据。

A1 合理的结论和决策——评估结论和决定应于对其产生影响的文化和环境是合理的。

A2 有效的信息——评估信息应服务于预期目标并支持有效的解释。

A3 可靠的信息——评估程序应为预期目标提供足够可靠和一致的信息。

A4 明确的方案和情境描述——评估应记录项目及其背景,并提供适当的细节和范围,以便进行评估。

A5 信息管理——评估应采用系统的信息收集、评审、验证和存储方法。

A6 周密的设计与分析——评估应采用适合评估目标的且技术适当的设计和分析。

A7 明确的评估推论——从信息和分析到发现、解释、结论和判断的评估推理应清楚,完整地记录在案。

A8 沟通和报告——评估的沟通应尽可能充分,并防止误解、偏见、扭曲和错误。

5. 评估问责标准——旨在鼓励对评估进行充分记录,并从元评估角度对评估过程和结果进行改进和问责。

E1 评估文档——评估应充分记录其协商的目的以及已实施的设计、程序、数据和结果。

E2 内部元评估——评估人员应使用这些标准和其他适用标准来检查评估设计的责任、采用的程序、收集的信息和结果。

E3 外部元评估——项目评估发起人、客户、评估人员和其他利益相关者应鼓励使用这些标准和其他适用标准。

第二节 司法元评估的标准

司法元评估是对司法初级评估(以下简称司法评估)的评估,即依照特定的理论,运用具有可操作性的标准和方法,对司法评估质量进行再评估。其目的是对司法评估进行纠偏和检查,推动司法评估的有效实施。如前所述,从评估学角度看,元评估是保证初级评估质量的关键,也是整个评估体系的重要环节,司法元评估也是如此。但是,在司法评估或法治评估领域,元评估理论研究相对不足,而且很少有相关主体开展过配套的元评估活动。因此,人们对司法评估乃至法治评估的结果质量进行反思。有论者指出,在法治评估实践中,仍然存在制度指向混乱、量化研究方法功能局限、数据样本独立性和有效监控缺失、区域化法治评估的正当性存疑等问题;①有论者指出,现有法治评估缺乏有效的法治理论支撑、混淆不同种类的指标、计算方式比较随意、没有合理配置评估主体;②还有论者指出,"当前法治评估研究中存在着视野狭窄、缺乏体系思维和脱离当下法治现实的真实情境等不足之处,或有成为纯粹学术狂欢的一时风气,或难避免陷入形式主义的泥淖,或沦为一种机械的技术性操作"。③ 这些反思虽然指向当前司法评估乃至法治评估的质量保障不足,但同样缺乏理论根基与系统性,故而呈现不同论者反思角度和内容均有不同的状况。因此,采用司法元评估是解决当前司法评估过程中出现各类乱象的良策。其中,形成性司法元评估可以对司法评估设计的科学性进行分析,进而提出司法评估的调整方向;总结性司法元评估可以对司法评估的效果进行总结,并对如何使用司法评估的结果进行指导。

司法评估主要包括目标确定、方案设计、具体操作与结果分析4个阶段,将每一阶段与元评估理论中的评估标准结合,就可以明确司法元评估的各项标准。

一、司法评估目标的适当性

确立司法评估目标是司法评估实施的前提,其应清晰、准确地反映评估受众的要求,而其中的关键在于明确评估类型。司法评估目前主要有3种类型:④一是司法环境评估。例如,世界银行主持的世界治理指数主要考察的是"惩罚犯罪""合同执行"等内容。这些内容并非致力于反映司法发展全貌,而是将司法赋予公共产品属性,进而赋予司法资源以"可定义和可衡量的产出"。二是司法实施评估。这类评估主要针对某地区司法运行的状况,重视地方司法建设中已设制度、规范及其实施运行的质效,其评估标准来自司法建设的规划与部署,其功能是通过司法的具体实施

---

① 参见张德淼:《法治评估的实践反思与理论建构——以中国法治评估指标体系的本土化建设为进路》,载《法学评论》2016年第1期。
② 参见孟涛、江照:《中国法治评估的再评估——以余杭法治指数和全国法治政府评估为样本》,载《江苏行政学院学报》2017年第4期。
③ 康兰平:《中国法治评估量化方法研究的龃龉与磨合》,载《东北师大学报(哲学社会科学版)》2019年第1期。
④ 参见李朝:《法治评估的类型构造与中国应用——一种功能主义的视角》,载《法制与社会发展》2016年第5期。

反映顶层设计与制度落实的差距,透视法治制度化实践中存在的弊端与问题。这类司法评估的典型代表是各地开展的司法评估,如余杭法治指数中的司法评估。① 三是司法价值评估。这类评估并不直接给司法实施或司法环境提供资讯,而主要承担司法价值的挖掘与传播功能。例如,美国国际开发署"民主与治理评估项目"(USAID)的主要目标就是推动受援国民主进程,并提出一系列具有美国特色的民主价值。② 就元评估而言,其考察对象主要是司法评估是否能明确其所选择的评估类型。以世界银行的司法评估为例,其要解决的更多是地区投资环境问题,因此并不需要考察司法全貌。而余杭等地方司法评估,则必须全面反映地方司法发展状况,这样才能更好地分析未来司法发展的方向。因此,在司法评估开始前,需要根据自身需求选定司法评估目标。

二、司法评估方案的可行性

评估方案可行性主要关涉评估的整体设计,不仅是初级评估的重要内容,也是元评估的重要考察对象。

(一)司法评估主体的可信性

可信性反映受众对司法评估主体完成评估结果的接受程度。以评估主体为基准,司法评估可分为两个类型:自我评估(内部评估)与第三方评估(外部评估)。③ 前者主要由司法部门或政府部门主导、出资和组织实施。例如,《上海市高级人民法院司法公信力指数(试行)》由上海市高级人民法院组织实施,"届时指数报告将对内下发全市法院,引导全市法院将公信力指数中蕴含的公正和效率的理念和价值导向"。④ 中国司法文明指数则由中国政法大学司法文明协同创新中心作为第三方评

---

① 参见易卫中:《地方法治建设评价体系实证分析——以余杭、昆明两地为例》,载《政治与法律》2015年第5期。
② 参见李朝:《法治评估的类型构造与中国应用——一种功能主义的视角》,载《法制与社会发展》2016年第5期。
③ 参见杨小军、陈庆云:《法治政府第三方评估问题研究》,载《学习论坛》2014年第12期。
④ 《首个"司法公信力指数" 公布61项指标为沪法院做"体检"》,载新民网,http://shanghai.xinmin.cn/xmsq/2016/10/27/30546300.html。

估机构组织实施。相较第三方外部评估,内部评估主体的可信性可能受到质疑,原因在于评估主体缺乏中立性。例如,余杭法治指数"作为'官方指数'或'准官方指数'是由政府赞助发起并全程参与的,课题组没有经济上的独立性,难免让人怀疑最后评估结果的客观性和可靠性"。[1] 因此,当前司法评估乃至法治评估呈现"从内部考评向第三方评估转型"的趋势。[2]

但第三方评估也仅仅是具有主体的中立性而已,这种中立性并不等同于可信性,其可信性还需要评估机构评估活动自身的权威性与专业性来保障。例如,有论者质疑,"在(第三方主体)评价政府在行政诉讼中的败诉率时,更高的败诉率究竟是反映了其法治水平的不堪,还是体现了其对法院独立审判权的尊重呢?"[3]这种疑问实际上对第三方主体评估的专业性提出了要求。显然,外部评估能否处理好这类疑问是其评估可信性建立的基础。

(二)司法评估理论的可靠性

司法评估设计要有一定理论支撑才能达成其目标。例如,"WJP 世界法治指数"评估将形式法治理论和保障权利的实质法治理论作为理论基础。[4] 中国司法文明指数则将司法文明和司法规律的基本理论作为评估依据。如果仅根据评估者主观意愿随意设计,就很难有效达成评估目标。有关实证研究显示,我国各项司法评估乃至法治评估存在的首要问题是评估缺乏理论支撑。"如果没有一个严谨而合理的法治理论基础,法治指标的选择就缺乏有效的指导、显得松散随意,最终形成的'法治指标体系'只能是拼凑堆砌而成的混合物,而非一个有机整体。"[5]我国一些地方开展的法治评估或司法评估存在理论准备不足的问题,因而在评估体系设计方面

---

[1] 张保生、郑飞:《世界法治指数对中国法治评估的借鉴意义》,载《法制与社会发展》2013 年第 6 期。
[2] 参见钱弘道、王朝霞:《论中国法治评估的转型》,载《中国社会科学》2015 年第 5 期。
[3] 林鸿潮:《第三方评估政府法治绩效的优势、难点与实现途径——以对社会矛盾化解和行政纠纷解决的评估为例》,载《中国政法大学学报》2014 年第 4 期。
[4] See Juan C. Botero, Alejandro Ponce, *Measuring the Rule of Law*, The World Justice Project Working Papers Series, No. 001, p. 33–54(2011).
[5] 孟涛、江照:《中国法治评估的再评估——以余杭法治指数和全国法治政府评估为样本》,载《江苏行政学院学报》2017 年第 4 期。

呈现一些缺陷。例如,"与国际上比较公认的世界法治指数相比较,我们法治地方建设指标缺少了有限权力指标、腐败遏制指标以及基本权利指标"。①

(三)司法评估指标设计的科学性

受理性限度与成本制约的影响,司法评估指标往往无法覆盖所有司法领域,而是对能够反映司法建设状况的对象进行某种倾向性选择。换言之,指标选择是有侧重的,不可能面面俱到。② 因此,如何选择和设计指标是司法评估方案设计的重中之重。有论者提出指标设计需要考察的 4 项标准——完备性(exhaustive)、单向性(unidimensionality)、互斥性(mutually exclusive)和互换性(interchangeablility)。③ 此外,参考上述元评估标准,指标设计还应满足普遍性要求。

完备性是各个指标可涵盖被评估对象的核心问题。例如,司法评估应该涵盖司法制度、司法运作、司法程序和司法文化的各个方面。若只涉及司法制度运行效果的指标,则不能称为全方位的司法评估,只能称为涉及司法某个方面的专项评估。从完备性看,当前大量司法评估在指标设计上都存在完备性不足的问题。例如,余杭法治指数的司法部分设计,主要关注了"司法机关依法独立开展司法活动""实现司法公正和效率目标""加强司法队伍制度建设、提升法治质效"等方面,未能覆盖完整的司法领域。

单向性,是指所有司法指标均指向评估目标,即有关指标必须反映被评估内容。例如,司法评估中若设计政府公信力或立法效果等指标,便无法满足单向性要求。又如,在江西省高级人民法院课题组提出的司法公信力评估指标体系中,评估设计者将"缠访闹访干预""暴力抗法干预"等外部因素纳入对法院和法官的评估,就缺乏单向性的考量。④

互斥性,是指各指标之间不应存在重复的内容,若一项司法评估指标既包括司

---

① 张保生、郑飞:《世界法治指数对中国法治评估的借鉴意义》,载《法制与社会发展》2013 年第 6 期。
② 参见万方亮:《有限理性视角下法治评估的模式重构及逻辑遵循》,载《行政法学研究》2020 年第 4 期。
③ 参见孟涛:《法治指数的建构逻辑:世界法治指数分析及其借鉴》,载《江苏行政学院学报》2015 年第 1 期。
④ 参见孙笑侠:《用什么来评估司法——司法评估"法理要素"简论暨问卷调查数据展示》,载《中国法律评论》2019 年第 4 期。

法公开又包括司法透明,这两个指标之间即存在某种重复,就不符合互斥性要求。例如,司法活动不受舆论干扰或其他主体的干扰等指标若分别设计,就不符合互斥性要求。

互换性,是指"代表各种指标的行为,应该与代表该概念的行为相一致",[1]该标准与上文提到的"相关性"相似,实质上要求相关指标切实反映评估目标,低级指标切实反映高级指标。高级指标与低级指标的结果之间有较强的正相关性。例如,若某地区司法评估分数较高,其各项一级指标分数也应该较高。在2016年中国司法文明指数评估中,上海市在"民事司法程序"一级指标中排名第二,但在相关二级指标"民事诉讼裁判得到有效执行"中却排在第18位,这可能意味着相关指标设计的互换性有待提升。

普遍性,是指评估指标在兼顾地方特色时,要注重司法一般规律。法治文明是基于人类的共同理想而建立起来的,因而"具有人类主体、世界空间与古今延续的普适性"。[2] 然而,一些地区的司法评估指标设计存在过度重视地区特征、忽视司法基本规律的现象。例如,2015年上海市第一中级人民法院开展司法公信力第三方评估的指标设计中包含"庭审直播、录播数量""特邀监督员对法院工作有效监督""信访窗口对人民群众信访有效回应"等颇具地方特色的评估指标,这些指标很难反映司法的普遍性,故而反映出指标设计的科学性存在不足。

(四)司法评估权重分配的合理性

权重分配,是指对不同指标设立分值,实现不同指标的累加计分。[3] 不同的权重赋值反映了不同指标对于评估对象的重要程度,合理的权重分配对于提升评估的准确性具有重要意义。因此,司法评估的权重分配也是元评估的重要内容。在目前进行的各类司法评估中,主要有几种典型的赋值方法:直接赋值法、均分法、德尔菲法和层次分析法。

直接赋值法是评估者主观上对各项评估指标的价值进行分析,进而对其赋值的

---

[1] 孟涛:《法治指数的建构逻辑:世界法治指数分析及其借鉴》,载《江苏行政学院学报》2015年第1期。
[2] 参见姚建宗:《法治指数设计的思想维度》,载《光明日报》2013年4月9日,第11版。
[3] 参见张寅:《分析的力量》,中信出版社2015年版,第189~190页。

方法。这种方法操作简便,但主观性较强,科学性有待证明。因此,采用直接赋值法的司法评估,其科学性容易遭到解释力差、缺乏可信度等方面的质疑。① 在具体实践中,余杭法治评估和昆明法治评估都或多或少地运用了直接赋值法,这是其受到质疑的重要原因。

均分法是对各个指标平均赋值的方法。统计学上,在权重赋值过程中,如果没有特殊理由,就需要选择"均分法"分配设置。② 对于简单的司法评估来说,使用均分法赋值不失为一种可行选择。但对于规模庞大、复杂的司法评估来说,均分法可能难以凸显体系各层次和具体指标重要程度的差异。③ 在实践中,中国司法文明指数评估在权重分配时主要采用了均分法权重分配方式,考虑司法文明评估的复杂性,这种平均分配权重的方法还有进一步改进的余地。

相较直接赋值法和均分法,德尔菲法和层次分析法是更具有科学性的赋值方法。德尔菲法是调查组织者就特定课题按照规定程序,向该课题领域和相关领域的专家反复征询意见,并经统计处理得到预测结果的一种预测方法。④ 该方法被广泛应用于预测分析研究,不仅具有匿名性、统计性、反馈性、收敛性的特点,而且通过多轮征询意见,也可避免集体讨论中出现盲从多数意见的状况,其实质是"利用专家集体的知识和经验,对那些带有较大模糊性、比较复杂且无法直接进行定量分析的问题,通过选择一批专家多次填写征询意见表的调查形式,取得测定结论的方法"。⑤ 中国司法文明指数开发初期,课题组就借鉴德尔菲法邀请了诉讼法学、统计学和检察公信力方面的专家,委托这 3 个子课题组围绕中国司法文明指数(2014)指标体系反复征询意见。2015 年,中国人民大学诉讼制度与司法改革研究中心、中国人民大学统计学院、最高人民检察院检察理论研究所 3 个单位,针对《中国司法文明指数报

---

① 参见康兰平:《中国法治评估量化方法研究的龃龉与磨合》,载《东北师大学报(哲学社会科学版)》2019 年第 1 期。
② 参见[美]艾尔·巴比:《社会研究方法》,邱泽奇译,华夏出版社 2009 年版,第 162 页。
③ 参见周祖成、杨惠琪:《法治如何定量——我国法治评估量化方法评析》,载《法学研究》2016 年第 3 期。
④ 参见孙建军等编著:《定量分析方法》,南京大学出版社 2002 年版,第 109 页。
⑤ 王春枝、斯琴:《德尔菲法中的数据统计处理方法及其应用研究》,载《内蒙古财经学院学报(综合版)》2011 年第 4 期。

告(2014)》(中国政法大学出版社 2015 年版),提出了司法文明指标体系的分析报告和完善建议。当然,德尔菲法也有缺点,即在具体操作过程中,专家的专业程度、主观偏好、自信程度等都会对权重数值的精确性造成很大影响,并且,多轮次求得意见收敛的方式不仅需要倾注大量的重复操作成本,还有可能使专家有意朝中位数靠拢。

层次分析法是由著名运筹学专家萨蒂教授提出的一种将定性和定量有机结合的多目标决策方法。它首先将复杂问题分解出若干重要元素,再两两比较形成判断矩阵,确定指标的相对重要性,然后计算出权重,最终得出不同权重方案的排序和整体权重。① 层次分析法是将复杂问题条理化、系统化、清晰化,尤其适合一些层次较多、体系庞大复杂、需要引入较多主观判断的评估对象。就现有实践而言,层次分析法已经成为评估精度最高的司法评估方法。② 当然,层次分析法也存在一些弊端。例如,该方法对于标度专家的数量和质量重视不够,检验矩阵的标准也多关注数值的一致性而非合理性;③仅考虑判断矩阵中对应一行元素的影响,可能影响赋权时的计算精度;④操作难度较高,对于未充分吸纳相关专家的评估而言,实现难度较大。

综上所述,对于司法评估指标赋值的考察,应根据司法评估的特点与难易程度进行分析。对于简单评估,采取均分法、德尔菲法和层次分析法等方法科学性均相对较高;对于复杂评估则不宜采取均分法。此外,在元评估时,也应该考察评估者对于赋值方法的操作是否完整,程序是否合理,与评估是否契合。若评估者采取了不当操作方法,最终评估结果的可接受性也将有所降低。例如,余杭法治评估虽然使用了德尔菲法,但是其并未完整实施,仅仅进行了一轮征询意见,这就导致相关信息获取与交互存在问题。

---

① 参见康兰平:《法治评估理论的跃升空间:实效法治观与我国法治评估实践机制研究》,载《法制与社会发展》2017 年第 4 期。
② 参见周祖成、杨惠琪:《法治如何定量——我国法治评估量化方法评析》,载《法学研究》2016 年第 3 期。
③ 参见吴殿廷、李东方:《层次分析法的不足及其改进的途径》,载《北京师范大学学报(自然科学版)》2004 年第 2 期。
④ 参见李永、胡向红、乔箭:《改进的模糊层次分析法》,载《西北大学学报(自然科学版)》2005 年第 1 期。

三、司法评估操作的精确性

在对司法评估进行科学设计后,依照设计进行落实同样是司法评估有效性的关键。实际上,司法评估的实施核心在于数据和信息的收集。

(一)数据来源的准确性

目前司法评估的数据来源主要有两个方面:一是官方数据或客观数据;二是民间数据或所谓主观数据。前者主要是官方统计数据或官方测评数据;后者主要源于评估者通过问卷调查等形式所进行的调研。在具体实践中,完全采用官方数据的司法评估,如2015年上海市第一中级人民法院开展的司法公信力第三方评估;以民间数据为基础展开的司法评估,如世界银行世界治理指数,世界正义项目法治指数;亦有将主客观数据共同作为来源的司法评估,如中国司法文明指数评估。

从实施效果看,完全采用客观数据的司法评估准确性反而较差,这主要是由于数据的准确性可能存疑。如2015年上海市第一中级人民法院开展的司法公信力第三方评估,竟然取得了82.06的高分。[1] 造成这种情况的原因主要有二:一是数据呈现双轨制,外界所能掌握的信息是用以证明法律决策正确而按照一定标准产生出的信息,其可能无法充分、真实地反映司法部门在决策时所真正采用的"实质信息"。[2] 二是一些部门存在数据造假的情况。例如,"辽宁省所辖市、县财政普遍存在数据造假行为,且呈现持续时间长、涉及面广、手段多样等特点。虚增金额和比例从2011年至2014年,呈逐年上升趋势……除财政数据外,其他经济数据也存在不实的问题"。[3]

当然,完全以主观数据作为评估来源的司法评估,其结果同样可能存在问题,即民间数据虽然具有涉及面广、信息含量大的优势,却存在数据过于集中的弊端。并

---

[1] 参见河北省人民检察院课题组、何秉群:《检察公信力测评实证研究——以河北实践范式为视角》,载《人民检察》2018年第14期。
[2] 参见左卫民:《关于法律人工智能在中国运用前景的若干思考》,载《清华法学》2018年第2期。
[3] 《辽宁省长首次对外确认连续四年经济数据存在造假》,载人民政协网,https://www.rmzxb.com.cn/c/2017-01-18/1292273.shtml。

且,公众问卷调查等主流民间数据获取方法,在具体使用中还面临如何合理地将主观性信息转换为客观统计数据等操作性难题。① 以调查问卷的问题设计为例,若调查问卷问题设计得过于抽象,将可能导致民意调查结果与现实行为严重脱节的问题。例如,余杭法治评估设计了这样一个问题:"司法审判应该以事实为依据,以法律为准绳,您觉得实践中,法院在审理具体案件时,是否达到了这一要求?"② 从元评估角度看,这样抽象的问题可能使司法评估数据来源出现较大偏差。

(二)数据收集方式的严谨性

司法评估数据的收集应严格依据统计学等学科理论进行,包括但不限于:(1)抽样方法的合理性。抽样是一种选择调查对象的程序和方法,抽样调查本身必须有整套严密构思且符合数理原则的程序才能保证调查结果的使用价值。科学合理的司法评估问卷,只有通过概率抽样方法从整体框中抽取样本,才能保证样本的代表性和推论总体的可能性。③ 目前,我国一些司法评估往往随意选择被调查人员,这不符合抽样方法科学性的要求。(2)样本范围的广阔性。根据评估目标选择的样本范围应反映被评估对象的全貌。(3)样本质量的监控。在数据收集过程中,应严格依照相关规则监控数据的质量。例如,司法文明指数评估要求每一份调查问卷的无效回答至多只能有3项,这在一定程度上保证了样本质量。(4)数据收集人员的专业性。在司法评估中,数据收集人员应具有一定专业素养,以保证数据收集符合相关要求。这包括沟通能力、组织协调能力、项目监管能力、司法理论知识、统计学和评估学理论知识等。例如,司法文明指数评估在每年调研过程中均会对调查人员进行培训,这提升了调查人员的专业性。(5)评估专家的能力和水平。司法评估应依照评估设计,按照单数原则、回避原则等技术要求,遴选和聘任有关专家;依照有关要求召开专家培训会、准备会,解释评估目的、方法、标准、准则;建立有效沟通机制,正确处理

---

① 参见周祖成、杨惠琪:《法治如何定量——我国法治评估量化方法评析》,载《法学研究》2016 年第 3 期。
② 钱弘道编:《法治评估的实验——余杭案例》,法律出版社 2013 年版,第 85~86 页。
③ 参见张德淼:《法治评估的实践反思与理论建构——以中国法治评估指标体系的本土化建设为进路》,载《法学评论》2016 年第 1 期。

评估者与评估决策机构等主体的关系。①

(三) 数据收集过程的公开性

司法评估的目的是对司法运行的质效进行考量。司法评估过程应具有公开性：一方面，公开可以使评估活动接受更多公众的监督，以保障相关信息的真实性和可靠性。只有将全部过程公开，才可能接受相关的检验，进而在实践中判断司法评估的科学性。另一方面，受制于人的有限理性等因素，任何司法评估都会存在问题，公开也是改进司法评估的重要方式。然而，当前司法评估实践中的封闭性还比较严重，有的仅服务于有关部门掌握内部数据材料，或者仅仅向社会公布最后的简要结果，使评估过程及其结果所具有的评价、监督功能大打折扣。②

四、司法评估结果的有效性

(一) 司法评估结果的检验

评估结果的检验一般采取两种方法：一种是定性的分析方法，如前文所述对司法评估的反思。这类分析方法主要是从评估过程，如目标设计、指标设计、权重分配、数据收集等方法的科学性对评估结果的可靠性进行分析。其本质是一种替代机制，即依托元评估的其他标准判断评估结果有效性和准确性，虽然可从一个方面判断最终评估结果的有效性，但由于相关论者只是基于经验和观察进行简单的总结，其方法难免存在一定误差。另一种是定量检验方法，主要是运用统计学方法对司法评估的信度和效度进行检验。

信度即可靠性，主要反映评估结果的一致性和可靠性程度，一般测量信度的方法包括重测信度、复本信度、内部一致性信度、评分者信度等。③ 对于司法评估来说，使用内部一致性信度检验较为合适，即采用 Cronbach's α 系数法。通常认为，信度

---

① 参见严芳：《教育元评估的理论与实践》，华东师范大学出版社2013年版，第110页。
② 参见张建：《法治评估的地方实践：动因、问题及反思》，载《云南师范大学学报（哲学社会科学版）》2016年第1期。
③ 参见张文彤、董伟编著：《SPSS统计分析高级教程》（第3版），高等教育出版社2018年版，第414页。

系数在0.9以上,则测验信度较佳;信度系数在0.8以上是可接受的;如果信度系数在0.7~0.8,则结果依然可以采用;但如果信度系数低于0.7,则需要重新设计。[1] 效度检验用于检测测量结果的准确程度,只有度量方法能够测出调查者所需要测出的变量,才能说明该度量方法是有效的。[2] 同样,效度也具有多种分类,包括内容效度、准则效度和建构效度。内容效度,主要是指测量内容是否符合测量目标,需要考虑测量工具是否提供了相关内容。准则效度,主要是指当同时运用多种方式进行测量时,选择一种作为准则,而其他方式与该准则进行比较的方式。建构效度主要用来考察统计结果与理论假设是否具有一致性,因此也称为理论效度。[3] 对司法评估进行检验时,需要根据不同评估的特点进行定量检验。

除上述方法外,也可根据统计学原理,从不同角度或运用不同方法对评估结果进行检验,对司法评估结果的误差、稳健性、内部一致性和外部一致性等内容进行分析。例如,有论者对评估准确性检验采用了如下方法:[4]一是指标权重的重新计算。没有采用不同专家打分法来重测指标权重的量值,而是直接采用一种客观的数理统计方法,即主成分分析法来重新计算指标的权重。二是法治得分的重新计算。用新的指标权重乘以原评估相应指标原始得分,即可得到法治评估对象新的法治得分。对采用赋值算术平均法计算法治得分的,则采用另一种赋值法来重新计算评估对象的法治得分。三是平均误差检验。用原法治得分减去新法治得分,根据二者间差的统计量及平均误差来检验法治评估的准确性。

(二)司法评估报告的质量

评估报告的有效性包括以下内容:(1)评估结果的清晰性和完整性。在评估结果中,应清晰地展示评估的目标、背景、设计、过程等内容,完整记录评估的整个过程,保证有关人员可以依托该成果对评估进行检验。(2)评估结果的时效性。以司

---

[1] 参见张文彤、董伟编著:《SPSS 统计分析高级教程》(第3版),高等教育出版社2018年版,第414页。
[2] 参见游士兵主编:《统计学》,武汉大学出版社2010年版,第57页。
[3] 参见薛薇:《统计分析与 SPSS 的应用》(第5版),中国人民大学出版社2017年版,第293页。
[4] 参见曾赟:《法治评估的有效性和准确性——以中国八项法治评估为检验分析对象》,载《法律科学(西北政法大学学报)》2020年第2期。

法文明指数评估为例,年度评估的时效性显然比3年一评或5年一评具有时效性,可以更准确地反映不同地区的司法变化。(3)评估结果的可使用性。特别是可以与其他评估形成有效交互,符合一般司法评估的话语体系。(4)评估结果的公开性。应对评估的有关内容进行说明,避免关于结果的错误解释和应用。[①]

第三节 司法元评估的实施

司法元评估的实施与司法评估的内容有很多相似性,本节主要就司法元评估实施过程中具有特殊性的内容进行重点介绍。

一、司法元评估的实施原则

(一)科学性原则

"元评估既不是纯理论方法,又不是纯技术方法,而是一种同时具有理论属性与技术属性的综合性科学技术方法。"[②]在司法元评估实施过程中,既需遵循评估学及法学的一般规律,选择适宜的方法进行评估;也需要提升评估者的能力和水平,切实采用元评估的相关方法。具体而言,司法元评估科学性原则要求:(1)目标的科学性,即司法元评估应选择清楚、明确且适当的目标,为科学开展司法元评估奠定基础;(2)设计的科学性,元评估者应广泛调研,吸收有关专家经验,结合实践情况,设计可准确反映司法评估质效的元评估方法;(3)实施的科学性,应选择具有充分经验的人员,运用适当的方法落实元评估的设计;(4)评估结果应用的科学性,根据结果对司法评估未来发展提供建议。

(二)整体性原则

"元评估应考察原评估作出的结论是否对被评估系统产生整体优化作用,促进

[①] 参见严芳:《教育元评估的理论与实践》,华东师范大学出版社2013年版,第110页。
[②] 张道民:《关于元评估》,载《东方论坛(青岛大学学报)》2002年第5期。

其长远发展,即从整体上考察、评判原评估结论对评估对象的有效性。还应全面考虑影响元评估的众多因素,多角度权衡其主次、真伪等,归纳出主要影响因素,全面、深入地收集与原评估活动相关的必要信息,得出基于全面性的结论。"[1]整体性原则要求从元评估的目标到最终结论的得出都应该具有统一性。目前一些学者已经开始尝试开展司法元评估活动,但这些活动并未从全局角度考察司法评估实施状况,对司法评估中的问题进行批判,或对结果的准确性和有效性进行分析。"系统整体性是元评估活动的灵魂。元评估坚持这个原则,不仅能居高临下洞察全局及其各个部分,而且把这条主线贯彻始终,就会思路清晰,目标明确,标准统一,有助于得出正确的元评估结论。"[2]

(三)综合性原则

综合性原则要求元评估的实施应系统考量影响元评估活动的各种因素,主要涉及:(1)元评估的基本原理与地方特殊知识相结合。一般而言,各国往往会基于元评估基本原理,结合本国特色实施元评估活动。如在教育领域,尽管各国都在尝试引进美国的元评估体系,但在设计和实施环节,一般会考虑本国评估活动的既有特征。[3] 在司法评估领域,也应注意普适性和特殊性的结合。(2)各学科领域知识的结合。例如,将法学、哲学、历史学、社会学、经济学、文化学、心理学、伦理学等多学科对元评估的反思认识综合成统一的认识。[4] 元评估的开展可能涉及各学科的知识,如问卷调查可能涉及心理学、社会学等方面的知识,指标设计可能需要从法学、哲学、社会学、历史学等各个角度进行分析。(3)既有信息和新信息的结合。司法元评估的实施有时候利用既有的信息便可以展开。但有些时候,由于司法评估的公开性有限抑或可信性不足,相关评估人员需要对一些问题收集新的信息以展开评估。特别是目前我国大量司法评估往往只公布结果,相关过程信息的公开十分有限,这

---

[1] 方鸿琴:《国外教育元评估的分析及对我国的启示》,载《江苏高教》2004年第1期。
[2] 张道民:《关于元评估》,载《东方论坛(青岛大学学报)》2002年第5期。
[3] 参见高文杰:《元评估:我国高职教育评估亟待引入的制度架构——基于新制度经济学的视角》,载《职教论坛》2016年第7期。
[4] 参见张道民:《关于元评估》,载《东方论坛(青岛大学学报)》2002年第5期。

就需要司法元评估进一步收集新的信息。

二、司法元评估者的选择与要求

在针对司法评估的质量进行价值判断的过程中,元评估者作为活动主体起着至关重要的作用,其品德人格、专业能力和心理素质都会对元评估活动产生影响。[1] 因此,一般需要对元评估者进行筛选。例如,对教育评估专家包括如下要求:一是高度使命感。专家要肩负起为国家、社会、学校和学生发展负责的使命。二是强烈责任意识。专家上要对国家负责,下要对参评学校负责,内要对专家组的信誉和形象负责。三是平等交流。专家要充分尊重参评学校的主体地位,与学校平等交换意见,与评估专家平等交流,多渠道获取信息。四是客观评价。审核评估强调依据事实、数据作出客观判断。要求专家评估中不说套话,分析问题切中要害、提出建议切实可行。五是专业水准。专家应具备捕捉问题、精准分析问题、破解问题和给出建议"良方"的能力。六是廉洁自律。专家在评估过程中应严格执行教育部规定的"十不准"评估工作纪律,自觉维护专家队伍的廉洁风气和崇高形象。

司法元评估与教育元评估既有联系又有差别,结合有关论著,司法元评估者应满足以下要求:[2]

第一,具有评估学相关知识,熟悉元评估相关标准,并具备在多个标准中选择适合标准的能力。该能力旨在保证元评估的科学性,符合评估学一般规律,增强元评估活动的公信力。

第二,具有司法知识,了解司法规律,并对相关地域的司法特点有所认知。例如,相较东部沿海地区,西南边疆地区存在司法权威、司法文化、司法价值等多样的特点。[3] 这要求司法元评估者具有快速的学习能力,开展司法领域知识培训,广泛吸纳元评估所需领域知识的相关专家,实现优势互补。

第三,具有达成司法元评估目标的经验和能力。司法元评估者应提供其具备相

---

[1] 参见严芳:《教育元评估的理论与实践》,华东师范大学出版社 2013 年版,第 110 页。
[2] See Stufflebeam D. L., Coryn C. L. S., *Evaluation Theory, Models, and Applications*, John Wiley & Sons, 2014, p. 637 – 639.
[3] 参见徐清:《法理视野下的西南边疆司法治理模式建构》,载《思想战线》2020 年第 5 期。

关经验和能力的证据,以表明可以熟练掌握司法元评估的概念、标准和方法。这些证据包括但不限于相关的证件、资质文件、先前开展项目的资料和情况等,也可以提供其对相关评估目标的前期调研和评估以证明其具备足够的知识、经验、信心和能力。

第四,诚实、正直、尊重他人。司法元评估有可能影响相关司法评估者、评估对象的利益。当某些司法评估结果用于决策时,一旦元评估作出司法评估质量不高的判断,这些决策将可能存在反复的风险。当然,这并不是要求司法元评估者谎报或瞒报相关结果,而是要求其在准确提供元评估结果的同时,尊重司法评估的成果。考虑我国司法评估往往涉及各地的"司法竞争",[1]很多司法评估已上升到权力机关博弈的程度,这更要求司法元评估者具备相应的评估道德品德。

第五,良好的沟通、协调和交流能力。元评估活动涉及的交流内容主要包括两个方面:一是与委托人的交流,使其了解元评估的目标、内容、利益相关者等内容,并从委托人处获取元评估所需要的信息。此外,对于司法元评估结果,也应该作必要的解释,帮助委托人妥善使用。二是与元评估活动相关人员的交流,包括信息获取、评估实施等工作。元评估者应善于与利益相关者交流,推动司法元评估顺利实施。面对可能的困境与威胁时,元评估者应具有敏锐的洞察力,善于利用各种方法,化解矛盾。此外,元评估者应注意确保为元评估提供信息或以其他方式协助元评估的利益相关者得到相应补偿。

三、司法元评估的方法

司法元评估的方法主要包括定性分析和量表分析两种。前者主要是通过文字分析方法,对司法评估的质量进行评估。一般而言,司法元评估的定性评估方法主要包括 3 种:[2](1)等级评定。等级评定主要是将评估对象分为优秀、良好、一般、合格、不合格等,对每个等级的要求进行描述,并根据司法元评估的具体状况,将其归为对应的等级。(2)分析评定。将评估对象分解成几个方面并逐一进行评定,分别

---

[1] 参见高翔:《中国地方法院竞争的实践与逻辑》,载《法制与社会发展》2015 年第 1 期。
[2] 参见严芳:《教育元评估的理论与实践》,华东师范大学出版社 2013 年版,第 119 页。

描述各个方面的优缺点,但不作综合性评定。(3)综合评定。这是分析评定的继续,即以分析评定的结果为基础,将所有优缺点进一步综合,最后对整个司法评估的质量进行评定。

司法元评估的定性评估可结合以上3种办法共同进行,将司法评估拆分为几个方面:评估目标、评估设计、评估实施、评估结果等,对每一方面设立若干标准。以评估设计为例,可设定司法评估主体、司法评估理论、司法评估指标设计、司法评估各个指标权重分配等合理性标准,再对这些方面逐个进行测评。以指标设计为例,可进一步对指标设计是否符合统计学方法、司法一般规律,以及是否与本地特征相结合等问题进行评估。最终将各个层次的评定结果综合,对司法评估的质量进行评定。

量表分析的方法,主要是设计一套数量化的测评方法,对司法评估的各项标准进行评定,之后将各个指标的结果汇总,完成对司法评估质量的评估。量表分析法的本质是定性与定量分析的结合,即先通过定性的方法确定司法元评估的各项标准,再通过定量的方法统计分析各项数据。

四、司法元评估的实施过程

司法元评估的实施一般可分为四大步骤:目标设计、评估规划、具体实施和结果的产生与使用。[①] 结合有关理论以及其他领域元评估的实践,司法元评估可分为11个步骤。[②]

步骤1:组建司法元评估团队(一个或多个人)。团队成员应依照前文所提标准选择,即不仅应具备开展评估所需的技术资格、内容知识和可信度,而且应该受到利益相关者的尊重和信任。特殊情况下,司法元评估活动也可由一个人完成。例如,在西密歇根大学开展的一项教育元评估中,只聘请了一位元评估师,其顺利完成了任务。这是因为该元评估师不仅是一位杰出的教育学家,而且熟练掌握各项评估学知识。

[①] 亦可以如前文所介绍,分成3个步骤,但流程上是一致的。
[②] See Stufflebeam D. L., Coryn C. L. S., *Evaluation Theory, Models, and Applications*, John Wiley & Sons, 2014, p. 647 – 662.

步骤2：确定司法元评估的利益相关者，并与之进行互动。确定利益相关者是明确元评估目标和计划的前提。在一般情况下，司法元评估者可通过与利益相关者的广泛交流，确认元评估开展的方法，特别是在元评估试图改善某项司法评估时，与利益相关者的交流将帮助元评估者更加准确地了解相关需求，从而开展具有更强相关性和普遍性的司法元评估。

步骤3：确定司法元评估的标准、准则或要求。司法元评估是一项专业活动，其应依据专业标准进行。值得注意的是，受司法元评估活动内容限制以及利益相关者的需求，司法元评估的标准、准则和要求也可以通过协商方式适当选择其中的一部分，或作出一定改变。特别是当司法元评估的开展主要是为了更好地推动初级评估时，司法元评估者往往不需要囿于严格的标准。但是，当司法元评估涉及相关信誉问题时，或是在较正式的评估场合，一般需要结合元评估理论使用正式的标准。

步骤4：定义司法元评估问题。这本质上是明确元评估目标，即元评估开展需要解决的问题。一般而言，在选择司法元评估问题时，基本考虑因素是：(1)评估是否完全符合合理评估（优点）的要求；(2)它足以满足受众的评估性信息需求（价值）。当然，由于一开始可能不清楚某些重要的元评估问题，元评估者和客户应考虑保持元评估问题的适度开放性。之后随着元评估的开展，逐渐确定有关问题。此外，在进行司法元评估前，还应明确其评估模式，即确定相关司法元评估是形成性还是总结性的元评估。对前者，应以对司法评估的设计和改进方向为目标进行评估；对后者，应以司法评估的实施效果为目标进行评估。在确认评估目标后，评估者应结合司法评估相关信息选择适宜的理论作为元评估的设计基础。以司法公信力评估为例，评估者应选择元评估相关理论和司法公信力影响因素等理论作为司法元评估的理论基础。

步骤5：完成沟通备忘录或商定正式的司法元评估合同。司法元评估需要以合理的协议备忘录或合同为基础。备忘录或合同阐明了双方对元评估的理解，有助于防止客户和元评估者之间的误解，并且为解决将来有关元评估的任何争议提供了基础。如果没有达成协议，则元评估过程很容易产生误解、纠纷，甚至破坏关于调查结果的努力。相关协议或合同应该明确元评估的标准和程序，但也应允许根据实际情

况在元评估过程中适当调整。具体而言,司法元评估合同(备忘录)应包括但不限于以下内容:①

1. 基本注意事项:1.1 评估的对象;1.2 评估的目标;1.3 客户;1.4 其他享有知情权的受众;1.5 授权评估者;1.6 指导价值或准则;1.7 评估标准;1.8 合同问题。

2. 信息:2.1 必要信息;2.2 数据收集程序;2.3 数据收集工具;2.4 信息来源;2.5 受访者选择标准和流程;2.6 收集获取所需数据权限的规定;2.7 确保足额信息的后续程序;2.8 确保获取信息质量的规定;2.9 保存和维护所收集信息安全的规定。

3. 分析:3.1 定量信息分析程序;3.2 定性信息分析程序。

4. 综合:4.1 得出结论过程中的参与者;4.2 综合调查结果和得出结论的程序和指南;4.3 关于评估报告是否应包括建议的决定。

5. 报告:5.1 可交付成果和截止日期;5.2 中期报告的格式,包括内容、长度、受众和交付方法;5.3 最终报告的格式,包括内容、长度、受众和交付方法;5.4 与评估有关或基于评估发布信息有关的限制和权限。

6. 报告保障措施;6.1 匿名/保密;6.2 报告发布前审查;6.3 参与预发布评审的条件;6.4 评估者的反驳;6.5 编辑权限;6.6 授权的报告接受者;6.7 发布报告的最终权限。

7. 通信协议:7.1 联系人;7.2 项目人员联系规则;7.3 沟通渠道和协助。

8. 评估管理:8.1 客户和评估人员的评估工作时间表;8.2 评估职责分配。

9. 客户权限和责任:9.1 信息获取;9.2 服务;9.3 人员;9.4 信息;9.5 设施;9.6 设备;9.7 材料;9.8 交通协助;9.9 工作区。

10. 评估预算:10.1 固定价格、可补偿成本或成本加成协议;10.2 付款金额和日期;10.3 付款条件,包括提交所需报告;10.4 预算限制;10.5 商定的间接费用和间接费用率;10.6 预算事项联络人。

11. 评估的审查与控制:11.1 合同变更和解除条款;11.2 定期审查、修改和协商

---

① See Stufflebeam D. L., Coryn C. L. S., *Evaluation Theory, Models, and Applications*, John Wiley & Sons, 2014, p.513-515.

所需设计的规定;11.3 根据健全的评估的专业标准对评估进行再评估的规定。

步骤6:收集并审查已有的相关信息。这主要是指司法评估进行过程中的评估方案、评估协议、评估指标、评估报告、评估专家信息、评估培训信息等,此类信息均可作为证据用以进行元评估。很多时候,此类信息已经足以支撑生成元评估的相关信息。在阅读相关信息时,司法元评估者需要使用内容分析法获取重要信息。该方法是文献研究的重要方法,旨在对文献资料重新整理的基础上,解释相关的关系和结构。[1] 依据此方法,司法元评估者应充分收集各类已有信息,进而依据元评估标准进行归类。

步骤7:收集所需的新信息。一些时候,由于初级评估技术上存在不足、无法覆盖元评估需要的全部信息、可靠性不足或无法获取受众的信任,元评估者需要收集更多的信息支撑元评估。例如,在西密歇根州大学对夏威夷教师评估系统的元评估过程中,元评估者首先根据1988年联合委员会21项评估标准中的每一项,使用现有信息来判断既有的体系。然后,其对夏威夷公立学校教师和管理人员进行了分层随机抽样调查,以此补充了更多信息。这些额外信息不仅证实了最初的判断,还提供了一个更强有力和更可信的案例,说明现有教师评估系统迫切需要进行改革。就司法元评估而言,特别是由于我国目前司法评估主体的非中立性,既有信息可能无法准确反映评估的质量。

在新信息的收集过程中,一般采用3种方法:(1)问卷调查法。是指通过制定详细周密的问卷,要求被调查者据此进行回答以收集资料的方法。所谓问卷是一组与研究目标有关的问题,或者一份为进行调查而编制的问题表格,又称调查表。它是人们在社会调查研究活动中用来收集资料的一种常用工具。调研人员借助这一工具对社会活动过程进行准确、具体的测定,并应用社会学统计方法进行量的描述和分析,获取所需要的调查资料。[2] 在司法元评估过程中,元评估者同样可通过问卷调查方式收集司法元评估的相关信息,具体调查对象包括司法评估的实施者、参与者、评估对象、评估专家、利益相关者等。(2)个别访谈法。是指调查者与单个被调查者

---

[1] 参见仇立平:《社会研究方法》,重庆大学出版社2008年版,第240~244页。
[2] 参见萧浩辉主编:《决策科学辞典》,人民出版社1995年版,第194~195页。

面对面交谈收集信息的方法。这种方法往往可挖掘出问卷调查法无法捕捉的信息，不仅具有较强的灵活性和直接性，而且可以就某些关键点或是无法公开获取的信息进行深入挖掘，以获取被调查者相关的意愿。当然，该方法的调查成本也相对较高。① 在司法元评估信息收集的过程中，对于问卷调查无法获得的信息，元评估者可以进一步采取个别访谈法挖掘有关内容。（3）公开信息收集法。就司法评估而言，其可以通过大量的公开信息获取相关的评估数据。就元评估而言，其同样可以依据公开的信息评估司法评估的质量。具体来说，这些信息可以有两个来源：一是司法部门公开的信息；二是网络舆情数据分析。随着司法公开不断深入，越来越多司法部门的信息可在网络上获取，这为司法元评估提供了重要材料。当然，由于数据大多源于司法部门公布的数据，容易导致评估结果的片面性。因此，司法元评估的数据不应仅仅源于司法部门，网络舆情信息同样是一个重要渠道。随着网络高速发展，网络民意已构成了解公权力机关运行方式的快捷信息通道。因此，在司法元评估过程中，运用数据挖掘技术，对各个地区网络舆情状况进行分析，进而作为元评估数据的来源，同样是十分必要的。

步骤8：分析并综合获得的信息。司法元评估经常需要对大量信息使用各种定量和定性分析方法以及定制的综合方法。常见方法包括绘制直线图和条形图、饼图、对目标评估数据的重新分析以及计算机辅助内容分析等方法。在具体评估过程中，评估者可以对于实用性、可行性、适当性和准确性提出单独的结果，然后对各种信息进行综合汇总，再提出一个综合判断，进而提出未来建议。

步骤9：判断司法评估系统是否遵循适当的标准、原则或准则。在对所获得的信息进行分析和综合后，元评估者应判断司法评估是否符合相关的标准、原则和准则。如前所述，司法元评估者一般会针对司法元评估标准的每一项设定与每个标准相关的特定点。此后，依据每个标准的特定点对目标进行评估，然后对每个标准的遵守程度指定一个预定的标度值含义（如优秀、良好、一般、较差、很差）。有时候，司法元评估者会遵循一套程序汇总各标准的得分，并对适当性、可行性、准确性、有效性以及总体评价的每个主要要求作出判断（见表6.1）。

---

① 参见蒋志辉、朱哲、马爱艳主编：《社会调查研究方法》，北京邮电大学出版社2017年版，第14~15页。

表 6.1　司法元评估样表

标准	结论	依据
目标适当性	未满足	X 项或 X 项以上标准不符合要求
方案可行性	部分满足	X 项标准中至少有 X 项符合或部分符合要求，X 项或 X 项以上标准不符合要求
实施准确性	部分满足	X 项标准中至少有 X 项符合或部分符合要求，X 项或 X 项以上标准不符合要求
结论有效性	未满足	X 项或 X 项以上标准不符合要求

步骤 10：通过报告、信函、口头陈述、研讨会和其他方式呈现司法元评估结果。在司法元评估中，需要元评估者提供相关的中期报告、最终报告等内容。对于这些报告，通常建议准备并提交一份草案，然后召开旨在口头交流和讨论报告草稿的会议，随后完成并提交报告的最终版本。在提供司法元评估结果时，通常需要提供相关的执行摘要、完整的报告和单独的技术报告等。此外，根据预先达成的协议，将最终的司法元评估报告发布到网站上、提交执行摘要已在专业期刊上发表或提供口头陈述也可能是适当的。

步骤 11：在适当和可行的情况下，帮助委托者和其他利益相关者解释和应用司法元评估结果。司法元评估者在得到元评估结果后，可以对元评估的相关结果进行解释，以避免委托者或其他人员产生误解。需要注意的是，元评估的一个重要要求就是评估主体的可信性。因此，评估者不宜过分介入对元评估的解读，只需要保证相关人员可以正确理解和使用元评估结果即可。

第七章 司法评估的样本：中国司法文明指数

第一节 中国司法文明指数设置

一、司法文明的概念和指标

（一）司法文明概念

"文明"是与"愚昧""落后""野蛮"相对的概念，是指"人类社会进步状态"。① 从社会发展进程看，"法制的形成系人类社会由野蛮进入文明的重要标志"。② 在政治文明、法治文明与司法文明的关系中，"法治文明系政治文明的基本标志，司法文明系法治文明的基本标志"。③ 在这个意义上，司法文明意味着"司法进步"。

现代司法文明，是对人类司法史上非理性裁判方式进行批判性反思的成果。拉德布鲁赫考察了从古代"建立在信仰和迷信之上的证据"，到近代"法定证据理论"，再到现代"科学证据理论"的发展过程，称其"令人联想到黑格尔精神发展过程的正反合三段式"。④ 显然，从愚昧、野蛮到文明，体现了司法理念和司法制度的螺旋式上升运动。张文显教授则强调："人权保障是司法文明的核心标志，也是司法文明的强大动力。如果说古代司法的文明意义在于定分止争、惩恶扬善，那么现代司法的文明意义则在于保障人权、维护正义，正是对人权的尊重和保障使司法在现代化的

---

① 参见夏征农主编：《辞海》，上海辞书出版社2002年版，第1767页。
② 张晋藩：《中国古代司法文明与当代意义》，载《法制与社会发展》2014年第2期。
③ 张文显：《司法文明新的里程碑——2012刑事诉讼法的文明价值》，载《法制与社会发展》2013年第2期。
④ 参见[德]拉德布鲁赫：《法学导论》，米健译，法律出版社2012年版，第141~146页。

道路上走向了文明。"[1]

司法文明作为法治文明的重要组成部分和基本标志,还有如下论据:一是在"WJP 世界法治指数"中,"司法"(justice)被界定为"由称职、守德和独立的代表及中立人士及时实现正义"。司法的这一特性被确定为法治的 4 个普遍原则之一。司法的一级指标和二级指标在"WJP 世界法治指数"中分别占了 1/3 和 17/47(36%)的比重。[2] 二是党的十八届四中全会《决定》指出:"公正是法治的生命线。司法公正对社会公正具有重要引领作用,司法不公对社会公正具有致命破坏作用。""司法"和"法治"在党的十八届四中全会《决定》中出现的频率是 73/111 次。

(二)司法文明指标含义

司法文明指标,试图通过对全国各地司法文明现状的动态监测,从普通人的视角,调查和评估可能影响人民群众日常生活和诉讼活动的司法文明现状。一系列展现司法文明程度的综合指标,是以直接调查数据(各省、自治区、直辖市随机抽样的 800 份问卷,给司法文明 32 个二级指标的打分)为基础,以直观图形显示的方式提供了有价值的信息,反映了人民群众对本地司法文明发展水平的满意度。

以 2020~2021 年司法文明指标体系为例,它由如下 10 个一级指标、32 个二级指标组成(见图 7.1)。

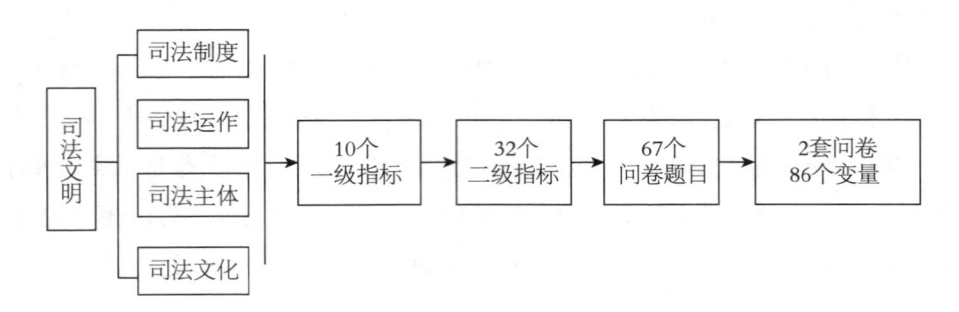

图 7.1 司法文明指标体系结构(2020~2021 年)

---

[1] 张文显:《人权保障与司法文明》,载《中国法律评论》2014 年第 2 期。
[2] See The World Justice Project, *WJP Rule of Law Index* 2015, p.9.

1. 司法文明4个领域

（1）司法制度。在中国,司法制度一般是指"司法机关的组织制度以及司法机关与其他相关机关、组织依法进行或者参与诉讼的活动制度的总称,主要包括审判制度、检察制度、侦查制度以及律师制度"。① 虽然我国司法机关仅包括审判机关和检察机关,但诉讼不仅是指法院审判、检察院公诉和法律监督,还包括律师辩护活动和侦查机关的侦查活动。党的十八届四中全会《决定》以"保证公正司法,提高司法公信力"为目标,对司法制度的建设和改革提出了一系列完善国家司法制度的重要举措:"完善确保依法独立公正行使审判权和检察权的制度","完善司法体制,推动实行审判权和执行权相分离的体制改革试点","改革司法机关人财物管理体制,探索实行法院、检察院司法行政事务管理权和审判权、检察权相分离"。

（2）司法运作。司法运作,是指"诉讼的常规的、有序的运行程序,包括从诉讼开始到诉讼结束期间所发生的所有行为及事项"。② 司法运作是一个动态过程,由一系列相互衔接且各自独立的程序组成。③ 例如,刑事诉讼一般分为侦查、起诉、审判三大程序。党的十八届四中全会《决定》提出的"优化司法职权配置""推进严格司法""推进以审判为中心的诉讼制度改革",都是促进公正司法运作的重要举措。

（3）司法主体。司法主体,是指负责司法权行使的国家机关和个人。我国司法权行使的机关是法院和检察院。《宪法》第128条规定:"中华人民共和国人民法院是国家的审判机关。"第131条规定:"人民法院依照法律规定独立行使审判权,不受行政机关、社会团体和个人的干涉。"第134条规定:"中华人民共和国人民检察院是国家的法律监督机关。"第136条规定:"人民检察院依照法律规定独立行使检察权,不受行政机关、社会团体和个人的干涉。"根据上述规定,只有法院和检察院可以代表国家行使司法权,其他任何机关不得行使司法权。"司法主体"还可分为"司法权主体"和"司法活动主体"。法院、检察院既是司法权主体,也是司法活动主体。法官、检察官是司法活动主体,即"司法权和司法活动行使主体",但不是司法权

---

① 陈光中:《中国司法制度的基础理论问题研究》,经济科学出版社2010年版,第17页。
② Bryan A. Garner, *Black's Law Dictionary*, Ninth Edition, West Press, 2009, p.1324.
③ 参见卞建林等:《中国司法制度基础理论研究》,中国人民公安大学出版社2013年版,第95页。

主体。①

（4）司法文化。司法文化是法律文化的结晶。司法文化作为法律文化的一个重要组成部分,可被表述为"在长期的司法活动中逐步形成的一种法律文化形态,主要包括价值观念、思维模式、行为准则、制度规范等表现形式"。② 司法文化是人类司法活动中经验智慧的积淀。作为司法文明的外在表现形式,司法文化既有稳定性又有变动性,并呈现不断进步的趋势。司法文化虽然形成于一定的司法制度并受其制约,但又对司法实践具有塑造作用,它本身也是可改造的。司法理念更新总是司法制度变革的先声,先进司法文化的培育及其为司法主体所接受,往往成为司法文明进步的重要动力。

2. 司法文明指数一级指标

（1）司法权力。司法权本质上是一种裁判权。在我国,《宪法》规定了司法权的主体为法院和检察院,司法权力既包括审判权,也包括检察权。根据《刑事诉讼法》的规定,公安机关的侦查权也与司法权力具有密切联系。联合国《公民权利和政治权利国际公约》第14条第1款规定:"在判定对任何人提出的任何刑事指控或确定他在一件诉讼案中的权利和义务时,人人有资格由一个依法设立的合格的、独立的和无偏倚的法庭进行公正的和公开的审讯。"就司法权力而言,司法文明建设重在五个方面:一是依法设立,并依法予以限制,明确"法无授权不可为";二是独立行使、不偏不倚,"完善确保依法独立公正行使审判权和检察权的制度";三是公正、公开,"保证公正司法,提高司法公信力";四是行使司法权力的主体获得公众的信任和认同;五是行使司法权力的主体作出的裁判获得公众的信任和认同。

（2）当事人诉讼权利。联合国《公民权利和政治权利国际公约》规定了司法活动尤其是刑事司法活动中当事人享有的诉讼权利,包括"权利平等原则,司法补救,生命权的程序保障、禁止酷刑或施以残忍的、不人道或侮辱性的待遇或刑罚,人身自由和安全程序的保障,对所有被剥夺自由的人应给予人道或尊重人格尊严的待遇,审判独立、公正、公开,无罪推定,辩护权、获得法律援助权,反对强迫自证其罪,复审

---

① 参见刘作翔:《司法权属性探析》,载《法制日报》2002年9月22日。
② 刘作翔:《作为对象化的法律文化——法律文化的释义之一》,载《法商研究（中南政法学院学报）》1998年第4期。

权,刑事赔偿,一事不再审等"。①　对于当事人诉讼权利,应贯彻党的十八届四中全会《决定》"加强人权司法保障"的要求:①"强化诉讼过程中当事人和其他诉讼参与人的知情权、陈述权、辩护辩论权、申请权、申诉权的制度保障。健全落实罪刑法定、疑罪从无、非法证据排除等法律原则的法律制度。完善对限制人身自由司法措施和侦查手段的司法监督,加强对刑讯逼供和非法取证的源头预防,健全冤假错案有效防范、及时纠正机制。"②"对人民法院依法应该受理的案件,做到有案必立、有诉必理,保障当事人诉权。"③"切实解决执行难……依法保障胜诉当事人及时实现权益。"④"落实终审和诉讼终结制度,实行诉访分离,保障当事人依法行使申诉权利。"⑤"完善对涉及公民人身、财产权益的行政强制措施实行司法监督制度。"

（3）民事司法程序。民事司法程序即民事诉讼程序,"是指民事争议的当事人向人民法院提出诉讼请求,人民法院在双方当事人和其他诉讼参与人的参加下,依法审理和裁判民事争议的程序和制度。"②日本学者谷口安平认为,民事诉讼的目的在于"实现个人权利或维护实体私法体系"并"解决纠纷",它包含正当性、公正性、迅速性和经济效率等诸多价值。③　江伟教授等认为,民事诉讼既包括实体性目的也包括程序性目的,"实体性目的包括保护实体权利和维护法律秩序等,程序性目的则主要是指为当事人提供程序保障,保护当事人的程序权利和程序利益"。④《民事诉讼法》第2条规定了民事诉讼的任务是:"保护当事人行使诉讼权利,保证人民法院查明事实,分清是非,正确适用法律,及时审理民事案件,确认民事权利义务关系,制裁民事违法行为,保护当事人的合法权益,教育公民自觉遵守法律,维护社会秩序、经济秩序,保障社会主义建设事业顺利进行。"

（4）刑事司法程序。从本质上看,刑事诉讼"属于国家的司法活动",⑤其目的是"保证刑法的正确实施"。为此,应当坚持以庭审为中心,充分发挥庭审功能,全面提

---

① 陈光中主编:《刑事诉讼法》(第5版),北京大学出版社、高等教育出版社2013年版,第513~521页。
② 张卫平:《民事诉讼法》(第3版),法律出版社2013年版,第5页。
③ 参见[日]谷口安平:《程序的正义与诉讼》,王亚新、刘荣军译,中国政法大学出版社1996年版,第40~53页。
④ 江伟、刘学在:《中国民事诉讼基本理论体系的阐释与重塑》,载樊崇义主编:《诉讼法学研究》第5卷,中国检察出版社2003年版,第88页。
⑤ 参见陈光中主编:《刑事诉讼法》(第6版),北京大学出版社、高等教育出版社2016年版,第1页。

高庭审质量。党的十八届四中全会《决定》对完善刑事司法程序提出如下要求：①"加强人权司法保障"，"健全落实罪刑法定、疑罪从无、非法证据排除等法律原则的法律制度。完善对限制人身自由司法措施和侦查手段的司法监督，加强对刑讯逼供和非法取证的源头预防，健全冤假错案有效防范、及时纠正机制"。②"推进以审判为中心的诉讼制度改革，确保侦查、审查起诉的案件事实证据经得起法律的检验。全面贯彻证据裁判规则，严格依法收集、固定、保存、审查、运用证据，完善证人、鉴定人出庭制度，保证庭审在查明事实、认定证据、保护诉权、公正裁判中发挥决定性作用。"

（5）行政司法程序。行政司法程序即行政诉讼程序，是"以诉讼的方式解决行政争议的制度的总称"。① 其功能在于，针对行政行为侵犯个人合法权益的情况提供终局、权威的救济途径。"在我国，行政诉讼是指行政相对人与行政主体在行政法律关系领域发生纠纷后，依法向人民法院提起诉讼，人民法院依法定程序审查行政主体的行政行为的合法性，并判断相对人的主张是否妥当，以作出裁判的一种活动。"②《行政诉讼法》第1条规定的行政诉讼法的目的是："保证人民法院公正、及时审理行政案件，解决行政争议，保护公民、法人和其他组织的合法权益，监督行政机关依法行使行政职权。"行政司法程序的功能包括：①"纠正司法机关在执法阶段的违法行为，平衡执法阶段与相对一方因明显不对等的法律地位造成的巨大反差"；②"通过对行政权的控制来实现对人权的保障"，这主要是通过对行政行为进行司法审查来实现的；③提供社会公正的功能，这"是通过行政诉讼程序本身公正和法院裁判公正来实现的"。③ 党的十八届四中全会《决定》对行政司法提出的主要任务包括：一是"强化对行政权力的制约和监督"；二是"完善行政诉讼体制机制，合理调整行政诉讼案件管辖制度，切实解决行政诉讼立案难、审理难、执行难等突出问题"；三是"完善对涉及公民人身、财产权益的行政强制措施实行司法监督制度"。

（6）证据制度。"证据制度，是司法裁判过程中运用证据认定事实的法律制度，

---

① 翁岳生主编：《行政法》，中国法制出版社2002年版，第1311页。
② 姜明安主编：《行政法与行政诉讼法》（第2版），北京大学出版社2007年版，第444页。
③ 姜明安主编：《行政法与行政诉讼法》（第2版），北京大学出版社2007年版，第446~447页。

是证据规则和判例等有效性规范的总和。"①证据制度作为司法文明的重要标志,经历了古代神示证据制度、近代法定证据制度和现代自由证明制度三个大的历史阶段。现代证据制度是法治的基石。"惟在法治社会之定分止争,首以证据为正义之基础……认定事实,每为适用法律之前提。因而产生各种证据法则,遂为认事用法之所本。"②审判过程分为事实认定和法律适用两个阶段,准确认定事实是正确适用法律的前提,也是实现司法公正的前提。证据法作为规制事实认定的法律规范,具有促进事实真相发现和维护重要社会价值的功能。

(7)司法腐败遏制。腐败作为人类文明之大敌,其突出特征是"滥用公职以谋取私人收益"。③《联合国反腐败公约》第8条("公职人员行为守则")第1款明确规定,各缔约方应"根据本国法律制度的基本原则,在本国公职人员中特别提倡廉正、诚实和尽责"。司法腐败作为公权力腐败的一种表现形式,主要是指司法官员滥用司法权力以谋取私人收益。与其他形式的腐败相比,司法腐败"杜绝了人民的权利与自由受侵犯时的最终救济手段,冤无处伸,理无处讲,社会完全丧失对国家、政府、对党的信任感与凝聚力,人心背离,社会动荡"。党的十八届四中全会《决定》针对"群众对执法司法不公和腐败问题反映强烈"的问题提出明确要求:"对司法领域的腐败零容忍,坚决清除害群之马。"

(8)法律职业化。法律职业化可分为三个方面:第一,法律职业主体的适格性。这主要通过建立完善的职业准入条件、建立完善的职业培训体系来实现。第二,遵守职业伦理规范。第三,职业保障措施的完善。党的十八届四中全会《决定》在法律职业化及其保障方面提出的措施包括:①"推进法治专门队伍正规化、专业化、职业化,提高职业素养和专业水平。完善法律职业准入制度,健全国家统一法律职业资格考试制度,建立法律职业人员统一职前培训制度。"②"建立从符合条件的律师、法学专家中招录立法工作者、法官、检察官制度,畅通具备条件的军队转业干部进入法治专门队伍的通道,健全从政法专业毕业生中招录人才的规范便捷机制。"③"加快建立符合职业特点的法治工作人员管理制度,完善职业保障体系,建立法官、检察

---

① 张保生主编:《证据法学》(第2版),中国政法大学出版社2014年版,第48页。
② 李学灯:《证据法比较研究》,台北,五南图书出版股份有限公司1992年版,"序"。
③ Helping Countries Combat Corruption: The Role of the World Bank (1997).

官、人民警察专业职务序列及工资制度。"④"建立法官、检察官逐级遴选制度。初任法官、检察官由高级人民法院、省级人民检察院统一招录,一律在基层法院、检察院任职。上级人民法院、人民检察院的法官、检察官一般从下一级人民法院、人民检察院的优秀法官、检察官中遴选。"⑤"建立健全司法人员履行法定职责保护机制。非因法定事由,非经法定程序,不得将法官、检察官调离、辞退或者作出免职、降级等处分。"

(9) 司法公开。法谚云:"正义不仅应得到实现,而且应以看得见的方式实现。"以看得见的方式实现正义,即司法机关应将司法活动的过程和结果向社会公开。司法公开即司法的透明度,可有效地防止司法腐败,并可有效地消除公众对司法的质疑,从而增强司法的公信力。最高人民法院2015年《中国法院司法公开白皮书》指出:"司法公开是促进司法公正、保障司法廉洁、提升司法水平的重要手段,是落实宪法法律原则、保障公民诉讼权利、展示现代法治文明的题中之义,是全面推进依法治国、加快建设法治中国的必然要求。"①党的十八届四中全会《决定》明确提出:"构建开放、动态、透明、便民的阳光司法机制,推进审判公开、检务公开、警务公开、狱务公开,依法及时公开执法司法依据、程序、流程、结果和生效法律文书,杜绝暗箱操作。加强法律文书释法说理,建立生效法律文书统一上网和公开查询制度。"

(10) 司法文化。如前所述,司法文化是人类司法文明的历史积淀,是社会法律文化的有机组成部分。司法文化有多个层面,它可以是指司法机关的法律文化,比如,"人民法院在长期审判实践和管理活动中逐步形成的共同的价值观念、行为方式、制度规范以及相关物质表现的总称,是中国特色社会主义先进文化的重要组成部分,是社会主义法治文化的重要内容"。② 另外,司法文化更是人民群众的法律文化,如公众参与司法的态度、诉诸司法的意识和程度、公众对司法裁判的接受程度、公众对现代刑罚理念的接受程度等。可以说,司法文化是一个国家司法文明的"显示器",它以无形的力量深刻影响司法制度和司法实践的发展,也对司法公信力起着重要的支撑作用。

---

① 最高人民法院:《中国法院的司法公开》,人民法院出版社2015年版,第1页。
② 最高人民法院《关于进一步加强人民法院文化建设的意见》(法发〔2010〕31号)。

二、司法文明指数及其指标体系

（一）司法文明指数的特点和功能

司法文明指数作为一种法治评估工具，通过对全国各地司法实践的实际测量，具有如下特点和功能。

1. 主要特点

（1）综合性。该指数试图显示全国各地司法文明建设的全景或全貌。

（2）独立性。该指数调查结果，完全源于"司法文明指数项目"每年独立收集的数据。这与国内目前一些地区司法机关仅依据自我收集或委托收集的数据来编制评估报告的做法，形成了鲜明对照。

（3）实践性。该指数试图通过考察实际的司法运作，来衡量全国各地司法机关在司法实践中对法治的坚守。

（4）亲历性。该指数综合了全国各地普通民众和法律职业群体严谨的投票意见，确保了调查结果反映被调查者亲身经历的情况和直接感受。

（5）可鉴性。该指数调查结果在分解表和雷达图中，显示出各地司法文明 10 个一级指标、32 个二级指标的强项和弱项，可为解决各地司法文明建设中的具体问题提供可资借鉴的"镜子"。

2. 主要功能

第一，为法治建设提供一种量化评估工具。司法是法治的核心内容，公正司法是法治的生命线。司法文明指数期冀在"保证公正司法，提高司法公信力"方面发挥积极作用，以提升中国在"WJP 世界法治指数"中的排名。

第二，为司法文明建设提供一面"镜子"。本指数通过追踪各省、自治区、直辖市司法文明的现实"水平"，可为司法机关、社会组织和普通民众提供独立可靠的信息，反映全国各地在司法实践中对法治的坚守，司法文明建设 10 个一级指标和 32 个二级指标的强项和弱项，可为各地有针对性地加强司法文明建设提供实证数据。

第三，体现人民群众对司法的满意度。司法文明指数综合了普通民众和法律职业群体严谨的答卷意见，反映了其对本地司法现状的亲身感受。这种群众满意度是

197

评价"公正司法"和"司法公信力"的最高标准。

第四,描述随时间变化的司法文明进步轨迹。通过一定周期的数据记录比较,司法文明指数可以描述全国各地司法文明建设的历年进步轨迹。

(二)司法文明指数的指标体系

指标1:司法权力

1.1 司法权力依法行使

司法权力依法行使,是指法定的司法权行使主体依照法律赋予的职权、法定程序行使权力;一旦在行使司法权力的过程中出现违法行为,就应承担相应的法律后果,这是公法领域合法性原则的具体体现。依法行使权力是对司法权行使主体的有效制约,其目的是防止司法权滥用、保障当事人和其他诉讼参与人的基本权利。党的十八届四中全会《决定》强调,人民法院、人民检察院依法行使审判权、检察权的制度性要求包括:(1)完善主审法官、合议庭、主任检察官、主办侦查员办案责任制,落实谁办案谁负责。(2)明确各类司法人员工作职责、工作流程、工作标准,实行办案质量终身负责制和错案责任倒查问责制。(3)完善检察机关行使监督权的法律制度,加强对刑事诉讼、民事诉讼、行政诉讼的法律监督。严禁司法人员私下接触当事人及律师、泄露或者为其打探案情、接受吃请或者收受其财物、为律师介绍代理和辩护业务等违法违纪行为,坚决惩治司法掮客行为,防止利益输送。

1.2 司法权力独立行使

司法权力独立行使,在我国主要体现为《宪法》《人民法院组织法》《人民检察院组织法》以及三大诉讼法中的规定,"人民法院依照法律规定独立行使审判权","人民检察院依照法律规定独立行使检察权","不受行政机关、社会团体和个人的干涉"。其中,审判权独立行使是司法权力独立行使的核心内容,旨在确保法院审判权的公正行使,防止法官的审判过程和结果受到来自其他权力主体或外界力量的干涉和影响。为了确保法官独立行使司法裁判权,必须建立必要的保障机制,包括法院的外部独立、法院的内部独立、法官的身份独立、法官的职业特权,以及法官的职业伦理准则等。[①] 党

[①] 参见陈光中主编:《刑事诉讼法》(第5版),北京大学出版社、高等教育出版社2013年版,第97~98页。

的十八届四中全会《决定》对司法机关独立行使职权的要求包括:(1)各级党政机关和领导干部要支持法院、检察院依法独立公正行使职权。(2)建立领导干部干预司法活动、插手具体案件处理的记录、通报和责任追究制度。任何党政机关和领导干部都不得让司法机关做违反法定职责、有碍司法公正的事情,任何司法机关都不得执行党政机关和领导干部违法干预司法活动的要求。(3)对干预司法机关办案的,给予党纪政纪处分;造成冤假错案或者其他严重后果的,依法追究刑事责任。此外,为保障法院、检察院依法独立行使审判权和检察权,还应采取以下措施:①建立健全司法人员履行法定职责保护机制。非因法定事由,非经法定程序,不得将法官、检察官调离、辞退或者作出免职、降级等处分。②改革司法机关人财物管理体制,探索实行法院、检察院司法行政事务管理权和审判权、检察权相分离。③明确司法机关内部各层级权限,健全内部监督制约机制。司法机关内部人员不得违反规定干预其他人员正在办理的案件,建立司法机关内部人员过问案件的记录制度和责任追究制度。

1.3 司法权力公正行使

"正义是社会制度的首要价值。"[①]《联合国关于司法机关独立的基本原则》第6条规定,"司法机关独立的原则授权并要求司法机关确保司法程序公平进行以及各当事方的权利得到尊重"。党的十八届四中全会《决定》指出:"公正是法治的生命线。司法公正对社会公正具有重要引领作用,司法不公对社会公正具有致命破坏作用。"司法权力公正行使包括实体公正和程序公正。实体公正,是指司法机关的裁判具有事实和法律依据,定罪或归责准确、适用法律适当,作出公正的裁判;程序公正,是指三大诉讼程序的设置和运行符合程序正义的要求,能够保障当事人的合法权益,确保司法权力的行使受到合理制约。党的十八届四中全会《决定》在"保证公正司法,提高司法公信力"的标题下,对司法权力公正行使提出了一系列要求:(1)完善确保依法独立公正行使审判权和检察权的制度;(2)优化司法职权配置;(3)推进严格司法;(4)保障人民群众参与司法;(5)加强人权司法保障;(6)加强对司法活动的监督。

---

① [美]约翰·罗尔斯:《正义论》,何怀宏、何包钢、廖申白译,中国社会科学出版社1988年版,第1页。

1.4 司法权力主体受到信任与认同

司法权力主体受到信任与认同,是司法公信力的重要指征。严格说来,我国司法权力主体,是指法官、检察官,但参与刑事诉讼取证的公安机关侦查人员也可包括在内。他们的整体形象、行为举止,都可反映司法权力主体受到公众信任与认同的程度。例如,"法官的品质左右人们对法律的感情。因此,法官的品质必须是世俗世界里最高尚的品质。法官的司法行为不仅是个案正义的判断行为,同时也是实现法律理念的意志行为"。[①] 司法权力主体要受到信任与认同,关键是要将公正作为自己的职业人格。例如,"当一个有权势的人与一个没有权势的人发生纠纷时,前者很自然试图运用他的权势来影响纠纷的结果",[②] 而法官、检察官不能成为权势的仆人或自己欲望的奴仆。

1.5 司法裁判受到信任与认同

司法裁判受到信任与认同包括两个方面:一是司法过程是否受到信任与认同,二是裁判结果是否受到信任与认同。首先,司法过程受到信任与认同,主要是建立在司法过程符合程序公正的基础之上。党的十八届四中全会《决定》强调,"坚持以事实为根据、以法律为准绳,健全事实认定符合客观真相、办案结果符合实体公正、办案过程符合程序公正的法律制度"。其次,裁判结果受到信任与认同,主要指裁判结果的可接受性。这是一种基于正当理由的可接受性。提升裁判结果可接受性的路径包括三个方面:一是借由司法过程和裁判结果的公开来提升裁判结果的可接受性;二是通过增强司法过程的可接受性来促进裁判结果的可接受性;三是通过加强裁判文书的说理,包括事实认定的说理和法律适用的说理,来增强裁判结果的可接受性。党的十八届四中全会《决定》也强调,"加强法律文书释法说理",以增强裁判结果的可接受性,"努力让人民群众在每一个司法案件中感受到公平正义"。

指标2:当事人诉讼权利

2.1 当事人享有不被强迫自证其罪的权利

在刑事诉讼中,当事人享有不被强迫自证其罪的权利。《联合国公民权利与政

---

① 江帆:《法治与法官》,载《南方周末》1998年12月11日,第5版。
② [美]波斯纳:《法理学问题》,苏力译,中国政法大学出版社1994年版,第8页。

治权利国际公约》第14条规定:"三、在判定对他提出的任何刑事指控时,人人完全平等地有资格享受以下的最低限度的保证……(庚)不被强迫作不利于他自己的证言或强迫承认犯罪。"世界上许多国家将不被强迫自证其罪作为一项宪法性权利加以规定。例如,美国《宪法》第五修正案规定,"任何人……不得被强迫在任何刑事诉讼中作为反对他自己的证人";日本《宪法》第38条规定,"不得强制任何人作不利于本人的陈述"。我国《刑事诉讼法》规定了"不得强迫任何人证实自己有罪"(第52条),还规定了保障该权利的若干具体制度,如保障被告人辩护权;对被羁押在看守所内犯罪嫌疑人、被告人的讯问,应当在看守所内进行,保障被告人供述的自愿性;确立了非法证据排除规则。

2.2 当事人享有获得辩护、代理的权利

辩护,"是指刑事诉讼中被告人及其辩护人在事实上和法律上为论证对被告人有利的理由而进行的诉讼活动"。代理,是指代理人接受委托,以被代理人的名义参加诉讼,由被代理人承担代理行为的法律后果的一项诉讼活动。获得辩护、代理的权利是当事人享有的基本诉讼权利。我国《宪法》第130条规定:"被告人有权获得辩护。"《刑事诉讼法》第14条规定:"人民法院、人民检察院和公安机关应当保障犯罪嫌疑人、被告人和其他诉讼参与人依法享有的辩护权和其他诉讼权利。"第四章对辩护和代理问题专门作出规定。《民事诉讼法》第52条规定:"当事人有权委托代理人"。《行政诉讼法》第31条规定:"当事人、法定代理人,可以委托一至二人作为诉讼代理人。"党的十八届四中全会《决定》在"加强人权司法保障"的标题下,对保障当事人享有辩护、代理的权利提出两点要求:(1)"强化诉讼过程中当事人和其他诉讼参与人的……辩护辩论权……的制度保障。"(2)"保障当事人依法行使申诉权利。对不服司法机关生效裁判、决定的申诉,逐步实行由律师代理制度。对聘不起律师的申诉人,纳入法律援助范围。"

2.3 当事人享有证据性权利

所谓证据性权利,是指当事人享有的与证据问题相关的权利,主要包括取证权、举证权、质证权。对当事人享有的证据性权利,尤其是质证权,在国外法律和国际公约中有明确的规定。① 美国《宪法》第六修正案规定:"在所有的刑事诉讼当中,被告人有权……与对己不利的证人进行对质。"德国《刑事诉讼法典》第 58 条第 2 款规定:"证言相互矛盾的几个证人,可以使之互相对质。"联合国《公民权利和政治权利国际公约》第 14 条第 3 款规定,"在判定对他提出的任何刑事指控时,人人完全平等地有资格享受以下的最低限度的保证……(戊)讯问或业已讯问对他不利的证人,并使对他有利的证人在与对他不利的证人相同的条件下出庭和受讯问"。当事人享有的取证权、举证权和质证权,在我国主要体现为《刑事诉讼法》《民事诉讼法》《行政诉讼法》中的相关规定。党的十八届四中全会《决定》对当事人证据权利加以保障的相关规定包括:(1)"严格依法收集、固定、保存、审查、运用证据,完善证人、鉴定人出庭制度"。(2)强化诉讼过程中当事人和其他诉讼参与人的陈述权、辩护辩论权的制度保障。

2.4 当事人享有获得救济的权利

法律语境中的救济,是指"纠正、矫正或者改正已发生的不当行为或业已造成损害或损失的行为"。② "由法院提供的救济被称为司法救济。"③获得救济是当事人享有的一项基本诉讼权利,包括:(1)当事人受到伤害、损害后,享有向法院提起诉讼的权利;(2)当法院作出判决后,如果当事人不服,其享有提出上诉或者申请再审的权利。《世界人权宣言》第 8 条规定:"任何人当宪法或法律所赋予他的基本权利遭受侵害时,有权由合格的国家法庭对这种侵害行为作有效的补救。"我国《刑事诉讼法》第 110 条规定:"被害人对侵犯其人身、财产权利的犯罪事实或者犯罪嫌疑人,有权向公安机关、人民检察院或者人民法院报案或者控告。"《民事诉讼法》第 126 条规定:"对符合本法第一百二十二条的起诉,必须受理……原告对裁定不服的,可以提起上诉。"《行政诉讼法》第 52 条规定:"人民法院既不立案,又不作出不予立案裁定的,当事人可以向上一级人民法院起诉。"党的十八届四中全会《决定》提出,"强化诉讼过程中当事人……申请权、申诉权的制度保障"。这是对当事人享有获得救济

---

① 参见[美]罗纳德·J. 艾伦等:《证据法:文本、问题和案例》(第 3 版),张保生、王进喜、赵滢译,高等教育出版社 2006 年版,第 114 页。
② 薛波主编:《元照英美法词典》,法律出版社 2003 年版,第 1177 页。
③ Bryan A. Garner, *Black's Law Dictionary*(8th Edition), West Publishing Co., 2004, p.4043.

权利的具体要求。

指标3:民事司法程序

3.1 民事审判符合公正要求

民事审判应当符合公正要求,包括实体公正和程序公正。党的十八届四中全会《决定》提出:"推进严格司法。坚持以事实为根据、以法律为准绳,健全事实认定符合客观真相、办案结果符合实体公正、办案过程符合程序公正的法律制度。"这里,通过准确的事实认定和正确的法律适用来实现正义,就是对实体公正的要求;"办案过程符合程序公正"则是对程序公正的要求。民事审判的程序公正,特别要求"法官必须认真听取双方当事人各自的主张及辩论并仅仅依据事实和法规做出裁判,等等"①。因为民事诉讼是解决私人纠纷的法律活动,其程序的公正性最重要的体现就是法官的中立性,即法官能否在双方当事人之间不偏不倚、恪守中立。"解决争执者应保持中立。人们不应充当审理他们自己的案件的法官;法官或陪审团不应偏心。"②

3.2 民事诉讼中的调解自愿、合法

在民事诉讼中,调解,是指双方当事人在审判人员的主持下,在平等协商的基础上,对他们之间的民事权益争议合意解决的诉讼活动和方式。《民事诉讼法》第9条规定:"人民法院审理民事案件,应当根据自愿和合法的原则进行调解;调解不成的,应当及时判决。"所谓调解自愿原则,是指是否进行调解、调解协议的内容如何都要以双方当事人真实的意愿为前提;法院和法官不能违背当事人的真实意愿而坚持"调解优先",强制或变相强制当事人接受调解。《民事诉讼法》第96条规定:"人民法院审理民事案件,根据当事人自愿的原则,在事实清楚的基础上,分清是非,进行调解。"第99条规定:"调解达成协议,必须双方自愿,不得强迫。"《民事诉讼法》第99条还规定:"调解协议的内容不得违反法律规定。"这确立了调解合法原则。在法治社会的法庭上,争端各方向中立的裁判者提出证据,证明自己的事实主张;法院根据证据裁判原则认定事实,因而使法院判决具有可接受性,使争端得到终局性解决。

---

① [日]谷口安平:《程序的正义与诉讼》,王亚新、刘荣军译,中国政法大学出版社1996年版,第91页。
② [美]迈克尔·D.贝勒斯:《法律的原则——一个规范的分析》,张文显等译,中国大百科全书出版社1996年版,第36页。

从调解自愿、合法的要求看,它与判决的效力不同。调解不成或者反悔是一种常态效力,具有一定的暂时性;判决则没有不成或反悔的问题,因而具有终局性。因此,《民事诉讼法》第102条规定:"调解未达成协议或者调解书送达前一方反悔的,人民法院应当及时判决。"法院不能不尽判决义务,一味追求高调解率而损害当事人的合法权益,不能把调解当作解决争端的最后手段。

3.3 民事诉讼裁判得到有效执行

民事诉讼裁判能否得到有效执行,反映了法院生效裁判的权威性、实效性,决定了受到侵害的民事法律关系能否得以恢复。"及时性"是衡量有效执行的一个重要指标。《民事诉讼法》第三编"执行程序"分四章共35条对民事诉讼裁判的有效执行作了系统规定,包括执行主体、执行的申请和移送、执行措施、执行中止和终结等。针对执行机构消极不执行的行为,《民事诉讼法》第237条规定,当事人可以申请变更执行法院:"人民法院自收到申请执行书之日起超过六个月未执行的,申请执行人可以向上一级人民法院申请执行。上一级人民法院经审查,可以责令原人民法院在一定期限内执行,也可以决定由本院执行或者指令其他人民法院执行。"党的十八届四中全会《决定》对执行程序提出的要求是:"切实解决执行难,制定强制执行法,规范查封、扣押、冻结、处理涉案财物的司法程序。加快建立失信被执行人信用监督、威慑和惩戒法律制度。依法保障胜诉当事人及时实现权益。"

指标4:刑事司法程序

4.1 侦查措施及时合法

侦查是刑事诉讼的基础,也是起诉和审判活动的重要保障,它是公安机关、人民检察院依照法律进行的收集证据、查明案情的工作和有关的强制性措施,其主要任务是收集证据和查获犯罪嫌疑人。[①] 刑事侦查合法有效,是指公安机关、人民检察院对于已经立案的刑事案件,应当及时收集、调取犯罪嫌疑人有罪或无罪的证据;同时,侦查权的行使应当受到严格约束,严格按照法定的诉讼程序和要求进行,不得侵害犯罪嫌疑人的合法权利,以实现打击犯罪和保障人权的双重目的。刑事侦查及时合法的要求是:第一,侦查机关收集证据要迅速、及时。第二,侦查程序要合法,即侦

[①] 参见陈光中主编:《刑事诉讼法》(第6版),北京大学出版社、高等教育出版社2016年版,第286页。

查机关或部门要严格按照法定程序收集证据和采取强制性措施。所谓法定程序,首先是宪法确定的程序,即《宪法》第 37 条规定,"任何公民,非经人民检察院批准或者决定或者人民法院决定,并由公安机关执行,不受逮捕。禁止非法拘禁和以其他方法非法剥夺或者限制公民的人身自由,禁止非法搜查公民的身体"。其次是刑事诉讼法规定的程序,如《刑事诉讼法》第 52 条规定:"严禁刑讯逼供和以威胁、引诱、欺骗以及其他非法方法收集证据,不得强迫任何人证实自己有罪。"第三,侦查机关要严格遵守法定期间,严禁超期羁押或者变相羁押犯罪嫌疑人。如《刑事诉讼法》第 119 条第 3 款规定:"不得以连续传唤、拘传的形式变相拘禁犯罪嫌疑人。传唤、拘传犯罪嫌疑人,应当保证犯罪嫌疑人的饮食和必要的休息时间。"

4.2 审查起诉公正

刑事犯罪通常由检察官代表国家提起指控,实施国家追诉制度,即"国家追诉主义",一些国家甚至实行起诉独占原则,即"公诉垄断主义"。[①] 我国实行以公诉为主、以自诉为辅的刑事起诉制度,即除少数自诉案件外,大多数刑事案件都由检察院向法院提起公诉。审查起诉公正的要求是:第一,检察官负有"客观义务"。《联合国关于检察官作用的准则》第 13 条规定,检察官在履行职责时,应当"保证公众利益,按照客观标准行事,适当考虑到嫌疑犯和受害者的立场,并注意到一切有关情况,无论对嫌疑犯有利还是不利"。《刑事诉讼法》第 171 条规定:"人民检察院审查案件的时候,必须查明:(一)犯罪事实、情节是否清楚,证据是否确实、充分,犯罪性质和罪名的认定是否正确;(二)有无遗漏罪行和其他应当追究刑事责任的人;(三)是否属于不应追究刑事责任的;(四)有无附带民事诉讼;(五)侦查活动是否合法。"第二,严守提起公诉的标准。第三,正确使用起诉裁量权。对于犯罪情节轻微,依照刑法规定不需要判处刑罚处罚或者免予刑罚处罚的,即使案件符合起诉条件,也应当权衡各种因素,包括犯罪嫌疑人的年龄、犯罪动机和目的、犯罪手段、危害后果、悔罪表现等进行综合考量,如果认为不起诉比起诉对国家和社会更有利时,就应当作出不起诉的决定。第四,应当加强对违法侦查取证行为的监督与处理。人民检察院应当审查侦查活动是否符合法定程序,有无刑讯逼供和威胁、引诱、欺骗以及其他非

---

① 参见樊崇义主编:《刑事诉讼法学》(第 3 版),法律出版社 2013 年版,第 452~453 页。

法方法收集证据的情况,对于非法取得的证据应当依法予以排除,不得作为提起公诉决定的依据。

4.3 刑事审判公正及时

公正审判,包括审判程序公正和审判结果公正。审判程序公正是审判公正的核心内容,包括程序参与、审判中立、程序对等、程序理性、程序自治、程序及时和终结等。① 联合国《公民权利和政治权利国际公约》第14条第1款规定:"在判定对任何人提出的任何刑事指控或确定他在一件诉讼案中的权利和义务时,人人有资格由一个依法设立的合格的、独立的和无偏倚的法庭进行公正的和公开的审讯。"刑事审判符合公正要求,既有利于保障无辜的人不受到刑事追究,又有利于保障对犯罪的人进行公正的惩罚,为人权提供有力的司法保障。为使刑事审判符合公正要求,《刑事诉讼法》第238条规定,第二审人民法院对于违反本法有关公开审判的规定的,违反回避制度的,剥夺或者限制了当事人的法定诉讼权利,可能影响公正审判的,审判组织的组成不合法的,以及其他违反法律规定的诉讼程序,可能影响公正审判的,应当裁定撤销原判,发回原审人民法院重新审判。对于公正审判,党的十八届四中全会《决定》提出,"必须完善司法管理体制和司法权力运行机制,规范司法行为,加强对司法活动的监督,努力让人民群众在每一个司法案件中感受到公平正义"。为此,应当推进以审判为中心的诉讼制度改革,全面贯彻证据裁判规则,保证庭审在查明事实、认定证据、保护诉权、公正裁判中发挥决定性作用;还要完善人民陪审员制度,保障人民群众参与司法。审判及时,要求审判活动在保障程序合法的情况下快速推进,不得无故拖延;同时,审判程序的设计应当符合经济原则,实现司法资源得到合理分配。为此,应当贯彻落实认罪认罚从宽制度,健全轻微刑事案件快速办理机制,实施刑事案件速裁程序。

指标5:行政司法程序

5.1 行政审判符合公正要求

行政诉讼的突出特点是:原告是私人主体(个人或组织),被告是行政主体(行政机关或法律授权的组织),原告和被告之间在社会地位和诉讼力量上的悬殊很可

---

① 参见陈瑞华:《刑事审判原理论》,北京大学出版社2003年版,第54页。

能导致其诉讼地位不平等。因此,行政审判的公正性,旨在扭转当事人之间实际上不平等的法律关系。它主要体现在以下方面:(1)被告承担证明责任的倒置原则。《行政诉讼法》第34条第2款规定:"被告不提供或者无正当理由逾期提供证据,视为没有相应证据。"该规定的法治意义在于,行政诉讼奉行与民事诉讼"谁主张,谁举证"不同的"证明责任倒置"原则,由被告承担其具体行政行为合法的证明责任,否则,法院应当"认定被诉具体行政行为没有相应的证据"。[①] 这意味着,只有当被告证明具体行政行为合法时才能胜诉,否则应该承担败诉后果。这旨在激励行政机关依法行政。(2)原告提供证据的权利。《行政诉讼法》第37条规定:"原告可以提供证明行政行为违法的证据。"由于原告提供证据是一项权利而非义务,所以,其一,原告不是只能消极等待被告举证不能的后果,而是可以主动提供证据,通过证明被告行政行为违法而获得胜诉。其二,有权举证既然是一项"权利",权利主体便可放弃该权利。原告放弃举证,或者,如该条进一步强调的:"原告提供的证据不成立的,不免除被告的举证责任。"(3)党的十八届四中全会《决定》对行政审判公正性提出的要求包括"健全行政机关依法出庭应诉、支持法院受理行政案件……的制度","加强对司法活动的监督。完善检察机关行使监督权的法律制度,加强对……行政诉讼的法律监督"。

5.2 行政诉讼裁判得到有效执行

行政诉讼的生效裁判应当得到当事人的尊重并被有效执行,这体现了行政司法裁判的终局性。除法定事由(如法官渎职或受贿)外,一旦作出生效的行政诉讼裁判,就意味着纠纷得以最终解决。任何机关、团体、个人都不得推翻法院的生效判决,尤其是作为被告方的政府机关更应当尊重判决的效力。《联合国关于司法机关独立的基本原则》第4条规定:"不应对司法程序进行任何不适当或无根据的干涉,法院作出的司法裁决也不应加以修改。"由于行政诉讼双方力量上的差异,行政诉讼的裁判尤其应当得到作为被告方即政府机关的尊重与执行。对此,我国《行政诉讼法》第94条规定:"当事人必须履行人民法院发生法律效力的判决、裁定、调解书。"第95条规定:"公民、法人或者其他组织拒绝履行判决、裁定、调解书的,行政机关或

[①] 胡建淼主编:《行政诉讼法学》,法律出版社2004年版,第158~160页。

者第三人可以向第一审人民法院申请强制执行,或者由行政机关依法强制执行。"党的十八届四中全会《决定》要求:"健全行政机关……尊重并执行法院生效裁判的制度。完善惩戒妨碍司法机关依法行使职权、拒不执行生效裁判和决定、藐视法庭权威等违法犯罪行为的法律规定。"

指标6:证据制度

6.1 证据裁判原则得到贯彻

"证据裁判,是指对于案件争议事项的认定,应当依据证据。"①"无证据,不能认定案件事实。"②我国《刑事诉讼法》第55条规定:"对一切案件的判处都要重证据,重调查研究,不轻信口供。"这是证据裁判原则的实质体现,但更准确的表述是"两院三部"2010年《关于办理死刑案件审查判断证据若干问题的规定》第2条:"认定案件事实,必须以证据为根据。"法治社会理性的证据裁判制度,使国家司法机关和法官摆脱了反复无常和任性的支配,司法权的公正行使以证据为依据,公民靠证据制度来维护自己的合法权益。"确立证据裁判原则的意义在于:它否定了历史上的神明裁判、刑讯逼供等非理性的事实认定方法,是刑事诉讼文明进步的表现。"③党的十八届四中全会《决定》提出,"全面贯彻证据裁判规则,严格依法收集、固定、保存、审查、运用证据,完善证人、鉴定人出庭制度,保证庭审在查明事实、认定证据、保护诉权、公正裁判中发挥决定性作用"。

6.2 证据依法得到采纳与排除

证据采纳与排除是证据法的典型内容。在各国司法实践中,法官都是证据裁判主体,其司法权的运用主要是"在举证、质证和认证程序中,有权依法采纳和排除特定证据"。④ 对于法官依法采纳和排除证据有以下要求:(1)采纳证据的条件:一是必要条件,没有相关性的证据不可采纳。二是其他条件,主要包括公正、和谐与效率等价值。在审判实践中,除了立法上的证据排除规则及其例外,从法官司法自由裁量权的角度,"可以把剩余的大多数证据规则分为以下三类:以其具有超过证明价值

---

① 陈光中主编:《刑事证据法专家拟制稿(条文、释义与论证)》,中国法制出版社2004年版,第127页。
② 参见江伟主编:《中国证据法草案(建议稿)及立法理由书》,中国人民大学出版社2004年版,第1页。
③ 陈光中主编:《刑事证据法专家拟制稿(条文、释义与论证)》,中国法制出版社2004年版,第128页。
④ 张保生:《审判中心与证据裁判》,载《光明日报》2014年11月5日,第13版。

的不公正的偏见影响为由,证明排除证据之正当性的规则;为了防止过分拖延或耗费时间,而指示或反映成本效益分析的规则;以及反映被视为超越以查明真相为目的的外部政策方面的规则"。①(2)证据排除的目的:一是"求真",如排除不相关的证据,就是为了提高事实认定的准确性。二是"求善",例如,为保障程序公正和人权,排除诸如非法证据等可能产生不公正偏见的相关证据;又如,为促进社会和谐,设立不得用以证明过错和责任的证据规则,作证特免权规则等。(3)法官采纳和排除证据的自由裁量权,应当受"错误认证后果"的证据规则限制,如果作出影响当事人实质权利的错误认证,可成为当事人上诉和检察院抗诉,以及二审发回重审的主要理由。② 此外,最高人民法院《关于民事诉讼证据的若干规定》第 97 条规定:"人民法院应当在裁判文书中阐明证据是否采纳的理由。"

6.3　证明过程得到合理规范

事实认定包括证明和认证两个部分。③ 证明,是指诉讼当事人或控辩双方向事实认定者提供证据的活动,主要由举证和质证组成。举证是提出证据来支持其主张的证明活动,包括实物证据的出示和言词证据的提出。根据直接言辞原则,直接询问是举证的主要形式,交叉询问和对质是质证的主要形式。法官作为审判活动的主持者和事实认定者,必须熟练运用证据规则来规范诉讼双方的证明过程,对诉讼双方提出的证据作出采纳和排除的裁定。只有合理规范证明过程,才能保证诉讼双方受到公正对待、保证裁判结果的公正性、正当性和可接受性。党的十八届四中全会《决定》对证明过程得到合理规范的要求是:"全面贯彻证据裁判规则,严格依法收集、固定、保存、审查、运用证据,完善证人、鉴定人出庭制度,保证庭审在查明事实、认定证据、保护诉权、公正裁判中发挥决定性作用。"

---

① [美]特伦斯·安德森、[美]戴维·舒姆、[英]威廉·特文宁:《证据分析》,张保生等译,中国人民大学出版社 2012 年版,第 112 页。
② 参见陈光中主编:《刑事证据法专家拟制稿(条文、释义与论证)》,中国法制出版社 2004 年版,第 609 页。他认为:"二审程序只是一种救济程序,这里的救济包括一审法院对证据错误裁定的救济,其中但书更包括对被告人不利的证据裁定错误的审理。"
③ 参见张保生主编:《证据法学》(第 2 版),中国政法大学出版社 2014 年版,第 359 页。

指标7：司法腐败遏制

7.1　警察远离腐败

警察是国家惩戒违法恶行、维护社会秩序的力量，也最可能因权力扩张及职权滥用而损害民权，故保障警察队伍的纯净廉洁是文明执法的重要保证。在刑事诉讼中，警察掌控多数案件的立案及侦查权。因此，警察在履行职责过程中能否廉洁办案、秉公执法，直接影响社会秩序及后续的诉讼活动。《人民警察法》第22条关于警察廉洁履职的若干禁止性规定包括：（1）敲诈勒索或者索取、收受贿赂；（2）违法实施处罚或者收取费用；（3）接受当事人及其代理人的请客送礼。2015年，公安部《公安机关内部人员干预、插手案件办理的记录、通报和责任追究规定》和《公安机关涉案财物管理若干规定》，都对遏制警察腐败作出具体规定。

7.2　检察官远离腐败

在刑事诉讼中，检察院是唯一有权提起公诉的国家机关，还是法律监督机关，因此，检察官的廉洁状况集中反映出一个国家和地区的司法文明程度。《检察官法》第47条关于检察官廉洁履职的若干禁止性规定包括：（1）贪污受贿、徇私枉法的；（2）利用职权为自己或者他人谋取私利的；（3）接受当事人及其代理人利益输送，或者违反有关规定会见当事人及其代理人的；（4）违反有关规定从事或者参与营利性活动，在企业或者其他营利性组织中兼任职务的。最高人民检察院2013年《关于加强和改进新形势下检察队伍建设的意见》提出："加强自身反腐倡廉……健全反腐倡廉长效机制……始终保持对自身腐败问题的'零容忍'，坚决查处关系案、人情案、金钱案和执法不公、司法腐败案件。"最高人民检察院《关于深化检察改革的意见（2013—2017年工作规划）》，将"强化纪检监察、检务督察"作为五年重点改革任务，强调"加快完善检察机关自身惩治和预防腐败体系"。2015年，最高人民检察院《人民检察院刑事诉讼涉案财物管理规定》和《最高人民检察院职务犯罪侦查工作八项禁令》，都对检察人员的公正廉洁、远离腐败提出了明确要求。

7.3　法官远离腐败

法官作为最狭义的司法官员，其廉洁公正是司法文明的最重要的指标。《法官法》第5条规定，法官应"清正廉明"；第46条关于法官廉洁履职的若干禁止性规定包括：（1）贪污受贿、徇私舞弊、枉法裁判的；（2）利用职权为自己或者他人谋取私利的;(3)接受当事人及其代理人利益输送,或者违反有关规定会见当事人及其代理人的;(4)违反有关规定从事或者参与营利性活动,在企业或者其他营利性组织中兼任职务的。2014年,最高人民法院《人民法院贯彻落实〈建立健全惩治和预防腐败体系2013—2017年工作规划〉的实施办法》要求:以"零容忍"的态度查处司法腐败案件,把查处法院领导干部贪污受贿、权钱交易、失职渎职案件和审判执行人员徇私舞弊、枉法裁判、以案谋私案件作为查案工作的重点,尤其要严肃查处利用司法潜规则获取不义之财以及在办案法官与案件当事人之间充当诉讼掮客的法院干警,坚决遏制关系案、人情案、金钱案。2015年,最高人民法院《人民法院落实〈司法机关内部人员过问案件的记录和责任追究规定〉的实施办法》规定,对法院领导及内部人员干预案件办理的现象予以严肃整治。法官腐败并非单纯的道德和监督问题,还有司法体制及政治体制方面的原因。准确评估法官远离腐败的程度,不仅对测量一个国家和地区的司法文明程度极为重要,也可为司法改革措施的出台提供重要的参考性数据。

指标8:法律职业化

8.1 法律职业人员获得职业培训

法律职业的一个特征在于其成员本身的较高素质要求,这种较高素质主要表现在两个方面:一个是高超的职业技能;另一个是高尚的职业道德要求。法律职业群体的职业技能需要经过长期训练才能获得。我国法律对于法律职业人员的准入门槛有着明确的规定。《法官法》第12条规定:"初任法官应当通过国家统一法律职业资格考试取得法律职业资格。"第14条规定:"初任法官采用考试、考核的办法,按照德才兼备的标准,从具备法官条件的人员中择优提出人选。"《检察官法》第12条第7项规定:"初任检察官应当通过国家统一法律职业资格考试取得法律职业资格。"第14条第2款规定:"初任检察官采用考试、考核的办法,按照德才兼备的标准,从具备检察官条件的人员中择优提出人选。"《律师法》第5条规定:"申请律师执业,应当具备下列条件:(一)拥护中华人民共和国宪法;(二)通过国家统一法律职业资格考试取得法律职业资格;(三)在律师事务所实习满一年;(四)品行良好。"可见,在我国,无论是法官、检察官、律师都设置了较高的职业准入门槛。我国有关法律明确规定,各类法律职业人员均有获得职业培训的权利。例如,《法官法》第31条规定,对法官应当有计划地进行理论培训和业务培训。第32条规定,法官培训情况,作为法官任职、等级晋升的依据之一。第33条规定,法官培训机构按照有关规定承担培训法官的任务。《检察官法》第31条至第34条也作了类似规定。《律师法》第46条规定,律师协会负有组织律师进行业务培训的职责。《人民警察法》第29条规定,必须对人民警察有计划地进行政治思想、法制、警察业务等教育培训。

8.2 法律职业人员遵守职业伦理规范

职业伦理又称职业道德,是指"为某一职业的全体从业人员应普遍遵循、并被有关职业组织采纳为其职业规范的行为准则,违反者将受到执业纪律的惩戒"。[①] 法律职业伦理规范的一般要求,涉及作为法律共同体成员的法官、检察官、警察和律师,即要求其在执业活动或行使职权的过程中,坚持公平正义理念,遵守相应的道德规范和法律规范。我国已颁布《法官职业道德基本准则》《检察官职业道德基本准则》《律师执业行为规范(试行)》等法律职业伦理规范,但在司法实践中还存在许多违反法律职业伦理规范的问题。党的十八届四中全会《决定》针对目前"执法司法不规范、不严格、不透明、不文明现象较为突出,群众对执法司法不公和腐败问题反映强烈"的问题提出如下要求:"依法规范司法人员与当事人、律师、特殊关系人、中介组织的接触、交往行为。"

8.3 法律职业人员享有职业保障

法律职业保障,是独立司法的必要条件。法律职业保障可分为3个层次:第一个层次是职业安全保障,法律职业人员不能因为从事某一职业活动而使人身安全遭到侵害,这是一个底线性保障。许多法治发达国家都确立了相应的法律职业责任豁免制度,使其无须担心自己的职业行为和言论遭到追究。第二个层次是物质条件保障,包括职业待遇和职业活动条件。后者是从事法律职业活动的办公条件和办案环境。前者职业待遇保障,可使法律职业人员秉承法律公正司法,而不因生活困顿无法坚守法律职业人员应有的立场。美国《宪法》第3条规定,法官在任职期间薪资不得降低。汉密尔顿说:"最有助于维护法官独立者,除使法官职务固定外,莫过于使其薪俸固定。就人类天性之一般情况而言,对某人的生活有控制权,等于对其意志

[①] 薛波主编:《元照英美法词典》,法律出版社2003年版,第1103页。

有控制权。在任何置司法人员的财源于立法机关的不时施舍之下的制度中,司法权与立法权的分立将永远无从实现。"①第三个层次是职业尊荣保障,法律职业应该享有崇高的职业声誉,法律职业人员应该具有崇高的荣誉感,这是司法取信于民的重要条件。我国法律职业保障制度已初步建立。目前一些地区的法官、检察官员额制改革,希望从薪酬等方面提升其待遇。但现实中,法官、检察官因薪酬待遇、工作压力、职业尊严等原因而离职的现象较多。② 律师因《刑法》第306条律师伪证犯罪而身陷囹圄的现象也不少见。因此,完善法律职业保障体系,解决其在工作压力、职业薪资、职业发展空间和人员流动等方面的问题,是推进法律职业人员职业化的重要任务。党的十八届四中全会《决定》提出,(1)"加快建立符合职业特点的法治工作人员管理制度,完善职业保障体系,建立法官、检察官、人民警察专业职务序列及工资制度"。(2)"建立法官、检察官逐级遴选制度。初任法官、检察官由高级人民法院、省级人民检察院统一招录,一律在基层法院、检察院任职。上级人民法院、人民检察院的法官、检察官一般从下一级人民法院、人民检察院的优秀法官、检察官中遴选。"(3)"建立健全司法人员履行法定职责保护机制。非因法定事由,非经法定程序,不得将法官、检察官调离、辞退或者作出免职、降级等处分。"

指标9:司法公开

9.1 司法过程依法公开

司法过程依法公开,旨在限制司法权恣意和保障当事人诉讼权利。司法"过程本身的直观公正对社会整体会产生正当化效果"。③ "没有(司法过程的)公开性,其他一切制约都无能力。和(司法过程)的公开性相比,其他各种制约是小巫见大巫。"④司法公开不仅是结果依法公开,更要求过程依法公开,尤其是庭审的实质公开,这样才能实现"看得见的正义"。当然,司法过程的公开不是绝对的,如果涉及个人隐私、商业秘密、国家秘密等,司法过程将不予公开。《联合国公民权利和政治权

---

① [美]汉密尔顿、[美]杰伊、[美]麦迪逊:《联邦党人文集》,程逢如、在汉、舒逊译,商务印书馆1980年版,第396页。
② 参见彭波:《健全职业保障制度 让基层司法人员不再流失》,载《人民日报》2014年7月30日,第17版。
③ 张文显主编:《法理学》(第4版),高等教育出版社、北京大学出版社2011年版,第142页。
④ 王明扬:《美国行政法》,中国法制出版社1995年版,第433页。

利国际公约》第 14 条将"法庭进行公正的和公开的审讯"确定为司法的一般原则,其例外只包括"由于民主社会中的道德的、公共秩序的或国家安全的理由,或当诉讼当事人的私生活的利益有此需要时,或在特殊情况下法庭认为公开审判会损害司法利益因而严格需要的限度下,可不使记者和公众出席全部或部分审判;但对刑事案件或法律诉讼的任何判刑决应公开宣布,除非少年的利益另有要求或者诉讼系有关儿童监护权的婚姻争端"。党的十八届四中全会《决定》明确提出:"构建开放、动态、透明、便民的阳光司法机制。"

9.2 裁判结果依法公开

根据我国三大诉讼法的有关规定,相对过程的相对公开而言,裁判结果一般采取绝对公开的方式。根据最高人民法院《关于司法公开的六项规定》的规定,文书公开和执行公开(中的执行裁判文书公开)指的就是司法活动的结果依法公开。根据党的十八届四中全会《决定》关于"依法及时公开执法司法依据、程序、流程、结果和生效法律文书,杜绝暗箱操作。加强法律文书释法说理,建立生效法律文书统一上网和公开查询制度"的要求,裁判结果依法公开包括:(1)形式公开,即生效裁判文书的公开宣判、统一上网和公开查询制度。"裁判文书是人民法院审判工作的最终产品,是承载全部诉讼活动、实现定分止争、体现司法水平的重要载体。"[①](2)实质公开,即证据采纳与排除的理由公开,以及诉辩双方意见采纳与否的理由公开。

指标 10:司法文化

10.1 公众参与司法的意识及程度

公众参与司法是司法民主的重要内容之一。公众参与司法的途径多种多样,包括旁听法庭审判、担任人民陪审员和人民监督员、出庭作证等方式。我国三大诉讼法均规定,人民法院审判第一审案件,可以由审判员和人民陪审员共同组成合议庭;人民陪审员在审判时与审判员拥有同等的权利。党的十八届四中全会《决定》提出:"坚持人民司法为人民,依靠人民推进公正司法,通过公正司法维护人民权益。在司法调解、司法听证、涉诉信访等司法活动中保障人民群众参与。完善人民陪审员制度,保障公民陪审权利,扩大参审范围,完善随机抽选方式,提高人民陪审制度公信

---

① 最高人民法院:《中国法院的司法公开》,人民法院出版社 2015 年版,第 8 页。

度。逐步实行人民陪审员不再审理法律适用问题,只参与审理事实认定问题。"

10.2　公众诉诸司法的意识及程度

公众诉诸司法的意识和程度是现代司法文明的重要体现。司法"程序使当事人不可能发生激烈的外部对抗和冲突,既然选择了(司法)程序,也就抛弃了野蛮和无序,选择了文明和有序"。① 因此,公众诉诸司法的意识及程度体现了现代理性人对争端解决方式的理性选择,在一定程度上表征一个国家或地区的司法文化的先进程度。党的十八届四中全会《决定》提出:"强化法律在维护群众权益、化解社会矛盾中的权威地位,引导和支持人们理性表达诉求、依法维护权益,解决好群众最关心最直接最现实的利益问题。""健全社会矛盾纠纷预防化解机制,完善调解、仲裁、行政裁决、行政复议、诉讼等有机衔接、相互协调的多元化纠纷解决机制。"

10.3　公众接受司法裁判的意识及程度

司法权威建立在公众对司法裁判的自觉接受之司法文化基础上,只有公众自己接受司法裁判,才能充分发挥司法定分止争、案结事了的功能。特别是当法院的民事案件审判程序没问题,但判决结果令人不满时,人们对司法裁判的接受意识及程度反映了公众对司法的信任程度。因为,正当程序"使蒙受不利结果的当事人不得不接受该结果的作用,这不是来自决定内容的'正确'或'没有错误'等实体理由,而是从程序过程本身的公正性、合理性中产生出来……这种由过程的正当证明结果的正当是法治的合理性所在"。② 因此,当程序正当但对实体结果不满意时,公众对司法裁判的接受程度反映了司法文明的程度。

10.4　公众接受现代刑罚理念的意识及程度

根据现代刑罚理念,其目的是阻止新的罪犯并规诫他人不重蹈覆辙。因而,刑罚和实施刑罚应该给人以一种更有效、更持久、更人道的方式。因此,古代的"报应刑""报复性司法"观念,已逐渐被现代的"教育刑""恢复性司法"观念所取代,一些国家在逐渐废除死刑(或通过立法完全废除死刑,或减少适用死刑的罪名,或通过严格的司法程序限制死刑的适用以达到最终废除死刑的目的等),即使保留死刑,也倾

---

① 张文显主编:《法理学》(第4版),高等教育出版社、北京大学出版社2011年版,第136页。
② 张文显主编:《法理学》(第4版),高等教育出版社、北京大学出版社2011年版,第142页。

向于尽量采用痛苦程度较小的注射方式执行。同时,基于人权保障和人道主义理念,现代司法文明也反对在公共场所举行公捕、公判大会等有辱犯罪嫌疑人、被告人或罪犯人格的形式。因此,公众对强调人权和人道主义的现代刑罚理念和方法的认识和接受,反映了司法文化趋向文明的程度。

(三)司法文明指数的问题和变量

司法文明指数的 10 个一级指标,进一步分解为 32 个二级指标,继续分解为 67 个问卷题目,其分布情况见表 7.1。

表 7.1　司法文明指数 67 个问卷题目分布情况

一级指标	二级指标和变量
1. 司法权力	➢ 5 个二级指标/13 个问题
2. 当事人诉讼权利	➢ 4 个二级指标/9 个问题
3. 民事司法程序	➢ 3 个二级指标/4 个问题
4. 刑事司法程序	➢ 3 个二级指标/8 个问题
5. 行政司法程序	➢ 2 个二级指标/2 个问题
6. 证据制度	➢ 3 个二级指标/8 个问题
7. 司法腐败遏制	➢ 3 个二级指标/6 个问题
8. 法律职业化	➢ 3 个二级指标/9 个问题
9. 司法公开	➢ 2 个二级指标/3 个问题
10. 司法文化	➢ 4 个二级指标/5 个问题

上述 67 个问题在专业卷和公众卷 2 套问卷中的分布,形成 86 个变量,这些变量来自公众卷(每个省、自治区、直辖市 600 个调查对象)和专业卷(每个省、自治区、直辖市 200 个调查对象)的评估,成为 32 个二级指标得分的最终影响因素(见表 7.2)。

表 7.2　2020～2021 年司法文明指数 86 个变量在 2 套问卷中的分布情况

二级指标	序号	问卷题目	专业卷	公众卷	变量
1.1 司法权力依法行使	1	在您所在地区,法院依法行使审判权的可能性有多大?	Q12		1
	2	在您所在地区,对于被批准逮捕后不再具有社会危险性的犯罪嫌疑人,检察机关依法予以变更或者解除逮捕措施的可能性有多大?	Q22		1
1.2 司法权力独立行使	3	在您所在地区,法官办案受到本院领导干涉的可能性有多大?	Q8		1
	4	在您所在地区,下列司法机关办案受到党政机关干涉的可能性有多大?(法院)	Q9.1		1
	5	在您所在地区,下列司法机关办案受到党政机关干涉的可能性有多大?(检察院)	Q9.2		1
1.3 司法权力公正行使	6	在您所在地区,下列机关公正办案的可能性有多大?(法院)	Q10.1		1
	7	在您所在地区,下列机关公正办案的可能性有多大?(检察院)	Q10.2		1
	8	在您所在地区,下列机关公正办案的可能性有多大?(公安机关)	Q10.3		1
1.4 司法权力主体受到信任与认同	9	您对自己所在地区法官、检察官、警察队伍的总体满意程度如何?(法官)	Q31.1	Q4.1	2
	10	您对自己所在地区法官、检察官、警察队伍的总体满意程度如何?(检察官)	Q31.2	Q4.2	2
	11	您对自己所在地区法官、检察官、警察队伍的总体满意程度如何?(警察)	Q31.3	Q4.3	2
1.5 司法裁判受到信任与认同	12	在您所在地区,法院公正审判的可能性有多大?(法庭审判过程公正)	Q33.1	Q6.1	2
	13	在您所在地区,法院公正审判的可能性有多大?(案件判决结果公正)	Q33.2	Q6.2	2

续表

二级指标	序号	问卷题目	专业卷	公众卷	变量
2.1 当事人享有不被强迫自证其罪的权利	14	在您所在地区的侦查询问中,警察要求犯罪嫌疑人自证其罪的可能性有多大?	Q17		1
2.2 当事人享有获得辩护、代理的权利	15	在您所在地区,律师行使辩护权得到保障的可能性有多大?	Q18		1
	16	在您所在地区,被告人如果请不起律师,他/她得到免费法律援助的可能性有多大?		Q13	1
	17	在您所在地区,律师执业时发生如下问题的可能性有多大?(被追究"律师伪证罪")	Q4.3		1
	18	在您所在地区,律师执业时发生如下问题的可能性有多大?(办案过程中被公检法人员羞辱)	Q4.4		1
2.3 当事人享有证据性权利	19	在您所在地区的刑事审判中,如果被告人要求证人出庭作证,法官传唤该证人作证的可能性有多大?	Q19		1
2.4 当事人享有获得救济的权利	20	在您所在地区,对确有错误的生效判决,法院启动再审程序予以纠正的可能性有多大?(民事案件)	Q26.1		1
	21	在您所在地区,对确有错误的生效判决,法院启动再审程序予以纠正的可能性有多大?(刑事案件)	Q26.2		1
	22	在您所在地区,对确有错误的生效判决,法院启动再审程序予以纠正的可能性有多大?(行政案件)	Q26.3		1
3.1 民事审判符合公正要求	23	在您所在地区,法院对以下案件当事人"不偏不倚"的可能性有多大?(民事诉讼贫富不同的当事人)	Q11.1		1
	24	在您所在地区,贫富不同的当事人受到法院平等对待的可能性有多大?		Q11	1

续表

二级指标	序号	问卷题目	专业卷	公众卷	变量
3.2 民事诉讼中的调解自愿、合法	25	在您所在地区民事诉讼中,法官强迫或变相强迫当事人接受调解的可能性有多大?	Q20	Q15	2
3.3 民事诉讼裁判得到有效执行	26	在您所在地区,下列案件生效判决得到有效执行的可能性有多大?(民事判决)	Q21.1	Q16.1	2
4.1 侦查措施及时合法	27	在您所在地区,警察对犯罪嫌疑人刑讯逼供的可能性有多大?	Q15	Q12	2
	28	在您所在地区,犯罪嫌疑人被超期羁押的可能性有多大?	Q16		1
	29	在您所在地区,侦查机关滥用权力进行非法监听的可能性有多大?	Q23		1
	30	在您所在地区,刑事案件立案后,公安机关及时侦查的可能性有多大?		Q17	1
4.2 审查起诉公正	31	在您所在地区,对于公安机关移送审查起诉的案件,检察机关经过审查后认为犯罪情节轻微,依照刑法规定不需要判处刑罚或者可以免除刑罚的,其作出不起诉决定的可能性有多大?	Q14		1
	32	在您所在地区,对于公安机关移送审查起诉的案件,检察机关经过审查后认为证据不足,直接作出不起诉决定的可能性有多大?	Q24		1
4.3 刑事审判公正及时	33	在您所在地区,刑事案件审判久拖不决的可能性有多大?	Q25	Q14	2
	34	在您所在地区,法院对以下案件当事人"不偏不倚"的可能性有多大?(刑事诉讼控辩双方)	Q11.2		1

续表

二级指标	序号	问卷题目	专业卷	公众卷	变量
5.1 行政审判符合公正要求	35	在您所在地区,法院对以下案件当事人"不偏不倚"的可能性有多大?(行政诉讼原告与被告)	Q11.3		1
5.2 行政诉讼裁判得到有效执行	36	在您所在地区,下列案件生效判决得到有效执行的可能性有多大?(行政诉讼中行政机关败诉的判决)	Q21.2	Q16.2	2
6.1 证据裁判原则得到贯彻	37	在您所在地区,认定被告人有罪的证据不足,法院"宁可错放,也不错判"的可能性有多大?	Q28		1
	38	在您所在地区,您觉得"打官司就是打证据"的可能性多大?(公众卷:"打官司就是打关系")	Q27	Q18	2
6.2 证据依法得到采纳与排除	39	在您所在地区,在审查起诉时如果发现有利于犯罪嫌疑人的证据,检察院及时调取该证据的可能性有多大?	Q13		1
	40	辩护律师向法庭申请排除非法口供,并履行了初步证明责任,而公诉人未证明取证合法的,法官排除该证据的可能性有多大?	Q29		1
6.3 证明过程得到合理规范	41	在您所在地区,庭审经过严格举证、质证程序(不走过场)才作出判决的可能性有多大?(侦查人员出庭作证)	Q30.1		1
	42	在您所在地区,庭审经过严格举证、质证程序(不走过场)才作出判决的可能性有多大?(证人证言在法庭上得到质证)	Q30.2		1
	43	在您所在地区,律师执业时发生如下问题的可能性有多大?(调查取证权行使受到限制)	Q4.1		1
	44	在您所在地区,律师执业时发生如下问题的可能性有多大?(庭审中的质证权行使受到限制)	Q4.2		1

续表

二级指标	序号	问卷题目	专业卷	公众卷	变量
7.1 警察远离腐败	45	在您所在地区,下列人员办"关系案"的可能性有多大?（警察）	Q6.3		1
	46	在您所在地区,下列人员收受贿赂的可能性有多大?（警察）	Q7.3	Q2.3	2
7.2 检察官远离腐败	47	在您所在地区,下列人员办"关系案"的可能性有多大?（检察官）	Q6.2		1
	48	在您所在地区,下列人员收受贿赂的可能性有多大?（检察官）	Q7.2	Q2.2	2
7.3 法官远离腐败	49	在您所在地区,下列人员办"关系案"的可能性有多大?（法官）	Q6.1		1
	50	在您所在地区,下列人员收受贿赂的可能性有多大?（法官）	Q7.1	Q2.1	2
8.1 法律职业人员获得职业培训	51	在过去3年,您获得业务培训的总时长是多少?	Q1		1
8.2 法律职业人员遵守职业伦理规范	52	在您所在地区,律师存在下列行为的可能性有多大?（虚假承诺）	Q5.1	Q3.1	2
	53	在您所在地区,律师存在下列行为的可能性有多大?（与法官有不正当利益往来）	Q5.2	Q3.2	2
	54	在您所在地区,律师存在下列行为的可能性有多大?（尽职尽责为委托人服务）	Q5.3	Q3.3	2

续表

二级指标	序号	问卷题目	专业卷	公众卷	变量
8.3 法律职业人员享有职业保障	55	您对自己所获得的法律职业保障的满意程度如何？（职务晋升前景）	Q2.1		1
	56	您对自己所获得的法律职业保障的满意程度如何？［职业待遇（工资、奖金、福利等）］	Q2.2		1
	57	您对自己所获得的法律职业保障的满意程度如何？（履行法定职责保护机制）	Q2.3		1
	58	在您所在单位，您感受到来自以下方面的工作压力如何？（绩效考核）	Q3.1		1
	59	在您所在单位，您感受到来自以下方面的工作压力如何？（当事人及其家属）	Q3.3		1
9.1 司法过程依法公开	60	在您所在地区，法院司法公开的可能性有多大？（法院允许公众旁听审判）	Q32.1	Q5.1	2
9.2 裁判结果依法公开	61	在您所在地区，法院司法公开的可能性有多大？（法院依法及时公开判决书）	Q32.2	Q5.2	2
	62	在您所在地区，法院司法公开的可能性有多大？（判决书对证据采纳与排除理由给予以充分说明）	Q32.3		1
10.1 公众参与司法的意识及程度	63	如果有当人民陪审员的机会，您愿意参与法院审判吗？		Q1	1
10.2 公众诉诸司法的意识及程度	64	在您所在地区，当矛盾双方无法通过协商、调解等方式解决纠纷时，人们到法院起诉的可能性有多大？		Q7	1
10.3 公众接受司法裁判的意识及程度	65	假设法院审判程序没有问题，但判决结果对您不利，您尊重裁判的可能性有多大？		Q8	1

续表

二级指标	序号	问卷题目	专业卷	公众卷	变量
10.4 公众接受现代刑罚理念的意识及程度	66	对于在公共场所举行公捕、公判大会,您的总体态度是?		Q9	1
	67	与枪决相比,您对以注射方式执行死刑的态度是?		Q10	1

三、司法文明指数与法治指数的关系

"法治作为人类文明的构成元素之一,其所表征的乃是人类共同的生活经验与生活理想,因此也就具有人类主体、世界空间与古今延续的普适性。因此,在我们探索实践中的法治指数的过程中,最为核心和艰难的任务就是要加强对世界法治文明的发展规律与真实境况的研究,加强对中国政治文化传统和法律文化传统的真切研究。"①

(一)司法文明指数与国内法治指数的关系

中国各地已开展了一些法治评估,如四川法治指数、昆明法治指数、余杭法治指数等,这无疑为法治建设积累了一定经验。但是,这些法治评估存在评估主体缺乏中立性、指标体系缺乏普适性的问题。例如,余杭法治指数的9个一级指标均源于区委文件,②而且缺少"约束政府权力""腐败遏制""基本权利"等重要的法治指标。③ 考虑省、自治区、直辖市只是中华人民共和国的一级行政区域,④客观上存在法治要素不全的问题,如缺少宪法基本权利等法治要素,若进行法治整体评估会遇到无法克服的困难,因此,选取法治指数的若干一级指标,如法治政府、司法文明等进行专项评估,也许是一个可行途径。

---

① 姚建宗:《法治指数设计的思想维度》,载《光明日报》2013年4月9日,第11版。
② "法治余杭"的9个指标源于2006年2月23日中共杭州市余杭区委《关于建设"法治余杭"的意见》。参见钱弘道:《余杭法治指数的实验》,载《中国司法》2008年第9期。
③ 参见张保生、郑飞:《世界法治指数对中国法治评估的借鉴意义》,载《法制与社会发展》2013年第6期。
④ 《宪法》第30条规定:"中华人民共和国的行政区域划分如下:(一)全国分为省、自治区、直辖市……"

从法治专项评估的角度看,司法文明指数属于一种司法公信力专项评估,旨在测量现实的司法公信力,提升未来的司法公信力。司法公信力,"是指社会公众和当事人对司法的认同程度与信服程度,包括他们对司法判断准确性的信任、对司法裁决公正性的认同,以及对司法执行包括强制执行的支持等"。① 党的十八届四中全会《决定》把"保证公正司法,提高司法公信力"作为全面推进依法治国的六大任务之一,在此标题下关于"完善确保依法独立公正行使审判权和检察权的制度""优化司法职权配置""推进严格司法""保障人民群众参与司法""加强人权司法保障""加强对司法活动的监督"这六个方面,则是提高司法公信力的途径,也是进一步加强司法文明建设的途径。

(二)司法文明指数与"WJP 世界法治指数"的关系

第一,司法文明指数主要受到"WJP 世界法治指数"9 份年度报告(2010 年、2011 年、2012~2013 年、2014 年、2015 年、2016 年、2017~2018 年、2019 年、2020 年)的启发。"WJP 世界法治指数"量化了法治理念,这促使我们思考是否也可以量化司法文明概念?不仅如此,司法文明指数的整体设计,也参考了"WJP 世界法治指数"将抽象法治概念具体化为若干一级、二级指标并转化为问卷题的体系结构。"WJP 世界法治指数 2020"9 个一级指标是:(1)限制政府权力(Constraints on Government Powers);(2)腐败遏制;(3)开放政府;(4)基本权利;(5)秩序和安全;(6)监管执法;(7)民事司法;(8)刑事司法;(9)非正式司法。② 其中,司法文明一级指标占了 1/3 的比重,司法文明二级指标的比重为 17/47,这体现了司法文明在法治文明中的分量。

第二,司法文明指数二级指标的设计,参考了"WJP 世界法治指数 2020"年度报告中的如下二级指标:指标 7 民事司法;7.1 人民享有民事司法并能承受其费用;7.2 民事司法不受歧视;7.3 民事司法远离腐败;7.4 民事司法不受不适当的政府干预;7.5 民事司法不受不合理的拖延;7.6 民事司法得到有效执行;7.7 非诉讼纠纷解决

---

① 陈光中、龙宗智:《关于深化司法改革若干问题的思考》,载《中国法学》2013 年第 4 期。
② See The World Justice Project, *WJP Rule of Law Index* 2020, p.11–12.

机制的享有及公正有效。指标8 刑事司法:8.1 犯罪调查制度有效;8.2 刑事裁判制度及时有效;8.3 矫正制度有效减少犯罪行为;8.4 刑事司法制度具有公正性;8.5 刑事司法制度远离腐败;8.6 刑事司法制度不受不适当的政府干预;8.7 法律正当程序和被告人权利。①

第二节 中国司法文明指数项目

一、项目概述

司法文明指数项目是教育部、财政部"高等学校创新能力提升计划"("2011 计划")、"双一流计划"司法文明协同创新中心承担的一项重大研究任务。"司法文明协同创新中心"按照"国家急需、世界一流"的要求,瞄准司法文明这一法治文明传承创新的重大需求,以中国政法大学为牵头高校,吉林大学、武汉大学、浙江大学为主要参与高校,并联合了各级司法机关和法律行业组织等 38 个国内协同单位,以及 16 个国外协同机构(含 11 个国外大学、研究所、国际组织和 5 个国外教授单位)。该中心的宗旨是:促进国家司法文明建设,提升中国司法文明在世界司法文明体系中的认同度和话语权,推进中华民族早日跻身世界司法文明先进行列。该中心肩负"五大任务":一是理论创新,探索科学的司法理论;二是制度创新,建构先进的司法制度;三是实践创新,促进公正的司法运作;四是教育创新,造就卓越的司法精英;五是文化创新,培育理性的司法文化。司法文明指数项目,是司法文明协同创新中心承担的一项重大研究任务。

该任务在《"2011 计划"司法文明协同创新中心发展规划(2013—2016)》中被作如下描述:"'司法文明指数'旨在对司法运作的实际情况进行测量,并为全国司法文明现状提供一种量化评估工具。该任务开辟的新领域和新方法是,将一般司法原则量化,从中衍生出一套由 10 个维度和 54 个指标组成的司法文明指标体系,按这些指标设计调查问卷,并在全国 31 个省、自治区、直辖市进行问卷调查。在数据统计分析基础上,通过对 31 个省、自治区、直辖市司法文明指数排名,来显示该省区司

---

① See The World Justice Project, *WJP Rule of Law Index* 2020, p. 11.

法文明的程度,从定量层面了解司法文明建设的现状、成绩和不足,为加强法治建设提供一面'镜子',为司法文明建设具体方案的出台提供实证依据。司法文明指数调查分析采取渐进方式。第一年先在全国10个省份试点,东北、华北、华东、中南、西南、西北兼顾。第二年扩大到20个省份,同样兼顾六大区域。第三年在全国31个省、自治区、直辖市全面铺开。我们将聘请专业调查公司对所有的调查问卷进行统计分析,然后结合司法文明专业知识做出最后研究报告。"[1] 从2017年起,司法文明协同创新中心建设纳入国家"双一流计划"。因此,司法文明指数项目,又成为司法文明协同创新中心承担的建设"世界一流大学、世界一流学科"的一项重大研究任务。

中国司法文明指数作为法治建设的一种量化评估工具,在"保证公正司法,提高司法公信力"方面可以发挥如下作用:首先,对各级司法机关及其工作人员来说,它可为加强司法文明建设提供一面自我对照的"镜子"。该指数地区排名,反映了各地司法文明建设的强项和弱项,为各地司法文明建设具体方案的制定和实施提供了实证数据。当然,我们也要申明该指数功能的有限性,它并未给各地如何加强司法文明建设提供一个完整的诊断或现成的"药方",而仅仅是为描绘一个省、自治区、直辖市的司法文明状况提供了一些关于人民群众满意度的基础数据。各地司法机关需要在此基础上进行多维度的综合分析和深入研究,才能找到解决自己问题的具体方案。其次,对于法学研究和法学教育来说,本指数报告可为其提供一种可靠和中立的数据资源,为学者和学生探索司法文明的理论和实践问题提供一些实证研究的条件。

二、项目实施步骤和方法回顾

(一)2014年项目实施步骤与方法

1. 概念框架和指标体系开发

中国政法大学证据科学研究院发展报告(蓝皮书)编写团队自2009年开始编写

---

[1] 《"2011计划"司法文明协同创新中心发展规划(2013—2016)》(2013年6月14日)。

出版《中国证据法治发展报告》系列出版物,2011年又开发了"证据法治发展指数",这些研究工作为司法文明指数概念框架和指标体系的开发奠定了前期工作基础。司法文明指数研究团队自2013年开始借鉴"WJP世界法治指数""证据法治发展指数",以及国内有关法治评估的研究成果,开发了一个概念框架,并将其逐步概括为10个一级指标和50个二级指标组成的2014年版司法文明指标体系。有关这项工作的7次研讨会的情况,详见《中国司法文明指数报告(2014)》。①

2. 指数变量和调查问卷编制

2014年3~7月,本项目研究团队与零点调查公司合作,通过多次深入研讨,开发了一系列体现司法文明指数概念框架、四个领域、10个一级指标和50个二级指标的指标体系。有关这项工作的详细情况,详见《中国司法文明指数报告(2014)》。②

3. 实地问卷调查与回收

2014年司法文明指数评估,采取客观、中立的方法,坚持大众与行业人士相结合。调查样本既包括普通民众,也包括公检法机关、律师事务所等法律职业群体,因为民众与法律职业人士对司法文明的认知和感受可能有所不同。来自9个省、直辖市的7200人参与了司法文明指数普通人群和职业群体调查。有关这项工作的四个具体步骤,详见《中国司法文明指数报告(2014)》。③

(二)2015年项目实施步骤与方法

与2014年项目相比,2015年司法文明指数调研方案对指标体系、问卷设计、调查方法等做了如下重大改进:(1)在保留原来10个一级指标的同时,对一级指标的内容和排序做了微调;(2)将原来50个二级指标减至36个;(3)将原来5套调查问卷(公众卷、法官卷、检察官卷、警察卷、律师卷)减至2套(公众卷与专业卷);(4)将原来97个问卷题目重新设计为74个,原来的194个变量减至95个;(5)将原来在9个试点省、直辖市的问卷调查扩大到如下20个试点评估省、自治区、直辖市:北京市、山西省、内蒙古自治区、黑龙江省、吉林省、上海市、江苏省、浙江省、安徽省、福建

---

① 参见张保生主编:《中国司法文明指数报告(2014)》,中国政法大学出版社2015年版,第52~53页。
② 参见张保生主编:《中国司法文明指数报告(2014)》,中国政法大学出版社2015年版,第53页。
③ 参见张保生主编:《中国司法文明指数报告(2014)》,中国政法大学出版社2015年版,第53~54页。

省、山东省、广东省、湖北省、海南省、贵州省、四川省、重庆市、云南省、青海省、宁夏回族自治区；(6)将原来800份问卷(公众卷与专业卷)的构成比例6∶4(公众卷480份，专业卷320份＝法官80份＋检察官80份＋警察80份＋律师80份)，调整为3∶1(公众卷600份，专业卷200份＝法官50份＋检察官50份＋警察50份＋律师50份)，使公众卷的比例大幅度提高。

（三）2016～2019年项目实施步骤与方法

与2015年项目在20个省、自治区、直辖市有16,000人参与问卷调查的范围相比，《中国司法文明指数报告（2016）》扩大到31个省、自治区、直辖市。在每个省、自治区、直辖市发放800份问卷，其中公众卷600份，专业卷200份(法官、检察官、警察和律师各50份)。实际收回有效样本总量为24,400份，其中专家样本总量为5848份，公众样本总量为18,552份。

2016～2019年项目实施的具体措施是：(1)每个省、自治区在两个以上地区或城市发放问卷(选择省会城市和一个人口较多的城市)；直辖市则选择两个以上的行政区。(2)在被调查城市随机选择调查单位，尽可能兼顾省级、市级或基层法院、检察院、公安局以及不同规模的律师事务所。(3)在同一被调查机关(机构)，尽可能兼顾不同部门的法官、检察官、警察和律师。(4)在同一被选部门，尽可能兼顾不同工作年限的专业人士。(5)在调查员讲解"中国司法文明指数"的基础上当场进行问卷调查。

《中国司法文明指数报告（2019）》数据调查样本，既包括普通民众，也包括法官、检察官、警察、律师所构成的法律职业群体。数据调查的公众卷与专业卷的比例为3∶1。在每个省、自治区、直辖市发放800份问卷，其中公众卷600份，专业卷200份(法官、检察官、警察各40份——比2018年各减少10份，共减少30份；律师80份——比2018年增加30份)。2019年的数据是：实际收回有效样本总量为24,012份，其中法律职业群体样本总量为6155份，公众样本总量为17,857份。

三、2020～2021年项目评估方法

（一）问卷调查方法

1. 问卷样本选取方法

《中国司法文明指数报告（2020—2021）》问卷分为两种类型：专业卷和公众卷。前者的受访对象是法官、检察官、警察、律师，后者的受访对象是社会普通公众，由两类问卷共同测量当地的司法文明程度。在31个省、自治区、直辖市发放各800份问卷，其中公众卷600份，专业卷200份（法官、检察官、警察各40份，律师80份）。实际收回有效样本总量为24,354份，其中法律职业群体样本总量为6273份，公众样本总量为18,081份。

2. 专业卷数据采集方法

《中国司法文明指数报告（2020—2021）》调研专业卷的发放，兼顾了不同的代表性样本。具体措施是：（1）每个省、自治区在两个以上地区或城市发放问卷（选择省会城市和一个人口较多的城市）；直辖市则选择两个以上的行政区。（2）在被调查城市随机选择调查单位，不同级别的法院、检察院、公安局以及不同规模的律师事务所。（3）在同一被调查单位，兼顾不同部门的法官、检察官、警察和律师。（4）在同一被选部门，尽可能兼顾不同工作年限的专业人士。（5）在问卷调查时，先由调查员讲解"中国司法文明指数"的内容、意义和方法，再由被问卷者当场答题。

3. 公众卷数据采集

《中国司法文明指数报告（2020—2021）》数据采集，在每个省、自治区、直辖市选择10位调查员（分别来自3个人口最多的城市）。每位调查员需回收60份合格问卷，问卷发放的对象是除法律职业者（法官、检察官、警察、律师）之外的社会公众。问卷发放对象的选择有如下要求：

（1）调查样本中男女各半。

（2）调查对象至少要涵盖本问卷问题Z3中13个职业中的8个职业，且每个职业不超过10份。

（3）调查对象年满18周岁。尽量涵盖18～30岁、31～40岁、41～50岁、50岁以

上,以保证这4个年龄段和年龄段样本量的分布均衡。

(4)调查对象尽量涵盖不同的文化程度,保证从初中到研究生每个学历段至少有5个样本。

(二)数据统计分析方法

1. 各级指标赋值及算分方法

《中国司法文明指数报告(2020—2021)》10个一级指标赋值各占10%的比重,并将10%的比重均分给相应的二级指标;相应地,二级指标的比重又均分给对应的各个题目。具体指标的算分遵循"题目赋分→二级指标得分→一级指标得分"的计算方法:(1)根据赋值原则对67个问题逐一赋分。(2)对问题所属的二级指标算分:若二级指标下仅有一道题目,则以该题的均分作为该指标得分;若二级指标下有多道题目,则以多道题目的均分作为该指标得分。(3)在求得各二级指标的得分后,以其均分作为所属一级指标的得分。

2. 专业卷与公众卷数据加权

在二级指标得分计算过程中,对专家和公众数据做如下加权处理:专业卷与公众卷的权重为5∶5;如有客观指标,则问卷调查得分与客观数据的权重为9∶1。若某个题目在专业卷和公众卷中同时出现,则专业卷与公众卷的权重为5∶5;若某个题目只出现在某个群体中,则用该群体的均分作为所有群体的得分。以省、自治区、直辖市为单位,任何群体中有未答题目者,该人在该题目上的得分用该省、自治区、直辖市其余人群在该题目上的均分来补齐。

(三)客观指标及其计算

《中国司法文明指数报告(2020—2021)》的客观指标数据来源为:各省、自治区、直辖市高级人民法院和高级人民检察院向省级人民代表大会所作的年度工作报告。

客观指标的赋值方法采用排队打分法,[①]即对于统计口径相同且可以比较的指

---

① 该方法最早使用者为欧洲货币基金组织,主要用于衡量28个国家的综合竞争力。

标,依据"公布按得分从100分依次递减1分,不公布得60分"的方式进行处理;对于统计口径不同或无法比较的指标则依据"公布得100分,不公布得60分"的方式进行处理,其模型为:

$$\begin{cases} S_1 = 70 + \dfrac{n-k}{n-1} \times 30 \\ S_2 = 60 \end{cases} \quad (7.1)$$

其中,S_1 表示公布数据的各个地方单项指标得分,而 S_2 表示未公布数据的各个地方单项二级指标得分。n 为参评地方总量,k 为各个地方排名。而各个地方的单项各级指标得分和总得分均可使用以下公式进行计算,其中 m 表示指标数量,W 表示每项指标的权重。

$$S_{\text{总}} = \sum_{i=1}^{m}(S_i \times W_i) / \sum_{i=1}^{m} W_i \quad (7.2)$$

具体而言,《中国司法文明指数报告(2020—2021)》的客观指标赋值方法是:(1)有客观数据对应的二级指标,主客观指标分值比例为9∶1;无客观数据对应的二级指标,按主观调查问卷得分赋值。(2)客观指标总分100分的分配:有客观数据对应的二级指标,未公布客观数据的省份得60分;公布客观数据的省份则分为两种情况:①若该数据不适合排名,公布者皆得100分;②若该数据适合排名,按排名情况得分从100分依次递减1分(例如,适合排名的"一审、二审服判息诉率"可反映二级指标10.3"公众接受司法裁判的意识及程度",那么,服判息诉率最高的省份得100分,第二名得99分,以此类推)(见表7.3)。

表7.3 司法文明指数客观数据与其对应二级指标一览

客观数据	对应二级指标
依法不批捕的案件数(省人民检察院年度报告)	1.1 司法权力依法行使
法定审限内结案率(高级人民法院年度报告)	
民商事案件简易程序适用率(高级人民法院年度报告)	3.1 民事审判符合公正要求
民事判决执结率(高级人民法院年度报告)	3.3 民事诉讼裁判得到有效执行
依法不起诉的案件数(省人民检察院年度报告)	4.2 审查起诉公正

续表

客观数据	对应二级指标
宣告无罪的人数(高级人民法院年度报告)	4.3 刑事审判公正及时
1. 行政机关败诉率(高级人民法院年度报告) 2. 行政机关负责人出庭应诉人次/率(高级人民法院年度报告)	5.1 行政审判符合公正要求
1. 排除非法证据的刑事案件数(高级人民法院年度报告) 2. 检察院启动非法证据排除的案件数(省人民检察院年度报告)	6.2 证据依法得到采纳与排除
一审案件陪审率(高级人民法院年度报告)	10.1 公众参与司法的意识及程度
一审、二审服判息诉率(高级人民法院年度报告)	10.3 公众接受司法裁判的意识及程度

第三节 中国司法文明指数报告

《中国司法文明指数报告》在全国31个省、自治区、直辖市问卷调查数据统计分析基础上编制,自2014年起每年一卷,是显示全国各地司法文明建设水平的一种创新性法治量化评估工具,是体现人民群众对司法工作满意度的一个重要"指示器"。它对法治中国建设发挥着促进作用,为测量各地司法文明发展水平提供了一面可以对照的"镜子",有助于各级政策制定者、公安和司法机关及其工作人员、社会公众辨别各地司法文明建设的强项和弱项,并可为学者、学生、商业投资者、移居者乃至旅游者等各界人士深入了解全国各地司法文明建设的现状和发展,提供全面的基础性数据和资料,描述随时间变化而呈现出的司法文明进步轨迹。

一、31个省、自治区、直辖市得分排名分析

(一)2016年各省、自治区、直辖市得分排名分析

2016年中国司法文明指数问卷调查范围,从2015年的20个省、自治区、直辖市扩展到31个。调查结果显示,31个省、自治区、直辖市司法文明平均得分为68.2分

(满分为100.0分),相较2015年20个省、自治区、直辖市平均得分64.5分上升3.7分。上海以70.5分蝉联第一名,比2015年的66.6分提高3.9分。陕西以63.8分在全国排名垫底,比2015年的最低分(黑龙江)62.8分高出1.0分。本年度,中国司法文明指数各省、自治区、直辖市最大分差为6.7分,相较上年的最高分与最低分分差3.8分,扩大了2.9分;18个省、自治区、直辖市得分在平均分68.2分及以上,其余13个省、自治区、直辖市得分在平均分以下(见图7.2)。

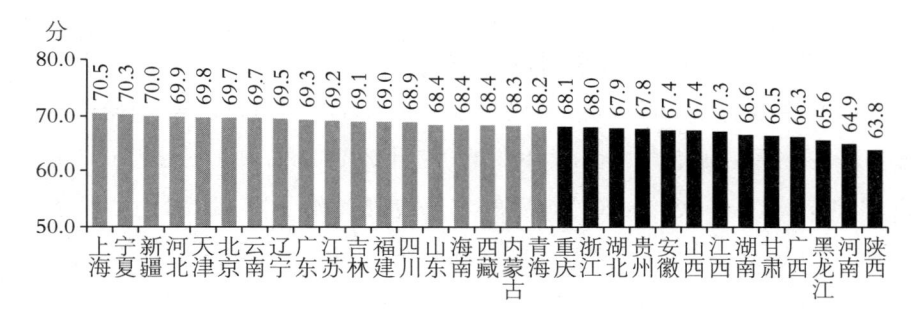

图7.2 2016年31个省、自治区、直辖市司法文明指数总得分分布

(二)2017年各省、自治区、直辖市得分排名分析

2017年中国司法文明指数问卷调查结果显示,31个省、自治区、直辖市司法文明平均得分为70.0分(满分为100.0分),相较2016年的68.2分上升1.8分。海南以76.2分排名第一,比2016年第一名上海的70.5分提高5.7分。湖北以67.4分在各省、自治区、直辖市中排名垫底,比2016年的最低分(陕西)63.8分高出3.6分。本年度司法文明指数各省、自治区、直辖市最大分差为8.8分,相较上年的最高分与最低分分差6.7分,扩大了2.1分;12个省、自治区、直辖市的得分在平均分及以上,包括海南(76.2分)、浙江(73.1分)等,其余甘肃等19个省、自治区、直辖市的得分在平均分(70.0分)以下(见图7.3)。

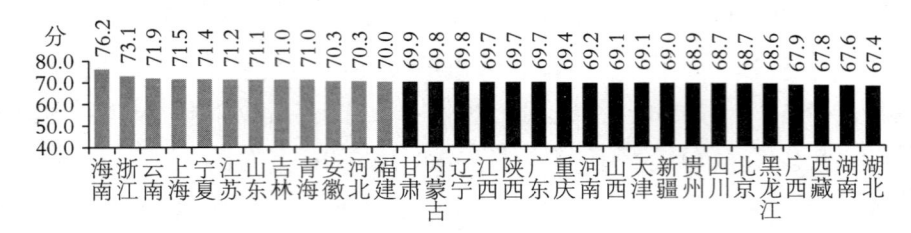

图 7.3 2017 年 31 个省、自治区、直辖市司法文明指数总得分分布

(三) 2018 年各省、自治区、直辖市得分排名分析

2018 年中国司法文明指数问卷调查结果显示,31 个省、自治区、直辖市司法文明指数平均得分为 69.3 分(满分为 100.0 分),比 2017 年的 70.0 分下降 0.7 分。上海以 71.4 分排在第一名,比 2017 年第一名海南 76.2 分下降 4.8 分。甘肃以 65.2 分在全国排名垫底,比 2017 年的最低分(湖北)67.4 分低了 2.2 分。本年度,中国司法文明指数各省、自治区、直辖市最大分差为 6.2 分,相较 2017 年的最高分与最低分分差 8.8 分,缩小了 2.6 分;有 19 个省、自治区、直辖市的得分在平均分及以上,包括上海(71.4 分)、江苏(70.7 分)等,其余湖北等 12 个省、自治区、直辖市的得分在平均分(69.3 分)以下(见图 7.4)。

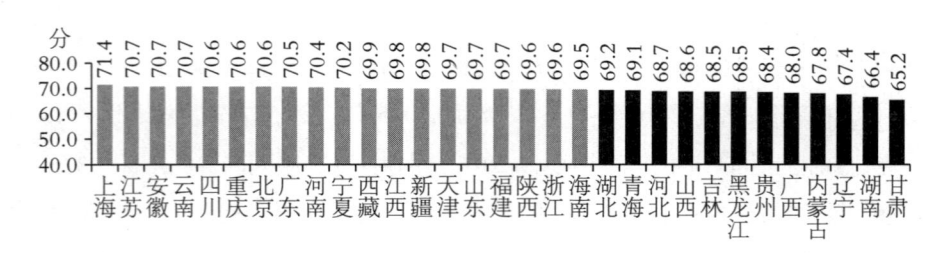

图 7.4 2018 年 31 个省、自治区、直辖市司法文明指数总得分分布

(四) 2019 年各省、自治区、直辖市得分排名分析

2019 年中国司法文明指数问卷调查结果显示,31 个省、自治区、直辖市司法文明平均得分为 70.0 分(满分为 100.0 分),比 2018 年的 69.3 分提高 0.7 分。浙江以 72.5 分排名第一,比 2018 年第一名上海 71.4 分提高 1.1 分。湖南以 67.1 分在全国排名垫底,比 2018 年的最低分(甘肃)65.2 分提高 1.9 分。本年度,中国司法文明指

数的省、自治区、直辖市最大分差为5.4分,比上年最高分与最低分分差6.2分,缩小了0.8分;有18个省、自治区、直辖市的得分在平均分及以上,包括浙江(72.5分)、重庆(71.7分),其余青海等13个省、自治区、直辖市在平均分(70.0分)以下(见图7.5)。

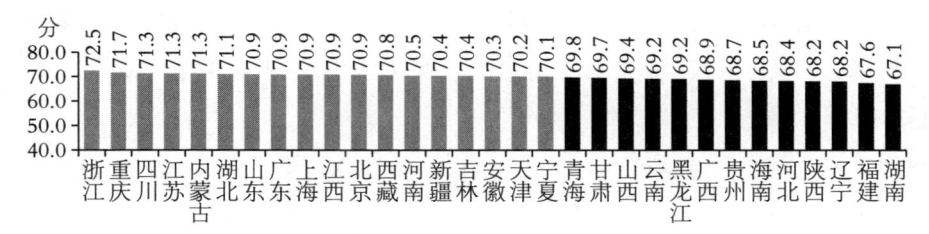

省份	浙江	重庆	四川	江苏	内蒙古	湖北	山东	广东	上海	江西	北京	河海	新疆	吉林	安徽	天津	宁夏	青海	甘肃	山西	云南	黑龙江	广西	贵州	海南	河北	陕西	辽宁	福建	湖南
分	72.5	71.7	71.3	71.3	71.1	70.9	70.9	70.9	70.8	70.5	70.4	70.4	70.3	70.2	70.1	69.8	69.7	69.4	69.2	69.2	68.9	68.7	68.5	68.4	68.2	68.2	67.6	67.1

图7.5　2019年31个省、自治区、直辖市司法文明指数总得分分布

(五)2020~2021年各省、自治区、直辖市得分排名分析

2020~2021年中国司法文明指数问卷调查结果显示,31个省、自治区、直辖市司法文明平均得分为71.1分(满分为100.0分),比2019年70.0分提高1.1分。上海以73.3分排名第一,比2019年第一名(浙江)72.5分高出0.8分;内蒙古以69.2分在全国排名最低,但比2019年最低分(湖南)67.1分提高2.1分。本年度,中国司法文明指数的省、自治区、直辖市最大分差为4.1分,比上年最高分与最低分分差5.4分,缩小了1.3分;有17个省、自治区、直辖市得分在平均分及以上,包括上海(73.3分)、山东(73.2分)等,其余海南等14个省、自治区、直辖市在平均分(71.1分)以下(见图7.6)。

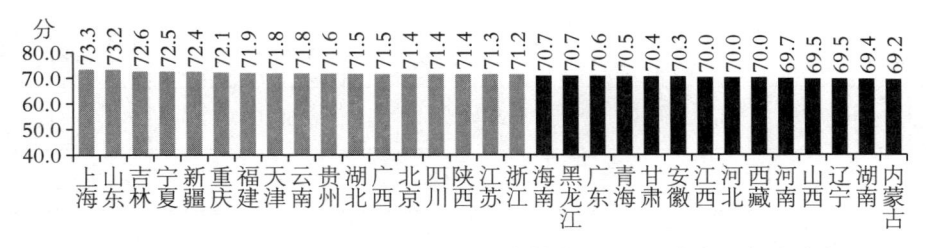

省份	上海	山东	吉林	宁夏	新疆	重庆	福建	天津	云南	贵州	湖北	广西	四川	陕西	江苏	浙江	海南	黑龙江	广东	青海	甘肃	安徽	江西	河北	西藏	河南	山西	辽宁	湖南	内蒙古
分	73.3	73.2	72.6	72.5	72.4	72.1	71.9	71.8	71.6	71.5	71.5	71.4	71.4	71.4	71.3	71.2	70.7	70.7	70.6	70.5	70.4	70.3	70.0	70.0	70.0	69.7	69.5	69.5	69.4	69.2

图7.6　2020~2021年31个省、自治区、直辖市司法文明指数总得分分布

二、省级行政区指标得分排名表及分布举例

（一）省级行政区一级指标得分排名表及雷达图

以 2020~2021 年中国司法文明指数排名最高的上海市和排名最低的内蒙古自治区为例，省级行政区一级指标得分排名表及雷达图，见表 7.4、表 7.5 和图 7.7、图 7.8。

表 7.4　上海市（1/31）一级指标得分排名

序号	一级指标	得分/分	31 个省、自治区、直辖市平均分/分	排名
指标 1	司法权力	77.3	75.2	2/31
指标 2	当事人诉讼权利	73.6	70.5	2/31
指标 3	民事司法程序	74.0	72.1	3/31
指标 4	刑事司法程序	74.0	71.7	3/31
指标 5	行政司法程序	75.8	72.4	2/31
指标 6	证据制度	71.3	69.6	7/31
指标 7	司法腐败遏制	71.0	69.0	4/31
指标 8	法律职业化	68.4	65.6	4/31
指标 9	司法公开	78.0	76.6	6/31
指标 10	司法文化	69.4	68.0	6/31
均分		73.3	71.1	1/31

第七章 司法评估的样本：中国司法文明指数

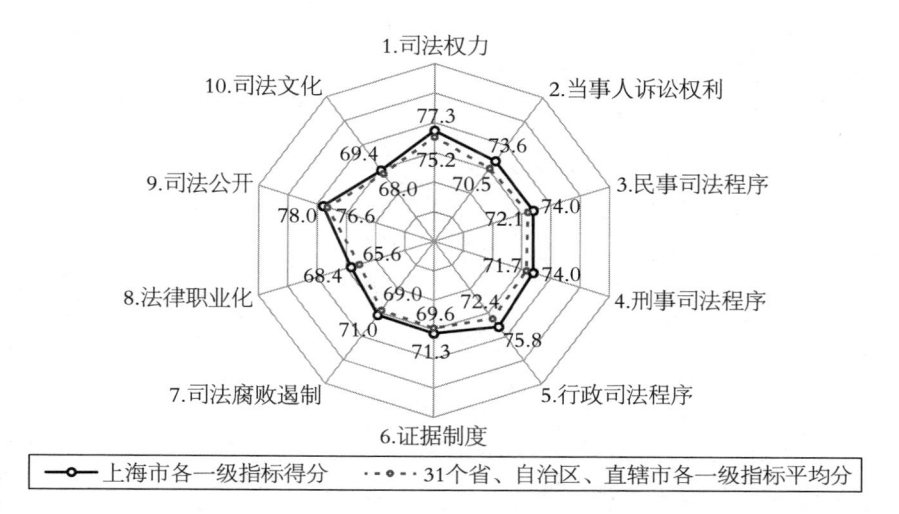

图7.7 上海市(1/31)一级指标得分分布

注：(1)雷达图中，实线表示各省、自治区、直辖市各一级指标得分；虚线表示31个省、自治区、直辖市各一级指标平均分(本章同)。
(2)雷达图的中心点(起始值)为40.0分，最外圈(最大值)为100.0分，等距同心圈间隔为10.0分(本章同)。

表7.5 内蒙古自治区(31/31)一级指标得分排名

序号	一级指标	得分/分	31个省、自治区、直辖市平均分/分	排名
指标1	司法权力	73.0	75.2	30/31
指标2	当事人诉讼权利	68.2	70.5	30/31
指标3	民事司法程序	70.9	72.1	26/31
指标4	刑事司法程序	70.3	71.7	26/31
指标5	行政司法程序	70.8	72.4	24/31
指标6	证据制度	68.0	69.6	27/31
指标7	司法腐败遏制	65.4	69.0	31/31
指标8	法律职业化	63.3	65.6	28/31
指标9	司法公开	75.8	76.6	24/31
指标10	司法文化	66.8	68.0	27/31
	均分	69.2	71.1	31/31

司法评估论

图7.8 内蒙古自治区(31/31)一级指标得分分布

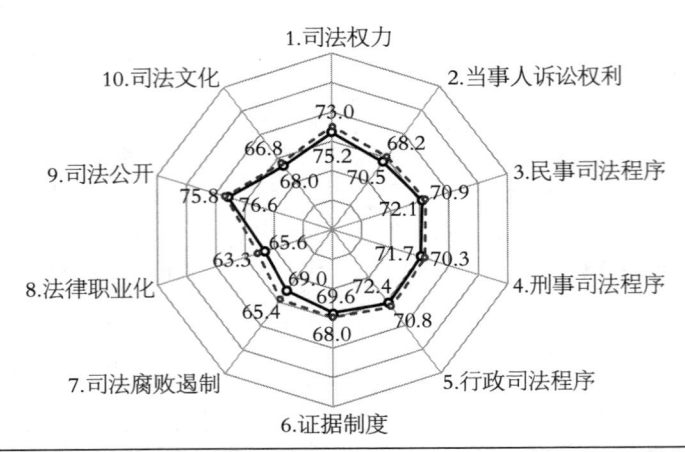

雷达图显示各一级指标：
1. 司法权力 73.0 / 75.2
2. 当事人诉讼权利 68.2 / 70.5
3. 民事司法程序 70.9 / 72.1
4. 刑事司法程序 70.3 / 71.7
5. 行政司法程序 70.8 / 72.4
6. 证据制度 68.0 / 69.6
7. 司法腐败遏制 65.4 / 69.0
8. 法律职业化 63.5 / 65.6
9. 司法公开 75.8 / 76.6
10. 司法文化 66.8 / 68.0

—○— 内蒙古自治区各一级指标得分　--●-- 31个省、自治区、直辖市各一级指标平均分

（二）省级行政区二级指标得分排名表及雷达图

以 2020~2021 年中国司法文明指数排名最高的上海市和排名最低的内蒙古自治区为例，来说明省级行政区二级指标得分排名表及雷达图的情况。参见表7.6、表7.7和图7.9、图7.10。

表7.6 上海市(1/31)二级指标排名

二级指标	排名	二级指标	排名	二级指标	排名	二级指标	排名
1.1 司法权力依法行使	3/31	1.4 司法权力主体受到信任与认同	4/31	2.2 当事人享有获得辩护、代理的权利	2/31	3.1 民事审判符合公正要求	4/31
1.2 司法权力独立行使	6/31	1.5 司法裁判受到信任与认同	2/31	2.3 当事人享有证据性权利	10/31	3.2 民事诉讼中的调解自愿、合法	9/31
1.3 司法权力公正行使	16/31	2.1 当事人享有不被强迫自证其罪的权利	1/31	2.4 当事人享有获得救济的权利	8/31	3.3 民事诉讼裁判得到有效执行	6/31

238

续表

二级指标	排名	二级指标	排名	二级指标	排名	二级指标	排名
4.1 侦查措施及时合法	4/31	6.1 证据裁判原则得到贯彻	15/31	7.3 法官远离腐败	4/31	9.2 裁判结果依法公开	3/31
4.2 审查起诉公正	4/31	6.2 证据依法得到采纳与排除	3/31	8.1 法律职业人员获得职业培训	3/31	10.1 公众参与司法的意识及程度	22/31
4.3 刑事审判公正及时	8/31	6.3 证明过程得到合理规范	6/31	8.2 法律职业人员遵守职业伦理规范	11/31	10.2 公众诉诸司法的意识及程度	4/31
5.1 行政审判符合公正要求	3/31	7.1 警察远离腐败	10/31	8.3 法律职业人员享有职业保障	9/31	10.3 公众接受司法裁判的意识及程度	5/31
5.2 行政诉讼裁判得到有效执行	3/31	7.2 检察官远离腐败	3/31	9.1 司法过程依法公开	9/31	10.4 公众接受现代刑罚理念的意识及程度	4/31

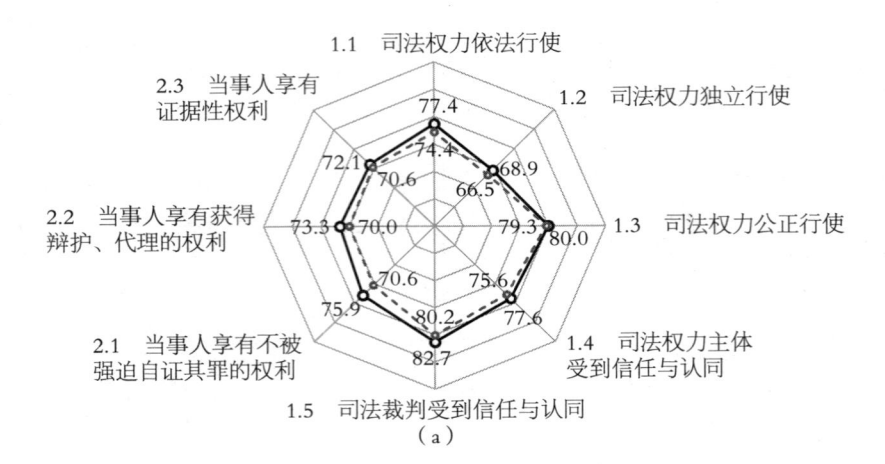

司法评估论

1.1 司法权力依法行使
1.2 司法权力独立行使
1.3 司法权力公正行使
1.4 司法权力主体受到信任与认同
1.5 司法裁判受到信任与认同
2.1 当事人享有不被强迫自证其罪的权利
2.2 当事人享有获得辩护、代理的权利
2.3 当事人享有证据性权利

77.4 74.4 68.9 66.5 79.3 80.0 75.6 77.6 82.7 80.2 75.9 70.6 73.3 70.0 72.1 70.6

(a)

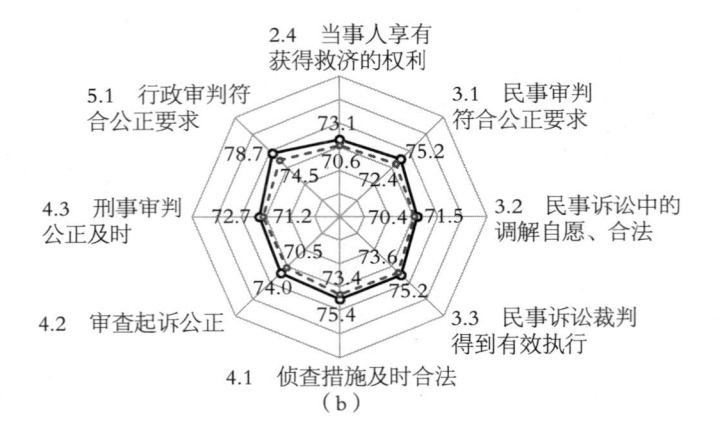

2.4 当事人享有获得救济的权利
3.1 民事审判符合公正要求
3.2 民事诉讼中的调解自愿、合法
3.3 民事诉讼裁判得到有效执行
4.1 侦查措施及时合法
4.2 审查起诉公正
4.3 刑事审判公正及时
5.1 行政审判符合公正要求

73.1 70.6 75.2 72.4 71.5 70.4 73.6 75.2 75.4 74.0 73.4 70.5 72.7 71.2 78.7 74.5

(b)

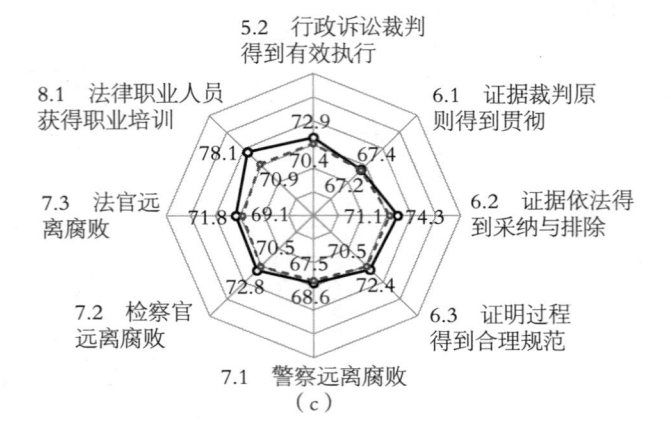

5.2 行政诉讼裁判得到有效执行
6.1 证据裁判原则得到贯彻
6.2 证据依法得到采纳与排除
6.3 证明过程得到合理规范
7.1 警察远离腐败
7.2 检察官远离腐败
7.3 法官远离腐败
8.1 法律职业人员获得职业培训

72.9 70.4 67.4 67.2 74.3 71.1 70.5 72.4 68.6 72.8 70.5 69.1 71.8 78.1 70.9

(c)

240

第七章 司法评估的样本：中国司法文明指数

（雷达图，显示上海市各二级指标得分与31个省、自治区、直辖市各二级指标平均分对比）

- 8.2 法律职业人员遵守职业伦理规范
- 8.3 法律职业人员享有职业保障
- 9.1 司法过程依法公开
- 9.2 裁判结果依法公开
- 10.1 公众参与司法的意识及程度
- 10.2 公众诉诸司法的意识及程度
- 10.3 公众接受司法裁判的意识及程度
- 10.4 公众接受现代刑罚理念的意识及程度

数值：63.6, 63.3, 63.5, 63.5, 61.9, 62.5, 66.9, 76.8, 77.4, 69.6, 76.4, 69.9, 73.4, 78.6, 72.6, 72.2

（d）

—○— 上海市各二级指标得分　··○·· 31个省、自治区、直辖市各二级指标平均分

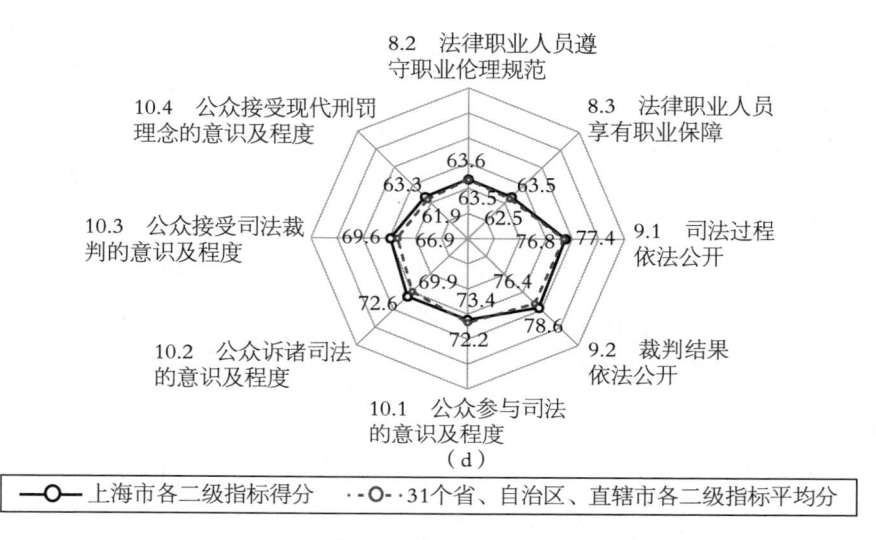

图7.9　上海市（1/31）二级指标得分分布

表7.7　内蒙古自治区（31/31）二级指标排名

二级指标	排名	二级指标	排名	二级指标	排名	二级指标	排名
1.1 司法权力依法行使	15/31	1.5 司法裁判受到信任与认同	29/31	2.4 当事人享有获得救济的权利	29/31	4.1 侦查措施及时合法	29/31
1.2 司法权力独立行使	27/31	2.1 当事人享有不被强迫自证其罪的权利	30/31	3.1 民事审判符合公正要求	19/31	4.2 审查起诉公正	15/31
1.3 司法权力公正行使	30/31	2.2 当事人享有获得辩护、代理的权利	26/31	3.2 民事诉讼中的调解自愿、合法	22/31	4.3 刑事审判公正及时	27/31
1.4 司法权力主体受到信任与认同	28/31	2.3 当事人享有证据性权利	12/31	3.3 民事诉讼裁判得到有效执行	28/31	5.1 行政审判符合公正要求	18/31

续表

二级指标	排名	二级指标	排名	二级指标	排名	二级指标	排名
5.2 行政诉讼裁判得到有效执行	29/31	7.1 警察远离腐败	31/31	8.2 法律职业人员遵守职业伦理规范	21/31	10.1 公众参与司法的意识及程度	28/31
6.1 证据裁判原则得到贯彻	24/31	7.2 检察官远离腐败	31/31	8.3 法律职业人员享有职业保障	29/31	10.2 公众诉诸司法的意识及程度	17/31
6.2 证据依法得到采纳与排除	22/31	7.3 法官远离腐败	30/31	9.1 司法过程依法公开	21/31	10.3 公众接受司法裁判的意识及程度	30/31
6.3 证明过程得到合理规范	30/31	8.1 法律职业人员获得职业培训	23/31	9.2 裁判结果依法公开	24/31	10.4 公众接受现代刑罚理念的意识及程度	3/31

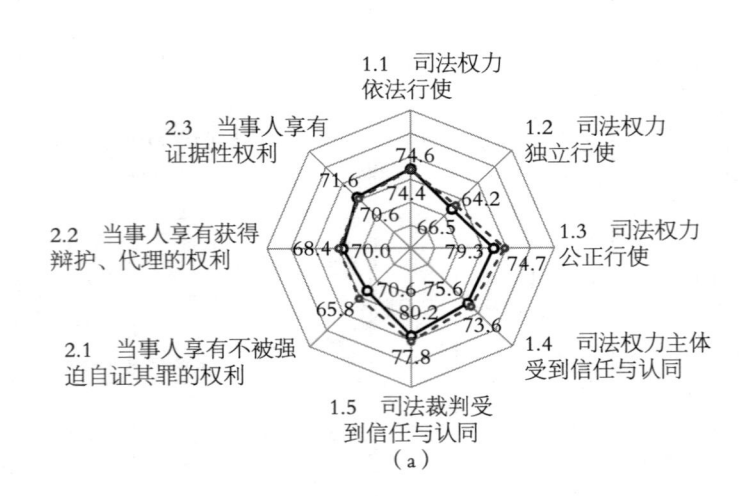

（a）

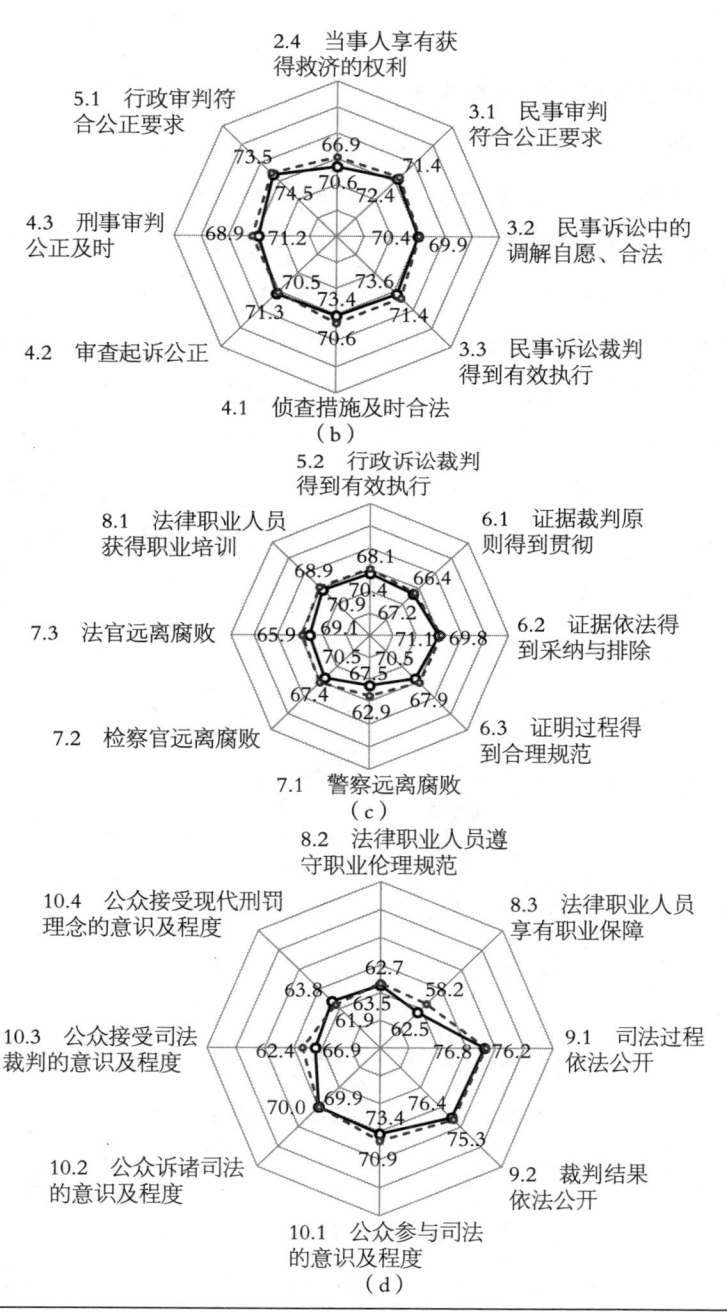

第七章 司法评估的样本：中国司法文明指数

2.4 当事人享有获得救济的权利
5.1 行政审判符合公正要求
3.1 民事审判符合公正要求
4.3 刑事审判公正及时
3.2 民事诉讼中的调解自愿、合法
4.2 审查起诉公正
3.3 民事诉讼裁判得到有效执行
4.1 侦查措施及时合法
(b)

5.2 行政诉讼裁判得到有效执行
8.1 法律职业人员获得职业培训
6.1 证据裁判原则得到贯彻
7.3 法官远离腐败
6.2 证据依法得到采纳与排除
7.2 检察官远离腐败
6.3 证明过程得到合理规范
7.1 警察远离腐败
(c)

8.2 法律职业人员遵守职业伦理规范
10.4 公众接受现代刑罚理念的意识及程度
8.3 法律职业人员享有职业保障
10.3 公众接受司法裁判的意识及程度
9.1 司法过程依法公开
10.2 公众诉诸司法的意识及程度
9.2 裁判结果依法公开
10.1 公众参与司法的意识及程度
(d)

—○— 内蒙古自治区各二级指标得分　‥○‥ 31个省、自治区、直辖市各二级指标平均分

图7.10　内蒙古自治区(31/31)二级指标得分分布

243

三、一级指标得分排名分布举例

2020~2021年中国司法文明指数10个一级指标平均得分,"司法公开"最高(76.6分),"法律职业化"最低(65.6分),所有一级指标得分都在及格线(60.0分)以上。其中,5个一级指标在平均分(71.1分)以上,包括"司法公开"(76.6分)、"司法权力"(75.2分)、"行政司法程序"(72.4分)、"民事司法程序"(72.1分)、"刑事司法程序"(71.7分),其余5个一级指标在平均分以下。与2019年相比,10个一级指标中"司法腐败遏制"(69.0分)提升最大(2.5分);"法律职业化"下降最大(65.6分),降低了0.9分。其余8个一级指标均有所提升,"当事人诉讼权利"(上升1.8分)、"司法权力"(上升1.7分)、"刑事司法程序"(上升1.6分)、"证据制度"(上升1.4分)、"行政司法程序"(上升0.9分)、"民事司法程序"(上升0.8分)、"司法文化"(上升0.7分)、"司法公开"(上升0.6分)(见图7.11)。

图7.11 全国各地一级指标平均得分分布

指标1:司法权力(2/10)

该指标以平均得分75.2分在10个一级指标中位列第二。全国31个省、自治区、直辖市中,吉林得分最高(77.6分),湖南得分最低(72.2分),二者相差5.4分(见图7.12)。

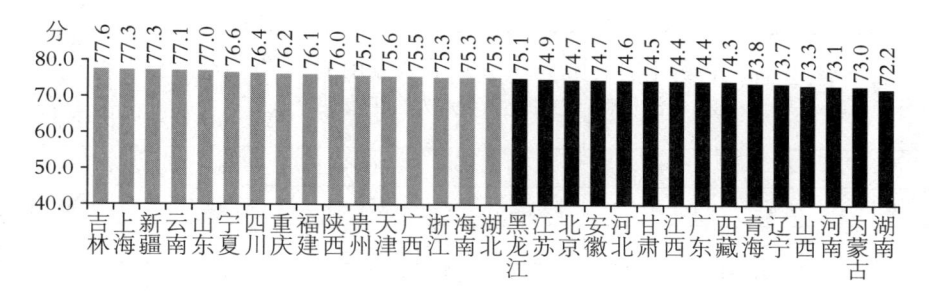

图 7.12 31 个省、自治区、直辖市"司法权力"一级指标得分比较

"司法权力"的 5 个二级指标中,首先是"司法裁判受到信任与认同"得分最高(80.2 分),其次是"司法权力公正行使"(79.3 分),再次是"司法权力主体受到信任与认同"(75.6 分),复次是"司法权力依法行使"(74.4 分),最后是"司法权力独立行使"(66.5 分)。得分最高项与最低项之间差值达 13.7 分(见图 7.13 和表 7.8)。

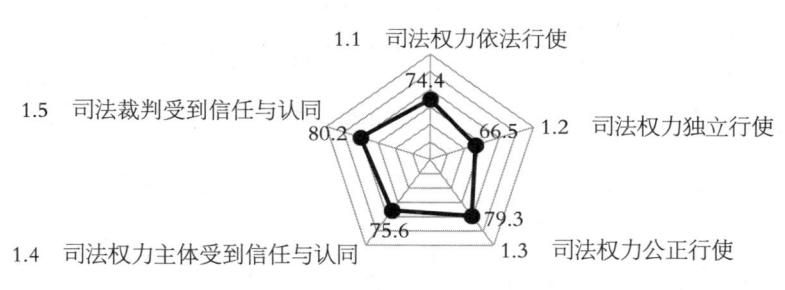

图 7.13 "司法权力"对应的各二级指标得分情况

表 7.8 "司法权力"对应的 5 个二级指标得分 31 个省、自治区、直辖市排名

单位:分

序号	省、自治区、直辖市	1.1 司法权力依法行使	1.2 司法权力独立行使	1.3 司法权力公正行使	1.4 司法权力主体受到信任与认同	1.5 司法裁判受到信任与认同
1	北京	25	28	11	10	19
2	天津	13	29	10	6	7
3	河北	18	7	28	12	24
4	山西	31	5	25	31	27

续表

序号	省、自治区、直辖市	1.1 司法权力依法行使	1.2 司法权力独立行使	1.3 司法权力公正行使	1.4 司法权力主体受到信任与认同	1.5 司法裁判受到信任与认同
5	内蒙古	15	27	30	28	29
6	辽宁	30	2	27	25	30
7	吉林	9	1	4	9	15
8	黑龙江	11	25	9	20	18
9	上海	3	6	16	4	2
10	江苏	29	21	23	3	4
11	浙江	28	10	20	8	9
12	安徽	24	30	5	13	11
13	福建	2	12	14	16	17
14	江西	16	22	19	23	26
15	山东	5	16	12	2	1
16	河南	27	15	29	27	28
17	湖北	22	8	8	22	23
18	湖南	20	31	26	30	31
19	广东	17	23	22	19	22
20	广西	12	26	2	17	14
21	海南	14	14	18	14	20
22	重庆	4	20	17	7	10
23	四川	6	17	3	11	12
24	贵州	1	24	13	29	5
25	云南	10	4	1	15	6
26	西藏	23	19	24	18	25
27	陕西	7	13	7	24	13
28	甘肃	19	11	21	26	21
29	青海	26	18	31	21	16
30	宁夏	21	3	15	5	8
31	新疆	8	9	6	1	3

指标2：当事人诉讼权利(6/10)

该指标以平均得分70.5分在10个一级指标中位列第六。全国31个省、自治区、直辖市中,山东得分最高(73.8分),安徽得分最低(67.9分),二者相差5.9分(见

图 7.14)。

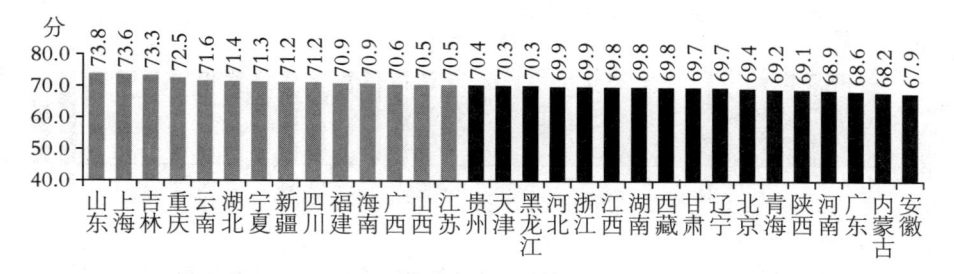

图 7.14 31 个省、自治区、直辖市"当事人诉讼权利"一级指标得分比较

"当事人诉讼权利"的 4 个二级指标中,"当事人享有获得救济的权利""当事人享有证据性权利""当事人享有不被强迫自证其罪的权利"三项指标得分相同,均为 70.6 分,"当事人享有获得辩护、代理的权利"的得分最低(70.0 分)(见图 7.15)。

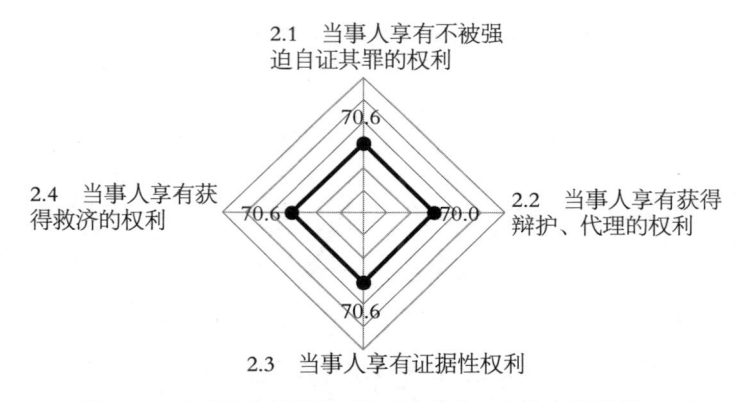

图 7.15 "当事人诉讼权利"对应的各二级指标得分情况

指标 3:民事司法程序(4/10)

该指标以平均得分 72.1 分在 10 个一级指标中位列第四。全国 31 个省、自治区、直辖市中,山东得分最高(75.2 分),河南得分最低(69.0 分),二者相差 6.2 分(见图 7.16)。

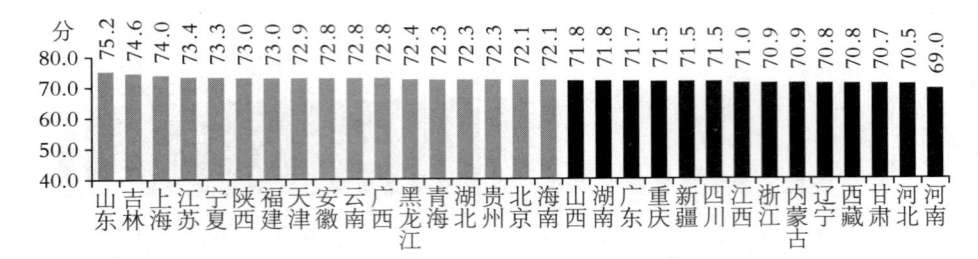

图 7.16　31 个省、自治区、直辖市"民事司法程序"一级指标得分比较

"民事司法程序"的 3 项二级指标中,首先是"民事诉讼裁判得到有效执行"得分最高(73.6 分),其次是"民事审判符合公正要求"(72.4 分),最后是"民事诉讼中的调解自愿、合法"(70.4 分)(见图 7.17)。

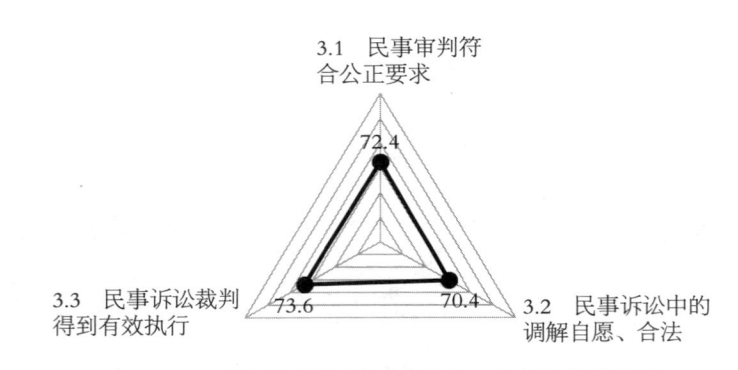

图 7.17　"民事司法程序"对应的各二级指标得分情况

指标 4:刑事司法程序(5/10)

该指标以平均得分 71.7 分在 10 个一级指标中位列第五。全国 31 个省、自治区、直辖市中,山东得分最高(75.8 分),辽宁得分最低(68.0 分),二者间差值为 7.8 分(见图 7.18)。

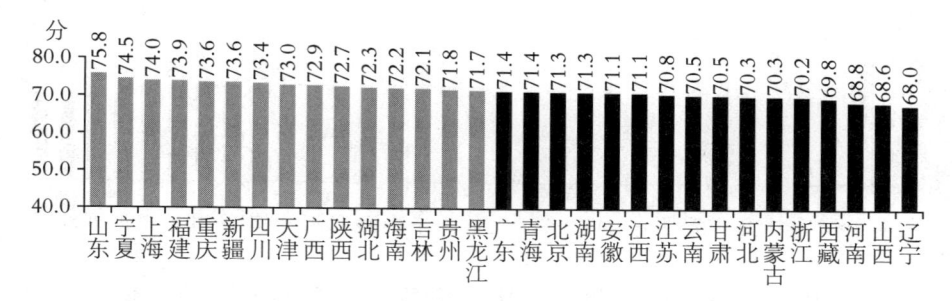

分
80.0 ┬ 75.8 74.5 74.0 73.9 73.6 73.6 73.4 73.0 72.9 72.7 72.3 72.2 72.1 71.8 71.7 71.4 71.4 71.3 71.3 71.1 71.1 70.8 70.5 70.5 70.3 70.3 70.2 69.8 68.8 68.6 68.0
70.0
60.0
50.0
40.0
山东 宁夏 上海 福建 重庆 新疆 四川 天津 广西 陕西 湖北 海南 吉林 贵州 黑龙江 广东 青海 北京 湖南 安徽 江苏 云南 甘肃 河北 内蒙古 浙江 西藏 河南 山西 辽宁

图7.18 31个省、自治区、直辖市"刑事司法程序"一级指标得分比较

"刑事司法程序"的3个二级指标中,"侦查措施及时合法"得分最高(73.4分),"刑事审判公正及时"次之(71.2分),"审查起诉公正"得分最低(70.5分)(见图7.19)。

                4.1 侦查措施及时合法
                        73.4

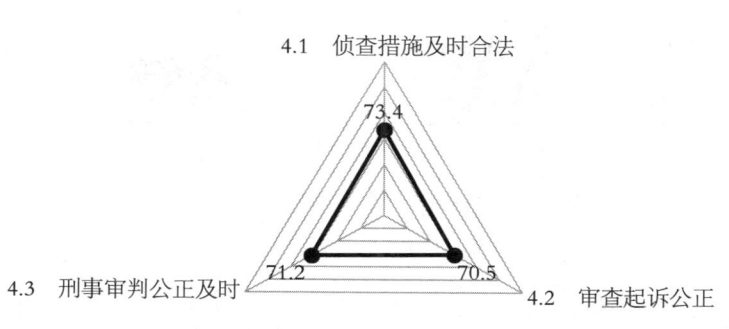

4.3 刑事审判公正及时 71.2   70.5 4.2 审查起诉公正

图7.19 "刑事司法程序"对应的各二级指标得分情况

指标5:行政司法程序(3/10)

该指标以平均得分72.4分在10个一级指标中位列第三。全国31个省、自治区、直辖市中,山东得分最高(76.9分),山西得分最低(68.3分),二者之间分差为8.6分(见图7.20)。

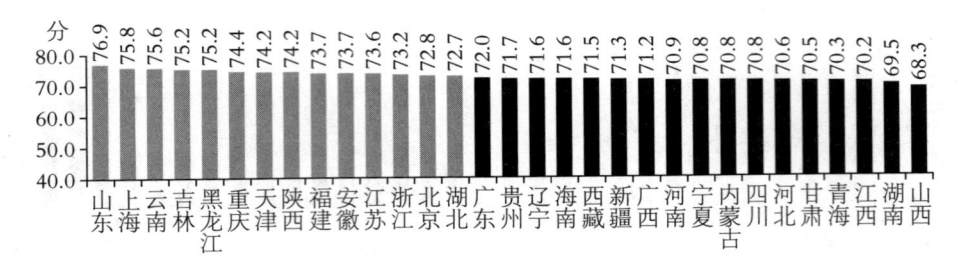

图 7.20　31 个省、自治区、直辖市"行政司法程序"一级指标得分比较

"行政司法程序"的 2 个二级指标中,"行政审判符合公正要求"得分(74.5 分)高于"行政诉讼裁判得到有效执行"的得分(70.4 分)(见图 7.21)。

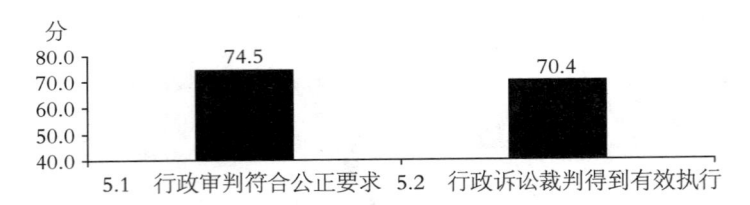

图 7.21　"行政司法程序"对应的各二级指标得分情况

指标 6:证据制度(7/10)

该指标以平均得分 69.6 分在 10 个一级指标中位列第七。全国 31 个省、自治区、直辖市中,山东得分最高(72.6 分),山西得分最低(65.1 分),二者相差 7.5 分(见图 7.22)。

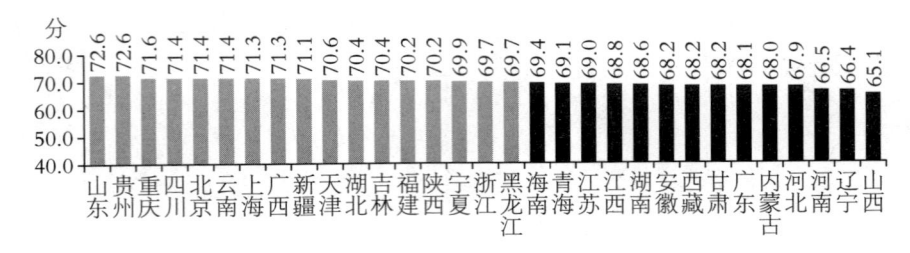

图 7.22　31 个省、自治区、直辖市"证据制度"一级指标得分比较

"证据制度"的3个二级指标中,"证据依法得到采纳与排除"得分最高(71.1分),其次是"证明过程得到合理规范"(70.5分),"证据裁判原则得到贯彻"的得分最低(67.2分)(见图7.23)。

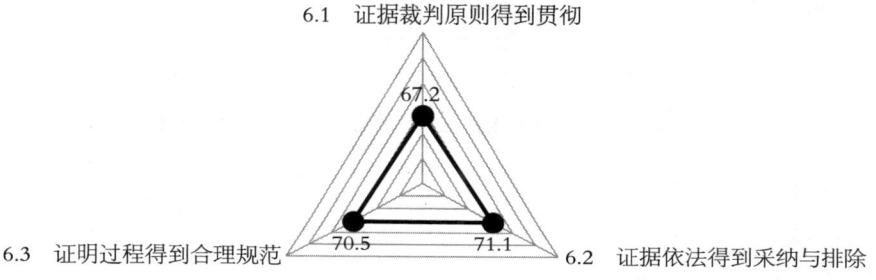

图7.23 "证据制度"对应的各二级指标得分情况

指标7:司法腐败遏制(8/10)

该指标以平均得分69.0分在10个一级指标中排名第八。全国31个省、自治区、直辖市中,新疆得分最高(75.1分),内蒙古得分最低(65.4分),二者差值达到9.7分(见图7.24)。

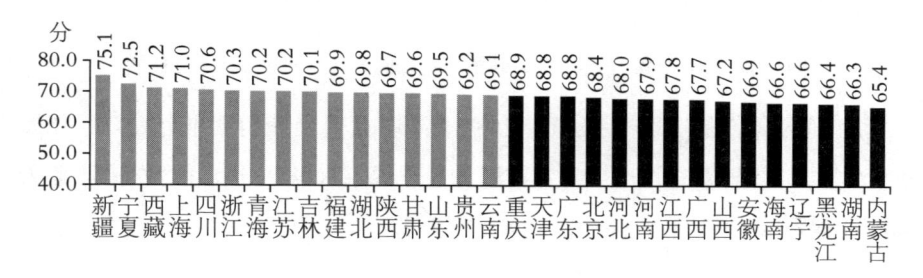

图7.24 31个省、自治区、直辖市"司法腐败遏制"一级指标得分比较

"司法腐败遏制"的3个二级指标中,"检察官远离腐败"得分最高(70.5分),其次是"法官远离腐败"(69.1分),"警察远离腐败"得分最低(67.5分)(见图7.25)。

司法评估论

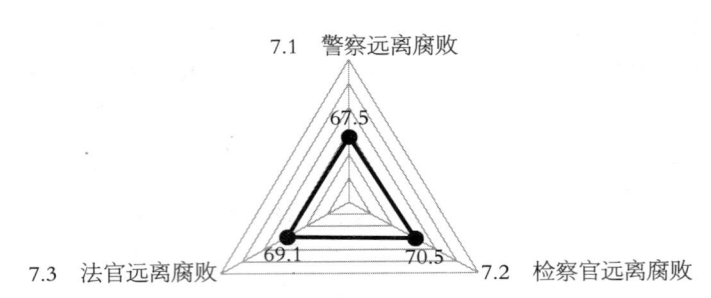

图 7.25 "司法腐败遏制"对应的各二级指标得分情况

指标8：法律职业化(10/10)

该指标以平均得分65.6分在10个一级指标中排名第十。其中,北京得分最高(69.6分),西藏得分最低(62.6分),二者相差7.0分(见图7.26)。

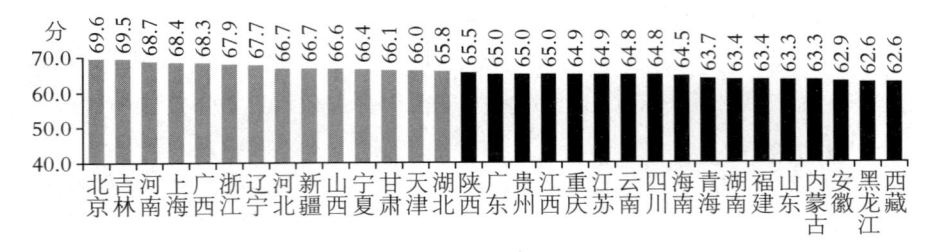

图 7.26 31个省、自治区、直辖市"法律职业化"一级指标得分比较

"法律职业化"的3个二级指标中,"法律职业人员获得职业培训"得分最高(70.9分),其次是"法律职业人员遵守职业伦理规范"(63.5分),而"法律职业人员享有职业保障"的得分最低(62.5分)(见图7.27)。

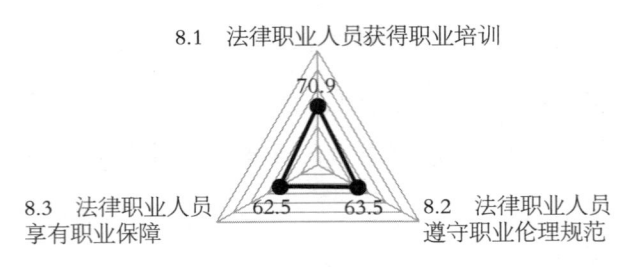

图 7.27 "法律职业化"对应的各二级指标得分情况

指标9：司法公开(1/10)

该指标以平均得分76.6分在10个一级指标中排名第一。宁夏得分最高(79.8分)，河北得分最低(74.1分)，二者相差5.7分(见图7.28)。

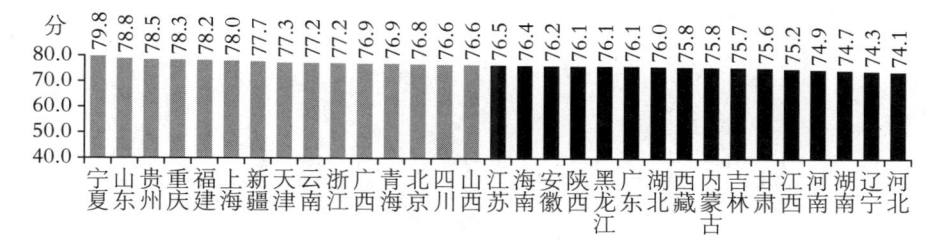

图7.28 31个省、自治区、直辖市"司法公开"一级指标得分比较

"司法公开"的2个二级指标中，"司法过程依法公开"得分较高(76.8分)，"裁判结果依法公开"以76.4分位列其后，二者均达76.0分以上(见图7.29)。

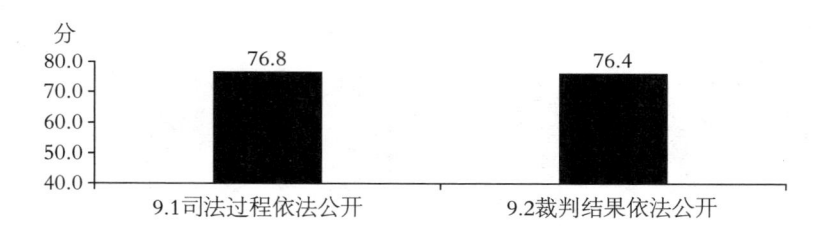

图7.29 "司法公开"对应的各二级指标得分情况

指标10：司法文化(9/10)

该指标以平均得分68.0分在10个一级指标中位列第九。其中，广东得分最高(70.3分)，辽宁得分最低(65.7分)，二者相差4.6分(见图7.30)。

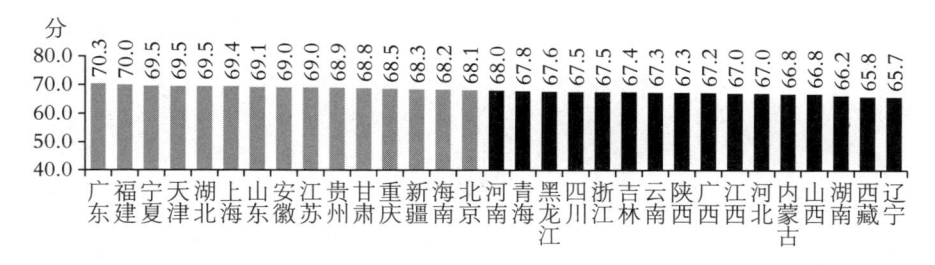

图7.30 31个省、自治区、直辖市"司法文化"一级指标得分比较

"司法文化"的 4 个二级指标中,"公众参与司法的意识及程度"得分最高(73.4 分),其次是"公众诉诸司法的意识及程度"(69.9 分),再次是"公众接受司法裁判的意识及程度"(66.9 分),而"公众接受现代刑罚理念的意识及程度"(61.9 分)得分最低(见图 7.31)。

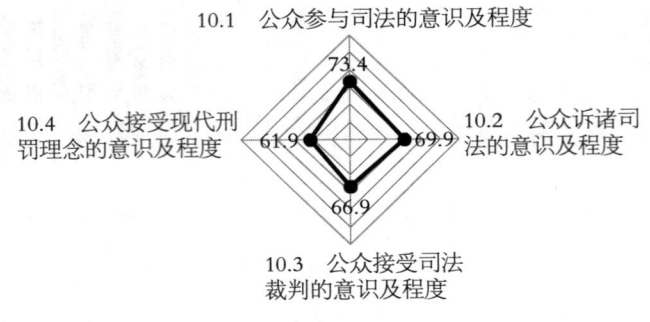

图 7.31 "司法文化"对应的各二级指标得分情况

第八章 中国司法文明发展的轨迹(2015～2019年)*

第一节 中国司法文明的结构变迁与区域差异

以中国司法文明指数为工具分析2015～2019年全国各地司法文明的整体水平和动态变化,可以描绘出中国司法文明五年发展变迁轨迹。根据图8.1的指数5年整体变化情况,中国司法文明指数值从2015年的64.5分到2019年的70.0分,尽管在不同调查年份,存在有升有降的起伏变化,但其变化轨迹总体呈现一种向上的变化趋势。上述变化轨迹表明,一方面,中国司法文明的发展,总体是在进步的,这与近年来中国全面推进依法治国和深化司法改革的背景具有同步性;另一方面,中国司法文明的发展也经历了某种起伏、反复甚至退步,说明它的发展是在曲折变化中不断累积的过程,呈现螺旋式上升态势。

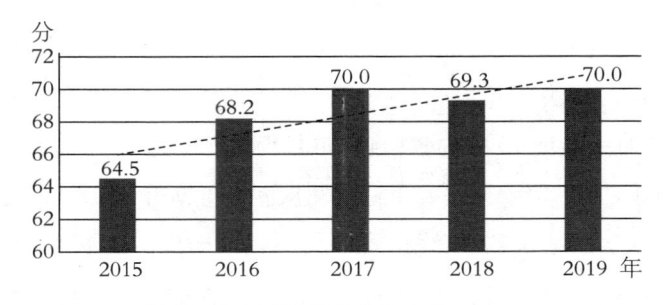

图8.1 中国司法文明指数的整体变化(2015～2019年)

---

* 本章原文为张保生、王殿玺:《中国司法文明发展的轨迹(2015—2019年)——以中国司法文明指数为分析工具的研究》,载《浙江大学学报(人文社会科学版)》2020年第6期,收入本书时略有删改。

此外,中国司法文明指数5年数据调查结果显示,其总体得分处于64.5~70.0分,在及格线以上,但与"良好"水平还有不小的差距。相比国内一些地方性法治评估项目的情况,中国司法文明指数分值虽略低于其分值,但5年增长值却比其要高。例如,2011年余杭法治指数为72.56分,仅比2007年首次评估时高0.96分,[①]中国司法文明指数5年增长值5.5分,反映了司法文明整体水平有显著的发展。

从省际维度对中国司法文明发展的区域差异作历时性考察,由表8.1可见,一方面,不同省份的司法文明程度存在差异,一些省份司法文明指数值稳定地高于其他省份,如上海市一直保持在前5名之内;同时,从司法文明指数5年均值来看,各省、自治区、直辖市司法文明指数平均值也存在一定差别,其中,上海市平均指数值最高。另一方面,2015~2019年,不同省份司法文明指数值的时序变化趋势并不一致,有的省份一直保持增长态势(如重庆市、广东省),有的省份表现先降后升的趋势(如西藏自治区),而有的省份则呈现先升后降的过程(如福建省)。上述变化特征表明,基于省际比较的视角,不同省份司法文明发展水平及变化轨迹存在不均一性。这表现在:一是截面比较上,不同省份的司法文明发展水平具有明显差异,存在省际维度上的不一致性;二是从时序变化上,不同省份司法文明发展轨迹不同,具有发展轨迹上的不同步性,在一定程度上反映了司法改革进程及效果的省际差别。

概括而言,通过不同省份司法文明指数5年变化值的分析,有如下几点值得引起注意与反思:(1)司法文明水平存在省际差异。例如,上海市5年平均指数排名第一,是5年均值唯一达到70分的省(直辖市),而黑龙江省、湖南省和贵州省5年平均得分处在后3名,反差明显。(2)北京和重庆两个直辖市,以及我国经济较发达的广东省排名仅处于中间位置,表现出司法文明程度与经济发展水平的不同步性。(3)所有省份5年得分均值都在60分以上,虽达到及格水平,但除上海市以外,均未达到70分,距76分以上的"良好"水平更是有较大距离。

---

① 参见钱弘道:《2011年度余杭法治指数报告》,载《中国司法》2012年第11期。

表 8.1　2015～2019年31个省、自治区、直辖市司法文明发展水平及其时序变化

年份	北京	天津	上海	重庆	河北	山西	辽宁	吉林	黑龙江	江苏	浙江	安徽	福建	江西	山东	河南
2015	64.3	—	66.6	63.8	—	64.3	—	64.8	62.8	65.0	65.8	64.9	65.3	—	64.7	—
2016	69.7	69.8	70.5	68.1	69.9	67.4	69.5	69.1	65.6	69.2	68.0	67.4	69.0	67.3	68.4	64.9
2017	68.7	69.1	71.5	69.4	70.3	69.1	69.8	71.0	68.6	71.2	73.1	70.3	70.0	69.7	71.1	69.2
2018	70.6	69.7	71.4	70.6	68.7	68.6	67.4	68.5	68.5	70.7	69.6	70.7	69.7	69.8	69.7	70.4
2019	70.9	70.2	70.9	71.7	68.4	69.4	68.2	70.4	69.2	71.3	72.5	70.3	67.6	70.9	70.9	70.5
均值	68.8	69.7	70.2	68.7	69.3	67.8	68.7	68.8	66.9	69.5	69.8	68.7	68.3	69.4	69.0	68.8

年份	湖北	湖南	广东	海南	四川	贵州	云南	陕西	甘肃	青海	内蒙古	广西	西藏	宁夏	新疆
2015	63.4	—	64.2	63.7	64.8	63.0	65.1	—	—	63.5	65.4	—	—	65.6	—
2016	67.9	66.6	69.3	68.4	68.9	67.8	69.7	63.8	66.5	68.2	68.3	66.3	68.4	70.3	70.0
2017	67.4	67.6	69.7	76.2	68.7	68.9	71.9	69.7	69.9	71.0	69.8	67.9	67.8	71.4	69.0
2018	69.2	66.4	70.5	69.5	70.6	68.4	70.7	69.6	65.2	69.1	67.8	68.0	69.9	70.2	69.8
2019	71.1	67.1	70.9	68.5	71.3	68.7	69.2	68.2	69.7	69.8	71.3	68.9	70.8	70.1	70.4
均值	67.8	66.9	68.9	69.3	68.9	67.4	69.3	67.8	67.8	68.3	68.5	67.8	69.2	69.5	69.8

注：由于中国司法文明指数项目团队2015年仅对20个省、自治区、直辖市进行了调查，故该年度部分省、自治区、直辖市数据缺失，在表8.1中用"—"表示。

若进一步按照东部、中部、西部的区域来进行分析,2015~2019年,我国东部经济发达地区的司法文明指数值,高于中部和西部地区(见图8.2)。从5年变化情况来看,在整体上,东部地区总平均值(69.00分)要高于中部地区(67.90分),而中部地区总平均值要高于西部地区(66.40分)的司法文明水平。令人意外的是,在一些年份,西部地区的司法文明指数值要略高于中部地区;同时,也可以发现,东部、中部、西部地区司法文明指数值的差距在不断缩小,这可能与近年来国家重视加快西部地区司法改革的进程有关。总体上看,东部、中部、西部地区之间存在司法文明发展程度的区域差异,但这种差异在不断缩小。

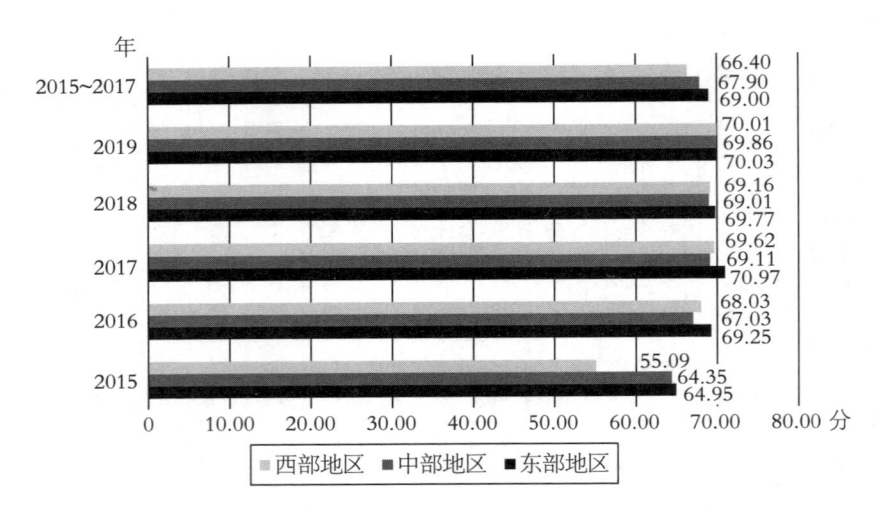

图8.2 中国司法文明指数的区域差异(2015~2019年)

注:本书对东部、中部、西部地区的划分依据国家统计局标准,参见国家统计局:《统计制度及分类标准》,载国家统计局网站,https://www.stats.gov.cn/hd/cjwtjd/202302/t20230207_1902279.html。此外,东部、中部、西部地区的司法文明指数值为所包含省、自治区、直辖市指数的平均值。

从原因方面来进行分析,司法文明水平的省际差异以及区域发展不均衡,即东高西低的问题,符合经济基础决定上层建筑的基本原理。但区域不均衡性的具体原因,与历史、文化等方面的因素也有一定关系。例如,上海市等东部发达地区市场经济的要素比较健全,对外开放程度较高,并率先开展了许多司法改革试点,这些可能也是构成司法文明指数值较高的原因。此外,东部地区拥有更发达的律师队伍,并且公众参与司法的意识和意愿也较高。职业化的律师队伍以及公众的司法监督能够使审判在阳光下运行,有利于促进司法公正,从而使东部地区在法治的现代化转型中处于领先位置。

当然,中国司法文明发展出现区域差异性的原因可能是多重的和复杂的,不同的原因之间也可能互相产生影响。因此,上述所谓原因分析只是初步的、直观的判断,还需要学者和有关部门的实务工作者进行长期深入的研究。

第二节 司法文明内在维度的动态变化

司法文明发展水平还通过不同维度的各项指标显现出来。根据不同结构维度的内在变化,即司法文明的一级指标值与二级指标值在不同年份的动态变化情况,可以分析不同测量指标的时序演变,判断司法文明发展中的强项与弱项指标。

一、司法文明指数一级测量维度的时序变化

从中国司法文明指数 10 个一级测量指标来看,2015~2019 年,每个测量维度均有不同幅度的变化。由图 8.3(a)可见,5 年来呈上升趋势的一级指标有 6 个:第一个是"当事人诉讼权利",从 2015 年的 61.0 分(谷值)上升到 2019 年的 68.7 分,峰值是 2017 年的 69.8 分,5 年指标值呈现由低向高的发展轨迹。这大概反映了中国人权司法保障近年取得的成果。三大诉讼程序的 3 个一级指标都经历了显著上升再到基本趋稳的过程,其中,"民事司法程序"从 2015 年的 65.1 分(谷值)上升到了 2019 年的 71.3 分(峰值);"刑事司法程序"5 年呈总体上升趋势,2017 年达到峰值(71.5 分),2019 年得分(70.1 分)有所下降;"行政司法程序"从 2015 年的 59.6 分(谷值)上升到了 2019 年的 71.5 分(峰值)。这反映出正当程序理念与司法制度建设方面取得的进步。第五个是"司法公开",从 2015 年的 69.5 分(谷值)上升到了 2019 年的 75.9 分,2018 年得分最高(76.1 分),达到了"良好"水平,指标值在 5 年间呈现总体上升的趋势,表明民众对司法公开的认可度较高。第六个是"司法腐败遏制",从 2015 年的 57.8 分(谷值)上升到了 2019 年的 66.5 分,峰值是 2017 年的 66.6 分,既说明近年来司法腐败遏制取得了一定的效果,又表明司法腐败遏制仍需继续努力。

由图 8.3(b)可见,5 年来呈下降趋势的一级指标有 2 个:一是"证据制度"在

2015~2017年均在70分左右,峰值是2017年的70.2分,2018年得分(67.5分)明显走低,2019年得分(68.2分)略有回升,5年指标值呈下降走势,说明证据制度建设任重道远。二是"司法文化",从2015年的68.5分(峰值)下降到2018年的67.4分,2017年得分最低(66.8分),这意味着民众对现代司法文明理念的接受还比较滞后。

同样由图8.3(b)可见,5年来呈震荡趋势的一级指标有2个:一是"司法权力"从2015年的71.5分上升到2019年的73.5分(峰值),最低值是2016年的68.0分,指数值在起伏中有所上升。这似乎表明,司法公权力的外部约束和自我约束取得了一定效果。二是"法律职业化"峰值是2019年的66.5分,2015年得分最低(57.7分),

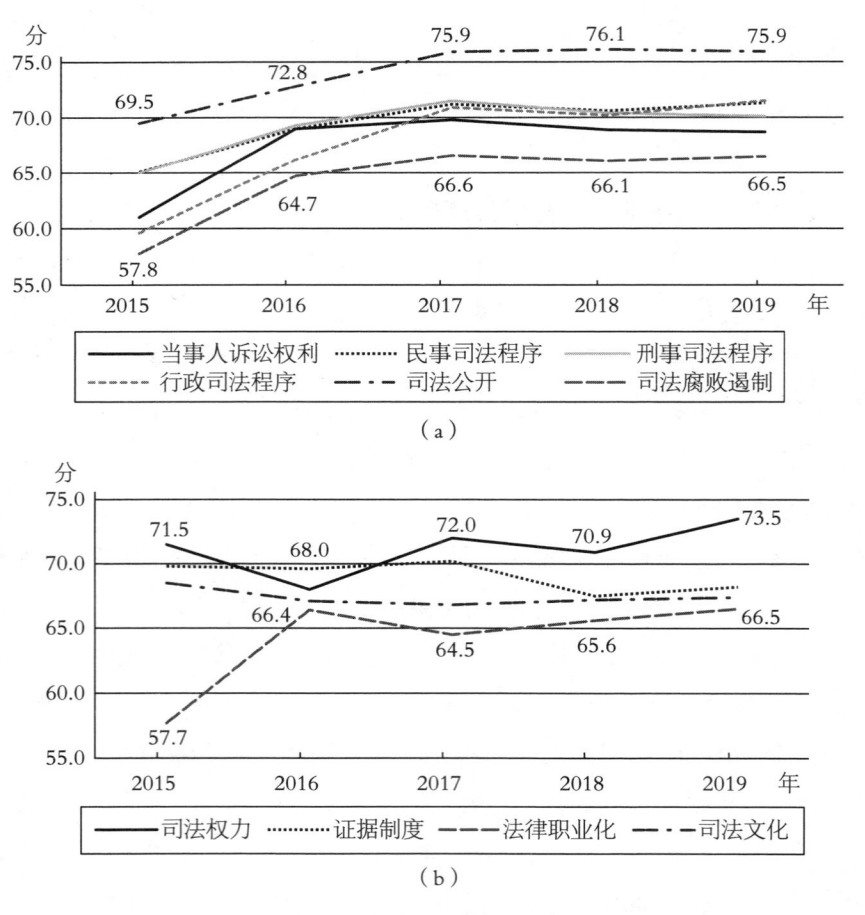

图8.3 司法文明一级测量维度的变化(2015~2019年)

2016年的指标值有显著提升,这可能与员额制改革的实施有关;2017~2019年指标值的交替变化幅度较小,这既可解读为相对稳定,也可解读为步伐较慢,说明员额制和司法责任制改革的效果还有待提升。

总体来看,5年中,当事人诉讼权利、刑事司法程序这两个一级指标具有类似的变化轨迹,大致经历了由低到高再小幅降低的过程;相比之下,行政司法程序、民事司法程序、司法腐败遏制、法律职业化这4个一级指标则经历了先升后降再升的过程;司法权力、证据制度这两个一级指标发生了先降后升、再降再升的曲折变化;司法公开一级指标表现出总体上升的整体趋势;司法文化一级指标在平稳中有所降低。

由上述司法文明指数10个一级指标的总体变化可以得出以下3点初步结论:第一,从司法文明各维度的时序变化来看,不同维度在年度数值变化上具有起伏性,呈现一种梯级变化趋势,这表明司法文明的进步不是直线式上升,在不同年度或阶段可能出现反复和退步,其发展是在曲折变化中的累积上升过程,因而需要持续不断地加强司法文明建设,不能半途而废。第二,从不同结构维度的比较来看,各指标维度的数值和变化轨迹并不相同,有高有低,如司法公开维度的变化一直处于高水平,而法律职业化的发展则不理想,这表明司法文明各一级指标的发展并不同步。不同结构维度存在发展的不平衡性,这反映了司法文明内在结构维度变化的差序性格局。第三,如果将这些变化进一步反映在司法文明的维度上,则司法文化等领域的表现不够理想,处于落后位置。因此,在司法文明整体进步的背后,不能忽视其内部结构发展的不同步性,需要在司法文明的不同领域进行协同建设。

二、司法文明指数二级测量维度的时序变化

图8.4至图8.13反映了在10个一级指标的基础上,司法文明指数32个二级测量指标的5年时序变化轨迹。

司法权力的5个二级指标中的4个,即司法权力独立行使、司法权力公正行使、司法权力主体受到信任与认同、司法裁判受到信任与认同,其数值大致经历了先升、后降、再小幅上升的变化过程。其中,"司法权力独立行使"2015~2017年虽逐年上升,但2019年达到的最大值也仅有62.6分,远远落后于其他二级指标的分值;而

且，由于该二级指标 5 年得分均为最低，其成为拉低司法权力一级指标值的主要因素。"司法权力公正行使"2015～2017 年逐年上升，2018 年得分（78.6 分）又略有下降，2019 年又上升到 79.2 分，指标值维持在较高水平。"司法权力主体受到信任与认同"2015～2017 年得分逐年上升，2018 年得分（72.1 分）略有下降，2019 年达到最大值（73.9 分）。"司法裁判受到信任与认同"2015 年得分最低（69.4 分），2016～2017 年有所上升，2018 年得分（75.4 分）较前一年有所下降，2019 年得分最高（78.7 分）。"司法权力依法行使"2015～2018 年呈逐年下降的趋势，2019 年略有回升（见图 8.4）。

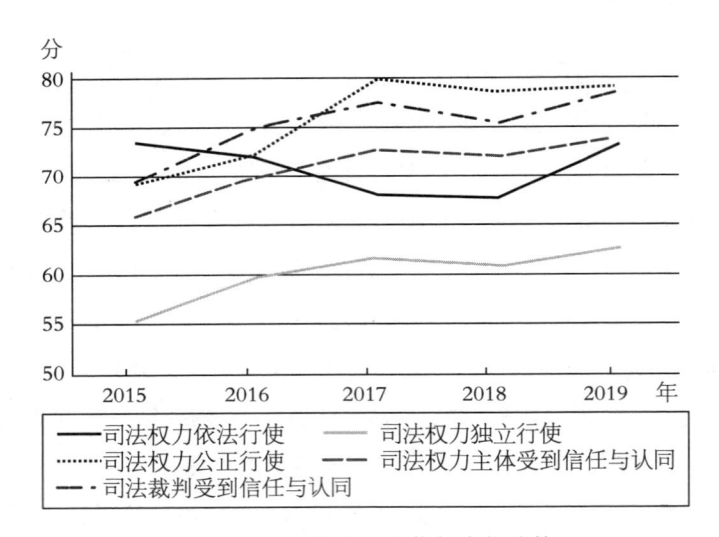

图 8.4　司法权力二级指标变化趋势

在当事人诉讼权利中的 3 个二级指标中，"当事人享有不被强迫自证其罪的权利"表现为先上升、再下降的轨迹，2016 年达到峰值（76.7 分），2018～2019 年下降幅度较大。"当事人享有证据性权利"在 2016～2018 年小幅上涨，2019 年得分最高（69.0 分）。"当事人享有获得救济的权利"2015～2017 年呈逐年上升趋势，2018 年有所下降（67.4 分），2019 年又有所上升（69.1 分）。"当事人享有获得辩护、代理的权利"2015 年得分最低（61.6 分），2018 年得分（66.4 分）比前一年略有降低，2019 年略有上升（67.8 分），呈现有升有降的起伏过程（见图 8.5）。

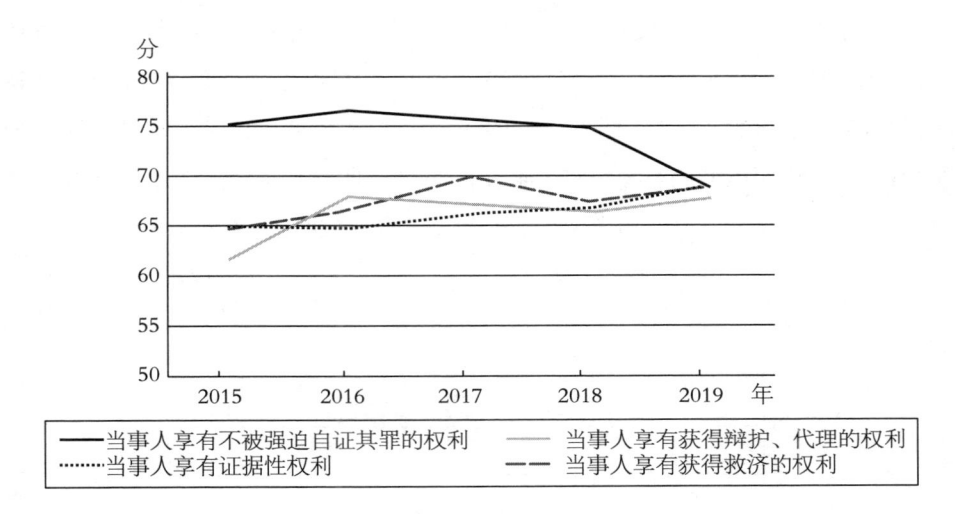

第八章 中国司法文明发展的轨迹(2015~2019年)

图8.5 当事人诉讼权利二级指标变化趋势

（图例：当事人享有不被强迫自证其罪的权利；当事人享有获得辩护、代理的权利；当事人享有证据性权利；当事人享有获得救济的权利）

就三大诉讼程序的3个一级指标而言,在民事司法程序的3个二级指标中,"民事审判符合公正要求"的数值,5年得分逐年上升,2019年得分最高(71.8分);"民事诉讼中的调解自愿、合法"2015~2017年逐年上升,2018~2019年略有下降;"民事诉讼裁判得到有效执行"2015年得分最低(62.5分),2017年以来均在70分以上(见图8.6)。就刑事司法程序的3个二级指标而言,"侦查措施及时合法"2015~2017年逐年上升,2018~2019年均有所下降,大致呈现先升再降的过程;"审查起诉公正有效"的峰值是2016年(69.9分),2015年得分最低(62.7分),2018年得分(66.4分)比前一年有所下降,2019年又有所回升(69.0分),经历了显著上升、再下降、再上升的变化轨迹;"刑事审判公正及时有效"连续3年(2015~2017年)呈上升趋势,2018年与2017年得分持平(73.2分)为最高值,2019年又有所降低(70.6分),经历了先平稳上升后降低的过程(见图8.7)。在行政司法程序的2个二级指标中,"行政审判符合公正要求"2015~2017年逐年上升,2018~2019年得分虽略有下降,但维持在70分以上;"行政诉讼裁判得到有效执行"峰值在2019年(69.1分),2015年得分最低(60.5分),2018年得分(66.8分)较前一年有所下滑,总体呈先升后降再升的过程(见图8.8)。

在证据制度的3个二级指标中,"证据裁判原则得到贯彻"2015年得分最高

263

(70.1分),2018年得分(66.7分)有大幅度下降,表现为逐年下降的趋势;"证据依法得到采纳与排除"2019年达到峰值(70.4分),2016年得分最低(63.7分),2018年得分(68.2分)较前一年有所下滑,总体经历了有升有降的曲折变化;"证明过程得到合理规范"2016年得分最高(75.4分),2018年明显偏低(67.5分),2019年略有回升(68.2分),表现为先升、后降、再小幅回升的变化路径(见图8.9)。

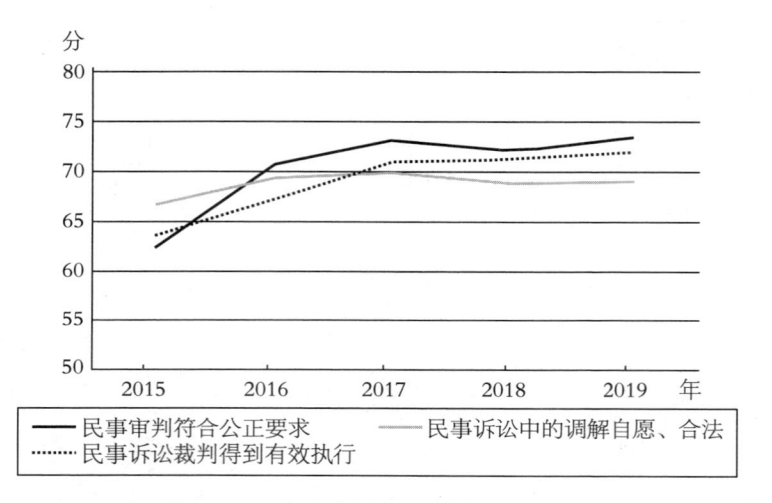

图8.6 民事司法程序二级指标变化趋势

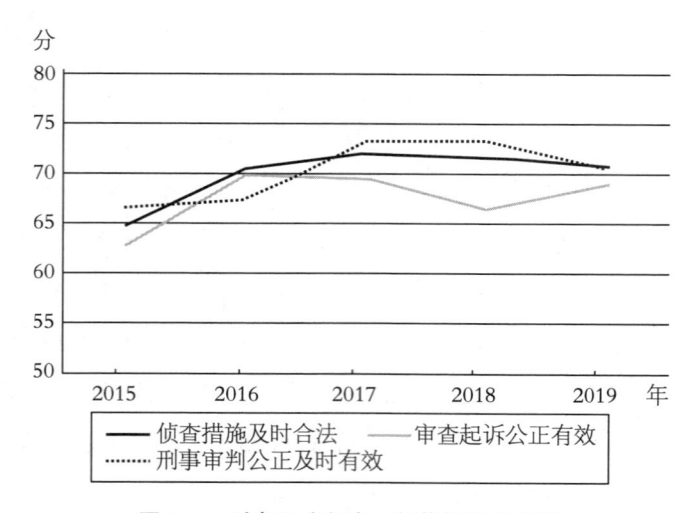

图8.7 刑事司法程序二级指标变化趋势

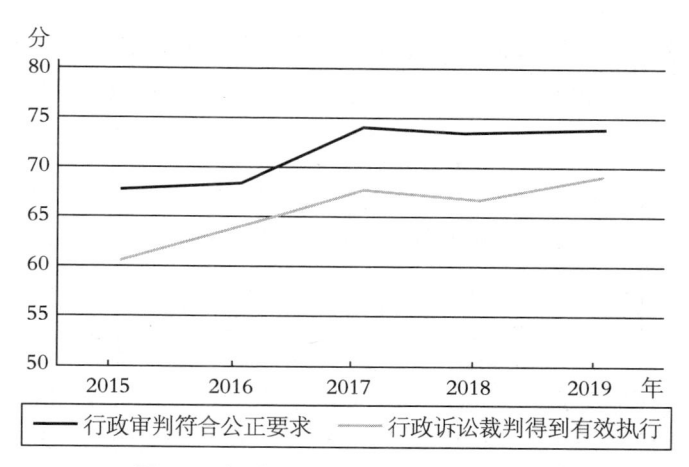

图 8.8 行政司法程序二级指标变化趋势

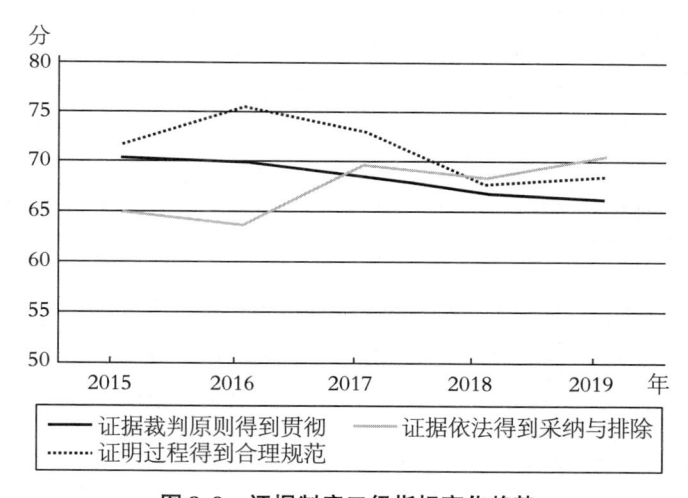

图 8.9 证据制度二级指标变化趋势

在司法腐败遏制的 3 个二级指标中,警察、检察官、法官 3 个群体远离腐败的测量指标具有一致的变化趋向,都呈现 2015～2017 年逐年上升,2018 年小幅回落,2019 年又略有回升,呈现出由低到高、再趋于平稳的变化曲线(见图 8.10)。

在法律职业化的 3 个二级指标中,"法律职业人员具有适格性"2015 年得分最低(51.3 分),未达到及格线,2018 年得分最高(71.9 分),表现为先升、再降、后平稳的变化历程;"法律职业人员遵守职业伦理规范"2015 年得分最低(57.5 分),未达到及格线,2019 年得分最高(66.6 分),经历了先升、再降、后逐年上升的演变进路;"法律职业人员享有职业保障"2018年得分最低(60.8分),2016年最高(67.6分),2019年得分(61.5分)较前一年有所上升,经历了先上升、后下降、再上升的起伏演变过程(见图8.11)。

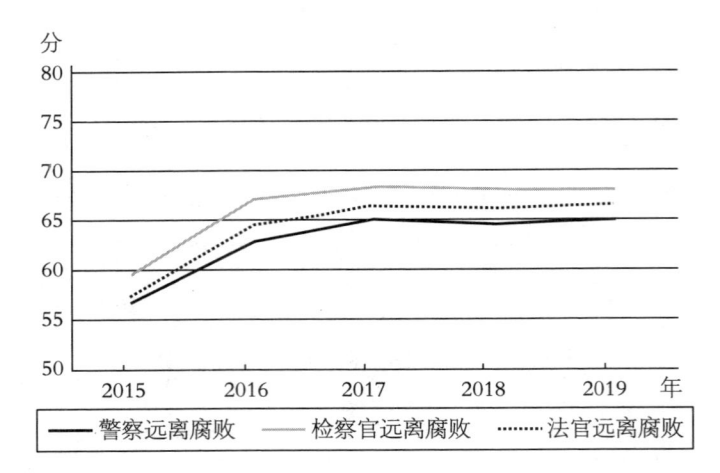

图8.10 司法腐败遏制二级指标变化趋势

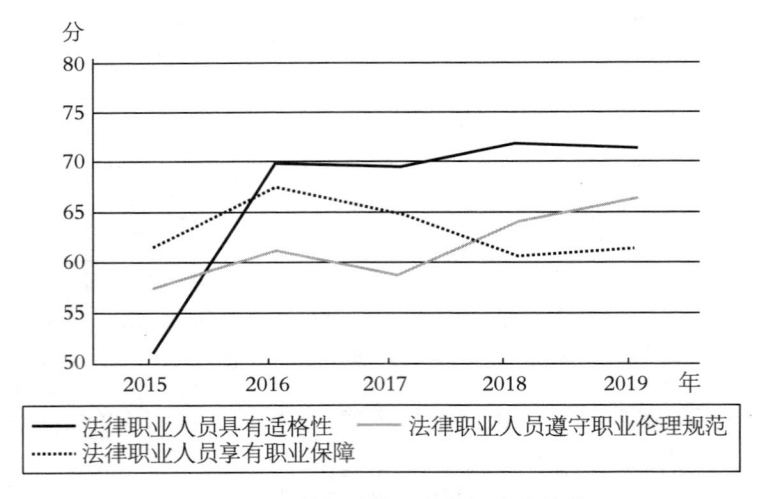

图8.11 法律职业化二级指标变化趋势

在司法公开的2个二级指标中,"司法过程依法公开"2019年得分最高(76.5分),2015年得分最低(70.4分),呈现逐年上升的变化轨迹;"裁判结果依法公开"2015年得分最高(77.6分),2016年得分最低(72.4分),大致经历了先下降、后上升、再下降的过程(见图8.12)。

在司法文化的4个二级指标中,"公众参与司法的意识及程度"2015年得分最高(76.3分),该指标历年数值均在70分以上,经历了先降再升的变化路线;"公众诉诸司法的意识及程度",5年间得分较平稳,2018年到达峰值(69.2分),而最低值为2017年(67.2分);"公众接受司法裁判的意识及程度"在2019年得分最高(66.6分),2016年得分最低(64.4分),2018年得分(65.2分)较前一年略有下降;"公众接受现代刑罚理念的意识及程度"这一指标则表现出较平稳的变化轨迹,得分最低的是2019年(62.3分),2015年得分最高也仅为63.6分(见图8.13)。

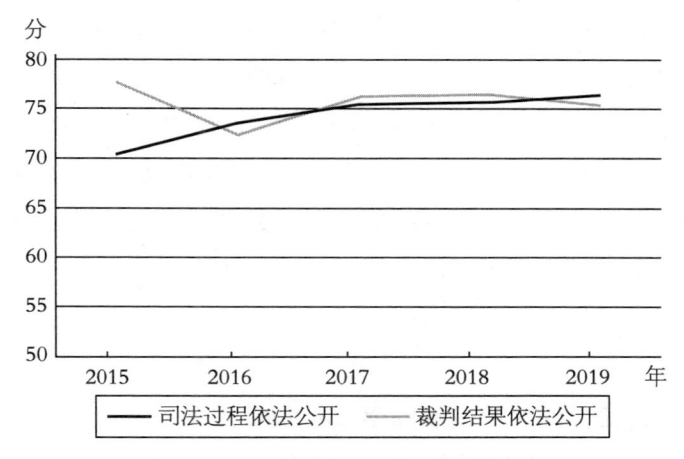

图 8.12 司法公开二级指标变化趋势

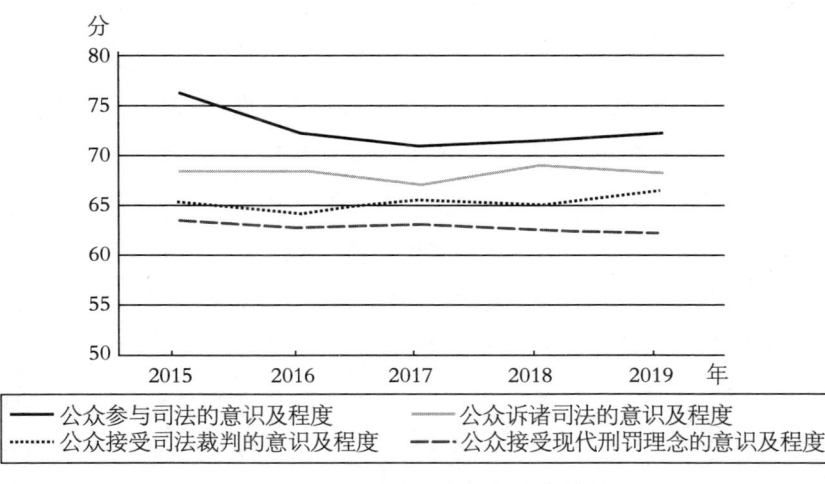

图 8.13 司法文化二级指标变化趋势

总体而言,从中国司法文明指数32个二级测量维度的5年变化来看,不同二级指标的演化路径,不仅体现出变化方向的不一致性,而且表现为指标年度数值间的起伏性与波动性,呈现随时间演进而梯级变化的轨迹。换言之,无论是上升型的起伏曲线,还是下降型的变化曲线,不同年度的二级指标值大致显现梯度变化的特征。这种变化同样说明司法文明的发展是渐进式的,是在曲折中不断进步的过程。特别是不同时期司法改革着点力不同,这可能会引起司法文明不同二级指标维度的年度变化。因此,应当持续不断地努力加强司法文明建设。

从不同的结构维度来看,司法文明二级测量维度的变化亦具有不均衡性。例如,在司法腐败遏制指标中,"法官远离腐败"二级指标的表现在各年度都要优于"警察远离腐败"二级指标。司法文明不同结构维度发展的不均衡性,进一步揭示了司法文明内部结构的动态变化关系,即司法文明的整体发展是各个结构维度共同作用的结果,尽管各个结构维度的发展程度并不一致,但正是这些维度之间的相互作用共同塑造了司法文明发展的整体轨迹。因此,识别司法文明不同领域的强项与弱项,对于推进司法文明的整体建设而言就至关重要。

三、中国司法文明5年发展的强项和弱项

通过对中国司法文明指数一级指标和二级指标的综合分析,可以发现其5年发展的主要领域(强项指标)与努力方向(弱项指标)如下:

第一,当事人诉讼权利、三大司法程序、司法公开,这5个一级指标呈上升趋势且整体上得分较高,构成了中国司法文明进步的主要维度,成为5年司法文明发展的强项指标。在当事人诉讼权利一级指标中,当事人享有获得救济的权利这个二级指标是该一级指标中的强项,当事人享有证据性权力则是该一级指标的拉低因素。在三大诉讼程序各指标中,行政诉讼裁判得到有效执行这个二级指标拖累了三大诉讼程序的排名,民事审判符合公正要求、刑事审判公正及时有效、行政审判符合公正要求这3个二级指标,则成为三大司法程序指标的强项。

第二,司法权力这个一级指标的提升幅度虽然有限,但整体得分较高,构成了中国司法文明建设的强项指标。在司法权力一级指标中,司法权力主体受到信任与认同、司法裁判受到信任与认同、司法权力公正行使这3个二级指标,是该一级指标中

的强项;相比之下,司法权力依法行使、司法权力独立行使这两个二级指标成为该一级指标值的拉低因素。

第三,法律职业化、司法腐败遏制这两个一级指标的提升幅度虽然较大,但这两个指标的数值整体较低,构成了中国司法文明建设的弱项指标和主要拉低因素。尤其是,法律职业人员遵守职业伦理规范、法律职业人员享有职业保障、警察远离腐败等各二级指标的表现均不理想,为司法文明建设提供了空间。

第四,证据制度、司法文化这两个一级指标,在5年起伏变化中整体有所降低,构成了司法文明的弱项指标,特别是证据裁判原则得到贯彻、证据依法得到采纳与排除、证明过程得到合理规范、公众接受现代刑罚理念的意识及程度、公众接受司法裁判的意识及程度等二级指标,成为未来中国司法文明建设的重点领域。

第三节　不同法律职业群体的主观评价差异

中国司法文明指数调查,根据调查对象的差别将问卷分为公众卷和专业卷两种类型。通过对2015~2019年专业卷调查数据进行分析,可获得不同法律职业群体对司法文明状况的主观评价水平及时序变动趋势(见图8.14)。

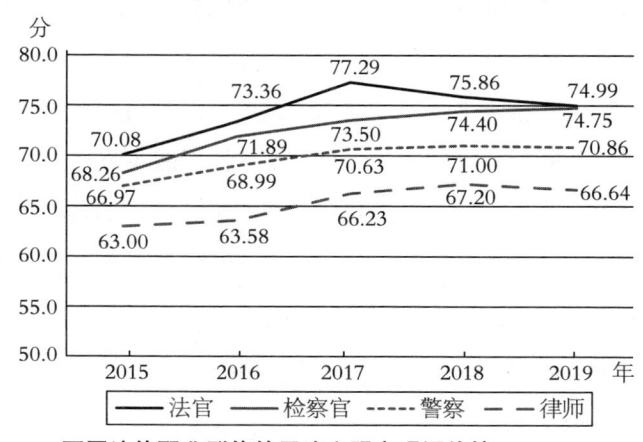

图8.14　不同法律职业群体的司法文明主观评价情况(2015~2019年)

注:图中4类职业群体的司法文明主观评价水平,根据中国司法文明指数调查专业卷中的系列测量问题计算得到,数值越高,代表评价越高。

图8.14呈现了法官、检察官、警察与律师4类职业群体对司法文明主观评价的

5年变化情况。从中可以发现,这4类职业群体的主观评价均经历了由低到高的上升过程。但相较而言,4类群体主观评价的时序变化趋势存在异质性:法官对司法文明水平的主观评价最高,检察官次之,警察再次,律师最低。这4类群体对司法文明水平的主观评价具有层次性,呈现主观态度的差级结构。尽管这种异质性只是法律从业人员在司法文明主观感知上的差别,却能在一定程度上反映司法机关、公安系统、律师群体在司法文明水平评价上的不平衡性,也体现了不同法律职业部门在司法文明建设或法治化轨道上的主体性差别。

对司法文明主观评价的这种群体差异性、不同部门之间的异质性或区隔性进行分析:首先,可能涉及制度设计层面司法系统内部职责分工的差别,以及不同法律部门迥异的职业环境。根据《刑事诉讼法》第7条的规定,人民法院、人民检察院和公安机关进行刑事诉讼,是分工负责、互相配合、互相制约的关系,目的是保证准确有效地执行法律。不同法律职业群体所处职业场域和职业分工的差异,可能造成他们对司法状况感知上的差别,从而形成了差异化的评价结构。其次,职业立场和取向的不同,也可能引起不同法律职业群体对司法评估主观态度的差别。法官作为法律的代言人,受过系统的法律训练,运用特殊的法律理性,[1]发挥人与法的连接作用,通过公正审判来宣示法律的权威。相比之下,"律师作为自由职业者具有民间人士的身份和以委托人利益至上的职业伦理",[2]律师通过维护正当程序履行社会"责任",充当社会的"良心",[3]这使他们对现行司法实践具有一种与司法权或侦查权主体不同的独特观察视角。最后,4类职业群体的态度差异可能还与其所接受的法律专业教育与公安专业教育有关。上述这些因素,可能共同塑造了不同法律职业部门从业人员在司法文明主观感知和态度上的差异形态。因而,基于不同法律职业群体主观评价态度的差异格局,促进不同法律职业部门在司法文明建设道路上的协同发展尤为重要。同时,如何充分发挥律师在司法文明指数评估中的作用,是一个值得进一

---

[1] 参见[美]理查德·波斯纳:《法理学问题》,苏力译,中国政法大学出版社1994年版,第13页。
[2] [日]谷口安平:《程序的正义与诉讼》,王亚新、刘荣军译,中国政法大学出版社1996年版,"代译序"第14页。
[3] See Anthony L., *Lawyers and Civilization*, University of Pennsylvania Law Review, Vol. 120, No. 5, p. 858(1972).

步深入研究的课题。

第四节 司法文明建设的重点与未来方向

一、全面深化司法改革

司法文明指数10个一级指标的变化,表明中国司法文明建设在任何一个领域都不能偏废,需要通过全面的司法改革来予以推进。全面持续性的司法改革实践,具有提升司法文明整体水平、识别和弥补司法文明建设短板的作用,有利于促进司法体制的现代转型,培育现代性的、更高水平的社会主义司法文明。

在推进全面依法治国的背景下,全方位的司法体制改革,在司法管理体制改革、人权司法保障机制建设、司法权运行机制改革、司法便民利民服务等方面取得了一些突破性进展。[①] 法院在落实司法责任制,推进司法体制综合配套改革,加强最高人民法院巡回法庭建设,深化以审判为中心的刑事诉讼制度改革,持续深化司法公开等方面也取得了一定的成绩。[②] 上述司法改革的效果,在中国司法文明指数调查数据中是"有迹可循"的。例如,2015~2019年,司法公开一级指标值总体提升,三大诉讼程序一级指标值均经历了由低向高的上升过程,表明这些改革成果得到了民众的普遍认可。

但是,司法改革的一些成效还没有体现出来。例如,员额制和司法责任制改革虽然推进了法律职业化进程,但司法文明指数5年调查数据显示,法律职业化这个一级指标一直在低水平上徘徊(2015年57.7分,2017年64.5分,2019年66.5分),说明普通民众和法律职业群体对法律职业化进程的满意度不高。又如,司法反腐的力度虽然一直在不断加大,但司法文明指数调查5年数据显示,司法腐败遏制一级指标各年度数值的整体得分不高,均未达到70分。此外,证据制度一级指标值也存在起伏,这妨碍了其在司法公正实现中发挥基石作用。上述问题,只能通过更加全面和深入的司法改革才能得到进一步的改进。

[①] 参见姜伟:《司法体制改革在四方面取得突破性进展》,载国家新闻办公室官网,http://www.scio.gov.cn/xwfbh/xwfbh/wqfbh/2015/33456/zy33461/Document/1449565/1449565.htm。
[②] 参见周强:《最高人民法院工作报告——在第十三届全国人民代表大会第二次会议上》,载中国法院网,https://www.chinacourt.org/article/detail/2019/03/id/3791943.shtml。

二、重点加强司法文明弱项指标的建设

司法文明指数的重要功能之一,在于反映全国各地司法文明建设的"长项"和"短项"。① 通过中国司法文明指数 5 年调查数据的分析,可以发现如下弱项指标应该成为今后司法文明建设的重点。

(一)重视法律职业化建设

法律职业化是衡量一个国家司法文明程度的重要内容,②也是加强司法文明建设的必要途径之一。首先,要建立常态化的法律职业培训机制。在进入职业门槛后,法律职业人员需要通过不断培训,确保自身具备行使相应法律职责的基本技能和法律知识,这也是世界各国对法律职业人员的通行要求。③ 我国《法官法》第 31 条对法官的政治、理论和业务培训进行了明确规定。《法官教育培训工作条例》第 15 条也规定:"法官履职期间,须接受在职培训,着重学深悟透习近平法治思想,切实提高政治素养、法学理论素养和司法审判能力。每年培训时间不少于 12 天。"《检察官培训条例》第 12 条规定:"担任高级检察官以上职务的人员每 5 年参加脱产培训的时间累计不少于 3 个月,其他检察官每年参加各种培训的时间累计不少于 12 天。"《公安机关人民警察训练条令》第 21 条也规定,要"保证人民警察每年至少参加一次专业训练,三年累计不少于 30 天"。此外,《律师法》第 46 条还对律师协会应当履行组织律师业务培训的职责进行了规定。然而,司法文明指数调查数据显示出,法律从业人员所获得的职业培训严重不足。例如,对于"在过去三年,法律职业人员所获得的业务培训总时长"这个问卷题目的回答,2015~2019 年,获得 1 周以内(含没有获得培训)培训的逐年分别占 27.77%、25.85%、25.54%、23.84%、16.07%,接受过 4 周以上培训的逐年分别占 29.45%、31.39%、29.84%、34.27%、33.50%,说明有相当比例的法律从业人员未得到足够的职业培训。因此,法律从业人员

---

① 参见张保生:《司法文明指数是一种法治评估工具》,载《证据科学》2015 年第 1 期。
② 参见吴洪淇:《法律人的职业化及其实现状况——以九省市实证调查数据为基础》,载《证据科学》2015 年第 1 期。
③ 参见张保生等:《中国司法文明指数报告(2018)》,中国政法大学出版社 2019 年版,第 12 页。

的职业培训制度化和常态化,是法律职业化建设的重头任务。

其次,职业保障机制是法律职业化的基础条件。根据司法文明指数调查数据,2015~2019年,法律职业人员对职务晋升前景不满意的比例逐年分别为29.36%、26.36%、18.97%、16.28%、13.82%,对职业待遇不满意的比例逐年分别为37.52%、30.67%、20.35%、16.76%、13.93%,对履行法定职责保护机制不满意的比例逐年分别为33.32%、31.80%、21.90%、19.45%、17.40%。上述数据表明,法律职业人员对职业保障不满意的比例逐年减少,对职业保障的满意度不断提升,体现了近年来加强司法职业保障制度建设的成效。但是,法律职业人员对职业保障满意度总体较低,亟待大幅度的提升,特别是法官和检察官的职业待遇、职业晋升、职业培训、职业安全与救济等方面,都需要不断强化,从而形成完整的职业保障体系。

(二)加强理性司法文化建设

司法文化是人类司法文明的历史积淀,反映了公众对司法制度及其司法公信力的认识、评价和期待,影响着司法效力和司法制度的进步。[①] 弘扬法治理念,培育理性的司法文化,是司法文明建设的重要任务。

从司法文明指数调查数据看,现代刑罚理念似乎还没有广泛深入人心。比如,2015年的调查数据显示,公众支持在公共场所举行公捕、公判大会的比例占到17.16%,持不关心、无所谓态度的占10.68%,而强烈反对的占26.48%;2018年,公众支持在公共场所举行公捕、公判大会的比例虽然有所下降,占15.27%,但持不关心、无所谓态度的上升到16.59%,而强烈反对的也下降到23.66%;2019年,支持的占39.64%,支持率明显上升,不关心、无所谓的占24.62%,也明显上升。这说明,恢复性司法、司法人权保障等现代司法理念尚未被公众广泛接受。在公众接受司法裁判的意识及程度方面,当被问及"如果法院审判程序没有问题而判决结果对己不利,尊重裁判的可能性"时,2015~2019年,逐年分别有25.39%、25.81%、26.36%、26.87%、29.12%的受访者选择"很可能"尊重裁判,而逐年分别仅有6.01%、7.56%、8.61%、8.55%、9.97%的受访者选择"非常可能"尊重裁判。这说明司法的

---

① 参见张保生等:《中国司法文明指数报告(2018)》,中国政法大学出版社2019年版,第13页。

权威性和公信力尚待提高。公众参与司法的意识及程度,本身就是司法改革的一个重要方面,对于司法公信力建设和司法品质提升具有不可替代的作用。① 2015~2019年司法文明指数调查数据表明,不愿意参加陪审团的受访人比例,逐年分别为11.23%、15.56%、15.85%、14.95%、14.35%;而参加意愿一般的比例,逐年分别为25.87%、31.50%、49.14%、47.14%、30.20%。上述这些数据在一定程度上表明公众参与司法的主观意愿不高。因此,有必要采取切实有效的措施,不断提升公众参与司法的能力和意识。

(三)全力遏制司法腐败

司法腐败遏制的强度及效果是一个国家司法文明的重要风向标,它直接反映了司法系统有序运行的可能及限度。② 通过对司法文明指数5年调查数据的分析,公众对法官、检察官以及警察3类群体收受贿赂可能性的评价在2015~2019年逐渐好转,认为法官"很可能"与"非常可能"收受贿赂的合计百分比从2015年的36.01%下降到2019年的21.34%;认为检察官"很可能"与"非常可能"收受贿赂的比例之和从2015年的32.86%下降到2019年的18.47%;认为警察"很可能"与"非常可能"收受贿赂的比例之和从2015年的37.1%下降到2019年的23.34%。这说明司法领域的反腐败工作取得了一定的成绩。法律职业人员对司法腐败遏制的情况也有积极的评价。在法律职业人员对3类职业群体办"关系案"的可能性调查中,2015年,认为法官"很可能"与"非常可能"办"关系案"的比例之和为20.77%;2016~2017年该比例分别降为18.92%、16.72%;2018年略升为17.64%;2019年又下降到15.73%。2015年,认为检察官"很可能"与"非常可能"办"关系案"的比例之和为15.53%;2016~2017年分别为14.91%、13.39%;2018年这一比例略升为14.29%,2019年降为13.26%。2015年,法律职业人员认为警察"很可能"与"非常可能"办"关系案"的合计比例为25.14%,2016~2017年分别降为22.12%、18.83%,2018年升为20.43%,2019年降到18.97%。

---

① 参见陆洲:《我国公众参与司法的价值挖潜及短板补救》,载《甘肃社会科学》2018年第5期。
② 参见施鹏鹏:《我国司法腐败的现状与遏制——以20个省/自治区/直辖市的实证调查为分析样本》,载《证据科学》2016年第1期。

从上述调查结果可见,对3类法律职业群体远离腐败的评价虽然在逐年改善,但总体而言评价较低。司法腐败的危害性在于"把水源败坏了",①从而"杜绝了人民的权利与自由受侵犯时的最终救济手段",②对司法公信力造成了巨大的损害。因此,全力遏制司法腐败就成为中国司法文明建设重要的任务。

(四)加大证据制度建设力度

证据裁判作为法治国家的一项基本原则,是现代司法文明进步的重要标志和内在要求。目前,我国证据法律制度还很不健全,警察和司法人员的证据意识也比较淡薄。例如,在司法文明指数关于证据裁判原则得到贯彻的二级指标测量中,法律职业人员在回答"当认定被告人有罪的证据不足,法院'宁可错放,也不错判'的可能性"问题时,2015~2019年,选择"不太可能"与"非常不可能"的合计比例,逐年分别为29.47%、24.91%、18.54%、21.81%和19.67%。这个数字尽管一直在下降,但说明"不枉不漏"的传统司法理念在司法实践中依然根深蒂固。相比之下,普通公众在回答"在您所在的地区'打官司就是打关系'的可能性"问题时,2016~2019年选择"很可能"与"非常可能"的合计百分比,逐年分别为24.89%、23.99%、26.38%和25.67%,这4年的数据如此稳定,说明廉洁司法的生态环境依然堪忧。在证据依法得到采纳与排除的二级指标测量中,法律职业人员在回答"辩护律师向法庭申请排除非法口供,并履行了初步证明责任,而公诉人未证明取证合法的,法官排除该证据的可能性"的问题时,2015年,回答"很可能"与"非常可能"的合计百分比仅为29.44%;2016~2017年该比例分别升为29.86%、37.61%;2018年又略降为34.26%;2019年升为40.18%。这表明,近年来立法和司法机关加大排除非法证据的力度取得了一定成效。在证明过程得到合理规范的二级指标测量中,法律职业人员在回答"律师调查取证权行使受到限制的可能性"问题时,2016年,回答"很可能"与"非常可能"的合计百分比为23.81%;2017~2018年分别升为27.89%、33.42%;2019年降为33.20%。这些调查结果表明,无论是对普通民众还是对法律职业群体

---

① 参见[英]弗·培根:《论司法》,载《培根论说文集》,水天同译,商务印书馆1983年版,第193页。
② 郭道晖:《实行司法独立与遏制司法腐败》,载《法律科学(西北政法学院学报)》1999年第1期。

来说,证据制度建设都是被调查者不够满意的弱项。因此,建立完善的证据法律制度,对于提升我国司法文明水平是一项需要付出不懈努力的基础性工作。

(五)提高人权司法保障水平

人权保障是司法文明的核心标志,也是司法文明建设的强大动力。① 中国司法文明指数调查5年数据显示,与人权司法保障关系最密切的一级指标"当事人诉讼权利"保障仍需进一步加强。

首先,"当事人享有不被强迫自证其罪的权利"是体现当事人诉讼权利或人权司法保障的重要二级指标。我国《刑事诉讼法》第52条虽然规定了"不得强迫任何人证实自己有罪"的权利,但由于目前还缺乏沉默权,而且《刑事诉讼法》第120条第1款关于"犯罪嫌疑人对侦查人员的提问,应当如实回答"的规定为犯罪嫌疑人强加了如实回答的义务,所以,在司法实践中要求犯罪嫌疑人自证其罪的情况仍屡见不鲜。根据司法文明指数调查5年数据,当询问法律职业人员"在您所在地区的刑事审判中,法官要求犯罪嫌疑人自证其罪的可能性"时,2015年,选择"很可能"与"非常可能"的合计百分比为31.48%;2016年降为28.86%;2017年又回升达到32.16%;2018年则达到了4年来的最高值33.66%。上述数据表明,认为在司法实践中法官可能要求犯罪嫌疑人自证其罪的受访者仍占有相当的比例,当事人不被强迫自证其罪的权利仍需进一步落实。

其次,"当事人享有获得辩护、代理的权利"这个二级指标,体现了《宪法》第130条"被告人有权获得辩护"的要求,党的十八届四中全会《决定》也提出,要"强化诉讼过程中当事人和其他诉讼参与人的知情权、陈述权、辩护辩论权、申请权、申诉权的制度保障"。根据司法文明指数年度调查数据,当询问公众"被告人如果请不起律师,他/她得到免费法律援助的可能性"时,2015年,回答"不太可能"与"非常不可能"的合计百分比为20.77%;2016年明显上升达到29.87%;2017年则降为24.51%;2018年又略升为25.33%;2019年降为21.09%。这些数据表明,在当事人获得辩护、代理的权利保障方面,仍有很大的进步空间。

---

① 参见张文显:《人权保障与司法文明》,载《中国法律评论》2014年第2期。

再次,"当事人享有证据性权利"这个二级指标,除指当事人享有举证、质证的权利之外,还包括与证据有关的广泛权利。司法文明指数 5 年调查数据显示,当询问法律职业人员"在您所在地区的刑事审判中,如果被告人要求证人出庭作证,法官传唤该证人出庭作证的可能性"时,2015 年,选择"不太可能"与"非常不可能"的合计比例为 14.44%;2016 年为 17.95%;2017 年为 14.74%;2018~2019 年分别下降到 13.73%、12.15%。相比之下,选择"很可能"与"非常可能"的合计比例呈逐年上升趋势,5 年分别为 32.62%、33.08%、35.93%、37.59%、44.27%,这说明对当事人证据性权利的保障有所改善,但仍需加强。

最后,"当事人享有获得救济的权利"这个二级指标,也涉及诉讼当事人在诉讼过程中享有的广泛的申请权、申诉权等诉讼权利,是人权司法保障的重要内容。例如,在司法文明指数 5 年调查数据中,当询问法律职业人员"对确有错误的刑事案件生效判决,法院启动再审程序予以纠正的可能性"时,2015 年,受访者选择"不太可能"与"非常不可能"的合计比例为 18.91%;2016~2017 年分别下降到 17.25%、13.43%;2018 年又上升到 15.51%;2019 年又降为 13.82%。对于这个问题,回答"不可能"的受访者占有相当的比例,这表明在保障当事人享有获得救济的权利方面,仍有可改善的余地。

总体而言,"当事人诉讼权利"这个一级指标,仍然是我国当前司法文明建设的短板之一,有必要通过重点建设来进行弥补,以体现当代司法文明建设中的基本权利保障取向。

三、不断完善司法评估机制

司法文明建设离不开科学、有效的评估机制。对阶段性司法改革的效果进行评估,识别司法改革与司法文明建设的长项与短项,可以为下一阶段的司法体制改革提供方向和目标,激发制度变革动力。[①] 因此,完善司法评估机制,也应该成为中国司法文明建设的重要内容。

---

① 参见高志刚:《司法体制改革试点评估运作机制研究——兼以法院员额制试点改革为样本》,载《北方法学》2017 年第 1 期。

首先,要改变传统的评估组织者主要是司法行政部门、评估内容主要是上级对下级效绩考核的自我评估模式。① 自我评估受制于评估组织者的干涉因素过多,不仅评估指标体系的取舍会"扬长避短",评估结果也往往显得虚高,难以反映司法文明发展的真实情况,还会浪费不必要的司法资源。因此,第三方评估,应该成为司法评估的常态模式。目前,司法评估实践中对第三方评估模式的遵循并不彻底,主要体现在:其一,一些司法评估采用司法机关与学术机构合作的模式,双方共同参与制定评估指标和流程,一起操作和实施评估,这种合作评估模式并未体现第三方评估真实情境;其二,一些司法评估尽管宣称采用第三方评估,但委托方、资助方以及组织者均为司法行政机关,这无疑会影响第三方评估的客观性,结果也难免会受到质疑;其三,一些第三方评估仅仅根据司法机关日常积累或临时报送的统计数据作为评估依据,并未进行独立、充分的实地考察或问卷调查,难以形成对被评估对象的经验判断,而是仅凭建立在自我统计数据之上的"想象力"而得到评估结果。因此,有必要研究国内外司法评估的实践,研究建立科学的司法评估体系,坚持第三方评估导向,以保证其独立性和中立性。

其次,司法评估指标的普遍性与特殊性。在当前司法评估实践中,始终存在法治(司法)评估本土化建构的呼声,即要求反映中国司法的特殊部分。诚然,不同国家、地区的司法制度有异,具有司法场域的情境性,设置特定的评估指标以反映这种异质性无可厚非,但是,不能因为评估对象的异质性而掩盖评估价值的普适性。就评估方法的本土化而言,其涉及评估方法论范式,即运用一套科学的原则、逻辑、方法指导司法评估的实施,相当于库恩所说的科学范式。② 科学的司法评估在逻辑上应遵循"概念操作—指标设计—实证调查—评估结果—反馈实践"的实证研究链条,否则,就不能称之为科学的司法评估。因此,不能因为中国司法的特殊性而忽视司法评估的科学性,并据此形成一种特异性的司法评估法。当然,任何将一般理论与方法应用于具体社会或历史情境的研究,都必须考虑与当下情境的结合。③ 但这一逻辑与追求特异性的本土化无关,而是对研究者最基本的专业和态度的要求。因

---

① 参见钱弘道、杜维超:《法治评估模式辨异》,载《法学研究》2015 年第 6 期。
② See Thomas K., *The Structure of Scientific Revolutions*, University of Chicago Press, 2012, p.162.
③ 参见谢宇:《走出中国社会学本土化讨论的误区》,载《社会学研究》2018 年第 2 期。

此,将司法评估应用于中国实践时,加以考虑的中国司法情境,并不构成本土化的题中之义,而是学者应当秉承的学术态度。因此,司法评估的中国应用,没有必要囿于本土化议题的争论,不能因为评估对象在事实场域上的变化,而夸大评估的本土性或特异性。

司法评估的普遍性与本土性之争的焦点,主要体现在评估指标设置的普适性与特殊性的选择。在这个问题上大致有3种观点:一是倾向选择普适性指标,[1]司法评估指标设计要侧重那些具有普遍性(一般性)的方面,然后再解决个别性问题,因为只有通过普适性评估指标,评估结果才能够反映评估对象的本质规律和发展趋势,[2]如此才具有普遍价值和指导意义;二是强调指标的特殊性,即忽视司法评估标准的普遍性,难以实现评估结果的横向比较,评估本身的镜鉴功能难以有效发挥;[3]三是主张在兼顾普遍性指标与特殊性指标的配比上达成相对均衡,从而消解评估标准普遍性与特殊性之间的矛盾,在遵循人类共同价值的基础上,兼顾司法场域的特殊性。[4] 在上述3种模式中,第三种模式虽然最可取,但如何把握普遍性指标与特殊性指标的配比却是一个难题。司法评估指标体系的设计必然要反映世界司法文明的发展规律及人类共同价值,各项评估指标应能达到司法所必需的最低限度要求。[5]但是,司法评估指标设置的普适性与特殊性具有竞争性:一方面,人类司法文明存在共同的司法价值、司法规律,如追求公平正义、向公众提供诉诸司法的机会等,它们构成了评估指标的主要内容,也构成了司法评估结果具有可比性的基础;另一方面,世界各国、各地的司法体制并不相同,具有地域性差异,不存在一套适用于世界所有国家和地区的唯一评估指标。所以,司法评估指标的设计也要考虑其特殊性,兼顾本国司法制度的实际。当然,这种特殊性的"兼顾"不应凌驾于普遍性之上。

---

[1] 参见张保生、郑飞:《世界法治指数对中国法治评估的借鉴意义》,载《法制与社会发展》2013年第6期。
[2] 参见侯学宾、姚建宗:《中国法治指数设计的思想维度》,载《法律科学(西北政法大学学报)》2013年第5期。
[3] 康兰平:《法治评估的开放空间:理论回应、实践样态与未来转型》,载《甘肃政法学院学报》2016年第6期。
[4] 参见高全喜:《"法治中国"及其指标评估的"后发国家"视角》,载《学海》2015年第3期。
[5] 参见巢陈思:《构建地方法治评估权利指数应遵循的原则》,载《人民论坛·学术前沿》2020年第1期。

最后，适当扩大律师群体的样本配额。中国司法文明指数调查数据显示，不同法律职业群体在司法文明的主观评价上存在异质性，反映了不同法律职业群体对司法文明的主观判断不同。这种主观评价的差异性，对司法评估的样本选择提出了新的课题，即未来司法评估应重点调查哪一类法律职业群体的主观评价。在这个问题上，律师作为脱离于司法行政体系的市场化职业群体，并未直接嵌入司法行政权力场域，似乎是存在于司法行政系统与普通民众之间的"第三种力量"或"天然"评估主体，故在职业评估主体的选择中，将律师作为评估调查的主要对象可能具有相当的合理性。这种合理性主要源于律师群体的如下特征：一是中立性。在司法评估中，律师相对司法机关工作人员而言具有中立性，可避免将法官、检察官和警察等司法权力主体作为调查对象所产生的价值涉入立场。将律师吸纳为主要调查对象，不仅是对社会调查价值无涉原则的依循，而且有利于增加评估结果的中立性和有效性。[①] 二是专业性。律师不仅能从普通大众的视角观察司法，还能对司法进行专业性评判。以律师作为主要评估主体，有利于吸收其专业意见，可能使法官等职业群体更容易接受和信服评估结果，从而将评估结果转化为持续改革和完善的动力。[②] 三是亲历性。律师作为与司法机关及其工作人员"打交道"最为直接的职业群体，对司法过程具有亲历性。他们熟知司法运行的程序与状况，因而能够根据自己的亲身感知作出评价。有学者认为，以律师为主体的评估更接近于消费者对商品进行评估的模式，能够根据所购商品的亲身体验对其质量和可靠性进行有效评价。[③]

基于上述认识，中国司法文明指数专业卷调查已打破了过去对法官、检察官、警察和律师这4类职业群体均等配样的做法，律师样本在4类法律职业群体中所占比例从2017年的25.86%上升到了2018~2019年的39.53%，即在每个省份200份专业卷中律师从占50份增加到80份，相应降低了法官、检察官和警察的问卷比重。考察美国司法评估实践可以发现，一直存在通过律师调查评价法官绩效的传统。

[①] See Rebecca G., *Implicit Bias in Judicial Performance Evaluations: We must do Better than This*, Justice System Journal, Vol. 35, No. 3, p. 304(2014).

[②] See Henry R., *Judicial Evaluation—The Counterpart to Merit Selection*, American Bar Association Journal, Vol. 60, No. 10, p. 1246(1974).

[③] See Thomas M., *Do Attorney Surveys Measure Judicial Performance or Respondent Ideology? Evidence from Online Evaluations*, The Journal of Legal Studies, Vol. 44, No. S1, p. 253(2015).

1974年,美国阿拉斯加州司法绩效评估计划,即以律师作为法官绩效评估的主体对法官进行评价,①尽管后来又吸纳了社会公众等评价主体,但了解律师对法官表现的看法,始终是该评估计划的核心。在美国20多个实行司法绩效评估的州中,律师民意调查一直是最常用的方法,通过律师评价法官或将律师作为主要评价主体,构成了美国司法绩效评估最常见的特征。② 此外,巴西司法公信力指数专门设立了一个子指数,即律师的司法公信力指数(Justice Confidence Index of Lawyers)。③ 该指数以律师为调查对象,设置了公正、效率、诚实、解决争端的速度、诉讼法院的成本、诉讼司法的可及性以及对未来5年的期望等指标,旨在从律师的视角对司法公信力进行评估。从上述域外司法评估的实践探索来看,律师一直是司法评估的主体,即使在多主体评估(Multi-rater)新理念下,律师也一直在司法评估中扮演着不可或缺的角色。因此,基于司法评估模式科学化的现实考量,未来中国司法文明指数评估的调查对象,将继续扩大律师群体在司法评估调查样本中的配额,以此作为改进当前司法评估实践的路径选择之一。

---

① See Sharon P. & Kearney R., *Who Watches the Watchmen? Evaluating Judicial Performance in the American States*, Administration & Society, Vol. 41, No. 8, p. 933(2009).
② See Jordan S., *Attorney Surveys of Judicial Performance: Impressionistic, Imperfect, Indispensable*, Judicature, Vol. 98, No. 1, p. 20(2014).
③ See Gross C. L., Oliveira, F. L. D. & Glezer, R. E., *Brazilian Justice Confidence Index-Measuring Public Perception on Judicial Performance in Brazil*, International Law, Revista Colom-biana de Derecho Internacional, No. 25, p. 465(2014).

第九章　国外司法评估实践

国外司法评估实践可从宏观、中观、微观三个层面进行考察。宏观层面,涉及各国司法改革评估;中观层面,案件质量评估是各国的通行做法;微观层面,则以司法官考核为主要内容。

第一节　司法改革评估

司法改革评估是对国家司法改革成效进行的宏观层面评估。这一主题的探索在20世纪新公共管理运动的背景下不断推进,如英美对本国民事司法改革效果的评估、荷兰司法改革评估等。相关国家的司法改革评估模式可归为3种:程序型模式、管治型模式、管理型模式。从各国实践看,良好的司法改革评估必有一套优质评估体系,其中以评估主体、评估标准、评估方法最为重要。

一、典型国家的司法改革

司法改革评估最早发端于美国,之后影响了欧洲及其他国家。各国进行司法改革评估的手段多样,决策者尽可能在"司法官独立"与"司法评估"之间作策略性调和。

(一)美国《民事司法改革法》

美国《民事司法改革法》出台的背景是:20世纪80年代,美国民事诉讼成本高昂、期限冗长,一起民事诉讼案件的司法费用甚至超过当事人所诉求的利益。如何提高民事裁判质量便成为公众热议的政治话题。为此,布鲁金斯协会(Brookings

Institution)与变革基金会(Foundation for Change)启动了针对性的研究。① 该研究由拜登(Biden)议员发起,研究结论是民事诉讼改革可以缩减联邦诉讼成本及诉讼期限,这为 1990 年美国《民事司法改革法》出台提供了方案。

美国《民事司法改革法》的通过引发了激烈辩论,最终达成的折中方案呈现三大特点:不启动联邦层面的民事诉讼改革、启动试点项目以及评估改革成效。94 个地区审判法院适用该法不同章节,所有法院的共同任务是组织由用户(usagers)代表组成的委员会。该委员会负责评估法院案件积压状况,指出主要问题并依据法院现实情况提出缩减诉讼成本及期限的方案。该方案须提交该区巡回法院的委员会及国家州法院管理中心委员会,经修改后方可由地区审判法院适用。为检测不同措施的适用效果,试点项目由 10 个地区法院参加,②这些法院必须在方案中吸纳 6 项程序性原则:(1)程序分流制度,即依据案件性质决定程序的快慢及繁简;(2)法官对程序的主导,包括程序进展、诉讼期限控制、调查范围确定;(3)法官主持庭审原则,在案件复杂情况下,法官审前须与律师协商确定庭审流程;(4)鼓励当事人之间交换诉讼材料;(5)法官有权禁止未努力推进诉讼进程的当事人继续调查;(6)某些案件寻求诸如和解、调解、仲裁一类的诉讼外解决方式。③

该法还规定了案件的计算和公布义务,以评估改革效果,规定由独立机构评估该项改革效果,兰德公司负责这一评估。④ 评估主要采用 7 项指标:(1)处理案件平均期限;(2)法官处理案件平均工作时间;(3)律师处理案件平均工作时间;(4)律师满意度;(5)当事人满意度;(6)律师对诉讼公正的感知;(7)当事人对诉讼公正的感知。评估对象是 20 个参与改革的法院,代表近 30% 的审判法院及法官。评估持续 5

---

① See *Task Force of Civil Justice Reform*, Brookings Institution, 1989; *Justice for All*: *Reducing Cost and Delay in Civil Litigation*, Report of the Federal Courts Study Committee, 1990; President's Council on Competitiveness, *Agenda for Civil Justice Reform in America*, 1991.
② See Terence Dunworth & James S. Kakalik, *Preliminary Observations in Implementation of the Pilot Program of Civil Justice Reform Act 1990*, Stanford Law Review, p.1307 – 1337(1994).
③ See Anne-Lise Sibony, *Quelles Leçons Tirer des Expériences Étrangères?*, in E. Breen, Evaluer la Justice, PUF 2002, p.82.
④ See James S. Kakalik, Terence Dunworth, Laural A. Hill, Daniel McCaffrey, Marian Oshiro, Nocholas M. Pace, Mary E. Vaiana, *Just, Speedy, and Inexpensive? An Evaluation of Judicial Case Management under the Civil Justice Reform Act*, RAND Publication MR – 800 – ICJ 1994.

年之久,所适用的数据资料包括诉讼成本、诉讼期限、工作时间、满意度等。其中,有些数据资料必须通过调查获得。评估人员选取 12,000 个案件作为样本,发放调查问卷给律师、当事人及法官,最终收集到 3000 名法官、10,000 名律师及 5000 名当事人的答复。评估人员还对法官、律师等进行访谈,制作了时间表,以便法官指明案件所耗费的时间。评估结果表明,改革对诉讼期限、诉讼成本、律师和当事人的满意度及律师和当事人对诉讼公正的感知几乎没有影响。改革设计者对诉讼外救济方式充满期待,但并没有达到预期效果:案件一旦进入法院,再启动诉讼外救济既不会缩短诉讼期限,也不会降低诉讼成本,更不会提高当事人满意度,唯一效果是更多案件通过金钱给付方式得以解决。试点法院的改革效果与其他参与改革的法院之间没有太大区别,处理案件的平均期限分别是 11 个月和 12 个月,律师处理案件的平均时间分别是 60 小时和 57 小时,律师满意度分别是 78% 和 76%,当事人满意度分别是 55% 和 52%,律师对诉讼公正的感知分别为 98% 和 97%,当事人对诉讼公正的感知分别为 76% 和 75%。[①]

评估结果表明,美国《民事司法改革法》总体上是一次失败的改革。其原因主要有:一是民事诉讼 95% 的成本取决于非程序性因素,即案件性质及律师费用。二是大多数法官抵制该法。法律起草时未吸纳法官意见,法官认为这是立法权对司法权的侵犯,立法过度夸大了诉讼成本及期限对司法公正的影响。三是法律规定本身的缺陷。立法缺少执行缩减诉讼成本及期限方案的监督机制,在部分法律用语上含混不清,难以适用。但该法也有一些成功经验。例如,改革极大减少了超过 3 年未决案件的数量,这主要是因为法律要求实名公布这类案件的名称及承办法官姓名。又如,相关的程序性措施将诉讼期限缩短了 30%,且诉讼成本并未增加,这主要是因为改革鼓励法官尽早介入并主导诉讼程序。

(二)英国民事司法改革计划

1996 年伍尔夫《诉诸司法》[②]报告称,英国民事司法制度存在诸多缺陷,如诉讼

[①] See James S. Kakalik, Terence Dunworth, Laural A. Hill, Daniel McCaffrey, Marian Oshiro, Nocholas M. Pace, Mary E. Vaiana, *Just, Speedy, and Inexpensive? An Evaluation of Judicial Case Management under the Civil Justice Reform Act*, RAND Publication MR – 800 – ICJ 1994.

[②] See Lord Woolf, *Access to Justice*, http://www.lcd.gov.uk/civil/final/contents.htm.

费用过高、程序推进缓慢、公正性欠缺、可预测性不强、法律术语艰涩难懂等,这与10年前美国联邦司法状况相似。对此,英国选择的改革方式也与美国相似,即在英格兰和威尔士启动宏大的民事司法改革计划,旨在简化及统一诉讼程序、缩减诉讼成本及期限。

英国民事司法改革计划涉及多个方面,分3年实施。核心措施有3点:(1)程序分流。依据伍尔夫勋爵所提出的"比例性司法"[1]理念,该计划创设了3种不同的程序,适用不同程序须依据案情的复杂程度及价值度。(2)简化法律用语,改革要求司法人员在文书及口头用语中均应使用通俗易懂的常用语词替代法律术语。(3)创设民事司法委员会,由司法部提名,职责是研究并监督整个民事改革状况,并向司法部提出建议。[2]

英国民事司法改革计划无论在目的还是方法上均与美国类似,直接原因是两国均为对抗制诉讼构造,司法制度及所产生的问题大体相当。如果将改革措施直接移植到职权主义国家,可能会遇到诸如诉讼期限决定因素不同的差异。但英国改革所提出的"比例性司法"原则值得深思。如一个公司选择以诉讼方式解决纠纷的成本超过其诉讼价值本身,则可另辟蹊径。虽然诉讼价值并不仅指金钱,但对于比例性的考量是合理的,尤其在公共成本上更应如此。

(三)荷兰的司法改革[3]

20世纪90年代,荷兰司法状况一度陷入困境:一是犯罪率急剧上升,引发公众担忧;二是律师指责法律适用不平等,信息技术在强化判决公开的同时也加剧了律师不满情绪;三是法官抱怨案件数量过多,负担过重,而办公条件却相当落后,难以满足需要。1996年,荷兰议会报告指出,司法状况不佳的原因在于:检察官之间缺乏合作、追诉阶段司法审查不力、政客与法官融通等。面对这一危机,荷兰政府及司法

---

[1] 处理案件所耗费的资源成本应与诉讼案件的重要性成正比。
[2] 载 http://www.civiljusticecouncil.gov.uk。
[3] F. C. J. Van der Doelen, *On the Quality If the Judiciary*, *Judges and Courts*, Ministère Néerlandais de la Justice, 2000; F. C. Lauwaars, F. C. J. Van der Doelen, A. Weimar, *Professional Quality*: *The Balance between Judicial Independance and Social Effectiveness*, PVRO, 2000; 蒋惠岭、邓宇:《荷兰司法质量评估体系》,载《人民法院报》2013年3月29日,第8版。

机关启动了宏大的司法改革计划：政府主要从管理方面着手，司法机关尝试建构司法质量评估体系。

1994年，荷兰司法部创设普里斯马（Prisma）机构，由其负责评估现行司法制度基本情况。普里斯马机构成立了由法院院长、副院长及法院管理人员构成的小组，运用业务卓越模型（EFQM）[①]对法院整体管理质量进行评估，包括法院的人事管理、财政管理、客户满意度等。此外，为解决法院管理权膨胀，还推行法院院长"全面管理"模式，由院长而非司法部直接聘任法院管理经理，负责行政管理、财政管理及司法行政人员的人事管理。每个法院都设有由院长、庭长及管理经理组成的法院委员会，统一负责法院的日常运行及业务评估。法院委员会须向司法委员会提交年度计划方案并征得同意，每个季度检查一次法院运行情况，每年撰写反映法院运行情况的报告。

荷兰司法机关通过多项计划，逐渐构建了一套司法质量评估体系：

1. "司法机构未来计划"。1995年，荷兰法院内部成立法院委员会，对法院改革提出了诸多建议，包括加强法律适用统一性，改善法官及司法行政人员之间的职业关系，让法官集中精力处理庭审及判决这类本职任务，创设司法委员会。

2. "未来法院计划"。该计划旨在凝聚法官对未来司法改革方向的共识。其间，荷兰组织了150期法官及司法行政人员讨论会。1998年，讨论结果公开发行，法官达成共识如下：必须实现法院自治，实现法院人事管理、法官培训及司法质量的提升。

3. 里姆豪斯（Leemhuis）委员会报告。该委员会受荷兰司法部委托提出了具体改革建议：其一，资金投入非常必要，大约需要12,000万欧元投入，包括聘任法官及司法行政人员、培训法官及其他人员、实施人力资源管理项目的费用。其二，创设司法委员会，主要负责与司法部协商每年的司法预算并划拨给全国法院，负责协调法

[①] 业务卓越模型是欧洲大陆适用最广的质量管理架构，包括9个原则，其中5个属于"引擎"（enablers），4个属于"结果"（results）。"引擎"原则指导企业怎么做，"结果"原则指导企业达到具体目标。"引擎"导致"结果"，来自"结果"的反馈帮助进一步提高"引擎"。业务卓越模型承认有各种各样的办法达到可持续的卓越绩效。但其同时假定，无论是从绩效、员工、顾客，还是从社会角度来衡量，达到卓越的前提必须是，在有力的领导下，战略决策通过人际合作、资源及流程得到贯彻执行。

院之间的关系、任命法官、招募及管理司法行政人员、监督司法质量等。司法委员会由5名成员组成,包括3名法官及2名财政及组织管理方面的专家。司法委员会虽为独立机构,但须向司法部负责。其三,各法院创设法院委员会,由院长、庭长及管理经理组成。该报告实际上是政府与司法机关之间的合约。依据这一合约,如果司法机关重视内部组织结构及组织管理,政府及国会则会增加司法预算。

4."优化司法质量计划"(PVRO)。1998年,荷兰政府决定采纳里姆豪斯委员会报告所提出的改革建议,启动"优化司法质量"计划。该计划由独立的自治机构负责,司法部资助并监督计划的实施,但不施加直接影响。该计划有两个子计划:"司法质量计划"及"虚拟司法窗口计划"。前者侧重发展评估法官业务质量的机制。为了得到法官支持,荷兰并不要求提供法官个人数据资料,仅要求提供法院平均数据资料。法官业务质量指标体系分为五大类:法官的公正性及廉洁性、程序的快捷度、法律适用的统一性、法官的业务能力、法官的举止行为。所有数据都经过图表制作软件处理,统计诉讼成本、诉讼期限及案件质量。除指标制定外,该计划还通过"同事互评模式"(intervision)提高法官业务水平。这需要法官自愿参加,并互相信任。"互评"有两种:一是定期小组讨论,5~6名法官组成一个小组围绕共同问题进行讨论,每期讨论都有顾问参与,负责引导整个讨论流程;二是不定期讨论,法官参加另一位法官主持的庭审后,就庭审中的问题一起讨论。"虚拟司法窗口计划"又称"网上法院计划",借助互联网实现法院与司法消费者之间的互动交流。信息技术司法机构(ERLO)创建了3类网站:第一类网站旨在实现法院系统内部联通,全国各法院均可进入该网站,分享专栏信息,如进入法院、庭期日历、年度报告、媒体交流、法官职位等专栏;还有判例数据库,并附有法律文本的链接。[1] 欧洲人权法院的判例现在被纳入这一数据库中。第二类网站面向社会公众,可按关键字检索法院判决书。判决书均为匿名。网站还公布判决标准及价目表,如抚养金计算、债务诉讼中债务的返还、集体诉讼中临时管理人的薪酬等。第三类网站是司法备用网站,允许公众查询案件进展程度及法院的记载,亦可实现文件材料网上交换。

---

[1] 载 http://www.rechtspraak.nl。

二、司法改革评估的3种模式

良好运作的司法管理系统对实现司法的价值功能至关重要,能够解决纠纷并对违法行为进行惩罚的有效司法系统是市场经济顺利运作的重要因素。司法改革评估发展至今已成为世界各国司法改革普遍采取的做法。除前述典型国家的经验外,其他国家亦采取类似举措以提升司法质量。可以将司法改革的评估模式分为3种:程序型、管治型、管理型。这3种模式并非对应于某个国家的具体实践。

(一)程序型模式

程序型模式,是指通过对民事或刑事程序变革以达到优化司法质量目标的政策模型,这是传统司法改革最为常见的方法。前述英美民事司法改革便属于这一模式。此外,欧洲一些国家为提升司法质量也极力推动诉讼程序改革,如1989年意大利引入对抗式刑事诉讼程序,以期强化庭审的对抗性,凸显律师地位及被告权利保障;1999年葡萄牙政府通过司法规划改革诉讼程序,提高了纠纷解决速度;芬兰改革民事及刑事诉讼程序,设立了以直接言词原则与集中庭审原则为核心的程序;丹麦司法委员会及法院致力于"新语言政策",确立司法论据方针,以加快司法文书写作进程。[①] 从这些国家改革经验看,程序型模式集中关注审判流程及庭审方式改革,旨在解决诉讼程序冗长的问题。审判流程改革的典型方式是案件分类、程序分流,如英国民事司法改革依据不同类型案件分设小额程序、快速程序及多级程序。美国民事司法改革也有类似做法。庭审方式改革的中心点是法官在诉讼程序中的作用:普通法系国家在慢慢调整过分对抗的诉讼程序,强化法官在民事诉讼中积极干预、推进诉讼的作用,避免当事人及其律师利用诉讼策略故意推迟诉讼程序;传统大陆法系国家则希望法官在诉讼程序中更为消极中立,让双方当事人主导程序推进;斯堪的纳维亚国家则希望赋予法官更多的程序控制权以加速纠纷解决。但有一点值得注意,程序性改革须伴有结构及管理上的调整,否则很难达到预期目的。以英国民事

---

① See Fabrim., Jean J. – P., Langbroek Ph. et Pauliath., *L'administration de la Justice en Europe et L'évaluation de Sa Qualité*, Montchrestien, 2005, p.101.

司法改革为例,其程序分流的构想是通过严格的案件管理制度实现的,法官分为程序法官(procedural judge)及审判法官(trial judge),前者负责审前程序的案件分配及管理工作,后者负责主持庭审并作出裁判。① 伍尔夫勋爵 2002 年在《英国民事司法改革后续评估报告》中指出:"通过引进案件管理制度可以简化诉讼程序,因为法官可以尽早排除那些明显没有胜诉可能的诉求,控制证据开示程序,并对不当行为实施制裁。"②

(二)管治型模式

管治型模式,是指通过创设独立自治的权力主体以达到强化司法独立及优化司法质量目标的政策模型。这是欧陆国家较青睐的模式,因为有着职权主义传统的欧陆各国司法系统更具科层制特征,由法院院长及检察长组成的司法自治机构所发挥的管制效果更显著,典型例证是司法委员会在欧洲各国的普遍设立。其为司法系统内部成立的全国性独立自治机构,主要功能是保证司法官独立。欧洲各国设立司法委员会有两种形态:一是传统法律即有此机构设置,如法国 1958 年《宪法》第 65 条规定的最高司法官委员会、意大利 1959 年设立的最高司法官委员会。该传统机构经过变革拥有更多权力,逐渐分割司法部的部分权力。法国 2008 年《宪法修正案》改变了 1958 年《宪法》第 65 条规定的最高司法官委员会的组成及运转,该机构有任命及惩罚司法官的人事管理权。二是司法改革影响下的新设机构,如荷兰里姆豪斯委员会报告指出创设司法委员会的必要性,其后在 1998 年实施的"优化司法质量计划"的推动下正式创设司法委员会。比利时 2004 年迪特鲁案件后设立司法委员会应对司法危机、确保司法公正。新设司法委员会的国家往往在赋予职责方面更为大胆激进。例如,荷兰不仅将司法官的人事管理权赋予司法委员会,还将协调法院关系、管理司法行政人员、监督司法质量、与司法部协商每年的司法预算并划拨给各法院的权责一并赋予该机构。

实质上,司法委员会设置的目的在于去除司法部传统意义上的某些权力。具体

---

① 参见《英国民事诉讼规则》,徐昕译,中国法制出版社 2001 年版,第 18 页。
② Further Findings, *A Continuing Evaluation of the Civil Justice Reforms*, http://www.lcd.gov.uk/civil/Civil Justice Reform Evaluation-Further Findings.htm.

原因有三：(1)设立司法委员会可以加强司法机关的独立性，尤其是限制行政部门在法官遴选上的权力；(2)设立司法委员会可以提升司法部门在财政拨款上的地位；(3)司法委员会具有提升司法质量、重构民众对司法机构信任度的天然使命。所以，将司法部的一些权限移交给独立的司法委员会已经在一些民主国家得到尝试，但是，如何平衡"司法部对议会的政治责任"与"法院通过独立的司法委员会逐渐获得功能自治"是亟待研究的重要问题。因为，法院在获得财政自主权的同时无须背负政治责任。但从另一层面看，司法委员会也是司法部与法院系统之间的中间机构，可促成协商型司法改革，调动司法人员参与法院管理改革的积极性，从实质上提升司法改革的效果，以达到优化司法质量的目标。

（三）管理型模式

管理型模式，是指通过引入管理工具促进司法运作以达到优化司法质量目标的政策模型，如行动计划、工作流程方案、实施效果评估、信息技术投资及通信技术改革等。一般而言，各国优化司法质量经验均会涉及管理型政策，有的国家更是将管理型政策作为主导性政策。

1. 行动计划是欧洲国家通常采用的管理政策。荷兰的"司法机关未来计划""未来法院计划""优化司法质量计划"是行动计划步步推进的典型，为实现"法院全面管理"目标打下了坚实基础。

2. 工作流程方案最典型的如英国民事司法改革，着眼审判流程改革及程序分流制度改革，其中案件管理制度发挥了重要作用，在受案初期就对争点进行过滤，决定适用何种程序。这一制度改变了英国法官之前的工作流程方案，由于分设程序法官及审理法官，故而法官的工作更为集中化。

3. 实施效果评估可分为量化评估及主观评估。量化评估的典型是美国，其1990年民事司法改革已开始尝试由独立机构量化评估民事诉讼改革效果，采用7项指标对20个参与改革的法院进行了长达5年的评估。最终得出的各项指标显示民事司法改革效果不尽如人意。

4. 信息技术投资及通信技术改革是20世纪末以来各国法院改革的重点，如法国2001年《关于财政法的组织法》提出的"司法正义计划"中，最后一项目标是发展现代电子通信方式,如今信息技术及通信技术在司法系统中的应用已卓有成效。为加强法院系统内部信息流转畅通,法国推进了司法内网及司法数据库建设,这一举措也推动了判决文书质量的提高及判例法的统一。荷兰"虚拟司法窗口计划"也推动了法院内部信息技术的发展。近年来,随着信息技术的进一步发展,虚拟庭审也在一些发达国家试行,如2009年英国司法部在伦敦和北肯特郡的治安法院开展了"虚拟庭审"的试点工作。所谓虚拟庭审,是指在刑事诉讼第一次聆讯中,被告无须亲往法庭,可在指控地警署通过安全视频连线方式接受审判。[①] 信息技术投资及通信技术改革具有一劳永逸的效果,可成为实现司法质量其他要素的依托。

三、构建评估体系

从域外实践来看,司法改革评估过程中最重要的莫过于构建一套评估体系。评估体系又以评估主体、评估标准及评估方法至为重要。

(一)评估主体

司法改革评估主体主要在3类机构中选择:行政机构、司法机构及独立机构。它们因立场不同,对司法改革评估存在不同的理解。对行政机构来说,司法改革评估是公共政治合法化、预算分配合理化的工具;对司法机构而言,司法改革评估是监督司法系统的机制;对独立机构来说,司法改革评估是考察改革实施效果及司法运行状况的研究方法。为避免行政机构及司法机构从各自的部门立场出发而失之偏颇,由独立机构对司法质量进行中立评估是大部分国家青睐的做法。美国《民事司法改革法》即由兰德公司负责评估。北美国家基本采用的是内部评估与外部评估结合的方式。这一做法既可以保证评估结果的客观性、真实性,也可以避免分散行政机构及司法机构的精力。欧陆各国则多将司法改革评估职责赋予类似司法委员会的机构,如荷兰普里斯马机构成立了由法院院长、副院长及法院管理人员构成的小组,后又创设司法委员会。

---

① 参见施鹏鹏:《十字架上的正义》,中国民主法制出版社2014年版,第147页。

（二）评估标准

评估标准是动态的，依据评估目的的不同而不同。总体而言，司法质量评估标准有法律标准、实务规范及业务质量。第一，法律标准体现为国内法及国际法所规定的程序规则。英美民事司法改革即通过改革程序来提升司法质量，凸显了法律标准的重要性。欧盟各国除考虑国内法外，尚需考虑《欧洲人权公约》及欧洲人权法院判例所确定的标准。在欧洲一体化框架下，这一国际法标准是欧盟成员国的基准线。这些标准大致分为三大类：（1）法官捍卫个人自由的作用，如《欧洲人权公约》第 5 条对拘留的规定；（2）诉讼程序规则，如公平且公开的审讯、合理期限内受到审讯、诉讼权利、①律师帮助、②禁止诉讼障碍、③司法机关移交请求人所有文件材料、④有效执行判决⑤等；（3）司法推动自由和权利发展的作用，如《欧洲人权公约》对法律推动"民主社会"进步所作的规定。⑥ 第二，实务规范主要涉及法律适用的统一性及平等性，对类似案件设定一个参照标准，防止相似案件的判决出入太大，如美国的量刑指南。荷兰着眼提高管理水平，通过信息技术革新（NTIC）使法官了解所有的判例，在此基础上统一法律适用。第三，业务质量是行业内部标准，荷兰的"优化司法质量计划"即以此为标准。业务质量虽不是司法的核心要素，但也是理想司法不可或缺的因素。业务质量的数据资料来源主要是法院自行统计、观察员的观察、与被告人及律师的交谈。

（三）评估方法

从司法改革评估的具体方法来看，大致有四种方法：

其一，经济学方法。这种方法应用于社会科学领域早已有之，如国际国别风险指南（International Country Risk Guide）1997 年设计了 0～6 的法治程度指标；菲沙研

---

① 相关判例，参见 CEDH, 21 février 1975, Golder c/ RU, série A, n°18。
② 相关判例，参见 CEDH, 9 october 1979, Airey c/ Irlande, série A, n°32。
③ 相关判例，参见 CEDH, 21 septembre 1994, Fayed c/ RU, série A, n°294 – 13。
④ 相关判例，参见 CEDH, 9 juin 1998, McGinley et Egan c/ RU, *Recueil*, 1988 – Ⅲ。
⑤ 相关判例，参见 CEDH, 19 mars 1997, Hornsby c/ Grèce, *Recueil*, 1987 – Ⅱ。
⑥ See F. Sudre, *L'Europe des droits de l'homme*, *Droits*, n°14, 1991, p.105 – 114。

究所(Fraser Institute)依据1~10的等级,评估法律面前人人平等原则及公民司法救济不受歧视原则;毛罗(Mauro)依据经济学人信息社(The Economic Intelligence Unit)设在各国的联络员的记录,设计出一国司法制度质量指标。[①] 这些情况表明,在司法领域应用经济学方法不存在正当性问题。但经济学方法的引入不能仅停留在变量关系及权数设计层面,而应该走向更深化的因果关系层面,这需要借助计量经济学方法,如工具变量法及格兰杰因果关系检测法。针对数据资料的不确切及不完备性,可以借助"代理"(proxy)变量,以映射出实际变量的特征。

其二,问卷调查法。通常涉及个人观点的指标均需应用问卷调查法,如当事人及律师的满意度、对诉讼公正的感知度一类的指标,即需通过这种方法收集原始数据资料。

其三,抽样分析法。这种方法对司法质量宏观评估甚为有效,通常做法是从全国法院司法系统内选择1万个案件,跟踪案件发展的始末,并通过调查问卷掌握司法消费者及普通民众对司法公正的感知度。

其四,个案观察法。该方法一般适用于对法官或其他司法人员业务质量的评估,可以通过第三人跟踪观察且直接接触法官或其他司法人员的日常工作,第三人须做记录并提出改善建议。荷兰司法改革中所引入的"同事互评模式"就是对这一方法的应用。这一方法的局限性是限于内部评价,需要建立在互信基础上,仅适用于微观层面的评估。

第二节 案件质量评估

通常而言,质量是指用于辨认及描述某个事物、产品或真实经验的属性总和。评估一个产品或一项服务的质量,原则上有两种方式:其一,确定该产品或服务在何种程度上符合事先界定的特征及指标(符合要求);其二,评估用户使用该产品或享受该服务之前的期待与其使用或消费之时的评价之间的差距(符合期待)。案件质量则有广义和狭义之分。狭义的案件质量通常指判决质量,广义的案件质量则指判

[①] See Mauro, Paolo, *Corruption and Growth*, Quarterly Journal of Economics, août 1995.

决质量及司法服务质量。此外,司法用户的感受也是案件质量评估的对象。简言之,案件质量评估有3个层次:程序与判决质量、司法服务绩效及司法用户感受(见图9.1)。

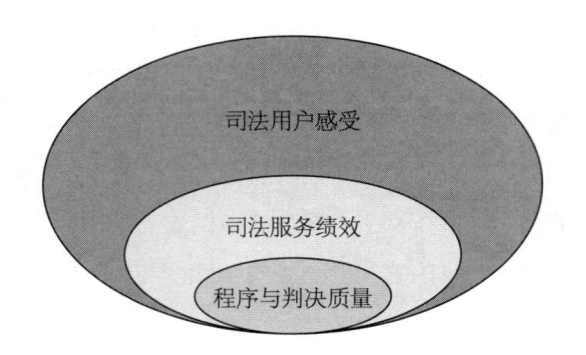

图 9.1 案件质量评估的三个层次

鉴于案件质量的概念和评估有广狭义之分。广义的案件质量评估,是指对程序与判决质量、司法服务绩效及司法用户感受三个层面的全面评价估量;狭义的案件质量评估,则是指对程序与判决质量的评价估量。

将质量评估概念引入司法领域的开拓者当属美国。早在20世纪80年代,美国就成立了由法官、法院管理负责人、书记官、大学教授及民事司法改革法的研究者组成的研究小组,开展关于绩效评估指标体系的研究。1990年出台了《审判法院绩效评估体系》第1版,内含详细指标体系,包括5项一级指标,21个二级指标,49个三级指标。第1版出版后,后继又出台了两个修订本,主要申明了指标的运用目的:"以刺激法院竞争或监督法院为目的而使用指标的,当属违背指标设立之本意……同样,指标亦不可用于法官个人的评估。"[①]1991~1995年,该指标体系在13个不同规模的法院试点。试点后修正了某些指标,指标数量也从75个下降到68个。1995~2000年是普及适用阶段,《审判法院绩效评估体系》共发行2万册,应用于大约1200个审判法院及7000个专门法院。

美国实践相继影响到世界其他国家,包括英国、加拿大、欧盟及中国等。欧盟对

---

① Anne-Lise Sibony, *Quelles Leçons Tirer des Expériences Étrangères?*, in E. Breen, Evaluer la Justice, PUF 2002, p. 92.

这种定量评估方法相对保守谨慎,但极为认可评估案件质量的重要意义。欧洲层面,案件质量评估主要由位于斯特拉斯堡的 CEPEJ 负责。该委员会出台相关报告,指导各成员国对案件质量的评估。总体而言,该委员会从图 9.1 所述 3 个层次(程序与判决质量、司法服务绩效及司法用户感受)评估案件质量,并对各个层次设置相应的问题清单。

我国最早有关案件质量评估的文件是 2008 年最高人民法院《关于开展案件质量评估工作的指导意见(试行)》。① 该文件对案件质量评估的定义是:"按照人民法院审判工作目的、功能、特点,设计若干反映审判公正、效率和效果各方面情况的评估指标,利用各种司法统计资料,运用多指标综合评介技术,建立案件质量评估的量化模型,计算案件质量综合指数,对全国各级人民法院案件质量进行整体评判与分析。"案件质量包括审判决策和审判管理两个层面。评估的主要标准是:公正、效率和效果。与欧洲对定量评估的保守态度不同,中国对量化评估基本持积极拥抱的姿态。不仅法院系统内部积极设计各种指标计算模型,检察系统和公安系统内部亦同。总体而言,我国公安司法机构不仅不排斥定量评估,而且致力探索更科学合理的定量评估方法。例如,近年来,检察机关推出以"案—件比"为核心的案件质量评价制度。② "案—件比",是指发生在人民群众身边的一个案子,与该案进入司法程序后所经历的有关诉讼环节统计出来的"件"数相比,形成的一组对比关系。③ "案—件比"中"件"数越低,说明"案"经历的诉讼环节越少,办案时间越短,当事人对办案活动的评价相对越高,办案的社会效果越好。④ 结合图 9.1 所示案件质量评估的 3 个层次,"案—件比"的做法更为强调司法用户感受这一层次。

事实上,无论是美国审判法院绩效评估体系,还是我国司法机关所构建的指标

---

① 载最高人民法院公报网,http://gongbao.court.gov.cn/Details/ddebc1ed201c595082a80c2c77c35f.html?sw=案件质量评估工作的指导意见。
② 2019 年 1 月,最高人民检察院提出了案件质量评价指标体系的建设问题,其后,经过研究,提出了"案—件比"这一全新的概念。参见张军:《关于检察工作的若干问题》,载《人民检察》2019 年第 13 期。2020 年 4 月最高人民检察院印发了《检察机关案件质量主要评价指标》,标志着以"案—件比"为核心的检察机关案件质量评价制度基本成型。
③ 参见熊秋红:《"案-件比"质量评价指标体系的学理观察》,载《人民检察》2020 年第 9 期。
④ 参见熊秋红:《"案-件比"质量评价指标体系的学理观察》,载《人民检察》2020 年第 9 期。

评估体系,抑或是 CEPEJ 所采用的评估方法,均涉及如图 9.1 所示的三个层次。下面从这三个层次介绍一下欧洲、美国和我国的案件质量评估方法。

一、第一层次:程序与判决质量评估

(一) CEPEJ《提升司法质量目录清单》

评估案件质量的常用方法是利用统计方法定期收集数据信息。通过这些数据信息可知诉讼期限、工作量及其他与绩效表现相关的情况。如欲辨识诉讼程序或实体判决"产出过程"中的质量要点,则评估会变得更复杂。在诸多司法制度中,这类分析由监管部门及不同层级的判决机构作出。但这类评估分析的目标并非颁发一个质量证书,而是监督司法机构是否遵循相关规则及义务性规定,核查司法机构是否遵循宪法及欧洲层面的规范。评估方法实质上并不涉及判决结果,也并非旨在创造用于评估判决质量的复杂算法。

在欧盟成员国中,案件质量等级取决于一个共同基础,即《欧洲人权公约》的规定与欧洲人权法院所作的判例规则,以及各成员国宪法基本原则。诉讼程序及判决结果的质量问题必须依据这些规定及组织机构的限制予以评估。具体而言,《欧洲人权公约》第 6 条规定了关于法庭内部质量的所有实质要素:(1)程序的公正性;(2)合理的诉讼期限;(3)判决的公开性及程序的透明性;(4)未成年保障(及其他法律援助形式);(5)追诉、审判、判决的明白易懂性;(6)受辩护人协助的权利及进入司法程序的权利;(7)司法救助(所有条件均须具备)。

《欧洲人权公约》第 6 条规定的案件质量要素,绝大部分均被纳入 CEPEJ 所拟《提升司法质量目录清单》中,包含 250 个关于司法服务质量评估体系的重要问题。通过检查一国司法制度是否符合这份清单所列的所有原则,可以详细且深入检测判决"出产过程"的质量。

依据这份目录清单,评估者可计算出肯定性回答占所有问题的比值。250 个问题的分值权重不同。某些问题非常重要,权重更高,如程序公正的问题。其他问题虽然也重要,但权重不必占很高,如法院内部是否有指示牌、双方当事人的等候室是否分隔。比较可行的方法是,依据政策或法庭决策者的评估目标或优先考量对象,选择目录清单中的问题要点。该方法可以通过乘以所选问题的权数,确定是否符合最为重要的标准。我们摘选目录清单的一部分,以阐述与程序公正之标准相关的问题(见表9.1)。

表9.1　提升司法及法庭质量目录清单摘选

质量标准	目录清单	是	否	备注
公正	是否存在确保司法职能独立运行的宪法性条款(或最高层级的规范)?			
公开及透明	司法运转过程中,法官、检察官或司法人员是否有通知当事人的义务及方法?			
同上	司法运转过程中,是否与诉讼程序内外的当事人保持持续联络?			
公正	是否有保证法官管辖向其交付之卷宗的措施(培训期限、专业化、案件分类、"卷宗核查"等)?			
公正 公开及透明	是否有保证卷宗分派各法官的透明工作机制(事先设定的客观且公开的标准)?			
合理期限	是否界定了与合理诉讼期限相关的规则或规范?			
公开及透明 法律援助	是否存在法庭专家证人及翻译人的清单并可资查阅?			
同上	是否存在监督法庭专家证人及翻译人质量的制度?			
公开及透明 合理期限	诉讼期限是否有系统化的登记及公开机制?			
明白易懂 公开及透明 法律援助	公布的法律是否方便查阅?			
同上	判决及判例是否可以在法庭官网上查阅?			
同上	法庭是否有接待公众的问询室?			
法律援助 司法救助	无收入的当事人是否有免费咨询权,以获知其权利及义务?此一情况是否适用于所有部门法?			

续表

质量标准	目录清单	是	否	备注
同上	当事人是否能够获得免费或优惠的律师援助(国家投入司法救助财政预算)?此一情况仅涉及刑事诉讼,还是也涉及其他诉讼领域?			
公开及透明法律援助	诉讼成本或费用是否透明?			

表9.1仅列举了目录清单中15个问题。通过该目录清单,我们可以检查并评估司法制度之整体或部分在实践中的质量。摘选清单中的部分问题并诚实回答,该举措可以具体评估司法判决之基础条件及司法程序的质量(见表9.2)。

表9.2　CEPEJ:提升司法及法庭质量的目录清单(节选)

(E:国家;R:地区;T:法庭;J:法官;n.a:未适用)

	E	R	T	J	n.a
Ⅰ.战略与政策					
Ⅰ.1.司法组织及政策					
1.是否有一个公权机构(司法部或最高司法委员会)负责预备与司法组织相关的总政策及战略性文件?					
2.是否有关于法庭或法庭组织的规则?					
3.是否有司法权独立于行政权及立法权的宪法层面(或最高层级的规范)的保障?					
4.是否有与法庭及(或)某类法官相关的政策?					
5.法庭是否确定了绩效目标?					
6.是否有与法庭资源需求及规划相关的政策及战略?					
7.是否有与法庭结构及权限相关的政策(包括法庭地理位置方面的政策)?					
Ⅰ.2.任务、战略、目标					
1.司法管理是否提出了一项任务及一项战略(应当融合司法的基本特征:公正性、独立性、法律适用的统一性及可接近性)?					

续表

	E	R	T	J	n.a
2.司法管理的任务及战略是否涉及法官、检察官及司法人员与用户之间的交流？					
3.司法管理的任务是否涉及目标及先后顺序？司法管理是否有绩效指标？					
4.司法管理是否将指标与期待目标挂钩？					
5.司法管理在预备司法政策之时，是否考虑内部及外部人员的合理需求及期待？					
6.司法管理机构是否与内部及外部人员保持连续沟通？					
7.司法管理是否逐步渗透旨在促使及激发整个组织机构进步的文化？					
8.司法管理是否确定了有利于发展司法政策的优先顺序？					
9.司法管理有否阐释司法决策过程及过程中的先后顺序？					
Ⅰ.3.案件分配及法官委托其他人员					
1.是否有持续监督法官工作的机制？					
2.法庭是否可以为提升效率重新分配或分配案件？法庭是否可以在法官之间构建弹性制度，以保证案件的再分配？					
3.司法管理是否提出关于法官委托其他人员的政策？					
4.司法管理是否确定了法官分配案件的客观方法？					
5.该信息是否告知整个法庭组织？					
6.司法管理有否明确书记官的任务、角色及质量水平？					
Ⅱ.工作及程序进展					
Ⅱ.1.立法					
1.质量规范及主导原则是否用于起草法律或修改法律？					
2.新法或修改已生效的法律对法庭工作的影响是否得到评估？其是否影响法庭人员的工作能力？					

续表

	E	R	T	J	n.a
3.行政机构向立法机构提交的立法建议,在立法过程中是否受到独立机构及司法机构的监督?					
4.程序法(民事、行政及行政)是否定期受到复查,且以提升司法程序的效率为目标得到修改?					
5.是否有关于替代性纠纷解决机制的专门立法(实体法或程序法)?					
Ⅱ.2.法庭程序					
1.是否采取措施确保法官工作分配公平且高效(比如,跟踪积案、每名法官的办案数量、处理案件的速度、其他活动等)?					
2.是否采取措施确保法官权限与分配给其的案件一致(比如,培训、专业化、案件分类、"卷宗测试"等)?					
3.是否采取措施确保分配案件的透明性(比如,预先设定的客观且公开的标准)?					
4.是否有关于法官独任或合议处理案件的政策?					
Ⅱ.3.法律安全					
1.是否有促进法律安全的政策?					
2.是否有用于提升法律安全的专门机制,如内部判例机制及讨论合宜判例的会议组织机制?					
Ⅱ.4.案件管理					
1.各法官是否都有实时了解本法庭所处理案件情况的机制?					
2.是否有与行政人员的信息共享机制?					
3.该信息是否在法院内部共享?					
4.法官是否有权在诉讼过程中提出非强制性的替代性纠纷解决措施?					

续表

	E	R	T	J	n.a
5.司法程序原则上是否公开?					
6.司法程序的组成是否旨在快速处理纠纷?					
7.司法程序的组成及运行过程中,当事人及其他诉讼参与人所耗费的成本是否最低?					
8.法官在准备案件时是否采取了保障当事人及律师的措施,鉴定是否充分,当事人及律师的意见是否得到尊重?					
9.法官及检察官是否有权移送某些纠纷至调解程序?					
10.是否有保证调解程序的一般性程序?					
Ⅱ.5.庭审管理					
1.是否有关庭审准备的规则?					
2.庭审是否在立案登记之后组织,且听取了当事人的意见,确定诉讼期限及准备庭审的必要期限?					
3.是否有保证庭审在预期时间开始的机制?					
4.庭审中止或延后的,当事人是否收到通知?					
5.是否有提升庭审效率的信息系统?					
法官: ——法官是否有为口头预审充分准备卷宗? ——法官是否有能力理解其作为诉讼参与人的角色地位? ——法官是否主导当事人及证人陈述时间的分配? ——法官在庭审时是否充分监督警察? ——法官在庭审时是否考虑当事人及证人的期待? ——法官是否掌握诉讼日程? ——法官是否准时?					
6.出庭传唤是否有尽早发出,以避免无谓的等待(预约、空闲时间等)?					
7.当事人是否有权基于合理理由要求优先处理自己的案件?					

续表

	E	R	T	J	n.a
Ⅱ.6. 期限管理					
1. 是否有旨在确定预计最佳期限的机制？					
2. 与诉讼期限相关的规则或规范是否得到明确？					
3. 是否有管理积案及防止案件拖延的机制？					
4. 是否有推进积压案件处理及缩短延期时间的措施？					
5. 法官在管理诉讼期限上是否起到积极作用？					
6. 当事人是否有权与法庭就应当遵守的诉讼期限进行协商？					
7. 是否有法官在庭审之后必须作出判决的期限规定？					
Ⅱ.7. 司法判决的执行					
1. 是否有关于执行司法判决的规则？					
2. 是否有通知司法判决的机制？					
3. 作出司法判决与通知当事人司法判决之间，是否有最长期限的规定？					
4. 最终判决作出与执行之间的期限是否得到定期审查？					
5. 如果判决的执行委托给专门的职业人员（执达员等），其是否受到司法机关的监督？					
Ⅱ.8. 司法协助者					
1. 是否有可资查阅的鉴定人及翻译人的实时名单？					
2. 法院是否与其他机构合作（警察、律师、检察官、社工、财产管理人、鉴定人等）？					
3. 服务事项中是否包括财产管理人的名单？					
4. 是否有监督法庭鉴定人及翻译人员质量的机制？					
5. 是否有提交鉴定报告期限的规定？					
6. 可否质疑鉴定报告？					
7. 鉴定人及翻译人是否有资质证明？					

续表

	E	R	T	J	n.a
Ⅱ.9. 卷宗及档案管理					
1. 是否有登记备案及跟踪卷宗与程序进展的信息管理系统？					
2. 是否有关于卷宗及司法判决档案的特殊规定？					
3. 是否有归档卷宗及司法判决的(电子)信息系统？					
4. 法庭内部是否有电子卷宗系统？					
5. 是否可以向法庭提交电子文件？					
Ⅱ.10. 结果评估					
1. 是否有关于运行风险及法庭内部管理监督质量体系的审计制度？					
2. 运行风险管理： ——司法制度丧失公众信任的风险(与媒体的关系、法官及检察官之间的交流管理等)； ——与诉讼可靠性相关的风险(尤其涉及告知机制) 这些在司法政策中是否予以考虑？					
3. 司法管理是否定期评估法庭生产情况？					
4. 是否有公开评估结果的机制？					
5. 质量规则及规范是否定期受到评估？					
6. 是否依据评估结果构建有效措施并付诸实施？实施过程是否得到监督？					
7. 法官所处理的案件比例是否登记且公开？					
8. 同意回避的案件数量是否登记且公开？					
9. 上诉案件的比例是否登记且公开？					
10. 法官及其他司法人员的工作效率是否登记？					
11. 受审查的判决比例是否登记？					
12. 诉讼期限是否系统化登记且公开？					
13. 是否可以确定某一期限内未决案件及已结案件的总数量？					
14. 未决案件的性质是否可以系统分析？					

续表

	E	R	T	J	n.a
15.是否确立了减少积压案件的目标？					
16.是否有各法官工作数量与质量的评估体系？					
17.是否可以获得某一期限内法官独任审理案件总数的信息？					
18.各法官是否可以获知其所在法庭的信息、其同事的信息及整个法院的数据信息？					
19.法官个人的出产质量是否也属于法院人力资源政策的一部分？					
Ⅲ.进入司法，与受审判者及公众的沟通					
Ⅲ.1.进入司法信息及法庭					
1.法律是否以便于进入的方式公开？					
2.是否有免费网站可资查询法律文本？					
3.法庭接待处的职员是否受到相关培训，以向受审判者及来访者解释工作方法、诉讼规则及其他实用信息？					
4.法庭官网上是否有判决文书及判例？					
5.是否有关于公开司法判决的机制？					
6.说非官方语言的人群是否可以获得法律文本的翻译版本？					
7.不懂诉讼中所使用之语言的人员是否有获得翻译的权利（没有额外费用）？					
8.法庭是否可以提供翻译服务或者翻译人是否能够在最短期限内赶到法庭？					
9.公民可以轻易获取关于法庭职能的信息吗？					
10.公民可以轻易获取关于公民权利及义务（法律所规定的）的信息吗（如通过电话）？					
11.这些信息内容及发布地点是否根据情况变动而变动（具有危险性的未成年人、离婚、刑事诉讼、羁押场所等）？					
12.法庭是否有接待访客的信息办公室？					

续表

	E	R	T	J	n.a
13. 法庭接待处或官网上是否有律师名单？					
14. 受审判者是否可以获取信息手册？					
15. 受审判者是否有权出席或委托律师出席所有层级的诉讼？					
16. 受审判者委托律师出庭的,这种代理是否是全权委托代理？					
17. 律师没有全权代理的,社团或工会是否有权建议并帮助受审判者(如社会案件或消费权案件)？					
Ⅲ.2. 进入财政事项					
1. 没有收入的当事人是否有权免费咨询获知自己的民事权利及义务？该权利是否存在于所有类型的诉讼程序中？					
2. 当事人是否有权免费或部分免费获得律师帮助(公共财政预算资助)？该权利是仅存在于刑事诉讼,还是也存在于其他类型的诉讼？					
3. 诉讼成本或诉讼费用是否透明？					
4. 是否有保障降低诉讼成本或诉讼费用的机制？					
5. 是否有关于当事人应当给付的刑事诉讼程序税款或费用的一般性规定？其他类型的诉讼是否有此一规定？					
6. 免费法律咨询是否由律师公会组织？					
7. 旨在确保诉讼成本的可预见性及公开性的措施： ——是否要求律师公开其薪酬及与客户达成薪酬契约？ ——是否有针对律师费过高的异议程序？ ——是否有针对鉴定费用过高的异议程序？					
8. 是否有权异议(法定异议权)律师费及鉴定费过高？					
Ⅲ.3. 进入实体及虚拟					
1. 法庭建筑是否方便审判者进入？					

续表

	E	R	T	J	n.a
2. 是否通知庭审所能容纳的旁听人员座位情况？					
3. 接待人员是否受到充分培训以照顾受审判者的压力情绪？					
4. 法庭是否有起草专门的章程，用于改善接待访客的服务？					
5. 开车到庭的人员或老人是否享受如下便利： ——预留的停车位？ ——进入法庭建筑的坡道？					
Ⅲ.4. 作出判决					
1. 法官判决的宣告及理由是否可以理解？					
2. 判决理由是否详细且体系化？					
3. 判决理由是否能够清晰指引当事人及司法执业人员承认判决的公正性及合法性？					
4. 是否有提交司法判决的规则及规范？					
5. 起草司法判决时，当事人、律师及上下级法庭的意见是否悉数考虑？					
6. 是否有适用于各类案件的"标准"判决及规则？					
7. 是否有独立的法官及检察官国家培训机构（司法官学校）？					
8. 是否有法庭与法官信息共享的国家政策？					
9. 法官与检察官的薪酬待遇是否由法律确定？					
10. 是否有评估法官及检察官的制度？					
11. 法官与检察官是否了解适用于其的评估标准？					
12. 评估标准包括如下问题： ——法官与检察官个人及职业的廉洁性； ——面对媒体的恰当行为表现； ——政治活动或工会活动方面的恰当行为表现； ——面对媒体与政治的独立性； ——接待当事人； ——职业能力。					

续表

	E	R	T	J	n.a
13. 法官与检察官的评估标准是否充分明确？					
14. 司法官的候选人在入职时是否受到评估？					
15. 司法官候选人的个人道德在入职时是否受到评估？					
16. 是否有筛选准法官与准检察官的客观标准？					
17. 候选人是否知道这些标准？					
18. 是否有评估非法官人员的机制？					
19. 非法官人员是否知道评估标准？					
Ⅳ. 法官、检察官及其他司法人员的地位与权限					
Ⅳ.1. 法官与检察官的地位与权限					
1. 法官与检察官的地位是否由法律确定？					
2. 法官与检察官的主要权限是否写在一般政策文件中或由法律加以规定？					
3. 是否鼓励法官与检察官适用良好行为准则及职业伦理准则？					
4. 法官独立地位的保障是否由法律规定？					
5. 是否有司法委员会？该司法委员会是否旨在巩固司法官的独立地位？					
Ⅳ.2. 权限的形成及发展					
1. 司法管理是否支持部门间的合作？					
2. 司法管理是否保证法官、检察官及其他司法人员权限及认知获得的条件？					
3. 司法管理是否提出关于鉴定人及所有人员行为的政策规定？					
4. 是否有旨在加强合作与廉洁文化的政策？					
5. 司法管理是否适用旨在确保及推进各级法庭廉洁度的政策？					

续表

	E	R	T	J	n.a
6. 是否有分派法官助理的规定？					
7. 司法管理是否提出关于法官专业化的政策？					
8. 司法管理是否起草关于人员权限的参照标准？					
9. 庭审组织能力及管理方法是否为司法官入职之前的培训内容？					
10. 法官与检察官是否接受入职培训及继续培训？					
11. 是否有关于入职培训与继续培训的规范？					
12. 准法官与准检察官的个人道德是否为司法官入职之前的教育内容？					
13. 伦理道德的问题是否为继续培训的内容？					
14. 特殊职位（如未成年人法庭）的伦理道德是否特别对待？					

（二）美国审判法院绩效评估体系中的程序与判决质量评估

司法的可接近性（access to justice，又译为"诉诸司法"），以及平等、公平与廉正（equality, fairness and integrity）是美国审判法院绩效评估体系中两项一级指标，对应于第一个层次，即属于程序与判决质量评估。

1. 司法的可接近性这个一级指标下辖 5 个二级指标：指标 1.1 公开审理；指标 1.2 安全性、可接近性及便利性；指标 1.3 有效参与；指标 1.4 礼貌、答复及尊重；指标 1.5 司法成本的可负担性。这 5 个二级指标配套 21 个三级指标。评估"司法的可接近性"最为常用的方法是对法庭程序、日常运转及法院设施的结构化观察。所收集的信息包括个人见闻记录，采用结构化观察有助于法院人员对相关信息进行定量及定性审查。

2. "平等、公平与廉正"这个一级指标下辖 6 个二级指标：指标 3.1 公平及可靠的司法程序；指标 3.2 陪审团；指标 3.3 法院的裁判及行为；指标 3.4 清晰度；指标 3.5 执行责任；指标 3.6 制作并保存记录。"平等、公平与廉正"最常用的评估方法是查阅及分析与案件相关的信息。卷宗是评估的基础性材料。邮件调查也可用于评估重要群体的观点。

指标3.1 公平及可靠的司法程序,是指审判法院的程序须忠诚地遵守相关法律、程序规则及既定政策。该指标吸收了正当程序概念,包括通知及在司法程序的任何阶段获得通知及听审的公平机会。

指标3.2 陪审团,是指陪审团名单在来源辖区内具有代表性。法院不能保证陪审团完全公正、平等地作出判决,也不能保证陪审团成员是从相关社区代表中选出。但法院可以提供保证公正、平等的重要方法,确保陪审团来源名单及陪审团成员召集令中的人员均是辖区内成年人口的代表。因此,所有具备陪审团成员资格的个人均有平等参与机会,所有当事人及公众均相信陪审团成员具有代表性。

指标3.3 法院的裁判及行为,是指审判法院须单独关注个案,须依据相关法律要素作出与类似案件相当的判决。该指标要求法院单独关注诉讼当事人时,不得因法官职能或当事人的非法律要素而有所差异,当事人的非法律要素包括种族、宗教、民族、性别、性取向、肤色、年龄、残疾或政治面貌。该指标还要求法院的裁判及行为须与案件性质大小及当事人的特质成比例。

指标3.4 清晰度,是指审判法院作出裁判时须清楚表述诉讼争点、明确指出遵守裁判的方式。该指标要求,明确指出遵守法院命令或裁判的方式。例如,刑事起诉书中的指控或罪状须清晰可见,惩罚及刑罚须与定罪罪名明确相符。

指标3.5 执行责任,是指审判法院承担执行裁判的责任。法院不应直接决定采取或禁止某项行动,之后再要求利害关系人尊重裁判内容。该指标敦促审判法院保证裁判得到执行。当事人尊重判决及其他解决方式的程度反映出纠纷解决过程的诚信度。判决得不到遵守意味着误传、误解、误述、缺乏对法院的尊重或缺乏对法院的信心。

指标3.6 制作并保存记录,是指所有相关的法院裁判及行为记录均须具有准确性且妥善保存。审判法院的平等、公正及廉正,实质上取决于记录的准确性、可用性及可接近性。该指标要求审判法院保存准确的程序、决定、命令及判决记录。相关法院记录包括索引、摘要及涉及法院行为的各种记录,后者可用于调查法律层面是否存在相关行为、行为性质及行为历史。相关法院记录还包括归入官方卷宗的相关文件及诉讼程序的翔实记录(见表9.3)。

表9.3　美国审判法院绩效标准配套指标

1.司法的可接近性			
标准	主要数据收集方法	主要评估主体	数据内容或来源
标准1.1　公开审理			
1.1.1　参加公开听审	观察或模拟	志愿观察员	选定的法庭审理程序记录
1.1.2　跟踪法庭审理	同上	同上	同上
1.1.3　法庭公开审理期间诉讼参与人的听审度	同上	同上	同上
标准1.2　安全性、可接近及便利性			
1.2.1　法庭建筑安全性审计	同上	安全顾问	法院建筑设施安全检查表
1.2.2　执法官员对法庭建筑安全性的测试	同上	执法官员	法院建筑设施安全性测试
1.2.3　对法庭建筑安全性的感知	调查	娴熟的调查专家	法庭日常使用者的感知(包括法庭工作人员、律师、陪审员及缓刑监督官)
1.2.4　法院工作人员对紧急程序的知识储备	访谈	娴熟的访谈者	法庭工作人员的访谈
1.2.5　通过电话获取信息	观察或模拟	志愿观察员	电话咨询法院具体案件
1.2.6　法庭使用者对可接近性及便利性的评估	调查	娴熟的调查专家	法庭日常使用者的感知(包括法庭工作人员、律师、陪审员及缓刑监督官)
1.2.7　观察员对可接近性及便利性的评估	同上	同上	志愿观察员的感知
标准1.3　有效参与			
1.3.1　虐待及遗弃子女案件审理中未成年人有法定代理人	查阅记录及调查	法院工作人员	卷宗文件;法官、法定代理人及案件工作人员提供的信息
1.3.2　专家评估翻译事宜	观察或模拟	法院翻译顾问	翻译人员参与的法庭审理

续表

标准	主要数据收集方法	主要评估主体	数据内容或来源
1.3.3 测试翻译人员的基本知识	笔试	熟知翻译事宜的法院工作人员	法庭翻译人员的技能
1.3.4 评估翻译人员非英语语言能力	口试	具有高级英语技能的法院工作人员或顾问	同上
1.3.5 残疾人士的参与	观察或模拟	志愿观察员	法庭设施及服务
标准1.4 礼貌、答复及尊重			
1.4.1 法庭使用者对法院工作人员礼貌及答复的评估	调查	娴熟的调查专家	法庭日常使用者的感知（包括法庭工作人员、律师、陪审员及缓刑监督官）
1.4.2 观察员对法院工作人员礼貌及答复的评估	同上	娴熟的调查专家、志愿观察员	法院工作人员的感知
1.4.3 诉讼当事人在法院的待遇	观察或模拟	志愿观察员	选定的审理程序
标准1.5 司法成本的可负担性			
1.5.1 援助经济弱势群体的清单	查阅记录，观察或模拟及访谈	法院官员、执业律师及地方社会服务机构代表所组成的数据收集小组	管理文件、法院设置及法院工作人员的访谈
1.5.2 获得能够负担的民事法律援助	观察或模拟	志愿观察员	法院日常运转及服务
1.5.3 获得必要法院服务的障碍	调查	调查研究机构	普通公众的感知

续表

2.案件处理的效率与及时			
标准	主要数据收集方法	主要评估主体	数据内容或来源
标准2.1 案件处理过程			
2.1.1 案件处理期限	查阅记录	法院工作人员及统计分析师	卷宗文件
2.1.2 案件处理数量与立案数量之间的比例	同上	同上	案件管理记录
2.1.3 未决案件的时长	同上	同上	卷宗文件
2.1.4 确定的庭审日期	同上	同上	同上
标准2.2 遵守日程表			
2.2.1 拨付资金的速度	同上	法院工作人员	法院财政记录
2.2.2 服务的提供	同上	同上	卷宗文件
2.2.3 信息的提供	观察或模拟	志愿观察员	法院日常运作及服务
2.2.4 遵守公开的日程表	查阅记录	法院工作人员	管理文件
标准2.3 法律及程序的迅速执行			
2.3.1 执行实体法及程序法的变动部分	同上	同上	同上
2.3.2 执行管理程序的变动部分	同上	同上	同上

续表

3. 平等、公正及诚信

标准	主要数据收集方法	主要评估主体	数据内容或来源
标准3.1 公平及可靠的司法过程			
3.1.1 选定法律领域的表现	结构化组织技术,查阅记录,观察或模拟,访谈	基本法领域的专家小组人员及法院工作人员	卷宗文件,法庭审理,法官、法院雇员及律师的感知
3.1.2 评估法院在适用法律方面的表现	调查	娴熟的调查专家	法院雇员及律师的感知
标准3.2 陪审团			
3.2.1 陪审团来源名单的包容性	查阅记录	法院工作人员	陪审员名单
3.2.2 陪审团挑选程序的随机性	同上	同上	同上
3.2.3 选定陪审员的代表性	同上	人口统计学专家	陪审员人口统计
标准3.3 法院的裁判及行为			
3.3.1 执业律师对平等性及公正性的评估	调查	娴熟的调查专家	律师的感知
3.3.2 法庭使用者对平等性及公正性的评估	同上	同上	法庭日常使用者的感知(包括诉讼当事人、陪审员、证人及受害人)
3.3.3 判决的平等性及公正性	查阅记录	统计学顾问专家	卷宗文件
3.3.4 保释决定的平等性及公正性	同上	同上	同上
3.3.5 审判法院审判结果的诚信	同上	法院工作人员	上诉案件的卷宗

313

续表

标准	主要数据收集方法	主要评估主体	数据内容或来源
标准 3.4　清晰度			
3.4.1　刑事判决的清晰度	同上	同上	刑事案件的卷宗文件
3.4.2　民事判决的清晰度	同上	同上	民事案件的卷宗文件
3.4.3　命令及判决的解释经验	调查	同上	法官、律师、缓刑监督官及书记官的感知
标准 3.5　执行责任			
3.5.1　缓刑犯对罚款、诉讼费、赔偿费及其他命令的履行	查阅记录	同上	法院缓刑命令及保存的记录
3.5.2　子女抚养费的执行	同上	同上	子女抚养费命令及保存的记录
3.5.3　民事判决的执行	同上	同上	民事判决登记表
3.5.4　案件处理规则及命令的执行	同上	同上	卷宗文件
标准 3.6　制作并保存记录			
3.6.1　文件控制系统的可靠性	同上	同上	同上
3.6.2　记录的充分存储及保存	同上	同上	同上
3.6.3　案件登记系统的准确性、一致性及实用性	同上	同上	案件登记系统
3.6.4　案卷的完整性	同上	同上	卷宗文件
3.6.5　文件处理的可靠性	同上	同上	法律文件
3.6.6　审理程序的书面记录	调查	同上	律师的感知

续表

4. 法庭的独立与问责			
标准	主要数据收集方法	主要评估主体	数据内容或来源
标准4.1　独立与合作			
4.1.1　法庭独立与合作的感知	同上	法庭研究人员及指导委员会	法庭日常使用者的感知(法院人员，包括法官、律师、执法人员及其他政府机构代表)
标准4.2　问责公共资源			
4.2.1　各种资源分配统计报告的充分性	结构化组织技术	法官、书记官、其他工作人员及指导委员会	案件类型分类统计
4.2.2　评估人力资源的分配	同上	法官、法院工作人员及指导委员会	卷宗及工作人员的编制
4.2.3　评估法院财务审计实务	查阅记录及访谈	财务顾问(可选)及指导委员会	管理审核报告
标准4.3　人事活动及决策			
4.3.1　评估工作条件的公正性	调查	负责调查的非法院工作人员及指导委员会	法院雇员的感知
4.3.2　人事活动及职业道德	同上	娴熟的调查专家及指导委员会	同上
4.3.3　平等就业机会	查阅记录	指导委员会及法院工作人员	法院人员记录

315

续表

标准	主要数据收集方法	主要评估主体	数据内容或来源
标准4.4 公共教育			
4.4.1 法院与媒体的关系	同上	审判法院管理者及指导委员会	法院政策及实务
4.4.2 评估法院的媒体政策及实践做法	访谈	法院工作人员,娴熟的访谈者(非法院工作人员),指导委员会	法院雇员及媒体代表的感知
4.4.3 社区服务工作	查阅记录及访谈	公共信息专家,法院雇员,指导委员会	公共教育文件及法院雇员的社区服务
标准4.5 应对变化			
4.5.1 对过去问题的回应	结构化组织技术及访谈	小组主持者及指导委员会	司法系统及其他相关机构代表的看法

5. 公众的信任与信心

标准	主要数据收集方法	主要评估主体	数据内容或来源
标准5.1 可接近性			
5.1.1 法院雇员对法院绩效的感知	调查	娴熟的调查专家	法院雇员的感知
5.1.2 司法系统代表对法院绩效的感知	同上	小组主持者	司法系统其他部门代表及其他相关机构代表的感知
5.1.3 普通公众对法院绩效的感知	同上	调查研究机构	普通公众的感知

续表

标准	主要数据收集方法	主要评估主体	数据内容或来源
参见标准1.2.3,标准1.2.6,标准1.2.7,标准1.4.1及标准1.4.2			
标准5.2　法院职能的及时性、公正性及可靠性			
参见标准3.3.1,标准3.3.2,标准5.1.1,标准5.1.2及标准5.1.3			
标准5.3　司法独立和责任			
参见标准4.1.1,标准4.3.1,标准4.3.2,标准4.4.2,标准5.1.1,标准5.1.2及标准5.1.3			

二、第二层次：司法服务绩效评估

（一）欧洲司法服务绩效评估：案件数量与未决案件清案率

司法服务绩效评估对不同的司法服务机构都非常重要,因为其对于整个社会来说都是重大利益信息来源。与司法绩效相关的数据信息主要有如下特点：(1)这些数据信息涉及司法服务的方方面面,须依据科学分析法进行评估；(2)这些数据信息有重大的经济及社会用途,体现司法程序对个人与家庭生活、企业经营及社会关系的重要影响；(3)这些数据信息是国际组织用来评估一国制度效率的机制之一,可确保良好适用改革,尤其提供了保证尊重人权的客观措施；(4)这些数据信息是司法组织的基本评估手段,因为分析民事与刑事案件的数据有助于组织机构依据方法及资源作出最佳选择。

司法服务绩效评估具有相当重要性的五大原因：(1)对法庭绩效(包括法庭工作人员绩效)的观察通常不够准确。使用实证数据信息有助于更为客观地讨论该问题。(2)法庭外部人员所界定的各项指标有助于法庭考量所有诉讼参与人的意见,尤其是诉讼当事人、律师、证人、公共及负责司法拨款机构的意见。(3)明确目标有助于激励人员更加积极地实现这些目标。(4)实证数据对预备、说明及提交预算非常宝贵。(5)如果法庭未评估结果且未昭示其目标,司法机构管理其所受理案件的合法性会被削弱。司法部及司法机构均有自己的权限及责任,其可以据此捍卫合理的预算及独立地位。

虽然许多国际评估机构非常重视指标,甚至认为指标在体现公民与公共管理之间的关系方面有实质作用,但良好的司法制度绩效评估体系并不局限于体现服务(期限、延迟等)的主要指标。评估体系必须是一个整体,且基于各项绩效形式。所有绩效形式不可与"最终产品"挂钩。此处的"最终产品"在司法领域是指"实体判决"。某些服务指标具有一般性,仅涉及与司法活动并不直接相关的活动与功能。因此,涉及法庭书记员的服务指标可以体现支付及供给服务的平均期限。

指标体系的具体层级必须依据其恰当性及可选性予以评估。如果指标体现法庭管理方面的信息,则其就是合适的。这些指标自身所体现的信息必须简明扼要,但对发现其他解决方法至关重要。一般而言,这些指标必须经过筛选,因为大量的不同指标会导致评估体系难以把控,甚至无用。此外,集中关注与实现预设目标相关的变量指标更合适,因为这些指标更好地描述了当前研究的现象。以案件数量及未决案件积压率两项指标为例,可以对欧洲司法服务绩效评估有一些具体的理解。

1. 案件数量:新受理案件、已结案件及未决案件①

一个国家或地区司法机构所处理的民事、行政及刑事案件的数量,可成为评估某一单位工作量(le charge de travail)②的指标。新受理案件对应着司法诉求,已结案件对应着司法系统的回应。未决程序是指法院或法官在某一时期内仍在处理的案件数量。

评估对象可以是某个部门法,法院某个部门,整个法院,或一国的司法制度。计算公式如下:

$$APF = APD + N - T \tag{9.1}$$

需明确一点:截至某个日期未决案件的数量(APF),此处的期限如果是 X_t,那么,自某个日期起未决案件的数量所指的期限则为 $X_t + 1$。

截至某个日期的未决案件数量较少的,则制度质量高。

---

① See *Voir les Lignes Directrices Européennes Uniformes sur les Délais Judiciaires*(*EUGMONT*), Élaborées par la CEPEJ, Section 1.
② 依据 SATURN 小组撰写的《面向欧洲司法程序期限框架——实施指南》,"工作量"(charge de travail)一词,是指法院或法官完成所有任务(处理案件、行政管理及其他相关活动)。但"案件量"(volume d'affaires)一词,是指法院或法官必须处理的案件数量,即某一时期内未决案件及新受理案件的总量。

2. 未决案件积压率或清案率(CR):已决案件数量(T)与新入案件数量(E)[①]的比例

该指标源自数理逻辑,用于评估某一商场产品更新水平。适用于司法领域,该指标用于评估某一评估单位(如法院某个部门、某个法院或一国司法制度)在既定期限内的结案能力。

$$未决案件积压率(\%) = \frac{既定期限内已决案件数量}{既定期限内新受理案件数量} \times 100\% \qquad (9.2)$$

例如,某一年份,某一法院新受理案件 500 件,结案 550 件,则未决案件积压率为 110%。如果已结案件 400 件,则未决案件积压率为 80%。比值大于 100% 的,说明未决案件数量下降。比值小于 100% 的,则说明法院(或其他评估单位)在评估期限内没有能力处理等于或高于新受理案件数量的未决案件,这会导致案件处理延迟。相反,比值大于 100% 的,则意味着生产率高于请求率,生产单位有能力处理等于或高于新受理案件数量的未决案件。一般而言,如果最后比值等于 100%,则一国司法制度或一个评估单位即为高效。

(二)美国司法服务绩效评估:案件处理效率与及时和法庭独立与问责

案件处理效率与及时(expedition and timelines)和法庭独立与问责(independence and accountability)是美国审判法院绩效评估体系中另外两项一级指标,对应于第二个层次,即司法服务绩效的评估。

1. "案件处理效率与及时"一级指标下辖 3 个二级指标:指标 2.1 案件处理,指标 2.2 遵守日程表,指标 2.3 法律及程序的迅速执行。案件处理,是指审判法院须建立并遵守及时处理案件的公认准则,同时控制未决案件的数量。美国律师协会、首席大法官协会及州法院管理协会敦促适用期限标准以加快案件流程管理。案件及时处理的定义须考虑法院在个案中所要求的实际期限,包括起诉、调查及其他事项所需要的合理期限。超出准备及处理个案所必须的期限即构成延迟。遵守日程表是指,审判法院须依据日程表要求及时拨付资金、提供报告及信息,同时依据既定

[①] 参见 CEPEJ《关于欧洲司法制度——司法效率与质量报告》(2016 年版),第五章关于法庭效率的绩效指标,以及第五节关于司法期限的欧洲指导基准。

日程表答复信息及其他服务的请求,以保证日程表使用的有效性。法律及程序的迅速执行是指,审判法院须迅速执行已经修改的法律及程序。

2."法庭的独立与问责"一级指标下辖5个二级指标,这些指标均与三权分立原则、司法独立与必要合作原则及公众问责原则相关。指标4.1要求审判法院行使职权,管理所有案件及其他事务,践行行政权、立法权及司法权三权分立原则且与政府机构进行必要的合作。指标4.2要求审判法院寻求充分的资源并负责资源的使用。指标4.3将平等对待诉讼当事人的概念扩及法院内部人员,即要求各审判法院处理人事关系及作出决策时不得因种族、宗教、民族、性别、性取向、肤色、年龄、残疾或政治面貌而产生偏见。指标4.4要求审判法院告知公众法院的程序安排及业务流程。指标4.5要求审判法院的组织特征及业务流程必须可予调整以适应紧急事件、紧急情况及社会需要。

三、第三层次：司法用户感受评估

（一）欧洲司法用户满意度评估

质量及用户满意度概念通常用于私营机构的产品及服务。如果一个企业不关注自己的客户、不回应客户需求,就无法在竞争中占据优势,其市场生存状况便可想而知。尽管公共管理的主要特征并非持续竞争,但如果不考虑"公民用户"的利益及满意度,也会造成不利影响。

CEPEJ希望满意度调查可以在全国范围内或不同法庭内进行。该方法体现以服务用户为核心的司法理念,而非仅仅关注司法系统绩效。该委员会工作小组在日内瓦法院首先作了试点,并于2010年出版了《欧洲委员会成员国法庭用户满意度调查手册》(附调查问卷)。该调查问卷可用于进行司法用户满意度评估的法庭或司法系统。许多欧委会成员国借此机会作了调查,如阿尔巴尼亚、意大利、芬兰、德国、立陶宛、波兰及斯洛文尼亚。

在使用方法上,意大利司法部以如下两个文件为依托开发出一套方案:CEPEJ手册及SERVQUAL方法。该方法利用市场数量流通概念,评估某一时期企业服务质量(维斯康蒂·G.,2007),是评估大学及职业服务质量时经常参考的主要方法之一。对该方法加以改良且考虑必要因素则可适用于公共部门。SERVQUAL 模型的基础是,司法用户期待及感知之间的差距。评估客户希望获得的与自己认为已获得的之间的差异,这是评估客户满意度的核心内容(菲吉尼·M.,2003),其差距越小,客户满意度越大;反之亦然(见图 9.2)。

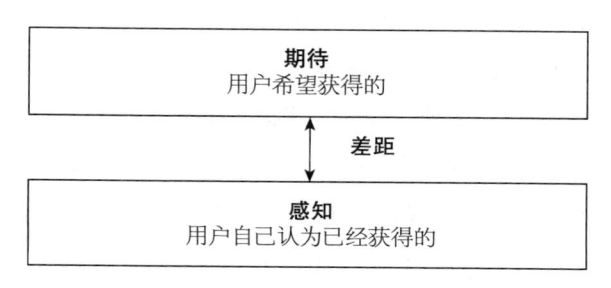

```
┌─────────────────────┐
│        期待          │
│   用户希望获得的      │
└─────────────────────┘
          ↕
         差距
          ↕
┌─────────────────────┐
│        感知          │
│  用户自己认为已经获得的 │
└─────────────────────┘
```

图 9.2　SERVQUAL 模型

消费者满意度调查如果不考虑如下两种类型用户,则不完整:(1)外部用户,如司法系统最终使用者(公民、诉讼当事人等);(2)内部用户,即企业雇员,其通过工作及自身努力向用户提供服务。在司法系统中,内部用户包括法庭雇员。

律师可以包含在如上两种类别中,因其具有双重角色:一方面,律师是"司法系统"的组成部分;另一方面,律师也是司法服务使用者。因此,如果要对律师进行满意度调查,问卷大部分内容都无须变动,但方法上应区别于对其他司法用户及行政人员的调查。至少在意大利是这样做的。

事实上,对内部用户的调查必须与对外部用户的调查保持一致,可用于评估内部文化(服务提供者的文化)与司法用户期待及感知的差异程度。例如,如果雇员认为服务质量一般,且用户不满意相关服务,则必须大刀阔斧改善当前状况。如果雇员认为服务质量非常好,而用户一直不满意,那问题就严重了。在这种情况下,雇员不会采取任何措施主动改善当前情况,因为他们认为所提供的服务令人满意。[1]

消费者满意度调查如果不是出于自愿,或者无法作出必要改变以回应用户的期待,该调查就是无用的。在此情况下,除调查本身是一种资源浪费外,还会使内部用

---

[1] See Calabrese R., *La giustizia vista dall'utente*, *Un'indagine di customer satisfaction presso il Palazzo di Giustizia di Torino*, Novembre 2013, https://webstat.giustizia.it/_layouts/15/start.aspx#/SitePages/Home.aspx dans la section, Studi, *analisi e ricerche* (Etudes, analyses et recherches).

户及外部用户沮丧,因为其参与了一项无用的调查活动。因此,在启动调查之初,就应该广而告之,以便用户了解调查所能获得的结果,并采取某些必要的可行措施弥补期待与感知之间的差距。

可行措施既可用于外部用户,也可用于内部用户,尤其能实现消费者满意度调查的目的。对于用户来说,完善措施可依据所涉及的部门进行分类,每个部门都有一个整理问题的程序改善小组,并负责全面分析,以找到最佳解决方案(菲吉尼·M.,2003)。同样,关于内部用户,首先是雇员,可以构想成立一个改良小组,在培训及外部用户信息告知上做工作。通常而言,由于这类情形涉及公共管理,因此不可能只诉请一种主要手段,如财政刺激。但可以在人力资源增加方面努力,一开始可以只是广而告之调查结果,随后引入资源管理调整机制,尤其是人力资源方面,对如下主题展开培训活动:与用户之间的关系、交流、内部关系及角色组织。

用户满意度调查最棘手的是数据信息收集。收集方式可以多种多样,不同的方式成本也不同,可以是面对面交流,这是司法领域调查经常使用的方法;或者是让法庭访客填写问卷,或者向用户发送邮件。

CEPEJ 所建议的问卷及欧洲与美国所使用的其他问卷模型一般包括如下主题。

➤ 服务:整体组织,延迟/行政手续,接待公众时间,成本,信息获知渠道
➤ 法官/检察官:权限,公正性,聆听当事人的能力,出席法庭时间,判决清晰度
➤ 司法人员(书记官/行政人员):权限,礼貌,聆听能力
➤ 结构:法庭组织(书记官、办公室……),建筑物(内部及外部的可进入性),其他(噪声、整洁度……)

CEPEJ 建议的分值等级为 5 分(1. 不满意,2. 有点满意,3. 一般满意,4. 满意,5. 非常满意)。

表 9.4 是某一法庭所用的问卷摘选,其中涉及社会心理学的问题已被剔除,涉及用户所受服务的问题也被剔除(民事或刑事领域,法庭位置、诉讼类型或去法庭的原因)。

表9.4 司法用户满意度问卷摘选

类型	标准问题	回答您对如下方面的满意度
法庭结构及后勤	法庭的可进入性	
	指向法庭的路牌	
	进入办公室获得服务或咨询信息的便捷性	
	法庭内部的指示牌	
	残疾人进入法庭的便利性	
	……	
服务水平	法官对您的案件应有的关注度	
	行政人员对您所提要求应有的关注度	
	法官必须考虑您的意见	
	对诉讼不同阶段的理解	
	与您案件相关的文件明白易懂	
	法庭官网上所提供的信息及所有服务	
	您案件的诉讼期限	
	……	
法官	法官的准备	
	法官的公正性	
	法官的礼貌	
	对法官的整体满意度	
	……	
行政人员	行政人员的职业化	
	行政人员的礼貌	
	行政人员的着装	
	对行政人员的整体满意度	
	……	

续表

类型	标准问题	回答您对如下方面的满意度
法庭组织	接待公众的时间	
	获取表格的便捷性	
	理解并填写表格的便捷性	
	工作、正在处理及积压案件的管理	
	传唤的管理,传唤出庭的准确性、准时性	
	……	
整体满意度	对法庭服务的整体满意度	

（二）美国审判法院公众信任与信心评估

公众信任与信心（public trust and confidence）是美国审判法院绩效评估体系最后一个一级指标,对应于第三层次即司法用户感受评估。公众信任与信心一级指标下辖3个二级指标。指标5.1测量公众感知到审判法院的可接近性。指标5.2测量公众相信审判法院能够及时、公正、平等处理案件且审判法院的程序及裁判具有诚信度。指标5.3测量公众感知到审判法院独立于州及地方的其他政府机构且对公众资源负责。这3个指标分别配套一个三级指标以评估不同群体对法院绩效的感知。这些三级指标包括:邮件调查法院工作人员（指标5.1.1）、与司法系统各部门代表进行小组讨论（指标5.1.2）及电话调查普通公众（指标5.1.3）。值得注意的是,"公众信任与信心"绩效指标旨在审查法院绩效的感知度,包括法院管理及日常运转。这些指标并不审查公众对法院判决的认可度。

1. 可接近性。除指标5.1外,配套的某些指标可用于评估法院的"可接近性",包括:

指标1.2.3 法庭建筑安全性的感知。

指标1.2.6 法庭使用者对可接近性及便利性的评估。

指标1.2.7 观察员对可接近性及便利性的评估。

指标1.4.1 法庭使用者对法院工作人员礼貌及答复的评估。

指标1.4.2　观察员对法院工作人员礼貌及答复的评估。

2.法院职能的及时性、公正性及可靠性。除指标5.1.1、指标5.1.2及指标5.1.3外,与"平等、公正及廉正"配套的指标也可用于评估本标准,包括：

指标3.3.1　执业律师对平等与公正的评估。

指标3.3.2　法庭使用者对平等与公正的评估。

3.司法独立和责任。除指标5.1.1、指标5.1.2及指标5.1.3外,与"法庭的独立与问责"配套的4项指标也可用于评估本标准,包括：

指标4.1.1　对法院独立性及合作性的感知。

指标4.3.1　对工作条件公正性的评估。

指标4.3.2　人事活动及职业道德。

指标4.4.2　对法院媒体政策及实践做法的评估。

四、欧美案件质量评估模式比较分析

美国及欧洲在案件质量评估上均采用定性与定量相结合的评估方法,但在侧重点上有所不同。欧洲更重视定性评估,定量评估只涉及司法服务绩效层面,如案件数量、处理案件期限等；定性评估则涉及程序与判决质量、司法用户感受这两个层面。在某种意义上,欧洲的做法是对美国实践的修正,即弱化数字化考核,加强主观性考核。这种做法的理念根基,是更看重司法服务系统中参与人的意见。具体而言,如果将案件判决结果视为产品,则案件质量不仅涉及判决结果产生过程本身,也涉及这一过程中司法用户的满意度。当然,定性考核与定量考核相比似乎不够"客观",但案件质量与数学研究不同,不太可能得出一个具体数值。究其原因,司法制度是一个复杂系统,司法过程是解决社会纠纷或人与人之间关系的动态过程,环境变量太多；而数学研究是在一个假设的抽象空间进行,运用数学公理进行推算即可,没有环境变量。因此,案件处理期限数值越小,并不意味着案件质量越高；同样,案件处理数量数值越大,也不能等同案件质量越高。案件质量的高低受诸多变量影响,只有综合评估这些变量,方能得出一个大概结果,不太可能依据精确数值得出一个精确结果。

数字化评估方法对于评估主体统计评估结果更简便,倘若一味偏重量化考核,

则有违案件质量或司法过程的特有属性。任何一种评估,首要目的是看清评估对象现在的状况,次要目的是促进评估对象的优化或发展。由欧美实践可知,案件质量评估只有采用定性与定量相结合的评估方法,才能实现前述评估目的。

第三节 司法官考核

司法官考核是司法评估的微观层面。本节主要以欧盟成员国为考察对象,检视欧盟各国司法官考核制度方面的不同做法。

一、司法官考核制度

欧盟大部分国家法律均正式规定了司法官考核制度,只有少数国家没有正式规定,如塞浦路斯、丹麦、西班牙、芬兰、爱尔兰、卢森堡、马耳他、波兰、捷克及比利时。但这并不意味着上述国家对司法官职业活动没有评价机制。

(一)司法官考核对象

在有正式司法考核制度的欧盟成员国中,各国差异也很大。有些国家采用司法官群体统一考核制度,如保加利亚、克罗地亚、拉脱维亚、斯洛文尼亚、土耳其。[①] 其他国家则区分两类司法官,即司法官及行政法官,如希腊、葡萄牙。司法官须接受考核,但行政法官无须接受考核,典型如意大利,主要原因是行政法官数量有限,且须保障其独立性(根据资历晋升)。

法国及荷兰最高行政法院法官无须考核。法国所有上诉行政法院、基层行政法院法官及司法法院司法官都要接受考核,但行政法院院长除外。在奥地利,一级与二级普通法院法官须考核,但最高法院法官及行政法院法官无须考核。在斯洛文尼亚,法官考核制度与检察官不同。在德国,司法组织的联邦制结构决定了考核方式,即各州有自己特定的考核制度。这些正式的考核程序有共同点,即具有周期性或偶然性。有些国家司法官考核制度只针对职业生涯初期的司法官。例如,爱沙尼亚,

---

① 土耳其的高级司法官除外,不受统一考核制度约束。

入行前三年司法官须接受考核。

依据司法官负有办案职能或组织管理职能,考核方式也有所不同。通常有3种情况:法院院长汇报其履行领导职能的情况(如保加利亚、法国、匈牙利、立陶宛、波兰),法院院长不受考核(如德国联邦行政法院院长、奥地利行政法院院长和副院长、法国最高行政法院副院长、法国上诉行政法院院长),法院院长考核与其同僚相当(如克罗地亚、希腊、拉脱维亚、葡萄牙、斯洛文尼亚)。

在大部分欧盟成员国,司法官考核的原则均规定在法律中。例如,希腊司法官考核原则正式规定在宪法中,宪法条款将考核权赋予"高级司法官"。土耳其《宪法》明确规定,"尊重法庭独立原则及保障法官身份的终身性"。在德国,有关联邦司法官的法律规定监督司法官不得损害其独立性。在波兰,创建及组织司法官考核的规则由指令加以规定,并不存在统一的考核制度。

(二)负责评估及培训的机构

谁决定考核?要么是由法院内部机构决定,要么是由独立的外部机构决定。如果由法院内部机构决定,则一般是由首长(德国行政法院、法国行政法院、斯洛伐克法院、匈牙利法院)或内设合议机构(奥地利、希腊、斯洛文尼亚)决定。在其他国家,考核由独立合议机构决定,该机构通常仅由司法官组成,但有时也有立法机构、律师、大学、共和国总统或司法部的代表参加。

大多数国家没有对考核者组织专门的培训。但是,德国专设了一个司法官学院,内部开设评估技术的培训课程。法国最高行政法院培训中心开设了职业面试的培训课程。

(三)司法官考核制度的目标和标准

1. 司法官考核制度的目标

依据考核制度的目标,可分为3类国家。第一类国家旨在通过考核制度优化法院组织及其功能(塞浦路斯、立陶宛、马耳他、波兰)。第二类国家将考核制度作为每个司法官职业发展的衡量工具,法官的晋升与考核结果密切相关(奥地利、立陶宛、瑞典)。第三类国家也是为数众多的国家,借助司法官考核制度,寻求优化整个法院系统的绩效及检测司法官的个人能力(保加利亚、克罗地亚、法国、希腊、匈牙利、波兰、葡萄牙、斯洛文尼亚、斯洛伐克、土耳其)。

德国的情况比较特殊,存在两套考核制度:一套是正式的,另一套是非正式的。正式的考核制度分为偶然性考核及周期性考核。偶然性的正式考核一般在晋升程序中适用;周期性的正式考核围绕司法官个人能力进行。非正式考核旨在优化法院整体职能,如法院状况报告或法院管理委员会的年度商谈会。

关于司法官考核目标,有些国家比较明确,有些国家则未明确。通常有如下目标:突出的绩效标准,包括清理旧案;质量标准;职业培训;公布最佳判决;良好监督司法辅助人员。当然,缺少预设目标不能等同简单纯粹缺少目标,如保加利亚,通过定量考核及工作质量考核,考核者可以在考核期限内向被考核者提出建议。立陶宛也类似,可从考核标准(如定性和定量绩效指标)中推出考核目标。在土耳其,考核结果分等级:得分越高,晋升机会越大。

2. 司法官考核的标准及其权重

欧盟各国司法官考核标准的权重(保加利亚、立陶宛、葡萄牙、斯洛文尼亚)及考核表(法国、匈牙利、立陶宛、葡萄牙)各不相同,但各国考核的标准及相关指标有很大的趋同性。这些标准或指标是复合的,包括法律知识、判决精神、组织能力、生产力、尊重期限、职业道德、继续培训、合议制、与受审判者之间的关系、参与法院活动的程度、管理能力等。

完成工作的质量标准有两类:一些国家将这一标准纳入法官考核标准,如保加利亚、克罗地亚、匈牙利、拉脱维亚、葡萄牙、斯洛伐克、斯洛文尼亚、土耳其。其他国家则基于司法官独立性的要求明确排除此标准,如德国、法国、爱沙尼亚、立陶宛、瑞典。有趣的是,在某些国家,行使审判职能期间所表现出的独立性和公正性恰恰是考核法官的标准之一。因此,至关重要的问题是:能否在不损害法官独立的情况下评估判决质量?

在法国司法官考核标准中,包括"一般业务能力指标"、"法律技术专业知识能力指标"和"特定职能专门知识指标"。其中,一般业务能力指标请参见表9.5。

表9.5 法国司法官考核表(一般业务能力指标)

评价指标	评价等级				
	非常优秀	优秀	良好	令人满意	存在不足
一般业务能力指标体系					
常识与判断					
对所从事业务社会经济背景的了解					
性格坚毅、有自控力					
倾听建议与交流能力					
责任感					
作出决定的能力					
在期限内开展工作的能力					
处理紧急情况的能力					
工作能力及效率					
适应能力					
创造精神					
依照程序进行审判					
专业履行职责					
实现既定目标的能力					
担任管理职务的能力					
与其他法官的关系					
与书记员的关系					
与书记员工作上的协作					
与其他法庭参与人员的关系					
参与司法活动					
行使职权的能力					
代表司法机关的能力					

"法律技术专业知识能力指标"包括法律知识精准程度与了解范围、利用与更新自身法律知识的能力、分析能力、概括能力、书面表达能力、语言表达能力和使用新

信息通信技术能力。

"特定职能专门知识指标"对院领导及一般司法官有所区分。(1)对于法院院长、检察长、各内设机构负责人及书记室主任,评价指标主要包括:执行司法政策的能力,领导法院、检察院及各自部门以及行使职权的能力,管理能力,预测和建议的能力,设计和实施计划的能力,交流能力,设定目标和调整手段的能力,组织举行会议的能力,人力资源管理能力,组织规划能力,对话能力和管理能力;(2)对于一般检察官,评价指标主要包括:管理部门的能力,执行刑事政策能力,遵循检察层级关系、实施计划能力,以及法庭公诉及辩论能力。对于一般法官,评价指标主要包括撰写清晰、合适判决的能力,部门管理能力,庭审能力,处理争议的能力以及合议能力。

3. 维护司法官独立性及公正性的保障

保障司法官的独立性及公正性是欧盟国家共同追求的目标。故而,司法官考核制度原则上不得侵犯司法官的独立性及公正性。在德国,这一情况更显著:法律保障司法官的独立性不受任何正式或非正式的考核形式的侵犯;为此,德国在特殊法院中设置了申诉途径。与德国相似,所有斯洛文尼亚法官认为,其独立性受到侵犯时可以向司法官委员会申诉,后者有权制止相关侵犯行为。

在大部分国家,正是有组织的考核制度本身保障了司法官的独立性和公正性。这一保障主要取决于考核程序中相关机构的质量。考核者通常是司法官,最终决定通常由司法官职业团体首长作出(法国、斯洛伐克),或由法院系统内部考核委员会作出(希腊、斯洛文尼亚),或由同僚作出(拉脱维亚),或由特定合议机构作出。特定合议机构是中立机构,其组成及运行独立于立法权和行政权,甚至独立于司法权本身,如保加利亚最高司法委员会、立陶宛法官考核常设委员会、葡萄牙行政与财税法院高等委员会、土耳其法官及检察官高等委员会。保加利亚的情况比较特殊,虽然最终决定权属于最高司法委员会,但实际考核工作是由最高司法委员会内设的提案与考核委员会进行,由辅助考核委员会协助。辅助考核委员会所有成员(司法官)通过随机指定选出,以规避考核者通常比被考核者位阶高的定律。

二、司法官考核程序

（一）司法官考核的频率及步骤

欧盟各国司法官考核程序各不相同。可以区分3种情况：第一种情况是只在特定情况下才进行考核，如岗位竞争、司法官自行请求、适用惩戒程序等。在西班牙没有依法组织的考核制度，法官的任命和晋升通常是以个人业绩和能力为依据，这实际上就是考核。塞浦路斯、芬兰、意大利、卢森堡及波兰也遵循类似模式。瑞典也属于此类，但倾向构建一个定期评估制度，以此作为法官个人薪酬制度的基础。在斯洛伐克，如果法官要求晋升，则启动考核程序。

第二种情况是定期考核。例如，在法国，行政司法官每年都要考核，主要方式是与其所在法庭庭长及法院院长面谈。被考核的司法官积极参与这种考核。在葡萄牙，定期考核只针对基层行政法院，考核程序的始末均由考核者和被考核者面谈。在希腊，对审计官和裁判者的内部考核每两年一次。该制度可以向司法官高等委员会提供客观及可靠的信息。爱沙尼亚的情况比较特殊，考核司法官仅限于其职业生涯的前3年。

第三种情况是前两种的综合，即定期及不定期考核模式相结合。例如，在德国，每4年考核一次，司法官年满50岁则不再考核。至于不定期考核只适用于联邦行政法院，主要在晋升程序中进行，通常所采取的方式是考核者和被考核者面谈。保加利亚、匈牙利及立陶宛也采取定期与不定期考核相结合的模式。克罗地亚、拉脱维亚、斯洛文尼亚和土耳其也属于此类，但考核程序多为单项。

（二）为考核司法官而收集信息

考核信息通常在司法官履职的法院内部收集。所选信息的性质与考核目标、所使用的标准及考核目标密切相关。数据信息（案件处理期限、待处理案件）占据一定的分量，但不是全部。对于上级或上诉法院的司法官，通常会审查其工作内容。在法官晋升程序中，考察法官判决质量会通过随机抽取"样本"（判决书）的方式进行，如德国、意大利。

（三）考核结果、理由及后果

在大多数欧盟国家,考核结果是评语。评语从不合格到优秀分为不同等级。在保加利亚,依据每个标准点,整体考核结果有两种:通过或不通过。在拉脱维亚,考核结果是积极或消极,无须说明理由。在法国,评语制度已被抛弃,取而代之的是详细的评价。匈牙利、立陶宛及斯洛伐克也要求有详细书面理由或评价。

考核结果的载体形式近似。在保加利亚,考核委员会负责制作考核表格;在希腊,考核报告是考核程序中最重要的文件;在葡萄牙,行政及财税法院高等委员会指定最有资历的司法官作为考核官,考核官负责起草完整的考核报告,内容包括被考核者的业绩信息及考核建议;在土耳其,从经验丰富的法官中选拔司法监督员,对各法院进行检查,并将其意见写入考核文件中。

在大多数欧盟国家,考核结果"消极"会妨碍司法官的职业晋升;考核结果"积极"有助于职业晋升(保加利亚、法国、拉脱维亚、葡萄牙、斯洛文尼亚),不利的评语可能导致纪律处分(立陶宛、葡萄牙、匈牙利、斯洛伐克),甚至宣告相关司法官不适合继续履职(爱沙尼亚、匈牙利、斯洛文尼亚)。

有趣的是,在德国,大部分学者认为,绩效工资概念是违宪的。在瑞典,试图启用司法官个性待遇制度,即根据考核结果来调整各司法官待遇,但该制度饱受争议且尚未试行。但是,瑞典司法官考核内容不涉及法庭裁判活动,只涉及诸如照顾新同事、替换因病不能履职的同事等。

（四）被考核者的作用及申诉途径

应该区分两种情况:考核初期考核者与被考核者之间的不定期面谈;在考核具有终极效力之前,被考核者对考核者首次考核结果的反应。被考核者似乎与考核程序的关系更密切,自我评估在整个考核程序中重要性更强。在最终考核结果出来之前,如果被考核者一直发声,自我评估的部分就一直存在。保加利亚、爱沙尼亚、希腊、匈牙利、拉脱维亚、立陶宛、葡萄牙及土耳其都有相似的规定。

关于被考核的司法官是否有针对考核结果的申诉途径,各国的做法不同。有些国家没有申诉途径,如保加利亚、拉脱维亚及爱沙尼亚。有些国家有司法申诉途径,如德国、克罗地亚、法国、匈牙利、希腊、葡萄牙及立陶宛。还有一些国家有其他申诉途径,如奥地利、斯洛伐克、斯洛文尼亚、土耳其。

值得强调的是,没有哪个国家既无事前救济,亦无事后救济。同时,有事前和事后救济途径的国家较少,如希腊、匈牙利、立陶宛、葡萄牙、土耳其。

(五)考核档案的保存、查阅及保密

关于考核档案保存,各国做法差异较大:有些国家没有任何存档(爱沙尼亚),有些国家只存档最终考核结果和被考核者的意见(德国、立陶宛),绝大多数国家会存档用于考核的所有预备文件(克罗地亚、希腊、匈牙利、拉脱维亚、葡萄牙、斯洛伐克、斯洛文尼亚)。土耳其属于最后一类,除司法官考核文件外,还附加资产申报书。值得一提的是,法国和保加利亚考核文档均已虚拟化,且有安全防卫系统。

存档地点各国也不尽相同。文档通常存储在负责考核的机构。因此,视情况而定,文档存储在被考核者所在法院内外。当然,每个司法官可能有多份个人文档,分布在不同地方(负责作出最终决定的机构、被考核者所在法院院长、司法部长)。这些文档具有秘密性,并且通常由法律予以保障。最初的利害关系人、存档机构人员,甚至有关主体(如晋升程序中有任命权的机构)可以查阅。在这种情况下,可传达考核结果,如立陶宛。但是,斯洛文尼亚行政法院认为,对法官司法职能的负面考核结果不受保密性规则的约束,但考核本身及相关个人资料仍需保密。

三、司法官考核的评价与比较

(一)关于考核制度与国内法及国际法的一致性

在大多数欧盟国家,法院从不裁定本国司法官考核制度是否符合国内法及国际法,但以下4国例外:(1)捷克司法官考核制度由2002年法律创设,之后被捷克宪法法院废除,理由是容易造成行政权扩张,有损"三权分立"原则。此外,捷克宪法法院认为,任何一种司法官考核制度都应该设立一个独立的司法考核机构,以保证法院的独立性。(2)西班牙最高法院以违反法律规定为由废除一项规定,该规定将法官薪酬与业绩标准(判决数量)挂钩。(3)德国联邦法院和德国联邦宪法法院也对司法官正式和非正式考核形式是否符合宪法和法律规定作出过裁定。德国联邦法院裁定,任何直接或间接导致指示处理案件方式的考核都是违法的。它还认为,定量方法(如某个期限内处理案件的速度或数量)无法对司法官的整体职业能力进行考核。(4)法国最高行政法院在2006年的一起案件中判决,对司法官的评分及考核不得损害司法官的独立。

总体而言,欧盟国家大多有正式或非正式的司法官考核制度,这在某种程度上表明考核制度的重要性。但是,各国也相当重视司法官的独立性。司法官考核制度不得影响司法官独立原则。在确保这一原则的基础上,不同国家在考核主体、考核结果申诉以及信息保密等方面有各具特色的做法。

(二)欧盟司法官考核制度与加拿大新斯科舍省司法发展计划的比较

通过上述对欧盟国家司法官考核制度的检视可见,即便在没有正式考核制度的国家,司法官工作质量仍然是司法制度关注的问题。例如,德国某些州在自愿基础上成立了司法官自治团体,旨在提出完善司法工作质量的建议。葡萄牙司法官希望他们的考核制度不断深化,更好地向被考核者传达信息。

被考核的司法官可以积极参与考核程序,成为考核的合作者,此时自我评估和外部评估并存。值得一提的是,法国国立司法官学校组织的同行经验交流被视为对司法官职业行为进行观察和反思的良好方法。通常形式是,在自由选择同伴且完全保密的情况下,两名司法官互相交流各自的工作经验。同行经验交流与考核不同,但这种方法有助于改进司法管理。

上述做法与加拿大新斯科舍省司法发展计划有相似性。[1] 新斯科舍省司法发展计划充分尊重法官的自愿性,其目的并不在于制裁不合格的法官,而在于提升该省司法质量,向法官反馈其工作质量信息。司法质量评估重点包括法官自行评估及辩护律师对法官的评估,所需数据资料通过调查问卷收集。资料收集遵循两项原则:一是匿名原则,旨在避免参与计划的法官受到司法质量评估之外的压力。具名资料

---

[1] See Dale H. Poel, *Measuring Judicial Performance: Lessons from Nova Scotia Judicial Development Project*, TREMA 4 a, 2001, p. 29 – 34.

属机密文件,不得公开,用后必须销毁。只有该计划的调查员有权接触获得具名资料。二是自愿参加原则。参加计划必须是自愿的,省省大约有60%的法官参加了该计划。① 该计划分为调查问卷、选择"良师"、结果运用等阶段。② (1)调查问卷,向愿意参加计划的法官及律师发放。问卷含法律水平、公正性、主导程序的组织能力、与判决相关的业务能力(判决内容及期限)、行为举止5个专栏,每个专栏有6~11个具体问题,法官能力评估为1~6级。问卷的收集通过邮件方式,以确保秘密性。问卷经过统计处理后,每个法官均会收到包含律师评价统计结果、法院内其他法官评估结果、全省同一类型法院内法官评估结果、所有参加计划的法官评估结果等文件。如此,每个法官均会了解律师评价为"优秀"或"良好"的百分比。法官的法律水平及判决文书说理质量则通过同行互评的方式进行。(2)选择"良师",是指该省司法发展计划确定了5位"良师",都是经验丰富、在职或刚刚退休的法官,职责是与参加计划的法官讨论问卷中所反映的评估和自行评估的结果。每个参加计划的法官都单独就问卷结果与"良师"进行讨论。"良师"须与每个法官商谈在哪些方面需要继续努力或接受继续教育。(3)结果运用,评估结果旨在帮助法官确定继续接受教育的计划,以确保法院应有的司法质量。如果一个法官获得"优秀"或"良好"的评语较少,则须与"良师"商谈如何改进,或者接受继续教育,或者另谋高就。如果一个法院获得"优秀"或"良好"的评语较少,则须组织教育培训课。如果一个法院获得"优秀"或"良好"的评语多于平均水平,则该法院则为模范法院。该计划显示的评估结果为司法质量良好,88%的律师对法官工作的评价为"优秀"或"良好"。③ 但供职同一法院的法官之间的差异要比法院之间的差异大。大部分法官都愿意与"良师"商谈,这是该计划中最为有益的环节。

---

① See Anne-Lise Sibony, *Quelles Leçons Tirer des Expériences Étrangères?*, in E. Breen, Evaluer la Justice, PUF 2002, p. 98.
② See Anne-Lise Sibony, *Quelles Leçons Tirer des Expériences Étrangères?*, in E. Breen, Evaluer la Justice, PUF 2002, p. 99.
③ See Anne-Lise Sibony, *Quelles Leçons Tirer des Expériences Étrangères?*, in E. Breen, Evaluer la Justice, PUF 2002, p. 100.

关　键　词

A

案—件比　295

案件质量　61,98,104,107,155,287,
293-296,325,326

案件质量评估　55,61,62,74,75,79,
80,82,83,86,90,95,98,99,103,104,
127,134,135,138,139,142,146,282,
293-296,325,326

B

标准　4,16,24,30,36,40,45,47,48,
50,51,55-62,75,76,96,97,105,
107,112,115,120,126,127,129,132,
133,135,136,138,141,143,144,146-
154,157,159,161-168,171,172,174-
177,180-188,198,205,211,258,
287,292,295,297,298,300,306-
308,310-317,319,323-325,327,
328,331-333

目标导向标准　144

规范性标准　146

不得自证其罪的权利　16

C

程序型模式　282,288

程序与判决质量　294-296,308,325

D

大众司法　4

当事人诉讼权利　15,27,31,68,97,
112,142,146,192,193,200,213,216,
236,237,244,246,247,259,261-
263,268,276,277

质证权(另参见交叉询问权利、对质
权)　17,18,21,22,31,113,201,
202,220

当事人享有不被强迫自证其罪的权
利　97,113,200,218,239,242,
247,262,276

当事人享有获得辩护、代理的权利
97,201,218,239,242,247,262,276

当事人享有获得救济的权利　97,

202,218,238,241,247,262,268,277

当事人享有证据性权利　97,201,218,239,242,247,262,277

德尔菲法　115,139,172－174

定量方法　57,91,115－117,119,120,125,141,148,334

定性方法　108,115－117,119－122,125,148,153

对质权　18,19

对抗性评估　43,45

F

法定证据理论(制度)　7,10,189

法律　1－4,6－12,14－16,18,20,21,23－26,29,30,35,41,57－62,64,65,67－71,74－79,81,87,93,95,97,99,102,104－106,108－115,117－119,123,127－134,137,139－146,148,150,152－156,160,166,169,171,175,176,178,189,191－208,210－215,218,221－223,225,227－229,239,242,252,269－277,279,280,284－287,289,292,293,296－300,304－307,309,311－314,319,320,326－330,333－335

文本中的法律　141

职业保障　26,31,113,195,212,213,222,273

法律推理　12,21,25,31,58,59

法律职业化　31,88,113,114,195,211,216,236,237,244,252,260,261,265,266,269,271－273

法律职业人员具有适格性　113,265

法律职业人员遵守职业伦理规范　212,221,238,241,252,265,269

法律职业人员享有职业保障　212,222,238,241,252,266,269

法治　10－13,15,17,20,21,23,25,26,34,35,41,44,49,52,60,64,65,70,72,74－76,79,81－87,89－91,93－99,101,102,104,106－111,115,121,126,129－132,135－137,139－141,143－148,152－156,160,162－164,167－174,176－178,181,189,190,195－197,199,200,203,207,208,212,213,215,223－227,232,255,256,259,270－273,275,278,279,292

量化法治　108,109,147,160

行动中的法治　129,139

法治指数　52,72,75,93,95,97,102,109,110,115,130,131,136,137,143,156,160,168－172,175,223,256,279

世界法治指数　41,72,76,77,93,104,109,110,113,115,129,131,137,145,147,170－172,190,197,

223,224,227,279

访谈法 34,37,117,186,187

G

公信力 27,62-65,69-74,76,77,79-82,85,94,95,100,130,132,134,135,143,146,152,164,169,171,173,175,181,196,274

公正 2-4,7,9,12,13,21,22,24,26,49,51,58-61,64,65,67,69-71,81-83,86,93,95,96,99,103,105,109,110,112,113,126,127,129,132-136,138,139,145,146,148,154,155,166,169,171,190-192,194-200,203,206,208-210,212-214,217,224-226,245,246,259,263,270,271,281,283,284,289,293,295-297,309,313,324,325

管理型模式 282,290

管治型模式 282,289

H

恢复性司法 27,215,273

霍桑效应 123

J

解释主义 32,34,36,37

吉登斯 116,117

绩效评估 47-52,54-57,79,80,98,103,128,136,159,281,294,295,308,318,319,324

360度绩效评估 52,54

司法绩效评估 36,41,47,52,54-59,61,62,75,98,99,136,137,281

交叉询问权利 17

校正正义 3,4,12

纠问程序 5-7

K

考核 48,59,74,81,97-100,103-107,119,122,126,138,144,152,211,222,278,325-328,330-334

定期考核 331

不定期考核 331

考核结果 327,328,331-334

考核程序 326,330-332,334

考核档案 333

考评 49,57,62,81,98,99,104-107,137,143,153,170

检察业务考评机制 99,104

跨学科性 77

L

拉德布鲁赫 5-7,9,10,15,71,189

历史文献分析法 118

量化评估 75,95,109,143,197,225,

226,232,290,295

M

民事司法改革法 80,282-284,291,294

民意调查 40,41,75,82,176,281

民事司法程序 31,113,129,172,193,203,216,236,237,244,247,248,259,261,263,264

 民事审判符合公正要求 113,129,203,218,231,238,241,248,263,268

 民事诉讼中的调解自愿、合法 113,129,203,219,238,241,248,263

 民事诉讼裁判得到有效执行 113,129,172,204,219,231,239,241,248,263

O

欧洲司法效率委员会(CEPEJ) 295,296,298,318,320,322

欧洲中世纪司法程序 5

P

批判主义 32,35-37

平等原则 3,11,12,192,293

评估 1,28-30,32-36,41-47,50-57,59-62,69,71-104,108-112,114-116,119-122,124-132,134-150,152-154,156-188,190,197,211,216,223,227,256,270,272,277-291,293-296,298,299,303,304,306-321,324-328,331,332,334,335

第三方评估 49,75-77,79-82,87,100,101,103,110,136,139,145,148,152,169,170,172,175,278

定量评估 92,295,325

定性评估 92,121,182,183,325

评估客体 79,82,83

评估对象 28,35,52,74-79,82-84,88,91,92,94,96,100,101,104,111,116,121-124,126-128,130,132,135,138,142,144,149,153,158,163,171,172,174,176,178,180,182,186,278,279,283,318,326

评估数据 76,79,80,83-90,92,101,102,135,162,163,176,187

全面评估 82,111,128-130

重点评估 128,129

局部评估 130

专项评估 116,128,130,140,171,223,224

内部评估 100,116,135,152,169,170,291

外部评估 81,116,135,164,169,

170,291,334

评估方法　33,35,46,47,51,52,55,91,92,103,111,113,118,121,133,137,140,144,147,148,154,157,160,161,229,278,282,291,292,296,308,325,326

评估主体　53-55,74-84,87,88,91,92,94-97,99-101,103,111,112,116,126,135,152,156,164,168-170,183,186,188,223,280,282,291,325

评估标准　30,45,56,58-60,73,76-78,93,136,157,160,168,185,186,279,282,291,306,307

 可接受性标准　151,152

 实践效果标准　154

评价　24,28-30,33,36,42,44-47,49,50,52-54,56,57,59,62-64,66-69,71,72,74-79,83-86,91,92,94-98,100,102-105,109-117,119,124,125,127,130,132,133,135-139,141-143,146,148,149,151-155,157,160,165,169,170,177,181,187,198,269,270,273-275,280,281,293-295,326,329,332,333,335

 评价功能　30,92,96,97,143

 评价指标　50,62,74,75,83,92,94,136,141,143,295,329,330

主观评价　66,67,86,132-134,155,269,270,280

R

人的推定　5

人权保障　8,12,17,28,189,216,273,276

《世界人权宣言》　8,12,16,21,202

《欧洲人权公约》　8,9,19,292,296

《公民权利和政治权利国际公约》　8,16,19,24,26,192,202,206

人文主义　32

S

SERVQUAL 方法　320

社会调查　32-35,37-41,44,75,186,187,280

社会评估　42,43,46,152

社会指标　43,44,136,137,148

神明裁判　9,10,13,208

审判中心　21,24,25,31,208

实地观察法　118

时序比较方式　124

实验评估　33

 实验比较方式　122-124

实证主义　32-37,147

司法　1-15,19-31,36,38,41,46,47,52,54-62,64-83,85-105,108-

123,126,128 - 134,136 - 147,150,
152 - 156,167 - 169,171,172,175 -
177,179 - 201,203,206 - 208,210 -
215,217,223 - 226,232,242,245,
246,256,258 - 261,270 - 282,284 -
300,302 - 304,306 - 308,310,311,
313,316 - 335

司法程序　1,11,13,19,20,23,25,28,
29,31,55,70,113,114,132,141,142,
155,171,199,204,207,215,268,295,
296,298,300,301,308,309,317,318

司法腐败遏制　31,88,113,114,195,
210,216,236,237,244,251,252,259,
261,265,266,268,269,271,274

　警察远离腐败　210,221,239,242,
　251,268,269

　检察官远离腐败　210,221,239,242,
　251

　法官远离腐败　210,211,221,239,
　242,251,268

司法改革　12,27,36,47,66,70,74,88,
95,97,99,108,112,115,119,121,
123,128,130,173,211,224,255,256,
258,268,271,274,277,282,284 -
286,288 - 290,292,293

　司法改革评估　282,287,288,291,
　292

　　司法服务绩效　294,295,317 - 319,

325

司法公开　27,31,57,71,82,110,113,
114,119,130,140,142,172,187,196,
213,214,216,222,236,237,243,244,
253,259,261,266 - 268,271

　司法过程依法公开　213,222,238,
　241,253,266

　裁判结果依法公开　27,214,222,
　239,241,253,266

司法公信力　23,26,27,62,64 - 72,74,
76,80,81,85,95,110,113,119,130,
132,134,139,145,154,155,169,172,
175,184,191,192,196 - 200,224,
226,273 - 275,281

　司法公信力的构成　67 - 70

　司法公信力评估　47,69,71,72,75,
　76,80,82,94,130,133,134,139,
　145,171,184

司法官考核　282,326 - 334
　司法官考核目标　328

司法规律　12,13,20,21,24,26,30,31,
78,79,94,96,99,103,104,106,146,
156,170,181,279

司法救济　4,27,202,293

司法理性　3,4

司法评估　1,29,30,32,35 - 37,40 -
42,46,47,54,55,57,58,62,72,74 -
104,108,110 - 112,115 - 117,119 -

149,152－156,167－184,186,187,
　　189,270,277－282,326
　司法评估方法　75,92,101,108,113,
　　174
　　司法量化评估　108,110,111,115,
　　　116
　司法评估功能　95,100－104
　　展示功能　96,97,103
　　指引功能　97,143
　　管理功能　98－100,103
　　监督功能　95,96,99,100,177
　　　内部监督　199
　　　外部监督　99,100
　　司法评估工具的功能　74,100
　　司法评估功能的限度　102
　　排名功能　103
　司法评估手段　91
　司法评估的性质　74,75,77,81,102
　　公正性　14,21,33,58,59,64－66,
　　　71,81,109,126,127,193,203,
　　　207,209,215,224,225,285,287,
　　　296,298,306,313,315,317,322,
　　　323,325,328,330,335
　　有效性　36,40,46,47,50－55,60－
　　　62,86,87,126,127,140－142,
　　　144,152,161－164,166,174,
　　　177,178,180,187,188,194,280,320
　　普适性　93,130－132,147,172,

　　180,223,278,279
　　特殊性　32,39,47,55,93,94,111,
　　　124,130,131,152,179,180,278,
　　　279
　司法评估的要素　79
　司法权力　7,13,14,27,31,64,67,69,
　　72,87,111,112,114,128,133,155,
　　192,195,198－200,206,216,236,
　　237,244,245,260－262,268,280
　　被动性　13,14,31
　　独立性　14,15,31,52,55,58－61,
　　　70,77,80,81,135,136,152,164,
　　　167,170,197,278,290,298,306,
　　　325－328,330,333,334
　　中立性　15,31,80,81,85,112,126,
　　　132,136,152,170,186,203,223,
　　　278,280
　司法权力主体受到信任与认同
　　　200,217,239,241,245,261,262,
　　　268
　司法裁判受到信任与认同　112,
　　　200,217,239,245,261,262,268
　司法权力独立行使　198,217,238,
　　　241,245,261,269
　司法权力公正行使　114,132,199,
　　　217,238,241,245,261,262,268
　司法权力依法行使　198,217,231,
　　　238,241,245,262,269

关键词

司法文化 10,13,26－29,31,76,82,
　83,88,93,97,111－114,128,129,
　139,171,181,192,196,214－216,
　225,236,237,244,253,254,260,261,
　267,269,273
　公开性 5,7,26,27,31,87,127,162,
　　177,179,180,213,296,305
　接受性 27,29,31,50,112,151－
　　153,174,200,203,209
　恢复性(另参见恢复性司法) 27,31
司法效力 13,22,29,31,273
　及时性 22,31,47,90,161,164,165,
　　204,317,325
　终局性 23,25,31,132,203,204,207
　可错性 23,24,26,31,107
司法用户感受 294,295,320,324,325
司法运作 11,12,19,29,31,76,82,97,
　112－114,128,129,137,139,143,
　171,191,197,225,290
司法文明 6,9,10,12,13,25,27,28,
　30,31,74,76,77,82,85,88,92,94－
　97,100,102,103,107,110,112－115,
　119,128,141－143,145,146,154,
　170,173,174,189－192,195－198,
　210,211,215,216,223－227,229,232－
　235,255,256,258－261,268－280
　司法文明协同创新中心 121,130,
　　132,139,145,169,225,226

司法文明指数 31,38,41,72,74－77,
　79,82－85,87－90,92,94－97,99－
　103,110,112－115,128,129,131－
　133,135,137,139,140,143,145,146,
　151,153,156,169,170,172,173,175,
　176,179,189,192,197,198,216,217,
　223－236,238,243,255,256,258,
　259,261,268－277,280,281
《中国司法文明指数报告》 74,83,
　110,135,232
中国司法文明指数调查数据挖掘报
　告 89,133,149－151
司法文化 10,13,26－29,31,76,82,
　83,88,93,97,111－114,128,129,
　139,171,181,192,196,214－216,
　225,236,237,244,253,254,260,261,
　267,269,273
　公众参与司法的意识及程度 214,
　　222,232,239,242,254,267,274
　公众诉诸司法的意识及程度 27,
　　215,222,239,242,254,267
　公众接受司法裁判的意识及程度
　　27,215,222,231,232,239,242,
　　254,267,269,273
　公众接受现代刑罚理念的意识及程
　　度 27,113,215,223,239,242,
　　254,267,269
司法制度 1,4,6,8,10,12,13,22,23,

343

27,29 - 31,56,61,64 - 66,76,82,83,
93,97,108,109,111 - 114,117,119,
128,129,137,139,141,143 - 145,
147,152,154,155,171,189,191,192,
196,225,259,273,278,279,284 -
286,293,296,298,303,318,319,325,
334

《宋刑统》　5

宋慈著《洗冤集录》　6

数据　33,34,36,37,39 - 41,44,46,47,
52 - 55,61,70,72,75 - 78,81 - 92,
95,99,101 - 104,109,110,116 - 120,
126 - 128,132,134,135,137,138,
142,143,147 - 149,151,153 - 156,
162,163,167,171,173,175 - 177,
181,183,185,187,190,197,198,211,
225,226,228 - 232,256,269,271 -
278,280,284,287,291 - 293,296,
304,310 - 317,322,331,334

　　主观数据　84 - 89,91,175

　　客观数据　33,53,75,84 - 90,102,
121,132 - 135,147,175,230 - 232

数目字管理　119

W

问卷调查　37,39,41,57,72,82 - 84,
91,101,109,110,114,115,120,121,
132,133,137,145,147,150,156,171,
175,176,180,186,187,225,227 -
230,232 - 235,278,293

　　问卷设计　88,114,116,120,150,227

　　问卷答案赋值　114,147

无罪推定　9,15,16,20,31,106,107,
192

X

效度标准　148,150

效度检验方法　151

　　内容效度检验　150

　　准则效度检验　150

　　结构效度检验　151

信度标准　149

　　信度检验　148,150,177

　　Cronbach's α 系数　90,149,177

　　同质性检验　149

　　折半信度检验　150

　　相关性检验　150

新公共管理理论　47 - 49

新公共管理运动　48,49,52,55,56,98,
282

刑事司法程序　31,113,193,194,204,
216,236,237,244,248,249,259,261,
263,264

　　侦查措施及时合法　113,204,219,
239,242,249,263

　　审查起诉公正　113,205,219,231,

关键词

239,242,249,263

刑事审判公正及时 206,219,232,239,242,249,263,268

行政司法程序 31,113,194,206,216,236,237,244,249,250,259,261,263,265

行政审判符合公正要求 113,206,220,232,239,242,250,263,268

行政诉讼裁判得到有效执行 113,207,220,238,241,250,263,268

Y

亚里士多德 2,3,12,15,27,153

样本抽样 120

元评估 36,46,47,156-161,164,165,167-169,171,172,174,176,177,179-188

Z

正当程序 20,21,31,106,109,215,225,259,270,309

证据裁判 9,20,31,106,107,194,203,206,208,209,275

证据制度 5,7,9,31,113,114,194,195,208,216,236,237,244,250,251,259-261,263,265,269,271,275,276

证据裁判原则得到贯彻 113,208,220,238,241,251,263,269,275

证据依法得到采纳与排除 113,208,220,232,238,241,251,264,269,275

证明过程得到合理规范 113,209,220,239,241,251,264,269,275

质量监控 89,90,102

指标 30,31,36,39,42,43,47,50,52,53,55,59-62,65,72,74,76,81,83,85-88,91-94,97-99,101-107,109,110,112-116,127-134,136-143,147-151,153,156,168-174,177,178,180,183,189,190,192,197,198,200,203,204,206,208,210,211,213,214,216-225,227,230-232,236-239,241-254,259-269,271,272,275-279,281,283,287,290,292-295,299,308-320,324,325,328-330

评估指标 31,51,52,59,61,62,72,79,82,84,91-95,97,100,101,103,115,121,126,128,136,138-144,146-148,152,155,160,167,171,172,174,176,183,186,278,279,295

指标量化 138

主观指标 62,84,85,133,140,150

客观指标 84,85,133,134,140,230,231

345

要素指标　141-143
　　主体要素指标　141
　　制度要素指标　141
　　行为要素指标　141
　　环境要素指标　141
　　效果要素指标　141
指标体系　36,44,48,57-59,61,62,
69,72,74-79,81-84,90-95,97-
101,103,106,109,110,112,114,115,
126,128,132-134,137,140-143,
146,147,154,170,171,173,174,190,
197,198,223,225-227,287,294,
318,329
直接观察访谈方式　121
自由心证　7,9,20